高等院校应用型规划教材——经济管理系列

管理心理学
(第2版)

冉 苒　苏宗荣　编著

清华大学出版社
北京

内容简介

本书是"十二五"江苏省高等学校重点教材(编号：2015-1-121)。它从隐性和显性两个视角来确定自己的思路。隐性即两个隐喻：一是管理者隐喻，管理心理学实际上是从管理者角度来思考问题的；二是文化隐喻，中国管理心理学必须考虑中西方文化差异，具有中国特色。显性即呈现给读者的文本，表现为"3＋4＋N"内容框架："3"为管理心理学概论、简史、理论基石 3 个基本问题，它们共同组成管理心理学的科学问题；"4"为个体心理管理、群体心理管理、领导者心理管理、组织心理管理 4 个知识模块，它们相互关联且具有内在阶梯性；"N"为 N 多个理论，4 个知识模块中的任何一个问题都有自己的理论。

本书系本科生、研究生教材，亦可供管理理论工作者和实践工作者参考。

本书封面贴有清华大学出版社防伪标签，无标签者不得销售。
版权所有，侵权必究。举报：010-62782989，beiqinquan@tup.tsinghua.edu.cn。

图书在版编目(CIP)数据

管理心理学/冉苒，苏宗荣编著. —2 版. —北京：清华大学出版社，2018(2024.2 重印)
(高等院校应用型规划教材——经济管理系列)
ISBN 978-7-302-49019-7

Ⅰ.①管… Ⅱ.①冉… ②苏… Ⅲ.①管理心理学—高等学校—教材 Ⅳ.①C93-05

中国版本图书馆 CIP 数据核字(2017)第 294384 号

责任编辑：姚　娜　吴艳华
装帧设计：刘孝琼
责任校对：李玉茹
责任印制：刘海龙

出版发行：清华大学出版社
　　　　网　　址：https://www.tup.com.cn，https://www.wqxuetang.com
　　　　地　　址：北京清华大学学研大厦A座　邮　编：100084
　　　　社 总 机：010-83470000　　　　　　　邮　购：010-62786544
　　　　投稿与读者服务：010-62776969，c-service@tup.tsinghua.edu.cn
　　　　质量反馈：010-62772015，zhiliang@tup.tsinghua.edu.cn
　　　　课件下载：https://www.tup.com.cn，010-62791865
印 装 者：三河市人民印务有限公司
经　　销：全国新华书店
开　　本：185mm×260mm　　印　张：23.5　　字　数：568 千字
版　　次：2010 年 3 月第 1 版　2018 年 1 月第 2 版　印　次：2024 年 2 月第 4 次印刷
定　　价：59.80 元

产品编号：074232-02

再 版 前 言

本书第 1 版于 2010 年出版，2015 年被遴选为江苏省高等学校重点教材。按照江苏省教育厅的有关规定，凡被遴选为重点教材，必须修订再版。呈现在读者面前的这本书，就是编者经过近两年时间修订而成的。

修订版除第一章作局部修改外，对于其他各章，或作重大修改，或全部重写，或系全新内容。通过这些工作，跟初版相比，修订版有这样一些变化：第一，每章开头均列出"学习目标"和"引例"；每章均列出若干"专栏"，作为该章正式内容的补充和延展；每章末均列出"关键术语""本章要点""练习与思考""参考文献"。第二，删除初版中"群体冲突与沟通""群体人际关系""组织与组织结构"和"组织心理"4 章。对于删除的 4 章内容，有的被析出放在其他章节，有的被析出单独作为一章，因此真正被删除者仅为"组织与组织结构"和"群体人际关系"2 章。另外新增"工作投入管理"和"团队建设" 2 章。这样，修订后的内容仍然为 5 篇计 15 章。第三，相对于初版，修订版在章题、节题、表现形式和内容等方面都已经变得"面目全非"了。这些内容和形式上的变化倒在其次，最为主要的是本书具有以下两大特点。

(1) 严谨性。杜绝"神仙学问"，全书没有"研究表明"之类的查无实据之用语，凡引用均注明出处，且引著注重原始性或权威性；叙事清楚，说理透彻，论证有据，以理服人；挑战权威，在许多问题上敢于对权威观点说"不"。

(2) 可读性。文风朴实无华、幽默风趣，读到有的章节，令人忍俊不禁，读来是一种享受。

本书得到江苏理工学院教务处、江苏理工学院重点建设学科"心理学"和重点专业"应用心理学"专业的经费资助，江苏理工学院曹洪波老师负责全书插图，清华大学出版社的编辑为本书付出了辛劳，另外，本书参考了国内外众多学者的研究成果，在此，一并表示衷心感谢！

写书不留遗憾是写书人的最大愿望。编者虽然尽了最大努力，但限于学力，书中不足乃至错误在所难免，真诚欢迎读者批评指正。

编　者
2017 年 7 月

第一版序言

伴随着我国的改革开放，外资企业的不断进入和示范，国外先进的管理理念和管理方法不断影响并冲击着我国现有的管理方式。为了更好地适应国际化竞争，管理者除了应关心战略、技术、资本、营销的运作管理外，对人的管理也应纳入重要的关注领域，因为决定组织核心竞争力的战略、技术、资本、市场营销等核心要素都是靠人来运作的。

对管理学科学性的重视，直接体现在各级各类教育机构开设了相应的管理专业，并配置了对应的课程体系。作为管理学专业的基础课程，管理心理学或组织行为学教材如雨后春笋般涌现。起初的管理心理学或组织行为学，有的直接将心理学基本原理运用于管理中，帮助解决管理问题，纯心理学痕迹过重；有的直接翻译国外教材，作为他山之石启发国人，对文化差异重视不够，总有隔靴搔痒之感；有的则属于两者的混合，部分取自心理学领域，部分取自国外教材，比较牵强。

近年来，随着我国管理科学研究的不断深入，管理实践探索越来越广泛，所积累的成功和失败案例也越来越多，我国学者和企业家对管理之道的悟性也越来越高，基于文化背景的管理理论提炼越来越受重视。迄今为止，尽管还没有形成中国式管理理论和流派，但应该不乏有一定影响力的思想。

写书其实是件很难的事情：做研究的人，往往会拘泥于某一个或几个领域的深刻认识和研究，缺乏广度，不能"面面俱到"，难以满足学习者知识广泛性的要求；纯粹传道的教师，可能有知识宽度，但由于没有对特定知识及问题的深刻认识，缺乏前瞻性，概念和逻辑体系安排也可能混乱；实践经验丰富的人，案例多，写出的书可读性强，但又可能缺乏专业理论背景，容易知其然而不知其所以然。理想的，应该是经常阅读和思考管理的学术问题，关注我国改革开放乃至世界范围内发生的管理变革事件，接触各类企业实际并有企业管理、服务经验的人。当然，这是完人的标准，如果能够将上述几个方面尽可能地结合，就可能写出一本有一定分量的管理心理学著作。

冉苒、苏宗荣两位老师撰写的这本新作《管理心理学》，也是希望能够有所突破，本人觉得本书有如下几个亮点。

第一，结构合理，内容丰富。本书基本是按照学科导入、个体心理、群体心理、领导者心理和组织心理的逻辑顺序逐渐推进的。在学科导入部分，介绍学科特色、历史、人性假设等核心内容；在管理心理学基本内容部分，主要阐述个体心理、群体心理、领导者心理和组织心理的规律及其与管理的联系，基本涵盖了管理心理学的所有领域。

第二，突出基础，中外结合。管理学的发展经过了很多阶段，文化管理是当今研究的热点和主题。日本正是将西方文化与日本的民族性紧密结合，曾经创造了世界经济第二大强国的奇迹。中国文化源远流长，在借鉴西方发达国家管理理念的同时，不能忘记自己的根。作者正是认识到文化的重要性，在每一个内容和主题上面，尽可能吸收和介绍符合我国国情的理论和案例材料，用以促进学习者思考和反省，以提高管理的有效性。

第三，深入浅出，通俗易懂。管理心理学虽然源于工作和生活，但对于许多缺乏工作和生活阅历的学习者来说，体会和感受往往不深。如何解决这个矛盾？西方注重"做中学"的思想，让学习者通过实际活动，有所感悟，再上升到观点和结论，其实现在流行的"拓展训练"的体现就是秉承这种理念，然而这种方法成本高、时间长，效率相对较低。另外一种方式就是通过引入生活中的例子，引发学习者的联想，从中领悟科学知识和结论，这种方法虽然体会不如"做中学"的方法深入，但成本低，效率高。作者考虑到我国的教学实际，选择了后一种模式，选择了国内外大量生动的例子，帮助说明问题，使本书阅读不再是枯燥乏味的事，而是一种享受。管理心理学中有许多理论不是很好理解，然而，经过冉苒、苏宗荣老师的介绍，归因理论、公平理论、期望理论、社会认知理论等不再晦涩难懂。

第四，引注规范，行文严谨。作者阅读了大量国内外相关文献，对于一些重要的人物、重要的概念、经典的研究，都有引注，有利于读者追根索源，扩大知识面。尽管我自己进入管理心理学的学术领域超过十年，而且一直有心理学专业的背景，然而，许多知识点还是通过阅读冉苒、苏宗荣两位老师的这本书而受到启发的。比如，我知道领导行为理论的俄亥俄州立大学学派，也知道 Stogdill 教授，但不知道是 Stogdill 教授领导的研究组提出了该理论。再如，许多研究者都在引用 Simon 教授说过的一句话："在管理心理学与组织行为学之间，可能别人认为不同，我没有看到有真正的差别"，但并不知道这句话的出处，而本书则找到了这句话的原始出处。本书对于各种理论知识的交代和诠释都相当严谨，有些管理建议的源头也描述得十分明确。

由于作者希望将所知、所学都尽可能交给读者或学习者，因此，整本书的体系比较庞大，受篇幅限制，有些知识点的介绍比较简略，需要进一步阅读同类专业书籍方能知其全貌，特别是对一些理论论述部分更是如此。另外，管理学知识需要生活的积累，适当地增加一些活动、案例讨论，可能更有利于帮助学习者理解。

总之，冉苒、苏宗荣两位教授的这本《管理心理学》凝聚了自己多年的教学和实际经验，将一些高深的理论用简洁的语言和事例清晰地表达出来，有利于初学者建立管理心理学学科的知识框架，并获取相应的管理方法。笔者非常乐于向读者推荐此书！

龙立荣
(华中科技大学)
2009 年 6 月

目　录

第一篇　总论

第一章　管理心理学概论 ... 1
- 第一节　管理心理学的研究对象与体系 ... 2
  - 一、管理心理学的研究对象 ... 2
  - 二、管理心理学的学科体系 ... 4
- 第二节　管理心理学的地位与性质 ... 6
  - 一、管理心理学的学科地位 ... 6
  - 二、管理心理学的学科性质 ... 8
- 第三节　管理心理学的任务与意义 ... 9
  - 一、管理心理学的任务 ... 9
  - 二、管理心理学的意义 ... 11
- 第四节　管理心理学的原则与方法 ... 12
  - 一、管理心理学的基本原则 ... 12
  - 二、管理心理学的主要方法 ... 13
- 关键术语 ... 16
- 本章要点 ... 16
- 练习与思考 ... 17
- 参考文献 ... 17

第二章　管理心理学的产生与发展 ... 19
- 第一节　西方管理心理学的产生与发展 ... 19
  - 一、管理心理学产生的时间 ... 20
  - 二、管理心理学产生的学科背景 ... 21
  - 三、管理心理学产生的意义 ... 28
  - 四、管理心理学的发展概况 ... 29
- 第二节　中国管理心理学的兴起与发展 ... 31
  - 一、中国管理心理学的兴起时间 ... 31
  - 二、中国管理心理学的发展概况 ... 33
- 关键术语 ... 35
- 本章要点 ... 36
- 练习与思考 ... 36
- 参考文献 ... 37

第三章　管理心理学的理论基石：人性假设 ... 39
- 第一节　人性假设与管理心理学 ... 40
  - 一、性、人性、人性形成、人性假设 ... 40
  - 二、管理心理学研究人性假设的视角 ... 43
  - 三、管理心理学中五种人性假设的由来 ... 44
  - 四、人性假设对组织管理的影响 ... 45
- 第二节　人性假设与组织管理 ... 46
  - 一、经济人假设及任务管理 ... 46
  - 二、社会人假设及参与管理 ... 48
  - 三、自我实现人假设及民主管理 ... 50
  - 四、复杂人假设及权变管理 ... 53
  - 五、文化人假设及组织文化管理 ... 55
- 关键术语 ... 57
- 本章要点 ... 57
- 练习与思考 ... 58
- 参考文献 ... 60

第二篇　个体心理管理

第四章　社会认知偏差克服 ... 61
- 第一节　自我认知偏差 ... 62
  - 一、自我认知与自我认知偏差 ... 62
  - 二、自我认知偏差的表现 ... 63
  - 三、缘何产生自我认知偏差 ... 64
- 第二节　对他人的认知偏差 ... 66

一、第一印象 67
　　二、首因效应和近因效应 67
　　三、晕轮效应(光环效应) 69
第三节　对群体的认知偏差 70
　　一、群体与刻板印象 70
　　二、刻板印象的表现 72
　　三、刻板印象的形成过程及原因 73
　　四、刻板印象的危害 75
　　五、改变刻板印象的方法 75
第四节　归因偏差 76
　　一、何谓归因 76
　　二、何时归因 76
　　三、归因偏差的种类 77
　　四、归因偏差克服 79
第五节　招聘面试如何克服社会认知
　　　　　偏差 80
　　一、招聘者应克服社会认知偏差 80
　　二、应聘者克服社会认知偏差的
　　　　策略 81
关键术语 83
本章要点 84
练习与思考 84
参考文献 85

第五章　工作动机激发 88
第一节　激励概述 89
　　一、何谓激励 89
　　二、激励机制 90
　　三、激励的特征 91
　　四、激励的功能 92
　　五、研究激励的不同视野 92
第二节　激励理论 93
　　一、内容型激励理论 93
　　二、过程型激励理论 103
　　三、行为改造型激励理论 108
　　四、中国的激励理论 112
第三节　激励原则和方法 114
　　一、激励原则 114
　　二、激励方法 115

关键术语 120
本章要点 121
练习与思考 123
参考文献 124

第六章　情绪管理 126
第一节　情绪工作 127
　　一、情绪工作的概念 127
　　二、情绪工作的内容 129
　　三、情绪工作的作用 131
　　四、情绪工作的策略 132
第二节　工作压力 135
　　一、工作压力的概念 135
　　二、应激：一个被滥用的概念 139
　　三、工作压力后果 142
　　四、工作压力管理 144
第三节　工作倦怠 146
　　一、工作倦怠的概念 146
　　二、工作倦怠的表现 147
　　三、工作倦怠的成因 147
　　四、工作倦怠的组织干预措施 149
关键术语 151
本章要点 151
练习与思考 152
参考文献 153

第七章　工作投入管理 157
第一节　组织社会化 158
　　一、组织社会化的概念 158
　　二、组织社会化的过程 159
　　三、组织社会化的标志 160
　　四、组织社会化的策略 161
　　五、组织社会化管理 162
第二节　组织中的心理契约 162
　　一、心理契约及其特点 163
　　二、心理契约的结构 165
　　三、心理契约的意义 166
　　四、心理契约违背的预防 167
　　五、建立良好心理契约的途径 169

第三节　组织承诺................................. 171
　　一、组织承诺的概念............... 171
　　二、组织承诺的结构............... 172
　　三、组织承诺对员工的影响... 172
　　四、组织承诺与心理契约的关系... 174
　　五、组织承诺管理................... 175
关键术语... 175
本章要点... 175
练习与思考....................................... 176
参考文献... 177

第八章　工作态度管理................. 180

第一节　工作态度................................. 180
　　一、工作态度的概念............... 181
　　二、影响工作态度的因素....... 181
　　三、改变工作态度的方法....... 184
第二节　工作满意度............................. 186
　　一、工作满意度的概念........... 186
　　二、工作满意度的特点和功能... 187
　　三、影响工作满意度的因素... 188
　　四、员工对工作不满意的反应... 191
　　五、工作满意度与其他变量的关系... 191
　　六、提高工作满意度的方法... 192
关键术语... 193
本章要点... 193
练习与思考....................................... 194
参考文献... 195

第三篇　群体心理管理

第九章　群体心理........................... 197

第一节　群体概述................................. 198
　　一、群体的概念....................... 198
　　二、群体的分类....................... 199
　　三、群体的功能....................... 200
　　四、研究群体心理的意义....... 201
第二节　群体形成与发展..................... 202
　　一、群体形成........................... 202
　　二、群体发展........................... 202
第三节　群体规模与结构..................... 206
　　一、群体规模........................... 206
　　二、群体结构........................... 207
第四节　非正式群体及其管理............. 209
　　一、非正式群体的类型........... 209
　　二、非正式群体形成的原因、
　　　　条件及特点....................... 210
　　三、非正式群体的作用........... 212
　　四、非正式群体管理............... 214
第五节　群体冲突及其管理................. 215
　　一、群体冲突的概念............... 215
　　二、群体冲突的性质............... 216
　　三、群体冲突的过程............... 217
　　四、群体冲突的原因............... 217
　　五、群体冲突管理................... 219
关键术语... 220
本章要点... 221
练习与思考....................................... 221
参考文献... 222

第十章　群体动力........................... 224

第一节　群体规范与群体舆论............. 225
　　一、群体规范........................... 225
　　二、群体舆论........................... 227
第二节　群体压力与从众..................... 227
　　一、群体压力........................... 227
　　二、从众................................... 229
　　三、管理启示........................... 233
第三节　社会助长与社会懈怠............. 234
　　一、何谓社会助长与社会懈怠... 234
　　二、社会助长和社会懈怠的
　　　　影响因素........................... 235
第四节　群体决策................................. 236
　　一、群体决策概述................... 236
　　二、群体决策的三种倾向....... 237
　　三、群体决策技术................... 240

第五节　群体凝聚力 242
　　一、群体凝聚力概述 242
　　二、影响群体凝聚力的因素 244
　　三、群体凝聚力与工作效率 246
　　四、增强群体凝聚力的措施 247
关键术语 247
本章要点 248
练习与思考 248
参考文献 249

第十一章　团队建设 252

第一节　团队概述 253
　　一、团队概念的由来 253
　　二、团队的定义和特征 254

　　三、团队与群体的区别 256
第二节　团队发展与类型 258
　　一、团队发展 258
　　二、团队类型 259
第三节　打造高效团队 262
　　一、外界条件 263
　　二、成员构成 263
　　三、内部事件 266
　　四、策略变量 268
关键术语 270
本章要点 270
练习与思考 270
参考文献 271

第四篇　领导者心理管理

第十二章　领导者心理 273

第一节　领导者概述 274
　　一、领导者的概念 274
　　二、领导者的类型 274
　　三、领导者与被领导者 275
　　四、领导者与管理者 276
第二节　领导者的权力与影响力 278
　　一、领导者的权力 278
　　二、领导者的影响力 280
第三节　领导者的素质 282
　　一、领导者的个人素质 282
　　二、领导集体的素质 284
第四节　领导者的角色 285
　　一、领导角色理论 285
　　二、领导者的十种角色 288
第五节　领导艺术 289
　　一、何谓领导艺术 289
　　二、员工管理艺术 290
关键术语 292
本章要点 292
练习与思考 292
参考文献 294

第十三章　领导有效性理论 295

第一节　领导特质理论 296
　　一、传统特质理论 296
　　二、现代特质理论 297
第二节　领导行为理论 299
　　一、利克特的四种领导风格理论 ... 300
　　二、领导行为四分图理论 301
　　三、管理方格图理论 302
　　四、PM 理论和 CPM 理论 303
第三节　领导情境理论 305
　　一、菲德勒权变模型 305
　　二、路径—目标模型 308
　　三、领导—参与模型 310
　　四、领导生命周期理论 311
　　五、领导行为连续带理论 312
第四节　当代领导有效性理论 314
　　一、魅力型领导理论 314
　　二、交易型和变革型领导理论 315
关键术语 317
本章要点 317
练习与思考 317
参考文献 320

第五篇　组织心理管理

第十四章　组织变革心理 323

第一节　组织变革 324
一、组织变革的概念 324
二、组织变革的原因 324
三、组织变革方式的选择 326
四、组织变革的模式 327
五、组织变革的程序 330
六、组织变革的方法 331

第二节　组织变革的心理阻力及克服 332
一、组织变革的心理阻力 332
二、克服组织变革心理阻力的对策 334

关键术语 335
本章要点 336
练习与思考 336
参考文献 337

第十五章　组织文化 339

第一节　组织文化概述 340
一、组织文化的概念 340
二、为什么要研究组织文化 341
三、组织文化的结构 342
四、组织文化的特征 345
五、组织文化的功能 346

第二节　组织文化的要素 347
一、组织环境 347
二、组织价值观 348
三、英雄人物 350
四、礼仪和仪式 351
五、文化网络 352

第三节　组织文化的类型 353
一、缘何谈组织文化类型 353
二、三种典型的组织文化类型 354

第四节　跨文化管理 356
一、跨文化管理的含义 357
二、跨文化管理的四个阶段 357

关键术语 358
本章要点 358
练习与思考 359
参考文献 360

第一篇 总 论

第一章 管理心理学概论

人脑是宇宙中最复杂最精密的物质,管理是人类生活中最复杂最微妙的活动,而管理活动中人的心理现象则是"人脑"与"管理"相互作用的产物。因此,要真正理解管理心理学并不比理解神秘的宇宙容易。

——编者

【学习目标】

- 识记管理心理学、组织行为学等概念。
- 了解管理心理学的学科性质和学科任务。
- 理解管理心理学的专门领域、独特对象和特殊使命。
- 掌握管理心理学的研究方法。

【引例】

慧眼识人有学问

美国某汽车轮胎公司经理肯特先生在一家酒馆用餐时无意中碰了一下一个已经喝得酩酊大醉的年轻人,没想到惹得这位年轻人勃然大怒,并对肯特大打出手。幸亏酒馆老板及时劝阻,肯特才得以脱身。事实上这位年轻人发明了一种能够增强轮胎强度的技术,并申请了专利,他寻找了好几家汽车轮胎生产商希望其能够买下他的专利,结果都扫兴而归,而且受到了嘲弄,因而整天郁郁寡欢,经常到酒馆借酒浇愁。

肯特得知这个情况后,对发生在酒馆的误会毫不介意,决定聘请这位年轻人到自己的公司。一天早晨,肯特特意去这位年轻人上班的工厂门口等他,而他却心灰意冷,不愿向任何人谈起他的发明。肯特始终没有放弃,在工厂门口从早上8点一直等到下午6点。终于,这位年轻人为肯特的真诚所感动,便爽快地答应了肯特的合作要求。肯特正是在这位年轻人的帮助下,才推出了新的汽车轮胎产品,从而取得了巨大商机。

(资料来源:牧之,张震.管理要读心理[M].北京:新世界出版社,2007)

启示:一个出色的领导者,关键在于慧眼识人。只有慧眼识人,才会获得事业上的好伙伴,前进中的好帮手,从而使自己的事业始终立于不败之地。而要做到慧眼识人,就得学习和研究管理心理学。

作为一位初学者,拿到本书后,免不了会问什么是管理心理学?对于这个问题,也许只有等到读完本书之后才会得出一个完整的答案。为了不使初学者等得太焦急，本章将试图给出一个初步答案。本章将从管理心理学的研究对象、学科体系、学科地位、学科性质、学科任务、学科意义和学科方法等方面来概括性地论述什么是管理心理学。

第一节 管理心理学的研究对象与体系

一、管理心理学的研究对象

什么是管理心理学？对于这个问题的回答可谓众说纷纭、莫衷一是。可以毫不夸张地说，有多少本管理心理学教材，就有多少种定义。不独教材，连工具书[①②③]也概莫能外。本书定义：**管理心理学**(management psychology)是研究组织管理中人的心理活动规律，以便改进管理方式、提高组织效率、保证组织良性发展的心理学分支学科。

任何一门学科之所以能够独立存在，在于它有专门的研究领域、独特的研究对象和特殊的使命。管理心理学的专门领域、独特的研究对象和特殊使命是什么？弄清楚这些问题，有助于我们更好地理解上述定义。

(一)管理心理学的专门领域：社会组织

组织绝不是一个抽象概念，而是一种客观存在，因为我们每个人都生活和工作在其中。我们在医院出生并接受治疗，在学校接受教育，在单位上班，退休后在人事关系所属单位领取退休工资，百年之后进入火葬场；我们从商店购物，向房产开发公司购房，请装修公司装修，出行找交通运输部门……总之，人们的衣食住行、生老病死都离不开组织。

组织有不同的类型、规模和层次。组织类型多种多样，按照其社会性质可分为政治组织、经济组织、文化组织、群众组织和宗教组织——统称**社会组织**(social organization)。国家、政党、军队、工厂、学校、医院、街道、班级是不同规模的组织；跨国公司是组织，其子公司、分公司也是组织，它们是不同层次的组织。

无论什么类型、规模和层次的组织都需要管理，否则就是一盘散沙。管理是组织的基本职能，是组织生存和发展的手段，因此管理又称**组织管理**(organization management)。在此需要指出两点：第一，管理心理学所研究的组织不单指经济组织(或企业组织)，而是指各种社会组织；第二，管理心理学所研究的组织，一般不涉及国家、民族、政党等大型、抽

---

① 朱智贤 1989 年主编《心理学大词典》：把心理学、社会心理学的理论、原则和方法运用于组织管理，通过研究组织中人的心理和行为规律来控制和预测组织中人的行为，以调动人的积极性，充分发挥人的潜能，达到提高生产和工作效率、改善人际关系、增强组织功能的目的。

② 林崇德、杨治良、黄希庭 2003 年主编《心理学大辞典》：管理心理学即"组织心理学"。组织心理学是研究组织结构、组织环境、组织社会气氛与心理气氛作用于人的心理与行为的规律，以便更好地协调组织成员的积极性与创造性，提高组织效率，达到组织目标。

③ 1999 年版《辞海》：研究管理过程中个体、群体、组织与领导的心理现象及其规律的学科。

象的组织，而是指学校、医院、工厂等小型、具体的组织。

(二)管理心理学的独特研究对象：组织管理中人的心理活动规律

管理是人类活动的特殊形式，其对象包括人和物两个方面，两者间构成三种关系："物—物"关系、"人—物"关系和"人—人"关系。从研究角度看，每种关系分别属于不同学科的研究对象。"物-物"关系是工程技术学的研究对象。"人—物"关系和"人—人"关系都涉及人，都与心理学有关。"人—物"关系可分为"人—机"关系和"人—工作环境"关系，前者是工程心理学的研究对象，后者是劳动心理学的研究对象。"人—人"关系又依据其所处情境不同而分别属于心理学的不同学科领域：社会心理学研究社会情境中的"人—人"关系，教育心理学研究教育情境中的"人—人"关系，管理心理学则研究组织管理中的"人—人"关系。

说管理心理学的研究对象是组织管理中的"人—人"关系，这是远远不够的，我们必须继续分析。

"人—人"关系是一种社会关系，人际关系是社会关系的一个横截面。"在社会关系的经济、社会、政治以及其他形态的'截面'上所表露出来的东西就是人际关系。"①而人际关系是人们相互影响相互依赖的心理关系。照此推理，"人—人"关系本质上是一种心理关系。毫无疑问，组织管理中的"人—人"关系也是一种心理关系。事实上，在组织管理中，人们无时无刻不在相互影响与相互依赖，从而产生一种独特的心理现象。这种独特的心理现象，一是能够与人在其他活动中产生的心理现象区分开来，二是不为心理学的其他任何学科所专门研究，因而是管理心理学的研究对象。研究心理现象不是目的，目的在于揭示隐藏在心理现象背后的心理规律。可见，管理心理学的研究对象不是别的，而是组织管理中人的心理活动规律。"独特性"即具有"不可替代性"。

(三)管理心理学的特殊使命：保证组织良性发展

基础学科和应用学科的使命各不相同。基础学科的使命侧重于研究现象揭示规律，如：社会学是研究社会现象及其规律的科学，心理学是研究心理现象及其规律的科学。应用学科的使命不仅要研究现象揭示规律，而且要关注其研究成果在实际领域中的应用。

管理心理学属于应用学科，它的特殊使命在于保证组织良性发展。"研究心理活动规律"与"保证组织良性发展"之间是一种因果关系，前者是因，后者是果。研究组织管理中人的心理活动规律也不是目的，目的在于如何遵循人的心理活动规律进行管理。只要遵循人的心理活动规律进行管理，就能够改进管理方式，只有改进管理方式，才能提高组织效率(包括生产效率、经济效率、工作效率、管理效率、社会效率)，进而保证组织良性发展。

管理心理学的名称频繁"变脸"且五花八门，使人眼花缭乱。通过图1-1也许可以帮助读者梳理管理心理学的名称变化。

---

① [苏]安德列耶娃. 社会心理学[M]. 南开大学社会学系译. 天津：南开大学出版社，1984：69.

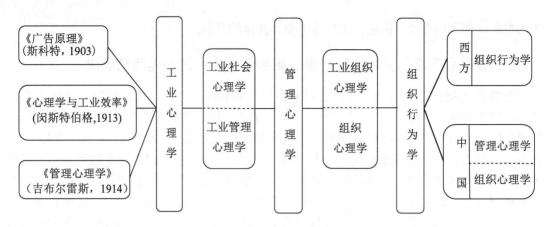

图 1-1 管理心理学名称变化

【专栏 1-1】

频繁"变脸"的管理心理学

1903 年美国学者斯科特出版《广告原理》，1913 年德裔美籍心理学家雨果·闵斯特伯格出版《心理学与工业效率》，1914 年美国学者莱莲·吉布尔雷斯出版《管理心理学精神在批判、指导和实施最少浪费方法中的作用》(亦译《管理心理学》)，它们都将心理学原理和方法运用于工业领域，以提高生产效率。尤其是闵斯特伯格的《心理学与工业效率》一书的出版，标志着"工业心理学"的兴起。1945 年美国心理学会第 14 分会(即工业与组织心理学分会)成立，工业心理学逐渐发展成"工业社会心理学"或"工业管理心理学"。1958 年美国学者哈罗德·J. 莱维特出版《管理心理学》，因此工业社会心理学或工业管理心理学更名为"管理心理学"。20 世纪 60 年代初，鉴于管理带有"居高临下"和强制之嫌，在美国，人们更乐意接受工业组织心理学(或干脆称为组织心理学)。由于受行为主义思潮的影响，在西方，组织心理学更多地被称为组织行为学。如今，这门学科在西方被称为"组织行为学"，在中国则被称为"管理心理学"或"组织心理学"。

梳理前述思路可知：工业心理学已逐渐发展成"工业社会心理学"或"工业管理心理学"，1958 年管理心理学正式诞生。后来管理心理学更名为"工业组织心理学"(简称"组织心理学")。而组织心理学又被称为"组织行为学"。如今，这门学科在西方叫"组织行为学"，在中国叫"管理心理学"或"组织心理学"。

二、管理心理学的学科体系

明确了学科研究对象，仅仅指明了学科的大体研究范围，只有弄清楚活跃在研究对象范围内各个问题的主次轻重，才能构建合乎逻辑的学科体系。可见，学科对象与学科体系之间是"纲举目张"的关系。一般来说，一门学科的体系可分为理论体系、方法论体系和内容体系。探讨和弄清学科体系是一门学科的科学学的重要理论任务。这里所说的学科体系主要是指管理心理学的内容体系，管理心理学的内容体系大致由以下三个部分构成。

(一)总论部分

总论部分主要探讨管理心理学在总体水平上的基本理论问题,包括管理心理学的学科对象与体系、学科性质与任务、学科意义与方法、学科产生与发展、学科的理论基石等。

(二)基础管理心理学部分

这部分内容主要探讨在管理心理学研究对象范围内各个方面的具体问题,包括下述各点。

1. 个体心理

组织由两个以上的群体构成,群体由两个以上的个体构成。可见,个体是组织中的个体,而不是游移于组织之外的个体。管理心理学在研究个体心理时,一般不涉及个体心理的全部内容,而是选择与组织管理关系十分紧密的内容加以研究,如个体的认知、动机、情绪、工作投入等。研究个体心理的目的在于激励。激励即激发人的动机,调动人的积极性。因此,研究激励的理论、方法与途径等,其实都是在探讨动机管理问题。

2. 群体心理

群体心理将影响其成员的心理状态乃至整个组织的心理气氛,所以群体心理是管理心理学研究的内容之一。其研究内容主要有:群体人际关系、群体凝聚力、群体规范与压力、群体决策、群体冲突及解决等。研究群体心理的核心是协调群体内部的人际关系,包括组织系统中的交流沟通、团结合作问题。

3. 领导者心理

在组织管理中,领导者居于重要地位,发挥着独特的作用,是影响组织成败的关键因素,因此研究领导者心理是管理心理学不应回避的重要课题。研究领导者心理主要是从领导者影响力和素质两方面来揭示领导行为的有效性。如何提高领导行为的有效性,涉及诸多理论问题,因此本书将在第十三章介绍提高领导行为有效性的有关理论。

4. 组织心理

研究组织心理主要是为了解决组织如何更好地适应环境变化,以便更好地生存和发展的问题。这部分内容将着重研究两个问题:一是组织变革,包括组织变革面临的心理阻力以及如何排除这些心理阻力;二是组织文化。

(三)应用管理心理学部分

这部分内容主要探讨管理心理学的理论和方法在各个领域中的应用问题。根据应用领域的不同,管理心理学可分为行政管理心理学、学校管理心理学、企业管理心理学和工商管理心理学等。

通常意义上的管理心理学,一般只涉及总论与基础两个部分。不过,它的理论和方法对行政管理心理学、学校管理心理学、企业管理心理学和工商管理心理学等应该是适用的。

第二节　管理心理学的地位与性质

一、管理心理学的学科地位

一门学科的地位是通过和其他学科进行比较而得出的。管理心理学和管理学、普通心理学、人类学、文化学等多门学科都有着广泛而密切的联系。因此，只要将管理心理学和这些学科进行比较，就可以知道它的学科地位。

(一)管理心理学与普通心理学、管理学的关系

1. 管理心理学与普通心理学的关系

普通心理学是研究心理现象及其规律的基础学科。管理心理学主要是将普通心理学所揭示的心理现象及其规律运用于具体管理实践中。例如，决策过程实际上是一个思维过程，而且涉及决策者的情感、态度、意志品质和价值观等。管理心理学在研究领导者决策时，需要运用普通心理学关于思维、情感、意志和价值观等方面的知识。又如，组织内部中层干部的选拔与培训，需要运用普通心理学关于能力、气质和性格等方面的知识。可见，管理心理学和普通心理学的关系是具体运用与一般原理的关系。从这个意义上说，普通心理学是管理心理学的母体学科。

2. 管理心理学与管理学的关系

管理学是一门综合性交叉学科，是系统研究管理活动的基本规律和一般方法的科学。它主要探讨管理中一些带有共性的、规律性的问题，如管理原则和方法、管理过程与职能等。管理学和管理心理学都立足于"管理"，两者有密切联系，但两者的侧重点则不同，前者研究"管理"本身，后者研究管理活动中人的心理，即管理活动中的心理学问题。从这个意义上说，管理学是管理心理学的母体学科。

(二)管理心理学与邻近学科的关系

1. 管理心理学与社会心理学的关系

社会心理学是研究一定社会情境中个体与群体相互作用规律的学科。主要研究群体如何作用于个体、个体如何反作用于群体的规律和特点，以及个体心理与群体心理之间相互影响的规律。其研究内容包括：①个体在社会情境中的心理现象，如社会知觉、社会动机、社会态度等；②个体与个体相互作用的心理机制，如人际沟通、人际影响、人际关系等；③群体心理，如群体规范、群体凝聚力、群体决策等。此外，社会心理学中的群体动力理论、人际关系理论、社会测量法等都是管理心理学的基础理论，对群体心理管理具有重要指导意义。可以说，管理心理学是在社会心理学的直接推动下产生的。

2. 管理心理学与行为科学的关系

行为科学(behavioral science)这个名词是 1949 年在美国芝加哥大学举行的一次跨学科会议上第一次提出来的，1953 年由美国福特基金会邀请一些著名学者研讨后正式定名。"行为科学是一个跨学科、综合性、边缘性的学科群，而不是一个独立学科，因而其英文名称是复数 Behavioral Science。可见，行为科学与自然科学、社会科学、军事科学等一样，是一门综合性科学，它包括一切有关行为的科学。"[①]"行为科学凭借心理学、社会学、人类学以及一切与人的行为有关的学科(如政治学、历史学、伦理学、教育学、经济学、生理学、生物学等)理论，来研究人的各种行为(如劳动行为、政治行为、社会行为、集体行为、个人行为、消费行为、学习行为、言语行为等)。"[②]随着行为科学的发展，逐渐形成了行为科学学派。到 20 世纪 60 年代中叶，行为科学进入研究组织行为阶段，60 年代末期开始形成**组织行为学**(organizational behavior)。可见，组织行为学属于行为科学的范畴，是行为科学的一个应用领域，它是研究组织系统中人的行为规律(如个体行为、群体行为、领导行为和组织行为)的学科，是一门交叉学科或边缘学科。从表面看，管理心理学研究组织中的心理因素，组织行为学研究组织中的行为因素，但人的心理和行为在多数情况下总是一致的。正是基于这个原因，美国管理学家、社会科学家、经济组织决策管理大师、第十届诺贝尔经济学奖获奖者赫伯特·西蒙(H. Simon，1916—2001)1983 年 6 月 9～13 日在天津大学工业管理工程系讲学时曾指出："在管理心理学与组织行为学之间，可能别人认为不同，但我却没有看到有真正的差别。"[③]

【专栏 1-2】

管理心理学与组织行为学的异同

管理心理学和组织行为学究竟是什么关系？有人认为这是两个学科，在学科对象、理论基础、学科性质等方面有差异(张昱，1994)。也有人认为它们是同一学科，如美国管理学家、社会科学家、经济组织决策管理大师、第十届诺贝尔经济学奖获奖者赫伯特·西蒙 1983 年在天津大学讲学时曾说："在管理心理学与组织行为学之间，可能别人认为不同，但我却没有看到有真正的差别。"(编者注：鸣中，1983)那么，如何理解它们之间的异同或关系呢？

从概念形成看，组织行为学形成于特定历史时期。20 世纪 50 年代是心理学在管理领域应用逐步展开的时期，而这个时期心理学最有影响的学派是行为主义。行为主义主张心理学应当研究看得见摸得着的"行为"，而不应当是看不见摸不着的"心理"，并用"行为"代替"心理"，因此在 20 世纪 50 年代，行为主义是心理学的代名词。很自然地，当心理学在那个时候开始运用于组织管理时，就被称为组织行为学。但是，心理学发展在 20 世纪 70 年代后期有了认知转向，开始重新重视心理过程。因此，心理学家逐步认识到只看重行为而看不到心理内在过程是不符合心理实际的，用"行为"来表达"心理"也是不恰当的。由此可见，对于心理学界来说，"管理心理学"用语是合适的；但是对于管理学界来说，

---

① 周斌. 论行为科学、组织行为学与管理心理学的区别与联系[J]. 四川教育学院学报，2002(5)：25-26.
② 张昱. 论组织行为学与管理心理学的区别和联系[J]. 中南财经大学学报，1994(2)：115-122.
③ 鸣中. 现代管理的若干问题——美国西蒙教授讲学记[J]. 管理现代化，1983(3)：41-42.

由于习惯以及它以应用为目的的需求，仍然沿用了组织行为学的称呼。因此出现了这样的情况：管理学界习惯于叫作组织行为学，心理学界习惯于叫作管理心理学。

从内容构成看，组织行为学是多学科的融合，其理论和知识源泉比管理心理学更广泛，不仅来自心理学，还来自社会学、文化学、人类学、经济学、生物学和生理学等，而管理心理学则主要由心理学知识构成。

从知识特点看，组织行为学看重结果，而管理心理学则注重从人的内在过程看管理活动的规律。

总之，管理心理学和组织行为学的内容大同小异，基本上可以看作是同样的学科。但就学科性质看，组织行为学是一门多学科多层次相互交叉相互渗透的边缘性综合性学科，具有边缘性、综合性、实用性、外在性等特点。管理心理学是研究组织管理中人的心理活动规律的学科，更多地具有心理学学科特点，即内在性和实证科学性。

我们的主张是，从心理学角度看，"管理心理学"用语是合适的。

(资料来源：景怀斌. 管理心理学[M]. 北京：科学出版社，2002：7-8)

3. 管理心理学与人类学的关系

人类学是研究人类体质特征及其发展规律的科学，一般分为三大类：一是体质人类学，主要研究形态、生理、遗传等人类体质；二是文化人类学，主要研究民族文物、民俗、语言、文化史等文化现象；三是史前人类学，主要研究史前时代人类的体质与文化。

管理心理学与文化人类学的关系最为密切。因为文化对个体、群体和组织都有极大影响。有鉴于此，应当根据不同文化背景的个体、群体和组织而采取不同的管理方式。美国有美国的管理方式，日本有日本的管理方式，根本原因在于它们有各自不同的文化。近年来，有学者提出要建构中国式管理，意在建构符合中国民族文化的管理方式。

综上所述，管理心理学的母体学科是普通心理学和管理学，而且与社会心理学、组织行为学、文化人类学等有密切关系。它一方面从这些学科中广泛地摄取养料，以充实自己；另一方面也为这些学科提供素材，以"反哺"这些学科。

二、管理心理学的学科性质

前面，我们大致分析了管理心理学与普通心理学、管理学的关系，以及它和一些邻近学科的关系。基于这种分析，可以探讨它的学科性质。由于管理心理学研究对象的复杂性和研究内容的多样性，以及它与多门学科有着密切联系，因而对于它的学科性质还存在不同看法，大致有三种观点：①管理心理学是心理学理论和方法在管理实践中的应用，是一门应用学科；②管理心理学并不限于运用心理学的理论和方法，还广泛吸收其邻近学科的养分，侧重强调多种学科的综合作用效果，是一门综合性学科；③管理心理学是介于管理学和心理学之间的交叉学科或跨界学科，是一门边缘性学科。

第一种观点值得商榷。管理心理学的确是运用心理学理论和方法来解决组织管理问题以提高组织效率。不过，它在阐述管理问题时绝不限于对心理学理论和方法的直接借用，而是有许多发生在管理活动中的特有心理现象需要通过专门研究作出理论上的解释。这种解释可能引起种种争论，以至持续进行、逐渐深化，最终促成本学科的发展。可见，管理心理学不是一门纯粹的应用学科，而是理论与应用相结合的学科。

第二种观点显然不对。按照《现代汉语词典》解释，"综合"的含义有二：一是把对象或现象的各个部分、各种属性联合成一个统一整体；二是把不同种类、不同性质的事物组合在一起。无论按哪种理解，都意味着管理心理学没有专门研究领域和特定研究对象，还不是一门学科。

第三种观点最具代表性。①从学科起源看，管理心理学产生于管理学和心理学两者之间的交叉结合部位，如图1-2所示。这个交叉结合部位既是管理心理学的研究领域，也是其母体学科共同关注的领域，三者互相配合，相得益彰。例如，对人实行奖惩，管理学将奖惩作为一种控制手段，着重研究有效奖惩的制度和方式；心理学将奖惩作为一种影响因素，以期发现人在奖惩条件下心理和行为的相关性；管理心理学则将奖惩作为一种激励手段，探讨它对于调动员工积极性的作用；②从研究对象看，管理必须依据管理学揭示的规律，而管理的核心是人，又必须借助心理学揭示的心理规律，以便对人进行科学有效的管理；③从学科属性看，说管理心理学是边缘学科，并不意味着它是某一母体学科的附属品，也不意味着它是其母体学科的简单相加或拼凑。管理心理学有它的基本属性，其基本属性为心理学，是应用心理学的一个分支；④从研究取向看，管理心理学在吸收其母体学科的理论观点、研究方法和研究成果的基础上进行了创造性的综合，从而呈现出自身新的学科形态。

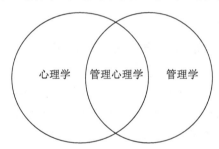

图1-2 管理心理学与心理学、管理学的关系

综上所述，管理心理学是一门理论与应用相结合的边缘学科。它不仅有专门研究领域、特定研究对象和特殊使命，而且有侧重的应用范围，从而决定了它在心理科学大家庭中的地位。

第三节 管理心理学的任务与意义

一、管理心理学的任务

(一)理论任务

一门学科只有在把自身也作为一个问题提出来的时候，它才开始走向成熟。[①]管理心理

---

① 崔景贵. 我国职业教育心理学发展的困境与变革[J]. 职业技术教育，2006(22)：68-71.

学还不是一门成熟学科，主要表现在三个方面：一是概念来源"借用化"。管理心理学所使用的一系列概念大多借用于它的母体学科和临近学科，借用过来的概念没有形成自己的体系，无所谓核心概念和边缘概念；有些概念在不同学者那里甚至有不同理解，这在学术上造成了巨大分野和难以交流。二是理论来源"衍化化"。管理心理学所使用的一系列理论大多衍化于它的母体学科和临近学科，衍化过来的理论也没有形成自己的体系；有些理论在普通心理学、管理学原理、社会心理学、教育心理学等先修课程中都曾经出现过，只不过在解释上略有变通而已，似乎"放之四海而皆准"，给人以"似曾相识燕归来"之感。三是内容取舍"随意化"。管理心理学和它的母体学科、临近学科在内容上没有严格界限，可以随意拿来和舍去，它本身无所谓主要内容和次要内容，无所谓主干和枝蔓。在编写管理心理学教材时，随意调整某些章节的顺序甚至增加或减少某些章节，也不会被认为有损于它的内容框架结构。

作为一门尚未成熟的学科，管理心理学面临的理论任务是多方面的：揭示组织管理中人的心理活动规律；构建概念体系、理论体系和内容体系；发展并完善研究方法、手段与根据，建立中国特色管理心理学。建立中国特色管理心理学任重而道远：一要挖掘、整理、继承我国古代丰富而宝贵的管理心理思想，古为今用；二要借鉴国外一切好的管理心理学理论和方法，洋为中用；三要总结管理实践经验并提炼、上升为理论，以丰富和发展管理心理学理论。

【专栏 1-3】

管理心理学教材常见的两种内容体系

纵观国内管理心理学教材，在内容安排上常常出现两种做法，从而出现两种内容体系：一是"心理学＋管理例子"，即管理心理学内容普通心理学化。这种做法就是比照普通心理学的内容来安排自己的篇章结构，从而出现"感觉与管理""知觉与管理""注意与管理""气质与管理""性格与管理"等章节。二是"组织管理＋心理学标签"，即管理心理学内容管理学化。这种做法就是把管理学的内容作为自己的内容来安排，从而出现"目标管理心理""信息管理心理""时间管理心理""环境管理心理"等章节。不能说这些学术尝试没有价值，但从学理上看，管理心理学毕竟不是管理学和心理学的简单相加，而是有机结合，管理心理学作为两者有机结合的产物，在内容体系上理应呈现出自身新的学科形态。

(二)实践任务

管理心理学作为一门学科，它对管理实践不具备直接功能，只具备间接功能，这些间接功能包括服务、指导、咨询等。

1. 为提高组织效率服务

管理心理学的主要任务在于为实现组织目标服务。要实现组织目标，必须提高组织效率。管理心理学之所以能够为提高组织效率服务，是因为当我们掌握了组织管理中个体、群体、组织、领导者的心理活动规律，就可以制定出科学管理方法，提高管理水平和管理艺术。

2. 为人员培训提供指导

要提高组织效率，一要提高管理人员的管理水平，二要提高员工的思想和业务素质。要提高管理人员的管理水平，光靠在实践中摸索是不行的，必须用管理心理学的理论知识武装头脑；要提高员工的思想和业务素质，单凭思想教育和业务训练是不够的，只有依据管理心理学的原理对员工进行思想教育，才能做到有的放矢、深入人心；只有依据管理心理学提供的训练方法对员工进行业务训练，才能提高训练效果。

3. 为科学决策提供咨询

管理心理学通过研究个体、群体、领导者和组织的心理活动规律，可以为领导者的科学决策提供咨询服务，以便使组织更好地适应变革与发展。

二、管理心理学的意义

(一)理论意义

首先，管理心理学对于我们理解组织管理中人的心理现象具有重要意义。我们知道，人脑是宇宙中最复杂、最精密的物质，管理是人类生活中最复杂、最微妙的活动，而管理活动中人的心理现象则是"人脑"与"管理"相互作用的产物。因此，以揭示组织管理中人的心理活动规律为首要任务的管理心理学无疑具有重要意义。其次，管理心理学有助于心理科学的发展。管理心理学的母体学科之一是普通心理学，没有普通心理学提供的理论依据和研究方法，它是难以产生的。反过来，管理心理学的研究成果又可以验证普通心理学的结论，对普通心理学具有"反哺"作用。管理心理学与社会心理学是姊妹关系。社会心理学侧重研究社会情境中的"人一人"关系，管理心理学侧重研究组织系统中的"人一人"关系。它们从不同侧面可加强对人的研究，从而促进社会心理学的发展。最后，管理心理学还有助于组织行为学、文化人类学等学科的发展，限于篇幅，在此不赘述。

(二)实践意义

首先，研究个体心理，可以提高知人善任、合理使用人才的水平。组织中每个成员都有各自的认知、情感和态度，有不同的需要、动机和价值观。通过研究个体心理，一是能够使管理者全面了解组织成员的特点，以便安排与之相适应的工作岗位和职务，真正做到扬长避短、人尽其才、才尽其用，发挥人力资源的最佳效益；二是能够使管理者通过各种有效激励措施，想方设法地吸引人才、培养人才，提高人的素质，挖掘人的潜能，充分发挥人的主动性、积极性和创造性；三是可以为我国目前劳动人事制度改革，为制定选人、用人和育人的政策提供科学依据。

其次，研究群体心理，可以有效协调人际关系，增强群体凝聚力。通过研究群体心理，一是能使管理者掌握协调人际关系的策略，从而有效地协调人际关系；二是能使管理者了解群体心理的各种知识，如群体规范、群体压力、群体决策、群体冲突与沟通等，从而增强群体凝聚力；三是在非正式群体中，人们情趣相投，价值观一致，归属感和友谊需要容易得到满足。如果管理者了解非正式群体的这些特点，一方面可以正确看待非正式群体的存在,另一方面也可以将非正式群体的目标引导到正式群体的目标上来。

再次,研究领导者心理,可以提高领导者素质,改进领导行为,掌握领导艺术,增强领导的有效性。领导者不同的素质、行为和艺术,会造成组织内不同的社会气氛和人际关系,给人的心理和行为产生不同影响。因此,领导者心理是影响整个组织人力资源能否充分发挥的重要因素,是决定事业成败的关键。领导的实质是处理人与人之间的关系。领导者的大量工作是与组织内外各种各样的人打交道。1979年,加拿大管理学家亨利·明茨伯格(H. Mintzberg)在《组织结构》一书中指出,领导者只把不多的时间用于思考和书写,而把绝大多数时间都花在与别人的交谈上。可见,领导者只有学习和研究管理心理学,真正把握各类人员的心理活动规律,才能妥善处理好各种人际关系,提高领导有效性。

最后,研究组织心理,可以掌握组织设计的理论和方法,以便使组织更好地适应环境变化,进行组织变革,增强组织活力,提高组织效率。任何组织都必须随着环境变化而变化,那种静态的或完全不能适应形势变化的组织是难以生存的。尤其在现代社会,环境变化不断加速,更要求组织要随之不断变革以适应环境的不断变化,这对我国当前各类组织进行的改革、转化机制、增强组织活力、提高组织效率,具有很大的现实意义。

第四节 管理心理学的原则与方法

一、管理心理学的基本原则

辩证唯物主义和历史唯物主义为一切科学研究提供了正确的世界观和方法论,无疑是管理心理学研究的指导思想。同时,管理心理学研究还应遵循自身的基本原则。[①]

(一)客观研究与理论指导相结合原则

任何科学研究都必须遵循客观性原则,管理心理学研究也不例外。遵循客观性原则,就是实事求是地反映管理心理的本来面目。心理是人脑对客观现实的主观反映。这一特点决定了使用再先进的仪器设备也难以对其进行直接测量,只能通过言谈举止、表情动作、活动产品以及人际关系状况来间接推知。心理现象人皆有之,不仅研究对象有,研究者也有。为此,研究者必须深入实际,在具体的管理活动中加以客观研究,切忌任何猜测和臆断;对人的行为反应做认真观察,如实记录,资料搜集尽可能完整,不遗漏;要根据资料提供的事实得出结论,对不符合研究者预设的材料要实事求是地认真分析,既不能做简单取舍,更不能用虚假、伪造的材料来"维持"预设。例如,在研究精神奖励与物质奖励对人的激励作用时,就不应抱有某种方式好或某种方式不好的偏见,戴着有色眼镜去过滤事实。

客观研究并不排除理论指导。任何客观研究离开理论的指导都将寸步难行。首先,研究选题需要理论指导。只有这样,我们才能把握管理心理学的前沿,而不至于把前人早已

---

① 朱永新. 管理心理学[M]. 2版. 北京:高等教育出版社,2006:9-11.

研究过的课题当作新课题或者选择与现实管理活动无关的课题。其次，研究设计需要理论指导。管理心理学实验的成功，关键在于实验设计的精细、巧妙和正确。在简化条件下，如何对非常复杂的心理现象进行观察和实验，充分估计被试可能出现的各种情况等，都需要理论作指导。最后，实验数据的处理和得出结论也需要理论指导，否则，科学的研究过程未必能得出科学的结论。

(二)学科间整合与系统探讨相结合原则

管理心理学是一门综合性很强的学科，它与母体学科和相邻学科有密切关系。只有及时注意这些学科的发展动向，从这些学科成果中吸取养料，进行学科整合研究，才能把握管理活动中复杂的心理现象。这就要求研究者要有比较渊博的知识背景，如果局限于管理心理学自身的小天地，对其他学科的新动态、新进展不闻不问，知之甚少，研究必然难以有所突破。

研究管理心理学，不仅要考虑它与相邻学科的联系，也要探讨管理活动的内部关系，遵循系统性原则。因此，研究管理活动中的心理规律，必须从各种因素前后联系、相互作用的关系中加以分析和认识，不能把这些心理现象看作独立存在的东西进行孤立研究。例如，在考察一个组织成功的原因时，如果孤立地看问题，只归结为领导者决策正确或人际关系和谐，那是远远不够的，应该在更为宏观、更为系统的基础上发现导致成功的心理因素的整体效应，才能得出符合实际的科学结论。

(三)继承、引进与改造、创新相结合原则

管理心理学是一门新兴学科，在我国的历史并不长。但是，人类的管理活动是伴随着人类的诞生而开始的。在人类开始管理实践时，也就有了管理心理思想的萌芽。因此，继承我国古代管理心理思想的宝贵遗产，引进外国管理心理学的有益成果，对于建立中国特色管理心理学有着十分重要的意义。著名心理学家潘菽(1897—1988)曾多次指出：要把我国心理学搞上去以适应社会主义现代化建设需要，必须在四条途径方面同时努力：贯彻马克思主义辩证唯物论和历史唯物论的理论指导；密切结合我国社会主义现代化建设的实际；积极而有辨别地引进外国心理学中对我国心理学发展有益的研究成果；发扬我国古代一些宝贵的心理学思想。这番论述对管理心理学也是适用的。我们的研究只有在继承和发扬前人的智慧以及引进和消化国外精华的基础上，才能站在学科发展的前沿。

继承和引进不是目的，目的在于为改造、建构和创新服务。管理心理学的改造、建构和创新以及最根本的要求是中国化，在体系和内容上要符合中国国情。

二、管理心理学的主要方法

(一)经验研究

经验研究是指在不对事物加以干涉和控制的前提下，获得关于事物发展变化的资料，并从中提炼出规律性的东西，包括观察、谈话、问卷、案例研究、临床、个案、经验总结、

活动产品分析、传记调查等多种方法。经验研究在管理心理学研究中运用得比较广泛，常见的有以下几种。

1. 观察法

观察法是有目的、有计划地观察被观察者在一定条件下的言语、行为、表情等反应，并详细记录，认真分析的一种方法。观察者可以以感官为工具，也可以利用录像、录音、照相等现代技术设备为辅助。观察从时间上分有长期观察和定期观察；从范围上分有全面观察和重点观察；从观察者与被观察者的关系上分有参与观察和非参与观察；从观察情境的性质上分有自然观察与控制观察。

为了使观察卓有成效，必须做到：有明确的观察目的，有计划、有步骤地进行；尽可能使被观察者处于自然状态；观察者有时应该采用非参与观察的方法。

观察法的优点是简便易行，自然真实；其缺点是难以深入。

2. 谈话法

谈话法是通过面对面的谈话，直接了解他人心理活动的一种方法。谈话法可分为结构式谈话和无结构谈话。前者是指事先拟订好提纲，系统地搜集所需的资料。如用人单位对应聘者的"面试"就属于结构式谈话。后者是在尊重受访者谈话兴趣的前提下进行自由交流，使其流露出自己内心的真实感受和想法，从而搜集所需资料。

为了使谈话卓有成效，必须做到：把握谈话的方向，不要无的放矢、乱扯一气，而要抓住重点，使谈话顺水推舟；要赢得受访者的信任，必要时可作适当的说明和保证，如讲明对所谈内容绝对保密等。

谈话法的优点是触及内心深处；其缺点是仅凭受访者的口头回答而作出结论缺乏可靠性，因此一般不单独使用，而要与其他方法结合使用。

3. 问卷法

问卷法是通过被试对已经拟订问题的回答，然后汇总回答结果并加以研究的方法。常用的问卷量表中的问题有三种。

(1) 是非题。要求被试就某些问题作出"是"或"否"回答。如：你喜欢与他人在一起工作吗？你为了多拿奖金愿意增加工作时间吗？

(2) 选择题。要求被试从两种并列的假设提问中作出选择性回答。如：我有意见就向上级反映；我面对上级领导总感到胆怯。

(3) 等级排列题。要求被试对多种可能选择的答案，按其重要程度为序进行排列。如：我最喜欢的奖励方式是——上光荣榜，奖金，脱产学习，调休，旅游。

为了使问卷卓有成效，必须做到：采用不记名方式，打消回答者的思想顾虑；为了避免不真实的回答，可在问卷中安排一些相矛盾的问题。如果被试的回答都一样，可将这些不真实的答卷剔除；为了提高效度和信度，调查者要在情感上协调与被试的关系，使之在轻松和谐的气氛中进行。

问卷法的优点是使用方便，统计迅速，可在较短时间内搜集大量资料；其缺点是信度难以保证，缺乏可靠性。

4. 案例研究法

案例研究法是指通过查阅记录、访谈、发放调查表和观察等方式搜集关于某个特定的人或群体的翔实资料，然后进行分析的研究方法。案例研究法特别适用于在新情境中发现问题。

为了使案例研究卓有成效，必须做到：研究者对新事物要有敏锐的洞察力；搜集的资料要翔实，要有驾驭众多资料的能力。

案例研究法的优点是有助于发现新问题；缺点是不适合探究变量间的因果关系，外部效度低，其结果很难外推。

(二) 实验研究

实验研究是在人为干涉与控制的条件下，通过操纵与控制影响事物发展的条件，以引起某种心理现象的发生并发现其中规律性的方法。根据对无关变量的控制情况，实验又可分为前实验(如单组初测复测法)、准实验(如非随机控制组、控制组初测复测法)和真实验(如随机控制组、控制组初测复测法)；根据试验场景不同，实验可分为自然实验和实验室实验。

1. 自然实验

自然实验是指在日常生活和工作中，适当控制条件，以引起某种心理现象发生并加以研究的方法。自然实验在管理心理学研究中应用极多，如霍桑实验中的福利实验，通过提供或免除某些福利措施，研究这些福利措施是否对产量产生影响，就是典型的自然实验。

自然实验的优点是结合日常生活和工作进行，缺点是不容易精密地控制实验条件。

2. 实验室实验

实验室实验是在专门的实验室内，运用一定的仪器和设备，严格控制实验条件，以研究心理现象的方法。管理心理学研究中关于信息沟通等许多实验都是在实验室中进行的。

实验室实验的优点是能够严格控制无关变量对实验结果的影响，可以反复验证；缺点是实验条件具有很大的人为性，往往把复杂问题简单化，使所得结论与实际情况产生一定的差距，因此在研究比较复杂的社会活动时一般不宜使用。

(三) 测验研究

测验研究是介于经验研究与实验研究之间的方法。它在本质上是从一定量的个体中搜集有关某一问题的常模资料，据此编制出测验题目(标准化量表)作为尺度，去研究其他个体。测验研究的类型包括人格测验、能力测验、职业性向测验、态度测验等。在管理心理学中运用得比较多的是标准化测验和社会心理测验。

1. 标准化测验

标准化测验的常模资料必须从标准化样本中产生，应能代表将要研究的总体。韦氏智力测验量表、格塞尔个性量表、明尼苏达多项个性调查等均属于标准化测验。标准化测验量表的编制比较复杂，需要有较高的统计、抽样技术，主持人要经过专门训练，但量表一经制定，运用起来非常方便，具有广泛的适用性。

2. 社会心理测验

社会心理测验由美国精神病学家雅古布·莫里诺(J. Moreno)于1934年创立。莫里诺认为，群体成员间的人际关系具有明显的情感成分，不同性质的人际关系可以引起不同的情感体验，如喜欢、讨厌、漠视等。针对群体成员间的情感联系，可以用**社会心理测量法**(social psychological measurement method)来分析人际关系的性质和特点。他向被试提出诸如"你愿意与谁合作"之类的比较简单的问题，以期发现人与人之间的吸引力与群体聚合力等，并用人际关系矩阵或社交测量图来表示。社会心理测验在管理心理学研究中有着直接的应用，如研究某人(或某群体)的社会地位指数、受拒指数、吸引率、排斥率等。

关 键 术 语

(1) 管理心理学(management psychology)是研究组织管理中人的心理活动规律，以便改进管理方式、提高组织效率、保证组织良性发展的心理学分支学科。

(2) 组织行为学(organizational behavior)是研究组织系统中人的行为规律(如个体行为、群体行为、领导行为和组织行为)的学科，是一门交叉学科或边缘学科。

本 章 要 点

(1) 管理心理学主要研究个体心理管理、群体心理管理、领导者心理管理、组织心理管理等内容。

(2) 管理心理学的母体学科是普通心理学和管理学，它的邻近学科主要是社会心理学、组织行为学、文化人类学。管理心理学一方面从这些学科中广泛地摄取养料以充实自己，另一方面也为这些学科提供素材以"反哺"这些学科。

(3) 管理心理学的理论任务：揭示组织管理中人的心理活动规律；构建概念体系、理论体系和内容体系；发展并完善研究方法、手段与根据，建立中国特色管理心理学。管理心理学的实践任务：为提高组织效率服务，为人员培训提供指导，为科学决策提供咨询。

(4) 学习和研究管理心理学的实践意义：研究个体心理，可以提高知人善任、合理使用人才的水平；研究群体心理，可以有效协调人际关系，增强群体凝聚力；研究领导者心理，可以提高领导者素质，改进领导行为，掌握领导艺术，增强领导有效性；研究组织心理管理，可以掌握组织设计的理论和方法，以便使组织更好地适应环境的变化，进行组织变革，增强组织活力，提高组织绩效。

(5) 研究管理心理学应遵循三条原则：客观研究与理论指导相结合原则；学科间整合与系统探讨相结合原则；继承、引进与改造、创新相结合原则。

(6) 管理心理学研究方法包括三大类：一是经验研究，包括观察法、谈话法、问卷法和案例研究法；二是实验研究，包括自然实验和实验室实验；三是测验研究，包括标准化测验和社会心理测验。

练习与思考

一、名词解释题

管理心理学、组织行为学

二、单项选择题

1. 管理心理学的母体学科是管理学和(　　)。
   A. 社会心理学　　　　　　　　　　B. 普通心理学
   C. 认知心理学　　　　　　　　　　D. 实验心理学
2. 下列选项中，不正确的是(　　)。
   A. 管理的主体是组织
   B. 管理是为了实现组织目标
   C. 管理的对象是具有一定职权的个人或群体
   D. 管理的核心是人

三、填空题

1. 管理心理学的内容体系包括个体心理、群体心理、领导者心理和组织心理四个部分。其中研究个体心理的目的在于_____，研究群体心理的核心是_____。
2. _____是组织的基本职能，是组织生存和发展的手段。

四、思考题

1. 为什么说管理心理学是介于管理学和心理学之间的交叉学科或边缘学科？
2. 如何理解管理心理学与组织行为学的异同或关系？
3. 什么是观察法、谈话法、问卷法、案例研究法？试比较这四种研究方法的优缺点。

五、分析题

有人将管理心理学定义为"是运用心理学的原理和方法，研究管理活动中人的心理现象、心理过程及其规律，使个人或组织提高效率的一门科学"，请分析这一定义存在的错误。

参 考 文 献

[1] 安德列耶娃. 社会心理学[M]. 南开大学社会学系，译. 天津：南开大学出版社，1984.
[2] 崔景贵. 我国职业教育心理学发展的困境与变革[J]. 职业技术教育，2006(22)：68-71.
[3] 景怀斌. 管理心理学[M]. 北京：科学出版社，2009.
[4] 刘永芳. 管理心理学[M]. 2版. 北京：清华大学出版社，2016.
[5] 鸣中. 现代管理的若干问题：美国西蒙教授讲学记[J]. 管理现代化，1983(3)：41-42.
[6] 牧之，张震. 管理要读心理学[M]. 北京：新世界出版社，2007.

[7] 夏国新，张培德. 新编实用管理心理学[M]. 北京：中央民族大学出版社，1999.

[8] 俞文钊. 管理心理学(修订本)[M]. 兰州：甘肃人民出版社，1989.

[9] 张昱. 论组织行为学与管理心理学的区别和联系[J]. 中南财经大学学报，1994(2)：115-122.

[10] 张正明，徐泰玲，赵铁民，等. 管理心理学理论与方法[M]. 北京：中央民族大学出版社，1997.

[11] 朱永新. 管理心理学[M]. 2版. 北京：高等教育出版社，2006.

[12] 周斌. 论行为科学、组织行为学与管理心理学的区别与联系[J]. 四川教育学院学报，2002(5)：25-26.

第二章 管理心理学的产生与发展

忘记历史就意味着背叛。

——列宁

【学习目标】

- 识记人群关系理论、群体动力理论、需要层次理论等概念。
- 了解管理心理学产生的时间和历史背景;西方管理理论发展脉络;行为科学学派对管理心理学产生所作出的贡献;中国管理心理学兴起的时间、历史背景和发展概况。
- 理解管理心理学产生的意义和发展概况。
- 掌握工业心理学、人群关系理论、群体动力理论、需要层次理论对西方管理心理学产生所作出的贡献。

【引例】

中国古代管理心理思想

中国古代就有着非常丰富的管理心理思想。例如春秋末期军事家孙武在《孙子兵法·计篇》曾经写道:"道者,令民与上同也,故可以与之死,可以与之生,而不畏危。"翻译成白话文就是:君主做人的根本道理,就是要让民众和君主的意愿一致、上下同心。这样,战争年代他们可以和君主一起共赴生死而不畏惧危险,和平年代他们可以和君主一起共享太平。孙武强调上下同心、意愿一致的重要性,在今天看来仍然是十分重要的管理心理学思想。

西方管理心理学产生于什么时候?它是在什么历史背景、学科背景下产生的?它的产生有何重要意义?它的发展状况如何?中国是否有自己的管理心理学?如果有的话,它兴起于什么时候?其历史背景怎样?其发展状况如何?对于这些问题,本章将分两节来回答。

第一节 西方管理心理学的产生与发展

在本节的后续叙述中,我们把"西方"二字给省略掉。这样做是出于两方面的考虑:一是为了方便叙述;二是严格意义上的管理心理学也的确是产生在以美国为首的西方,而且目前大部分管理心理学研究也是在以美国为首的西方进行的。因此,用"管理心理学"替代"西方管理心理学"这样的表述方法应该是说得过去的。

一、管理心理学产生的时间

管理心理学是一门既古老又年轻的学科。[①]说它古老,是因为自从有了人类就有了管理实践,也就有了管理心理萌芽;说它年轻,是因为直到20世纪中叶管理心理学才成为一门独立学科。

管理心理学产生于什么时间?对此,国内绝大多数管理心理学教材要么只字不提,似乎压根儿就没有这回事;要么语焉不详,似乎根本就不值一提。割裂一门学科的历史,它岂不成了无源之水、无本之木?了解一门学科的历史,是研究这门学科的必修课。有鉴于此,国内极少数研究者表达了自己的观点:朱永新(2006)[②]认为产生于1912年;卢盛忠(1998)[③]认为产生于1945年;熊川武(1996)[④]认为美国斯坦福大学教授哈罗德·莱维特(H.Leavitt)1958年出版《管理心理学》一书,意味着管理心理学作为一门独立学科开始登上历史舞台。

上述三种观点不存在孰是孰非问题,因为每个研究者看问题的角度不同,立论依据不同,所得结论自然也就不同。不过,绝大多数人都趋向于赞同第三种观点,即以1958年美国斯坦福大学莱维特教授出版《管理心理学》一书作为管理心理学产生的标志。可见,管理心理学还是一门年轻学科,迄今不足60年历史。

【专栏2-1】

哈罗德·莱维特教授

哈罗德·莱维特(H. Leavitt),美国斯坦福大学商学院心理学教授,先后在哈佛大学获得学士学位,在布朗大学获得硕士学位,在麻省理工学院获得哲学博士学位。在供职于斯坦福大学之前,曾先后在芝加哥大学、卡内基梅隆大学任教。也曾在伦敦商学院和位于法国的欧洲商学院(INSEAD)任教。他的《管理心理学》一书已发行第5版,计有18种语言。另外著有《企业拓荒者》(Corporate Pathfinders),与琼·李普曼-布鲁门(J. Lipman-Blumen)合著有《热情团队》(Hot Groups)等书。他的论文曾经刊载于《哈佛商业管理评论》《行政科学季刊》《管理科学》等诸多专业期刊。

(资料来源:哈罗德·莱维特.自上而下:永恒的层级管理[M](作者简介).李维安,周建泽,译.北京:商务印书馆,2012)

管理心理学为什么产生在1958年这个时间点?或者说,管理心理学为什么产生在1912年至1958年这个时间段?因为管理心理学的产生是和社会化大生产分不开的,而社会化大生产又是与生产力发展和科学技术发展紧密联系的。

---

① 朱永新. 管理心理学[M]. 2版. 北京:高等教育出版社,2006:18.
② 朱永新. 管理心理学[M]. 2版. 北京:高等教育出版社,2006:48.
③ 卢盛忠. 管理心理学[M]. 3版. 杭州:浙江教育出版社,1998:12.
④ 熊川武. 学校管理心理学[M]. 上海:华东师范大学出版社,1996:4.

第二章 管理心理学的产生与发展

19世纪末至20世纪50年代，是西方资本主义从自由竞争过渡到资本垄断的时期，也是两次世界大战爆发并结束的时期。资本主义迅速发展和两次世界大战，西方国家必然要求其经济实力快速发展。但在经济迅速发展的同时，也出现了资本迅速向少数人手中集中、市场竞争激烈、劳资矛盾日益尖锐等问题。面对这些问题，一些有远见的企业家认识到，要提高生产效率并在竞争中取胜，提高员工素质、缓解劳资矛盾是必须首先要解决的问题，于是邀请心理学家围绕人的态度、动机等课题开展研究，这些研究成果为企业管理改革提供了理论依据，在资本主义经济发展中发挥了重要作用。而人的动机、态度等课题正是管理心理学所要研究的，因此管理心理学是在20世纪50年代社会化大生产这一特定社会历史背景下产生的。

二、管理心理学产生的学科背景

前面，大致介绍了管理心理学产生的历史背景。其实，管理心理学的产生还有自己的学科背景，管理学和心理学对它的产生都作出了重要贡献，其中心理学的贡献最大。

(一)管理学的贡献

早在几千年前，人类就有了许多管理杰作。中国修筑万里长城、疏浚京杭大运河、古埃及建造金字塔以及威尼斯兵工厂实施"流水作业"等，就是典型例子。管理活动如此之古老，以至有人断言：人类的文明、管理和社会阶层制度三者是同时形成的。①不过，对管理实践做理论研究并逐步发展成为一门科学，则始于18世纪后半叶工厂的出现。此后，管理经历了下列三个阶段。

1. 传统管理阶段(18世纪后半叶至19世纪上半叶)

该阶段的特点是：出现了工厂，但工厂管理还有家庭作坊式管理痕迹；企业资产权和经营权为业主所有；业主凭个人意志进行管理，工人凭经验进行生产，工人培训采用师徒传授办法；用经验分析和定性分析评价工人的劳动效率；工人只是机器的附庸，劳动积极性低，企业生产的唯一目的是攫取最大利润等。

随着社会发展和企业间竞争加剧，如何解决工人劳动效率低下的问题已显得十分迫切，企业管理开始受到少数人的重视。英国经济学家阿尔弗雷德·马歇尔(A.Marshall)最先把"管理"加入到土地、劳动力和资本的生产要素之列；英国乌托邦社会主义者罗伯特·欧文(R.Owen)最早注意到企业内人力资源的重要性，试行改进工作条件、缩短工人工作时间等一系列改革措施；英国科学家查尔斯·巴贝奇(C.Babbage)提出劳动分工并采用数学方法对生产要素进行分析，以有效使用设备和原材料。

2. 科学管理阶段(19世纪下半叶至20世纪20年代)

该阶段的特点是：企业资产权和经营权分离；管理成为一种职业，出现了经理、厂长；管理开始向系统化、标准化和科学化方向发展；诞生了"科学管理""计划管理"和"组

---

① S.Piggott(ed). The Dawn of Civilization[M]. *New York: McGraw-Hill Book Co*.1961.

织管理"等理论，管理成为一门科学。

美国管理学家弗里德里克·泰勒(F.Taylor)是科学管理理论创始人、"科学管理之父"。他在《科学管理原理》(1911)一书中系统地论述了自己的科学管理理论，其中最著名的是提出**泰勒制**(Taylor system)。泰勒制"既是资产阶级剥削的最巧妙的残酷手段，又包含一系列最丰富的科学成就"。[①]

法国思想家亨利·法约尔(H.Fayol)是计划管理理论创始人。他在《一般工业管理》(1916)一书中系统地论述了自己的管理理论，其中最著名的是提出了管理的基本职能——计划、组织、指挥、协调和控制，这五项基本职能至今仍被管理学界所公认。

德国社会学家马克斯·韦伯(M.Weber)是组织管理理论创始人。他在《社会和经济组织理论》(1910)一书中论述了组织、权力、领导等一系列问题。其中最著名的是提出官僚结构(bureaucracy)组织模式，认为组织是一个权力集中、职责明确、管理严格的金字塔式结构。

【专栏2-2】

弗里德里克·泰勒

泰勒从1874年起在一家小型公司当学徒，1878年以后，先后在宾夕法尼亚州的米德维尔公司和伯利恒钢铁公司做工。他在6年之内从普通工人晋升为领班、车间工长、车间主任、总机械师，直至总工程师。他对工人低效率工作一直感到不满，并试图用科学方法来改变这种状况。1900年前后，他在伯利恒钢铁公司进行了著名的"搬运生铁"试验。该厂积压了8000吨生铁，由于美国和西班牙之间爆发战争，[②]生铁价格暴涨，该厂急需出售这批生铁以获利，要求工人把生铁搬运到离存放地不足10米处的铁路货车上。当时，工人的日均搬运量仅有12.7吨。为了提高生产效率，泰勒为工人设计了一套标准动作和作息时间，使工人日搬运量提高到47～48吨。搬运生铁试验被称为"时间—动作分析"试验，又称"时动研究"或"功效研究"。泰勒后来又相继进行了一系列实验，创立了一套管理制度——泰勒制。泰勒制的基本内容是"三定"：定标准作业方法；定标准工作时间；定日工作量。

(资料来源：MBA智库百科，http://wiki.mbalib.com/wiki/弗里德里克·泰勒)

泰勒、法约尔和韦伯在管理学历史上的地位是同等重要的，他们的代表作《科学管理原理》《一般工业管理》和《社会和经济组织理论》同是经典著作，分别代表了这一历史时期管理理论发展的三个重要方面：科学管理理论、计划管理理论和组织管理理论——统称为"古典管理理论"。泰勒侧重于研究基层管理，法约尔侧重于研究高层管理，韦伯侧重于研究组织管理。由于法约尔的《一般工业管理》[③]1949年才被翻译成英文，韦伯的《社会和经济组织理论》[④]1947年才被翻译成英文，因而泰勒在当时的影响最大。

---

① 列宁. 列宁选集(第3卷)[M]. 中共中央马恩列斯编译局译. 北京：人民出版社，2004：492.
② 19世纪末，美国打着帮助古巴独立的旗号，与西班牙曾发生短暂战争。1898年4月，美国对西班牙宣战。同年5月和7月，美国海军先后在菲律宾和古巴击溃了西班牙舰队。同年12月，美国和西班牙在巴黎签署的合约规定：西班牙放弃对古巴的主权。西班牙撤军后，古巴由美国占领，并将菲律宾、波多黎各、关岛让与美国。通过这场战争，美国以很小的代价获得了新的领土。这场战争实际上是自美国独立后以战争扩张领土的一部分。
③ Fayol, H. General industrial management[M]. *London: Pitman*. 1949.
④ Weber, M. The theory of social and economic organization[M]. *Oxford: Oxford University Press*. 1947.

3. 现代管理阶段(20世纪20年代至80年代)

该阶段的特点是："三论"和电脑技术被广泛地应用于管理，管理的科学性与有效性得到极大提高；管理由静态转向动态，评估员工工作效率由定性分析转向定性与定量分析相结合，领导者决策从依靠经验判断转向以科学研究为基础，并发挥专家智囊团的参谋作用；管理由"重物轻人"转向以人为核心；把组织看成是一个开放的社会系统；组织管理的任务是对组织作整体、综合和全方位分析，实现内部要素与外部环境的动态平衡，使组织的方案、计划、设计、决策得以优化；重视提高劳动者素质，重视引进和培养有潜力的管理人才和科技人才，要求管理人员和科技人员具有创新意识和超前意识。

现代管理阶段还有一个最大特点——管理理论迅速发展成为一个庞大系统。据美国管理学家哈罗德•孔茨(H.Koontz,1980)在《再论管理理论的丛林》一文中统计，从第二次世界大战至今，管理理论至少已经发展到11个学派：经验或案例学派，人际行为学派，群体行为学派，合作社会系统学派，社会技术学派，决策理论学派，系统学派，数学学派或管理科学学派，应变学派或因地制宜学派，管理角色学派，综合学派。难怪瑞士经济学家肯德曾断言："19世纪是工业世纪，20世纪则作为管理世纪而载入史册。"①

上述众多学派又分为并行发展的两大学派——**管理科学学派**(scientific management school)和**行为科学学派**(the behavioral science school)。管理科学学派实际上是泰勒制的继续和发展。所不同的是，这一学派运用现代科技成就，注重数理统计方法，注重运用计算机，研究重点在于用科学方法实现组织的最佳决策，研究内容比泰勒制更为广泛。行为科学学派强调从心理学、社会学角度研究管理问题。它重视社会环境和人际关系对提高工作效率的重要影响。具体来说，行为科学学派认为生产效率不仅受物理因素、生理因素的影响，更受社会因素、心理因素的影响。

通过以上分析可知，管理科学学派强调技术因素，忽视社会因素和心理因素的作用；行为科学学派重视管理中的社会因素和心理因素。如果说管理科学学派对管理心理学产生并没有直接作用的话，那么行为科学学派对管理心理学的产生则具有直接推动作用。因为行为科学学派将管理重点由"物"转向人，重视管理中的社会因素和心理因素，这恰恰是管理心理学产生的标志。正是从这个意义上说，管理学对管理心理学的产生作出了重要贡献。

【专栏2-3】

> 管理经历了传统管理、科学管理和现代管理三个阶段。传统管理阶段只有管理思想，没有管理理论；科学管理阶段管理成为科学，有了管理理论，分别是"科学管理理论""计划管理理论"和"组织管理理论"——统称为"古典管理理论"；现代管理阶段管理理论迅速发展并成为一个庞大系统，这些理论分为并行发展的两大学派——管理科学学派和行为科学学派，其中行为科学学派对管理心理学的产生具有直接推动作用。

(二)心理学的贡献

管理心理学的产生更是与心理学的贡献分不开。心理学的理论和方法广泛地应用于工

---

① [苏]波波夫. 管理理论问题[M]. 北京：中国社会科学出版社，1983：3.

业管理实践，相继出现了工业心理学、人群关系理论、群体动力理论、需要层次理论，从而为管理心理学奠定了坚实的理论基础，使管理心理学的产生由需要变为可能。

1. 工业心理学(industrial psychology)

据美国四卷本《工业与组织心理学手册》(1990—1994)记载，最早将心理学应用于工业领域的是美国学者沃尔特·斯科特(W.Scott)。1901年12月20日，斯科特向芝加哥的一些企业家讲述心理学在广告方面的应用潜力，受到了人们的重视，并于1903年出版了《广告原理》一书。1914年美国心理学家、科学管理创始人之一莱莲·吉布尔雷斯(L.Gilberth)[①]出版了自己的博士论文《管理心理学精神在批判、指导和实施最少浪费方法中的作用》(亦译为《管理心理学》)。这本著作尽管以"管理心理学"命名，但它研究的内容仍然属于工业心理学范畴。不过，无论是斯科特还是莱莲·吉布尔雷斯，都只是将心理学知识应用于工业的个别领域，真正将心理学知识广泛地应用于工业领域的是德裔美籍心理学家雨果·闵斯特伯格(H.Munsterberg)。1913年他出版了《心理学与工业效率》一书，标志着工业心理学的兴起。闵斯特伯格认为，当时人们的注意力主要是放在材料和设备上，虽然已经有人注意到工人的心理状态，如疲劳、工作单调、工作报酬、兴趣、情绪等问题，但这些问题都是由一些门外汉来处理，因而很少有科学理解。《心理学与工业效率》的内容主要包括三个方面：①有最好的工人——研究工作对人的要求，识别最适合从事某种工作的人应具备什么样的心理特点，将心理学的实验方法应用于人员选拔、职业指导和工作安排等方面。②有最适合的工作——研究和设计适合人们工作的方法、手段与环境，以提高工作效率。闵斯特伯格发现，学习和训练是提高工作效率最为经济的方法和手段，物理的和社会的因素对工作效率虽然都有影响，但在工作中创造适宜的"心理条件"极为重要。③有最佳的效果——用合理的方法在商业中也同样可以确保资源的合理利用。闵斯特伯格的研究成果广泛地应用于职业选择、劳动合理化、改进工作方法和建立最佳工作条件等方面。其中，选择适合于工人体力、心理特征的工作条件，在当时不仅是生产力增长的重要因素，也是缓解劳资矛盾的重要条件。由于闵斯特伯格在工业心理学领域作出了不可磨灭的贡献，开辟了工业心理学的研究方向和道路，因而被誉为"工业心理学之父"。

工业心理学由于涉及的面还不是很广，思路比较狭窄，甚至缺乏相对充分的证据，因而未能引起更为广泛的注意，但是它在客观上却起到了为管理心理学开先河的作用。

【专栏2-4】

雨果·闵斯特伯格——工业心理学之父

雨果·闵斯特伯格(1863—1916)：工业心理学之父，1863年6月1日出生于德国的但泽，1882年毕业于但泽大学预科学校，继而先后求学于瑞士日内瓦大学、德国莱比锡大学和海德堡大学。在莱比锡大学期间，师从现代科学心理学创始人、著名心理学家冯特，并于1885年获得心理学博士学位。后移居美国，应美国著名心理学家詹姆斯的邀请来到哈佛

[①] 莱莲·吉布尔雷斯和弗克兰·吉布尔雷斯(F. Gilberth)夫妇均为美国心理学家、科学管理理论创始人之一，与人合著有《动作研究》《应用动作研究》《疲劳研究》《时间研究》等。

大学，1892 年在哈佛大学建立心理学实验室并担任主任。在那里，他运用实验心理学方法研究了大量的问题，包括知觉、注意等问题。他对用传统心理学研究方法研究工业中的实际问题十分感兴趣。因此他的心理学实验室成为工业心理学的活动基地，成为后来工业心理学运动的基石。1914 年第一次世界大战爆发，他因效忠自己的祖国即作为支持战争的非正义方的德国而受到人们的排斥，导致精神抑郁，于1916年去世。

（资料来源：MBA 智库百科，http://wiki.mbalib.com/wiki/雨果·闵斯特伯格）

2. 人群关系理论（human relations theory）

工业心理学虽然把心理学引入工业领域，但它只局限于从个体心理出发，研究诸如物质条件和报酬等因素对个体工作效率的影响，未能注意到人的心理因素对工作效率的影响，因而并未真正促成管理心理学的产生。直到**霍桑实验**(Hawthorne experiment)，由于它揭示了人的心理因素对工作效率的重要影响，并在此基础上创立了人群关系理论，从而为管理心理学的产生奠定了坚实的理论基础。

1) 理论概述

美国心理学家乔治·梅奥(G.Mayo)在 1927 年至 1932 年间领导了霍桑实验的后两项实验——访谈实验和群体实验，①并获得了大量资料，他对这些资料做深入分析后于 1933 年出版了《工业文明的人类问题》一书，书中提出了著名的人群关系理论(又称人际关系理论)。人群关系理论②认为：①人不是经济人而是社会人，影响人的生产积极性的不仅有物质因素还有心理因素；②生产效率高低不仅受劳动环境、工作方法等物质因素的影响，还取决于职工的工作情绪；③在正式群体内部还存在非正式群体，它控制着每个成员的行为，还可以影响整个正式群体中人的行为。

2) 不足与意义

(1) 局限性：对人的社会、心理因素缺乏全面深入考察；比较片面地强调把提高工人满意感作为提高生产效率的主要途径。③

(2) 意义：①为管理实践指明了新的方向，即管理者要重视人的社会、心理因素；②使管理理论有了新的突破，标志着行为科学学派的形成；③"霍桑实验是管理心理学的先驱性研究"④，人群关系理论"为相对成熟的管理心理学的降生注入了催生素"⑤，为管理心理学产生奠定了坚实的理论基础。

【专栏 2-5】

霍桑实验

霍桑实验又称霍桑研究，是 1924—1932 年在美国芝加哥西方电气公司所属霍桑工厂进

---

① 国内许多管理心理学教材都直接或间接地说梅奥领导并参与了霍桑实验的全部过程，这种看法是不准确的。梅奥事实上只领导并参与了霍桑实验的后两项实验，但这并不能抹杀他的成就。
② 黄希庭. 简明心理学辞典[Z]. 合肥：安徽人民出版社，2004. "人群关系理论"词条.
③ 俞文钊. 管理心理学[M]. 2 版. 兰州：甘肃人民出版社，1989：64.
④ 卢盛忠. 管理心理学[M]. 3 版. 杭州：浙江教育出版社，1998：10.
⑤ 熊川武. 学校管理心理学[M]. 上海：华东师范大学出版社，1996：4.

行的一系列实验。霍桑工厂是一个从事电话、电报设备制造且有着2.5万名工人的大厂。该厂有较完善的娱乐设施、医疗制度和养老金制度等,但工人仍然愤愤不平,生产效率不够理想,这种情况使管理当局颇为不解。为探明原因,1924年11月美国国家科学院所属的全国科学研究委员会组成了一个由各方面专家组成的研究小组,在霍桑工厂进行实验研究。

(1) 照明实验:研究小组挑选了一批女工,把她们分成两组,即实验组和对照组,两个组都干同样的活——装配电话继电器。对她们进行照明实验的目的是想探明照明条件与生产效率之间的关系。实验时对照组的照明度保持不变,实验组的照明度则逐渐增加,如从24支烛光逐渐增加到46支、76支等。结果表明,两组产量几乎等量上升。研究者曾设想,增加照明度会使产量上升。实验组的产量随着照明度逐渐增加而上升在意料之中,但对照组的产量也同样上升却出乎研究者的意料。于是研究者又采取相反的措施进行实验,结果表明,尽管照明度一再下降,但实验组的产量并没有显著下降。看来,照明强度并不是影响生产效率的重要因素。

(2) 福利实验:由于照明实验结果与研究者的设想不一致,于是他们又进行了福利实验,目的是探明福利措施与生产效率之间的关系。实验对象、从事工种与照明实验阶段相同。所谓福利措施是指缩短工时、延长休息时间、提供免费茶点等。研究者设想,增加或取消福利措施会使产量上升或下降。其具体做法是:执行一段时间的福利措施后又取消,以观察前后的产量变化。结果表明,执行福利措施期间的产量未见明显提高,取消福利措施后的产量不仅没有下降反而有所上升。看来,福利措施的有无也不是影响生产效率的重要因素。

照明实验和福利实验持续了近3年,其结果使研究者感到茫然。既然照明、福利等物质条件不是影响生产效率的重要原因,其中的原因究竟是什么呢?于是研究者邀请哈佛大学工业心理学副教授梅奥等人参加研究。梅奥于1927年冬应邀来到霍桑工厂后,组成了一个新的研究小组,继续进行实验研究。这个研究小组的主要成员有罗特里斯伯格和西方电气公司的乔治·潘诺克、威廉·狄克逊等。梅奥等人对前述两项实验进行深入分析后发现,实验中生产效率提高的原因是:让工人在特定条件下进行劳动,工人认为这是管理当局对他们的格外重视,而且实验过程中管理者与工人之间、工人与工人之间关系融洽。梅奥等人由此推论,良好的心理状态与人际关系比照明、福利等物质条件更为重要,更有利于提高工效。于是梅奥着重从社会心理因素方面考虑问题,组织了访谈实验和群体实验。

(3) 访谈实验:1927—1931年,梅奥等人用了3年多的时间对工人进行访谈,受访工人达21126人次。每次谈话时间从0.5小时到1.5小时不等,谈话内容不受限制,研究者只是耐心地倾听工人对厂方的意见和不满,不做任何解释、反驳和训斥,只做详细记录。这项访谈实验收到了意想不到的效果,产量大幅度提高。研究者解释个中缘由:谈话使工人长期以来对工厂工作环境、待遇、管理制度、管理方法等方面的不满发泄出来,感到心情舒畅;通过访谈使领导者了解到工人的不满,进而调整了管理方法,创造了一种较为融洽的心理气氛。

(4) 群体实验:在访谈实验中,梅奥等人感到在工人中似乎还存在着一些自发形成的"非正式群体"在起作用,于是又安排了电话交换机布线小组进行实验(1931—1932)。这个小组有 14 名男工，其中 9 名绕线工，3 名焊接工，2 名质检工。这个小组实行"计件工资制"，但以小组的总产量为基础付给每个工人工资。梅奥等人原先设想，实行这种特殊的工资发放办法，可能会使工人更加努力工作，以便得到更多报酬。6 个月的实验发现，这个小组的产量总是维持在某种固定水平。如厂方给焊接工规定的定额是每人每天焊 7312 个接点，而工人则"自定"标准为每天焊 6000~6600 个接点。进一步调查发现，这个小组有自己的一套规范：谁也不能干得太多，以突出自己；谁也不能干得太少，以影响全组产量。他们还约法三章，不准向管理者告密，违者将受到惩罚。这样做的目的，是为了避免厂方提高定额或者裁减人员。成员用他们自己确定的"规范"来保护群体的利益。梅奥发现，非正式群体不仅有自己的规范，而且成员间有特殊情感，这些规范和特殊情感左右着成员的行为。首先，成员非常看重他们自定的规范，为了符合小组规定的产量，有些工人在产量较多时会隐瞒产量并放慢工作速度，避免成为"冒尖者"；在产量较少时也会加快速度以免成为"落后者"。其次，成员之间为了避免伤害情感，宁愿放弃物质利益的诱惑。最后，成员对小组的利益非常重视，不允许向管理者告密等任何不利于他人的事。

在霍桑实验基础上，梅奥分别于 1933 年和 1945 年出版《工业文明的人类问题》和《工业文明的社会问题》两部名著，从而奠定了他作为工业社会心理学创始人的地位。

(资料来源：MBA 智库百科，http://wiki.mbalib.com/wiki/乔治·埃尔顿·梅奥)

3. 群体动力理论(group dynamics theory)

1939 年德裔美籍心理学家库尔特·勒温(K.Lewin)创了立群体动力理论。该理论[①]认为，群体不是静止不变的，而是在不断地相互作用和相互适应，群体行为大于个体行为的总和。群体动力理论为管理心理学研究群体心理奠定了理论基础。

4. 需要层次理论(need hierarchy theory)

1943 年美国心理学家亚伯拉罕·马斯洛(A.Maslow)创立了需要层次理论，该理论[②]认为，人类价值体系中有两种需要：一是沿着生物谱系上升而逐渐变弱的本能需要，即低级需要或生理需要；二是随着生物进化而逐渐显现出来的潜能，即高级需要或心理需要。这两类需要共分为生理需要、安全需要、归属和爱的需要、尊重需要、自我实现需要五个层次。只有低级需要得到满足，高级需要才有可能得到满足；只有高级需要得到满足，才能产生令人满意的主观效果。需要层次理论在管理实践上促进了"参与管理"方式的兴起，在管理理论上为激励理论打下了坚实的基础。

综上，管理学和心理学对管理心理学的产生都作出了重要贡献，但它们的作用却各不相同，它们各自的作用可以用图 2-1 来表示。

---

① 黄希庭. 简明心理学辞典[Z]. 合肥：安徽人民出版社，2004. "群体动力理论"词条.
② 黄希庭. 简明心理学辞典[Z]. 合肥：安徽人民出版社，2004. "需要层次理论"词条.

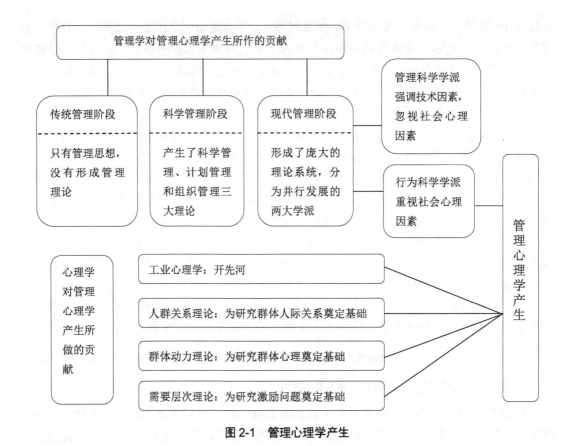

图 2-1　管理心理学产生

【专栏 2-6】

> 管理心理学的产生有着 45 年的心理学理论准备过程(从 1913 年工业心理学兴起到 1958 年管理心理学成为一门学科)。其中，工业心理学为管理心理学的产生开了先河，人群关系理论为管理心理学的降生注入了催生素，群体动力理论为管理心理学研究群体心理奠定了理论基础，需要层次理论为管理心理学研究激励问题奠定了理论基础。

三、管理心理学产生的意义

(一)管理心理学的产生，标志着管理重点已经由"物"转向人

我们知道，管理的对象是组织系统中的人和"物"(财、物、事、时间、信息)。管人，使人尽其才；管财，使财尽其利；管物，使物尽其用；管事，使事情的处理恰到好处；管时间，就是讲究办事的速度和效率；管信息，使信息沟通渠道畅通。对人和"物"的管理孰重孰轻？自然是前者，因为管财、管物、管事、管时间、管信息，都要靠人去做。长期以来，不少管理者特别注重管"物"而忽视管人，对人缺乏起码的关心和尊重。结果是，组织的规章制度虽然严密了，而人心却涣散了；组织的科学化、专业化程度虽然提高了，而人的工作效率、质量却降低了；组织的外部显性环境建设虽然上去了，而组织的内部隐性环境诸如凝聚力、人际关系等却被忽视了。管理心理学的产生，恰恰在于强调管理的核

心是人。关于这一点,即使进入现代社会的信息化管理时代也不例外。例如,一个校长能够让所有教职工都按时上下班,但却不能保证每个教职工都能积极主动的工作。这说明,要调动人的积极性,就必须深入研究人的心理活动规律,并遵循人的心理活动规律进行管理。

(二)管理心理学的产生,标志着工业心理学研究的深入

最早使用"管理心理学"术语的是莱莲·吉布尔雷斯。1914年,她出版了自己的博士论文《管理心理学精神在批判、指导和实施最少浪费方法中的作用》。这本著作尽管以管理心理学命名,但它研究的内容仍然属于工业心理学的范畴。也就是说,在莱维特之前,所有研究心理学知识在工业中应用的著作,都属于工业心理学范畴。将工业心理学更名为管理心理学,标志着工业心理学研究的深入。

(三)管理心理学的产生,是对泰勒制的否定

泰勒制的创立与应用,虽然有力地推动了20世纪二三十年代美国经济的发展,但却存在着明显的缺点。首先,泰勒把一切都标准化,把人看作机器的奴隶,甚至把人当成没有情感的机器,一味地强调纪律与服从,对工人的思想情感漠不关心。他认为,如果人能像牛一样愚蠢,就可以俯首帖耳地按照他所设计的标准动作进行工作,生产效率就会很高。其次,他主张把管理者和工人严格分开,反对工人参与管理,这在客观上影响了工人的生产积极性,降低了生产效率,进一步激化了企业内部的矛盾。

(四)管理心理学的产生,反映了社会化大生产的客观要求

二战结束后,西方世界出现相对稳定时期,经济开始复苏,但也出现了资本迅速向少数人手中集中、市场竞争激烈、劳资矛盾日益尖锐等问题。面对这些问题,一方面资本家需要寻找新的理论和剥削方式,以平息工人日益增长的不满情绪和业已激化的劳资矛盾;另一方面,随着工人文化素质的不断提高,仅凭鞭子、棍棒、纪律和金钱刺激等已经无法有效地监督工人的劳动和激发工人的积极性,人的因素在生产中的重要性显得越来越突出,管理心理学正是在这种大背景下产生的。

四、管理心理学的发展概况

管理心理学产生之后,随即引起苏联、法国、日本、澳大利亚等许多国家的重视,其理论和方法被广泛地传播和应用,取得了一大批重要成果。尤其是管理心理学与人事心理学、劳动心理学、工程心理学、消费心理学等日益交叉、相互影响,不仅对激励工人、缓解劳资矛盾、强化资本主义企业管理起到了重要作用,而且推动着管理心理学迅速走向繁荣。

(一)理论依据的变化

由人性论向系统观转变,是管理心理学理论依据变化的第一个特点。20世纪30年代,

管理心理学的理论依据主要是人性论。由人性恶与人性善演绎出来的X理论与Y理论，对管理思想、激励方式、组织方式等方面的影响构成了管理心理学的重要理论依据。后来的Z理论看到了民族文化对劳动的组织作用。从20世纪50年代起，信息占有量成为衡量组织功能的重要标志，组织结构不得不以尽快传递信息为目的，系统理论成为管理心理学的重要理论依据。组织目标已从人性的"X"理论和"Y"理论求稳转向求变，以适应环境的变化。

由普通心理学向社会心理学转变，是管理心理学理论依据变化的第二个特点。在早期研究中，管理心理学更多地运用认知观点，重视个体的知觉、需要、态度等对动机的影响，个体对信息的选择、接收与处理特点对他人、自己及情境认知的影响。现在，社会认知理论、归因理论、行为控制理论等在管理心理学中得到广泛应用，目标设置理论、认知资源理论以及各种决策理论在管理心理学中得到了进一步发展。

(二)研究内容的变化

管理心理学研究的内容，从研究个体心理、群体心理转向组织心理，从微观研究转向宏观研究。

1914年，莱莲·吉布尔雷斯在《管理心理学精神在批判、指导和实施最少浪费方法中的作用》一书中认为，不能单纯从研究工作专业化、方法标准化、操作程序化等方面来提高工作效率，而应注意研究劳动者心理对工作效率的影响。可见，当时的管理心理学主要是以个体心理为研究对象。1933年，由于梅奥论述了工作群体的重要性，人们已清楚地认识到，以群体为研究对象的管理心理学对工人工作效率的影响作用越来越大。1958年，莱维特正式使用"管理心理学"名称代替一直沿用的"工业心理学"名称。20世纪60年代初，美国心理学会第14分会——工业心理学改名为"工业与组织心理学"分会，目的是要承担组织行为问题的研究。这以后，"管理心理学"又被"组织行为学"所取代。通过以上分析不难得知，在美国，管理心理学最初叫作工业心理学，后来叫作工业社会心理学，再后来叫作管理心理学或组织行为学。这种变化并不仅仅是名称上的变化，它实际上反映了管理心理学的研究内容从个体心理—群体心理—组织心理的演变过程。

20世纪80年代，组织行为学进一步分化为微观组织行为学和宏观组织行为学。前者主要研究个体和群体的行为发展规律，后者主要研究组织的行为发展规律。1988年，美国的罗伯特·维卡和富兰克林·斯克伯兹两位教授又进一步提出"组织科学"的概念，从微观与宏观、理论与应用两个方面，把组织科学分为四个部分：在理论方面，主要是从微观角度研究组织行为，从宏观角度研究组织理论；在应用方面，主要是从微观角度研究人力资源管理，从宏观角度研究组织发展，如图2-2所示。从工业心理学、管理心理学到组织行为学，再到组织科学等名称的变化，反映了管理心理学的研究内容有逐步扩大的趋势。

	微观	宏观
理论	组织行为	组织理论
应用	人力资源管理	组织发展

图2-2 组织科学研究4个内容

(三)学科体系的变化

管理心理学如今的学科体系(严格说是内容体系),更加强调组织动力学与人力资源开发。20 世纪 80 年代后期以来,美国出版的几本有代表性的《组织行为学》均设有"组织文化""组织水平决策"等专章。不少相关著作或教材,一半以上的章节都用于讨论组织水平的心理学问题,如高新技术与组织行为、组织结构与领导风格、组织水平的解决技术等。

(四)研究课题的变化

管理心理学的研究课题,在不断深入的基础上有继续扩大的趋势。据 1990—1992 年《美国心理学家》《心理学年鉴》等杂志的综述,20 世纪八九十年代的研究课题涉及组织变革与挑战、组织文化、人力资源规划等约 20 个方面。近年来,绩效评估、员工满意度调查、团队建设等正在成为热点研究课题。研究课题更加符合社会发展的需要,更具有时代性。

(五)研究方法的变化

管理心理学的研究方法从过去的单因素分析发展为多因素分析,尤其强调分析和考察组织情境中的各种认知、情感和态度的过程及特点;从单纯实验室的认知研究发展为现场实验、行动研究、参与观察,具有较高的"生态学效度";从个案研究发展为相关研究,更加重视运用测量与统计的方法,从而使管理心理学的研究成果更具代表性和说服力。

第二节　中国管理心理学的兴起与发展

一、中国管理心理学的兴起时间

在浩如烟海的中国古代典籍中,虽然蕴含着非常丰富的管理心理思想,如"以人为本""以德为先""无为而治""以和为贵""中庸之道"等,但是作为一门学科的管理心理学则是由西方传入的。

中国管理心理学兴起于什么时间?有人[①]主张兴起于 1980 年,依据是中国心理学会在这一年成立了工业心理专业委员会;有人主张兴起于 1981 年,依据是杭州大学心理学系在这一年举办了管理心理学培训班。参加培训班的有一机部[②]系统和其他系统的工厂、企业的管理人员和兄弟院校管理专业的教师,共 62 个单位 70 名学员。浙江省委、省科委、省教育厅、一机部以及杭州大学党委的领导出席了 4 月 14 日的开班典礼。[③]

事实上,对于中国管理心理学来说,1982 年是一个重要年份,可以用"4"和"5"两个数字来加以说明。"4"是指中国心理学界在这一年发生了四个具有纪念意义的事件;"5"

---

① 卢盛忠. 中国管理心理学发展的回顾与展望[J]. 应用心理学, 1995(1): 7-12.
② 一机部是"中华人民共和国第一机械工业部"的简称, 成立于 1949 年。2008 年根据国务院机构改革方案, 组建工业和信息化部, 简称"工信部"。
③ 佚名. 受一机部委托, 杭州大学心理学系举办组织管理心理学培训班[J]. 心理科学, 1981(1): 44.

是指中国心理学界在这一年发表了五篇有关管理心理学方面的学术论文。

四个具有纪念意义的事件是：①杭州大学心理学系举办第二期管理心理学研究班，学员来自全国 45 个工厂企业和学校，共 52 名。一机部、浙江省机械厅和杭州大学的领导出席了 5 月 2 日的开学仪式并讲话[①]；②5 月 30 日，南京工学院张光声老师在江苏省第三次商业经济讨论会上作了"管理心理学"专题报告[②]；③10 月，安徽省心理学会第二届会员代表大会暨学术年会在合肥市召开，会议期间，中国科学院心理研究所副所长徐联仓教授、南京防治病医院院长陶国泰教授应邀分别作了题为"心理学为实践服务的新领域""企业管理心理学"专题报告[③]；④12 月，中国心理学会第三次代表会议暨纪念建会 60 周年学术会议在北京召开，中国科学院心理研究所所长潘菽教授作了题为"总结 60 年经验，开创我国心理学的新发展阶段"开幕词，他在开幕词中三次提到要加强管理心理学研究，并指出"我们急需要把管理心理学抓起来，从速开展切实的研究"。[④]

在 1981 年及其以前，中国心理学界发表的以管理心理学或组织行为学冠名的论文未见有记载，而在 1982 年却发表了 5 篇，这是前所未有的事(见表 2-1)。

表 2-1　1982 年中国学者发表的管理心理学论文

作者姓名	论文名称	期刊名称	年份(期数)：页码
陈立	期望理论的心理学基础和实践意义	外国心理学	1982(1)：1-7
俞文钊	管理心理学的基本理论及其在企业管理中的应用	心理科学	1982(5)：31-35
王极盛	管理心理学的主要理论	科学管理研究	1982(3)：61-63
张燮	"心理元素""化合物"及反应条件——兼论管理心理学的研究	心理学探新	1982(4)：40-43
赵泽五	应把管理心理学的研究提到日程上来	现代教育管理	1982(3)：135-136

总之，对于中国管理心理学来说，1982 年既是具有重要意义之年，也是一个丰收之年。为此本书编著者建议，应将 1982 年作为中国管理心理学兴起的纪念之年。[⑤]

中国管理心理学为什么产生在 1982 年这个时间点？或者说，中国管理心理学为什么产生在 1980 年至 1982 年这个时间段？

20 世纪 80 年代初，当时整个国际形势是科学技术日新月异、迅猛发展，科技、管理、教育被视为现代文明的三鼎足。西方国家已把科技、管理、教育作为评估一个国家文明程度的指标。管理已经成为推动社会发展的重要动力。此外，重视系统地、有目的地培养管理人员，搞好管理队伍建设已成为发达国家的一条共同经验。可以说，西方国家已基本摆

[①] 汪安圣. 杭州大学心理学系第二期管理心理学研究班开学[J]. 外国心理学，1982(2)：61.

[②] 佚名. 管理心理学介绍(提纲) [J]. 江苏社会科学，1982(7)：16-17.

[③] 安徽省心理学会秘书组. 安徽省心理学会召开代表大会和学术年会[J]. 心理科学，1982(6)：17.

[④] 潘菽. 总结 60 年经验，开创我国心理学的新发展阶段——中国心理学会第三次代表会议暨纪念建会 60 周年学术会议开幕词[J]. 心理学报，1982(2)：139-142.

[⑤] 冉苒. 中国管理心理学产生的时间及其背景[J]. 管理与财富，2010(5)：39-40.

脱经验型的传统管理模式,采用了现代化的系统科学管理模式。西方科学管理的思想、理论、方法及模式在世界范围内产生了广泛影响,对中国的影响尤为深刻。在国内,人们逐渐认识到要实现"四个现代化"①,教育是基础,科技是关键,管理是推动科技进步、促进经济发展、保证"四个现代化"实现必不可少的重要条件。党的十一届三中全会指出:"要实现四个现代化,要求大幅度提高生产力,也就必然要求改变同生产力发展不相适应的生产关系和上层建筑,改变一切不适应的管理方式、生活方式和思想方式,因而是一场广泛深刻的革命。"党的十二届三中全会也指出:"为了从根本上改变束缚生产力发展的机制,必须认真总结我国的历史经验,认真研究我国的实际状况和发展要求,同时必须吸收和借鉴当今世界各国包括资本主义国家的一切反映现代社会化生产规律的先进经营管理方法。"可见,当时的中国已经具备了适合管理心理学生长的土壤和气候条件。

二、中国管理心理学的发展概况

中国管理心理学的发展尽管还存在某些不足之处,不过 30 余年来中国管理心理学界开展了一系列卓有成效的工作,取得了以下主要成就。

(一)建立学术组织和研究机构

1980 年,中国心理学会成立工业心理专业委员会,这是一个完全由工业心理学工作者组成的专业性较强的学术团体,对成员资格有较严格的要求。该学会明确提出我国工业心理学应包括工程心理学和管理心理学。1985 年,中国行为科学学会成立。该学会名为行为科学学会,实际上是组织行为学会,它对成员资格的要求并不是很严格,除了一部分心理学和管理学专业工作者参加以外,大部分成员是各类企业的领导人。该学会还在有关省市成立了 24 个分会,成员逾 1000 人。

目前,我国有两个专门从事管理心理学研究的机构。一个是中国科学院心理研究所的工业心理研究室,另一个是浙江大学工业心理学国家专业实验室。

(二)开展培训工作

为了帮助广大管理干部掌握现代管理知识和方法,心理学界举办了大量的培训班。例如杭州大学心理学系在 1980—1990 年期间,每年都举办 2~3 期培训班,学员是来自全国

---

① 四个现代化,即工业现代化、农业现代化、国防现代化、科学技术现代化。1954 年召开的第一届全国人民代表大会,第一次明确提出要实现工业、农业、交通运输业和国防四个现代化的任务。1956 年又一次把这一任务列入党的八大所通过的党章中。1963 年 1 月 29 日,周恩来在上海科学技术工作会议上讲话指出:我们要实现农业现代化、工业现代化、国防现代化、科学技术现代化,简称"四个现代化"。1964 年 12 月第三届全国人民代表大会第一次会议上,周恩来根据毛泽东的建议,在政府工作报告中首次提出,在 20 世纪内,把中国建设成为一个具有现代农业、现代工业、现代国防和现代科学技术的社会主义强国,实现四个现代化目标的"两步走"设想。1983 年 7 月 20 日,中央提出领导班子要实现"四化"。

各大中型企业的中高层管理人员,培训人员在千人以上。又如中国科学院心理研究所举办的管理心理学函授班,有近万人参加。此外,华东师范大学心理学系、中国人民大学劳动人事学院等院系也经常举办类似的培养班。如果加上各省、市、自治区举办的各种行政干部和中小学校长培训班,培训的人数则更多。这类培训,对于在广大管理干部中普及管理心理学知识起到了很大的推动作用。

(三)从事教学研究和人才培养工作

目前,凡是有管理学和应用心理学专业的高等院校几乎都开设了相关课程。课程名称虽然有所不同,有的称"管理心理学",有的称"组织行为学",但基本内容并无很大区别。此外,一些高等院校还成立了管理心理学教学研究机构。

我国有两个管理心理学博士学位授予权单位(中国科学院心理所和浙江大学心理与行为科学系)和若干个硕士学位授予权单位,自20世纪80年代初以来,已培养出数十名博士和数百名硕士,他们毕业后大多在高等院校、科研机构从事教学和研究工作,已成为我国管理心理学研究队伍中的骨干力量。此外,浙江大学心理与行为科学系等单位还培养了近千名本科生,他们毕业以后,也大多从事管理心理学等相关工作。

(四)出版论著和教材

我们分别以"管理心理学"和"组织行为学"为关键词对"人文与社科学术文献总库"进行检索,检索起止年限为1979—2009年,结果发现,除书评、简讯、复习思考题等材料外,共有论文658篇(管理心理学288篇,组织行为学370篇),其中1982—1989年69篇,1990—1999年113篇,2000—2009年476篇。中国学者发表的管理心理学或组织行为学方面的论文呈快速增长趋势。自卢盛忠教授1985年出版我国第一本《管理心理学》(浙江教育出版社)教材以来,我国学者编写或翻译的管理心理学或组织行为学著作、教材有100余种。这些论著和教材,对我国管理心理学发展作出了重要贡献,甚至对我国经济社会发展也起到了积极作用。

(五)进行学术研究

30余年来,中国管理心理学界紧密结合我国经济社会发展的需要,开展了一系列广泛而深入的学术研究工作。

一是激励问题研究。从20世纪80年代初期起,我国心理学工作者围绕当时急需提高员工工作积极性问题开展了一系列人员激励问题研究。如对企业职工的需要、动机和工作满意感进行调查[1][2];总结概括我国国营大中型企业的物质奖励方式[3];分析不同奖励方式对职工工作积极性的影响[4];探讨物质奖励与精神奖励、内在激励与外在激励之间的关系。[5]有

---

[1] 陈子光. 影响知识分子工作动机和工作满意感的主要因素[J]. 应用心理学,1990(2):16-23.
[2] 陈小萍. 群体付酬方式:不公平感与行为决策导向[D]. 杭州大学,1988.
[3] 吴凉凉,陈子光. 企业物质奖励的手段及效率研究[J]. 应用心理学,1992(4):34-40.
[4] 许小东. 基本奖和超额奖的不同配比对作业绩效的影响研究[J]. 心理学报,1988(2):166-172.
[5] 邹静. 国营大中型企业内在与外在激励机制模型研究[D]. 杭州大学,1993.

第二章 管理心理学的产生与发展

的研究者还提出了教师的全面激励理论[①]等。

二是人员测评研究。随着我国人事管理科学化、制度化、民主化进程的不断推进，必然要求改变过去那种对任职人员重定性分析轻定量分析、重个人意见轻群众意见的状况，因此从20世纪80年代中期起一些地区的人事部门与管理心理学工作者合作编制了对各级干部和企业领导人员的测评量表，作为选拔、任用干部的重要依据。[②]有些地区的人事部门向社会公开招聘干部，也吸收心理学工作者参加。从20世纪90年代起，有的管理心理学工作者采用电子计算机模拟方法，编制人事决策系统的信息模型，为人员选拔工作提供辅助支持。[③]有的研究者编制测评工具，对企业基层领导班子进行诊断和评定。[④]不过，目前还没有开发出得到有关部门正式批准和社会公认的标准化测量工具。

三是领导行为研究。领导行为是影响各类组织绩效的关键因素之一。20世纪80年代初，徐联仓和陈龙将日本三偶二不二教授的PM(performance and maintenance)量表用于企业领导测评和诊断。1985年，凌文辁发表了CPM领导行为评价量表，他通过因素分析和聚类分析获得了领导行为的三因素结构模型。这一模型与日本模型的主要区别在于增加了一个**品德因素**(character and morale)，从而更加适合于中国的国情和文化背景。为了进一步验证这一模型，凌文辁、方俐洛等人(1987)又进行了中国人内隐领导理论的研究。领导的概念反映了某些文化背景下的"心理编码"，因此可以通过人们内心中关于领导的概念化的挖掘来探讨一定文化背景下的领导行为因素结构。内隐领导的研究获得了与CPM非常一致的约束结构，从而验证了CPM确实是中国的领导行为模式。

四是管理决策研究。管理决策科学化和民主化是管理的重要问题。研究者探讨了管理决策的理论和基本模型，在一系列问题上为管理层进行决策提供了科学依据。这些问题包括新产品开发、房地产经营、人事管理等方面的决策特征及影响决策有效性的诸因素；不确定条件下管理决策的认知特点和策略；群体决策的心理特点等。

五是跨文化研究。随着国际市场的拓展和跨国公司的迅猛发展，管理的跨文化研究逐渐成为管理心理学研究的重点课题。20世纪90年代以来，管理领域的跨文化研究日益增多。在这方面，我国学者也开展了一些研究工作，并取得了一批重要成果。例如，凌文辁等人(1991)关于内隐领导理论的中美比较研究发现，中美在内隐领导理论的因素结构上有很大差异。杭州大学心理学系关于中英不同类型企业的管理比较研究以及若林满、卢盛忠(1993)关于中日企业文化特点的比较研究都表明，在不同文化背景下的企业管理都存在着差异。另外，凌文辁等人(1992)对37家中日合资企业的研究表明，合资企业要想在中国获得成功，其经营管理方式必须适合中国的国情和文化。

关 键 术 语

(1) 人群关系理论(human relations theory)又称人际关系理论，1933年由梅奥在霍桑研

---

① 熊川武. 论教育管理的"全面激励"策略[J]. 高等师范教育研究，1995(4)：61-66.
② 吴凉凉，谷健之. 人员素质测评[M]. 杭州：浙江人民出版社，1989.
③ 王重鸣，王益宝. 高校人力资源管理与学术梯队评估研究及新思路[J]. 应用心理学，1992(1)：49-53.
④ 徐世仁，陈龙. 企业基层建设综合评价——心理测量与组织开发技术[M]. 北京：法律出版社，1994.

究中提出，该理论认为：①人不是经济人而是社会人，影响人的生产积极性的因素不仅有物质因素，还有心理因素；②生产效率高低不仅受劳动环境、工作方法等物质因素的影响，还取决于职工的工作情绪；③在正式群体内部还存在着非正式群体，它控制着非正式群体中每个成员的行为，还可以影响整个正式群体中人的行为。

(2) 群体动力理论(group dynamics theory)由勒温 1936 年提出。该理论认为，群体不是静止不变的，而是在不断地相互作用和相互适应，群体行为大于个体行为的总和。

(3) 需要层次理论(need hierarchy theory)由马斯洛 1943 年提出。该理论认为，人类价值体系中有两种需要：一是沿着生物谱系上升而逐渐变弱的本能需要，即低级需要或生理需要；二是随着生物进化而逐渐显现出来的潜能，即高级需要或心理需要。这两类需要共分为生理需要、安全需要、归属和爱的需要、尊重需要、自我实现需要五个层次。只有低级需要得到满足，高级需要才有可能得到满足；只有高级需要得到满足，才能产生令人满意的主观效果。

本 章 要 点

(1) 管理心理学以 1958 年美国斯坦福大学莱维特教授出版《管理心理学》一书作为其正式诞生的标志。管理心理学的产生是社会化大生产的客观要求。

(2) 西方管理实践经历了传统管理、科学管理和现代管理三个阶段。传统管理阶段只有管理思想，没有管理理论；科学管理阶段管理成为一门科学，有了管理理论，分别是"科学管理理论""计划管理理论"和"组织管理理论"——统称为"古典管理理论"；现代管理阶段管理理论迅速发展成为一个庞大系统，这些理论分为并行发展的两大学派——管理科学学派和行为科学学派。行为科学学派将管理重点由"物"转向人，重视管理中的社会因素和心理因素。从这个意义上说，管理学对管理心理学的产生作出了重要贡献。

(3) 工业心理学为管理心理学的产生开了先河，人群关系理论为管理心理学的降生注入了催生素，群体动力理论为管理心理学研究群体心理奠定了理论基础，需要层次理论为管理心理学研究激励问题奠定了理论基础。

(4) 管理心理学产生的意义：标志着管理重点已经由"物"转向人；标志着工业心理学研究的深入；是对泰勒制的否定；反映了社会化大生产的客观要求。

(5) 西方管理心理学的发展概况主要表现为五个"变化"：理论依据变化；研究内容变化；内容体系变化；研究课题变化；研究方法变化。

(6) 中国管理心理学兴起于 1982 年，中国当时已经具备了适合管理心理学生长的土壤和气候条件。30 余年来中国管理心理学界开展了一系列卓有成效的工作：建立学术组织和研究机构；开展培训工作；从事教学研究和人才培养工作；出版论著和教材；进行学术研究。

练习与思考

一、名词解释

霍桑实验、人群关系理论、群体动力理论、需要层次理论

二、单项选择题

1. 下列不属于科学管理阶段的著作是（　　）。
   A.《科学管理原理》　　　　B.《工业管理与一般管理》
   C.《社会与经济组织理论》　　D.《心理学与工业效率》
2. 工业心理学之父是（　　）。
   A. 泰勒　　　　　　　　　　B. 斯科特
   C. 雨果·闵斯特伯格　　　　D. 莱莲·吉布尔雷斯
3. 工业社会心理学的创始人是（　　）。
   A. 斯科特　　　　　　　　　B. 梅奥
   C. 雨果·闵斯特伯格　　　　D. 莱莲·吉布尔雷斯

三、填空题

1. 现代管理阶段管理理论迅速发展并形成一个庞大系统，这些理论分为并行发展的两大学派，即管理科学学派和_____。
2. _____，在管理理论上为激励理论打下了坚实基础，在管理实践上促进了"参与管理"方式的兴起。
3. 管理心理学的先驱性实验是_____。

四、思考题

1. 为什么说梅奥并没有领导和参与霍桑实验的全部过程？
2. 为什么说中国管理心理学兴起于 1982 年？

五、论述题

1. 试述人群关系理论的基本内容。
2. 评价人群关系理论。
3. 试述管理心理学产生的意义。
4. 试述西方管理心理学的发展概况。

参 考 文 献

[1] 安徽省心理学会秘书组. 安徽省心理学会召开代表大会和学术年会[J]. 心理科学，1982(6)：17.
[2] 波波夫. 管理理论问题[M]. 北京：中国社会科学出版社，1983.
[3] 陈小萍. 群体付酬方式：不公平感与行为决策导向[D]. 杭州大学，1988.
[4] 陈子光. 影响知识分子工作动机和工作满意感的主要因素[J]. 应用心理学，1990(2)：16-23.
[5] 哈罗德·莱维特. 自上而下：永恒的层级管理[M]. 李维安，周建泽，译. 北京：商务印书馆，2006.
[6] 库尔特·勒温. 拓扑心理学原理[M]. 高觉敷，译. 北京：商务印书馆，2003.
[7] 中共中央马恩列斯编译局. 列宁选集(第 3 卷)[M]. 北京：人民出版社，2004.
[8] 卢盛忠. 管理心理学[M]. 3 版. 杭州：浙江教育出版社，1998.

[9] 卢盛忠. 中国管理心理学发展的回顾与展望[J]. 应用心理学，1995(1)：7-12.

[10] 潘菽. 总结 60 年经验，开创我国心理学的新发展阶段——中国心理学会第三次代表会议暨纪念建会 60 周年学术会议开幕词[J]. 心理学报，1982(2)：139-142.

[11] 乔治•梅奥. 工业文明的人类问题[M]. 陆小斌，译. 北京：电子工业出版社，2013(原著出版年：1933).

[12] 冉苒. 中国管理心理学产生的时间及其背景[J]. 管理与财富，2010(5)：139-142.

[13] 汪安圣. 杭州大学心理学系第二期管理心理学研究班开学[J]. 外国心理学，1982(2)：61.

[14] 王重鸣，王益宝. 高校人力资源管理与学术梯队评估研究及新思路[J]. 应用心理学，1992(1)：49-53.

[15] 吴凉凉，陈子光. 企业物质奖励的手段及效率研究[J]. 应用心理学，1992(4)：34-40.

[16] 吴凉凉，谷健之. 人员素质测评[M]. 杭州：浙江人民出版社，1989.

[17] 熊川武. 论教育管理的"全面激励"策略[J]. 高等师范教育研究，1995(4)：61-66.

[18] 熊川武. 学校管理心理学[M]. 上海：华东师范大学出版社，1996.

[19] 徐世仁，陈龙. 企业基层建设综合评价——心理测量与组织开发技术[M]. 北京：法律出版社，1994.

[20] 许小东. 基本奖和超额奖的不同配比对作业绩效的影响研究[J]. 心理学报，1988(2)：166-172.

[21] 亚伯拉罕•马斯洛. 动机与人格[M]. 3 版. 许金声，译. 北京：中国人民大学出版社，2007.

[22] 佚名. 管理心理学介绍(提纲)[J]. 江苏社会科学，1982(7)：16-17.

[23] 佚名. 受一机部委托，杭州大学心理学系举办组织管理心理学培训班[J]. 心理科学，1981(1)：44.

[24] 俞文钊. 管理心理学(修订本)[M]. 兰州：甘肃人民出版社，1989.

[25] 朱永新. 管理心理学[M]. 2 版. 北京：高等教育出版社，2006.

[26] 邹静. 国营大中型企业内在与外在激励机制模型研究[D]. 杭州大学，1993.

[27] Burt R S. Social contagion and innovation：Cohesion versus struchural equivalence[J]. The American Journal of Sociogy. 1987, 92(6): 1287-1335.

[28] Fiedler F E. The contributio of cognitive resources and leader behavior to organizational performance[J]. Journal of Applied Social Psychology. 1986, 16(6): 532-548.

[29] Weick K E，Quinn R E. Organizational change and deyelopment[J]. Annual Review of Psychology. 1999, 50(1): 361-386.

第三章 管理心理学的理论基石：人性假设

我可以计算天体运行的轨道，却无法计算人性的疯狂。

——艾萨克·牛顿

【学习目标】

- 识记人性假设、民主管理、参与管理、权变管理等概念。
- 了解五种人性假设的由来及主要代表人物。
- 理解人性假设对组织管理的影响。
- 掌握五种人性假设的主要观点和管理主张，正确评价五种人性假设。

【引例】

> **规章制度是严点好还是宽点好**
>
> 某中学召开领导班子会议，研究学校规章制度建设问题。党支部书记提出，根据依法治校精神，要对学校规章制度进行全面修订，规章制度究竟是严一点还是宽一点，请同志们讨论一下，定个调子，让各部门根据这个调子进行修订。
>
> 规章制度是严点好还是宽点好？参会者议论纷纷。有人认为规章制度要从严、从细，越严越细越能堵塞漏洞。有人认为出问题就说制度有漏洞、不科学，规章制度要靠人来操作，关键是人的素质，高素质的人就是没有制度约束也不会出问题。制定制度要建立在对教职工基本信任的基础上，并不是制度越严越好，把什么都规定得很死，不利于发挥责任人的作用，要给责任人一点负责的空间。双方争持不下。
>
> (资料来源：道客巴巴，http://www.doc88.com/p-990310309177.html)

怎样看待人的本性，直接关系到领导者对组织系统中各类人员的基本看法，关系到对他们工作动机和工作态度的解释，关系到他们工作积极性的调动和聪明才智的发挥，关系到管理决策的制定和管理措施的实施，同时还关系到管理心理学学科理论建设。因此，管理心理学通常是把人性假设作为自身的理论基石来加以研究的。

第一节 人性假设与管理心理学

一、性、人性、人性形成、人性假设

生活是学术的源泉。在讨论性、人性、人性形成、人性假设等问题之前,我们不妨先来看看日常生活中可能遇到的实际问题,也许会从中受到启发。

在大街上有人向我们乞讨,究竟是选择给钱还是不给钱?有人会选择给钱,有人会选择不给钱。为什么?选择给钱的人可能会认为这个乞丐真的不能自食其力,应予帮助;选择不给钱的人可能会认为这个乞丐是骗子。"乞讨者不能自食其力"和"乞讨者是骗子"都是人们对乞讨者的人性的一种假设。这个例子说明,持什么样的人性假设就会选择什么样的行为方式。

(一)性

作为中国古代心理学思想用词,"性"是事物本身所固有而与生俱来的。如孟子说:"生谓之性。"(《孟子·告子上》)孟子亦将口、目、耳、鼻、四肢等感知叫作性:"口之于味也,目之于色也,耳之于声也,鼻之于臭也,四肢之于安佚也,性也。"(《孟子·尽心下》)荀子认为,"凡性,天之就也,不可学,不可事"(《荀子·性恶》),"生之所以谓然之性""不事而自然谓之性"(《荀子·正名》)。庄子认为性是人所具有的素质:"性者,生之质也。"(《庄子·庚桑楚》)《中庸》认为性即天命:"天命之谓性。"《吕氏春秋》提出"生,性也",性为"万物之本"。西汉董仲舒认为"质朴谓之性"(《举贤良对策三》)。隋唐佛教强调"性名自有,不待姻缘"(《大智度论》卷三十)。古代思想家认为"性"乃万物所共有,具有普遍性。北宋张载说:"性者,万物之源,非有我之私得也。"(《正蒙·诚明》)从这点出发,可以将性划分为三个层次:一曰气性。张载认为,气是客观存在的,具有浮沉、升降、动静、终始等特点。它既可以存在于万物之中,又可反映在人身上。二曰物性。张载说:"天下谓之性者,如言金性刚,火性热,牛之性,马之性也,莫非固有。凡物莫不有性,由通蔽开塞,所以有人物之别;由蔽有厚薄,故有智愚之别。"(《性理拾遗》)人亦属物,物性又可分为水火(无生物)之性、草木(植物)之性、禽兽(动物)之性、人性四个层次。三曰人性。人属物,又高于万物,是天下"最为贵者",是性的最高层次。可见,"性"历来是中国传统文化的重要范畴,关涉诸多学理问题,其含义深邃复杂。

(二)人性

1. 中国古代思想家对人性的理解

中国古代思想家认为人性是"性"的最高层次,是人区别于动物的一切属性(特性、特点、特征)的综合或总称。人同万物均来自于气,故人性也来自于气性,亦即气性在人身上的体现。北宋张载云:"天性在人,正犹水性之冰。"(《正蒙·诚明》)这里的"天性"即

气性。而教育恰恰在于使人学习"立人之本",知道人之"所以为人"(《张子语录中》)。古代思想家曾从不同角度将人性划分为不同种类:①依据人性的来源,把人性分为生性和习性。孔子说:"性相近也,习相远也。"(《论语·阳货》)此为划分生性与习性之滥觞,历代思想家几乎均持这种观点。生性谓天生之性,犹今之自然本性;习性谓习得之性,犹今之社会本性。②从善与恶角度划分有:性善(有善无恶);性恶(有恶无善);善恶相混(有善有恶,无善无恶)。③北宋张载将人性划分为气质之性与天命之性,谓之"性二元论"。宋明理学家大多持这种分类观点。

2. 马克思主义对人性的理解

马克思主义是从人所处社会关系和现实性上来考察人性的。马克思说:"人的本质并不是单个人所固有的抽象物。在其现实性上,它是一切社会关系的总和。"[①]首先,人因所处社会地位不同而有各自的思想、需要、情感、态度、信念和世界观,并与他人发生诸如政治、经济、法律、伦理道德等各种社会关系和情感关系。人的这些特点,都是人在改造客观世界和主观世界过程中产生、发展和表现出来的,因此人性首先是人的社会性。其次,人是血肉之躯,有为了生存和种族延续的各种生物性需要以及满足这些需求的行为,因此人性具有自然性。人的自然属性无善恶可言,但在满足生物性需要的手段和方法方面却有善恶之分。再次,人性特别是人的社会性,是在一定时代背景中形成的,也是随时代发展而变化的。正如马克思所说:"在再生产的行为本身中……生产者也改变着,炼出新的产品,通过生产而发展和改造着自身,造成新的力量和新的观念,造成新的交往方式,新的需要和新的语言。"[②]此外,不同阶级、阶层的人,其人性还会随着历史演进而不断变化。即人性具有历史性。总之,马克思主义认为人性是人的自然性、社会性和历史性的统一体。

(三)人性形成

1. 中国古代思想家的生性与习性之争

人性是生而具有的还是后天形成的?关于这个问题,《尚书·太甲》最早提出"习性论"。不同时期的思想家进一步扩充和深化这一思想。孔子在《论语·阳货》中说:"性相近也,习相远也。"指明人性在先天方面很近似,只是由于后天习染不同而显示出差异。荀子认为"性者,本始材朴也;伪者,文理隆盛也。无性则伪之无所加,无伪则性不能自美"(《荀子·礼论》),他把性看作是先天遗传的,其对立面是伪,"伪"通"为",即后天人为的结果。墨家把生性喻为"素丝",把后天环境看作"习染","染于苍则苍,染于黄则黄"(《墨子·所染》),强调环境在人性形成中的作用。西汉贾谊重视教育在人性形成中的作用。他说:"夫习与正人居之,不能毋不正,犹生于齐之不能不齐言也。习与不正人居之,不能不毋正,犹生于越之不能不越言也。"(《陈政事疏》)董仲舒也认为"质朴之谓性,性非教化不成",故要求"下务明教化民,以成性也"。东汉王充以蓬和纱为喻:"蓬生麻间,不扶自直;白纱入缁,不染自黑。彼蓬之性不直,纱之质不黑,麻扶缁染,

---

① 马克思,恩格斯. 马克思恩格斯选集(第1卷)[M]. 北京:人民教育出版社,1972:18.
② 马克思,恩格斯. 马克思恩格斯选集(第46卷,上)[M]. 北京:人民教育出版社,1979:494.

使之直黑。夫人之性，犹蓬纱也，在所渐染而善恶变矣。"（《论衡·率性》）明王廷相提出"凡人之性成于习"（《答薛君采论性书》），强调每个人的先天秉性差异不大，善恶皆因习染所致。明清之际王夫之认为"夫性生理也，日生日成也"（《尚书·引义·太甲二》），肯定性是一天天发展起来的，随着习的形成和发展，性也一起形成和发展。颜元则认为人性并非生来有善恶，而是成于习染并总是处在不断发展之中，"习与性成，方是乾乾不息"（《习斋言行录》）。总之，习性论认为人性可分为生性和习性两种，生性（即人的自然性）只有少数几种，习性（即人的社会性）是大量的，并有广阔的发展可能性。尽管有生性和习性之争，但主流思想是习性论。有鉴于此，《现代汉语词典》将人性界定为：人性是人在一定社会制度和一定历史条件下形成的本性。

2. 西方心理学学派的人性形成之争

人性由何者决定？不同西方心理学学派有不同理解：①精神分析学派认为人性完全由本能决定。**本能**(instinct)是动物在进化过程中形成并由遗传固定下来的不学就会的能力。该学派用本能解释人的全部特性和行为，只看到人与动物的相同性，无视人与动物的本质区别；②行为主义认为人性完全由环境决定。该学派走向另一极端，否认遗传的作用，主张人的一切行为均由后天习得，强调"刺激—反应"联结；③人本主义心理学认为人性由"似本能"决定。**似本能**(instinctoid)是美国心理学家马斯洛提出的概念，是指人的一种基本需要，即人类内在的高级的需要或潜能。该学派试图采取折衷主义立场，既反对本能决定论，也反对环境决定论，认为人性是"似本论"的。例如马斯洛认为，人性是人的全部属性的总括，似本能需要是人性的集中表现。

(四)人性假设(assumption of human nature)

人性假设是关于人性的一种学说，又称"人性观""人性论"。

1. 中国古代思想家的人性假设

孔子的"性近习远"论为人性假设之滥觞。嗣后，历代思想家在讨论人性问题时，形成多种派别：性善论、性恶论、性不善不恶论、性有善有恶论、性善恶相混论、性三品论、性二元论。其中以"性善论"和"性恶论"影响最大。

孟子持"性善论"。《孟子·告子上》："人之性善也，犹水之就下也。人无有不善，水无有不下。"认为人性之所以是善的，是因为其中含有恻隐、羞恶、辞让、是非四个善端："恻隐之心，仁之端也；羞恶之心，义之端也；辞让之心，礼之端也；是非之心，智之端也。"（《公孙丑上》）如能把四个善端扩而充之，就可以形成具有仁义礼智的善性；若四个善端遭泯灭，就会形成不善的恶性。为此，他十分重视环境和教育在人性形成中的作用。荀子持"性恶论"。《荀子·性恶》云："人之性恶，其善者伪也。""今人之性，饥而欲饱，寒而欲暖，劳而欲休，此人之情性也。"他认为人生来就是一块坏材料，性善是后天人为的。人的本性就是饿了想吃饱，冷了想穿暖，累了想休息。荀况主张要有"师法之化，礼义之道"（《荀子·性恶》）方可为善。孟子和荀子基于两种截然不同的人性假设，从而提出不同的国家治理主张。孟子主张仁政治国，荀子主张礼法结合治国。

2. 西方人格心理学家的人性假设

在西方人格心理学家看来，人性即人格。人格不是指人某方面的心理品质，而是指人的整个心理面貌，指一个完整的人。它既包括人的生物性，也包括人的社会性；既包括人的独特性，也包括人的一般性。因此，西方人格心理学家讨论人格，实际上是在探讨人性。

和中国古代思想家的情况相类似，西方人格心理学对人性问题也有不同看法，有的持"性善论"，有的持"性恶论"，前者如卡尔·罗杰斯(C. Rogers，1902—1987)，后者如西格蒙德·弗洛伊德(S. Freud，1856—1939)。罗杰斯是一个典型的"性善论"者。他认为人的"野性"和"反社会性"既不是人性的核心所在，也不是根深蒂固的。既然人性的本性是积极的、理性的，那么就亟待挖掘与生俱来的人性，恢复其本来面目，因此罗杰斯将人类存存的基本目的看成是那些先天"潜能"的实现。① 弗洛伊德是一个典型的"性恶论"者。他有一句名言："历史事实及我们的经验……都证明人性本善的信仰只是一种错觉。"② 弗洛伊德对人性持消极悲观态度，认为人类是被文明挫败的动物，人最大的内驱力就是性和攻击，由于它们与社会相抵触，因而只能被压抑在潜意识中。

二、管理心理学研究人性假设的视角

管理心理学不是对人性作抽象概括，而是从从业人员的需要和劳动态度角度来研究人性。需要是人的全部心理活动的动力。它表明一个人追求什么和否定什么，以及用什么手段、方法来实现追求和否定，这一切又经由劳动态度表现出来。从业人员的需要和由需要引起的劳动态度，受人性制约，是人性的集中体现。

最先将人性假设与管理问题明确联系起来的是美国管理心理学家道格拉斯·麦格雷戈(D. Mc Gregor，1906—1964)。1960年他在《企业的人性面》一书中指出③：在每一项管理措施背后，都必然有着某种关于人性本质及人性行为的假设。各类管理人员以他们的人性假设为依据，然后采用不同方式对人进行管理。显然，持一种人性假设的管理人员会用一种方式来管理，而持另一种人性假设的管理人员会用另一种方式来管理。如果一位管理者深信人不会自觉工作，那么他必然会在组织内部建立起严密控制手段，以保证员工按时上下班，员工会时时处处受到严密监控。反之，如果一位管理者深信人会自觉地去努力工作，那么他必然十分重视在组织内部贯彻"参与管理"原则，鼓励员工自我约束、自我管理，而不是对员工实行严密监控。可见，管理者有什么样的人性假设，就会有什么样的管理措施。

【专栏3-1】

道格拉斯·麦格雷戈

道格拉斯·麦格雷戈(1906—1964)，美国管理心理学家。1935年在哈佛大学获得哲学博

---

① 方展画. 罗杰斯"学生为中心"教学理论评述[M]. 北京：教育科学出版社，1990：16.
② 西格蒙德·弗洛伊德. 精神分析引论新编[M]. 高觉敷，译. 北京：商务印书馆.(英文版1933年)，1987：79.
③ [美]道格拉斯·麦格雷戈. 企业的人性面[M]. 韩卉，译. 北京：中国人民大学出版社，2008(原著出版年：1960).

士学位并留校任教。1937—1964 年在麻省理工学院任教，主要讲授心理学和工业管理等课程，并对组织发展有所研究。1948—1954 年在安第奥克学院任院长。任院长期间，对传统管理和当时流行的人性观提出疑问。1957 年在美国《管理评论》杂志(1957 年 11 月号)上发表《管理理论 X 或 Y 抉择——企业的人性面》一文，该文提出了两种基本观点完全对立的理论——X 理论和 Y 理论。其代表作：《管理的哲学》(1954)；《企业的人性面》(1960)；《经理人员在技术爆炸时期的责任》(1961)。

(资料来源：MBA 智库百科，http://wiki.mbalib.com/wiki/道格拉斯·麦格雷戈)

三、管理心理学中五种人性假设的由来

(一)五种理论

1957 年，麦格雷戈在《管理评论》杂志上发表《管理理论 X 或 Y 抉择——企业的人性面》(该文 1960 年以书名《企业的人性面》出版)一文，该文提出了两种基本观点完全对立的理论：X 理论和 Y 理论。其中 X 理论是对泰勒制的总结和概括，他反对 X 理论而主张 Y 理论。

1970 年，美国管理心理学家约翰·摩尔斯(J. Morse)和杰伊·洛斯奇(J. Lorsch)在《哈佛工商业评论》上发表《超 Y 理论》一文，他们既反对 X 理论，也不赞成 Y 理论，而是提出一种新的人性假设——超 Y 理论。

1933 年，梅奥在《工业文明中人的问题》一书中提出了著名的人群关系理论。

1981 年，日裔美籍管理学家、加利福尼亚大学教授威廉·大卫(W. Ouchi)出版《Z 理论——美国企业界怎样迎接日本的挑战》[①]一书，他在书中详细地论述了自己的 Z 理论。

(二)五种人性假设

1965 年，美国麻省理工学院心理学教授埃德加·沙因(E. Schein)在《组织心理学》一书中提出四种人性假设：经济人假设、社会人假设、自我实现人假设和复杂人假设。

1982 年，美国哈佛大学教授特伦斯·迪尔(T. Deal)和麦肯锡咨询公司顾问艾伦·肯尼迪(A. Kennedy)出版《企业文化——企业生活中的礼仪与仪式》(常被简称为《企业文化》)[②]一书中针对威廉·大卫的 Z 理论，提出了文化人假设。

(三)五种人性假设与五种理论的关系

五种人性假设与五种理论的关系，如表 3-1 所示。

[①] [美]威廉·大卫. Z 理论——美国企业界怎样迎接日本的挑战[M]. 孙耀君，译. 北京：中国社会科学出版社，1984(原著出版年：1981).

[②] [美]特伦斯·迪尔，艾伦·肯尼迪. 企业文化——企业生活中的礼仪与仪式[M]. 李原，孙健敏，译. 北京：中国人民大学出版社，2008(原著出版时间：1982).

表 3-1　五种人性假设及对应理论

人性假设			对应理论		
人性假设名称	提 出 者	提出年份	理论名称	提 出 者	提出年份
经济人假设	沙因	1965	X 理论	麦格雷戈	1957
社会人假设			人群关系理论	梅奥	1933
自我实现人假设			Y 理论	麦格雷戈	1957
复杂人假设			超 Y 理论	摩尔斯和洛斯齐	1970
文化人假设	迪尔和肯尼迪	1982	Z 理论	威廉·大卫	1981

经济人假设和 X 理论一脉相承，社会人假设和人群关系理论有共同"血统"，自我实现人假设跟 Y 理论保持认同，超 Y 理论对复杂人假设略有变通，文化人假设和 Z 理论是"近亲"。有鉴于此，为简便起见，我们在后面的叙述中，一般只提五种人性假设，而尽量不提与之对应的五种理论。

【专栏 3-2】

埃德加·沙因

埃德加·沙因，1947 年毕业于芝加哥大学教育系，1949 年在斯坦福大学获得社会心理学硕士学位，1952 年在哈佛大学获得社会心理学博士学位，此后一直任教于麻省理工学院斯隆商学院。他是一位多产学者、作家、教师和咨询顾问。除在专业学术期刊上发表了大量文章外，还有 14 部著作，包括《组织心理学》《职业动力学》《组织文化与领导力》《过程咨询》《企业文化生存指南》和《职业锚》等。他的咨询工作主要集中于组织文化、组织发展、过程咨询和职业动力领域，客户有美国和海外的大公司和机构，如苹果、埃克森、惠普、壳牌、花旗银行、美国铝业、美国石油、英国石油、新加坡经济开发署和国际原子能机构等。沙因曾获得很多荣誉和奖励，近期荣誉和奖励包括：2000 年获得美国培训经理协会的"职场学习与绩效"终身成就奖，同年 8 月获得管理学会职业生涯管理分会的学术生涯奖；2005 年获得组织开发网络终身成就奖；2009 年获得管理学会杰出学术实践奖。

(资料来源：埃德加·沙因. 组织文化与领导力[M]. 4 版. 章凯，罗文豪，等译. 北京：中国人民大学出版社，2014)

四、人性假设对组织管理的影响

人性假设不仅是一个理论问题，更是一个实践问题，它影响着组织管理的方方面面。

(一)人性假设影响着管理方式

假如你的员工具有下面描述的个人品质，作为管理者，你该如何对他进行管理？
员工 A 的个人品质描述是：有毅力的、聪明的、助人的、诚实的、优雅的。
员工 B 的个人品质描述是：优雅的、迟钝的、简单的、固执的、被动的。

员工C的个人品质描述是：有道德的、悲观的、可靠的、优雅的、被动的。

对于员工 A，你可能觉得他很优秀，是一个近乎完美的人，没有必要对他进行具体的管理，而应在工作上给他以最大的自由度。是的，对于这类员工，的确没有必要对他进行具体的控制，可以让他自我管理，管理者所要做的，只需和他约定结果，而不必监管他的工作过程，即使在工作中犯了错误，也不一定责备他。

对于员工 B，你可能并不喜欢他，对这样的员工，该如何管理呢？由于对他不放心，你也许觉得采用控制性的、具体指导性的管理方式比较适合。

对于员工 C，是放手让他自我管理还是对他进行监督？你可能并不知道该如何办了。

对于不同的员工，我们为什么会采用不同的管理方式？原因很简单，我们对员工的人性有不同的假设，就会采用不同的管理方式。可见，人性假设影响着管理方式的选择。

(二)人性假设影响着管理制度

管理制度是组织系统中全体成员共同遵守的办事规程或行为准则。管理制度虽然是一些具体的规定，但无不与人性假设密切相关。如果认为人的本性是好的，那么就会制定一些宽松的管理规定；如果认为人是懒惰的、自私的，那么就会制定一些苛严的管理规定。

(三)人性假设影响着管理思想

人性假设不仅在微观上影响管理方式和管理制度，而且在宏观上影响管理思想。西方三权分立国家制度的设立，有历史和时代的原因，但也不可否认有人性假设的原因。美国开国者受基督教原罪思想的影响，认为人是不完美的，可能会犯错误，因而对人应有控制，从而提出权力相互制约的国家机制设想。在中国封建社会，认为皇帝是天子，而天是神圣的、完美的，自然，皇权就不受他人控制。尽管后来儒家提出"天""德"相配主张，即皇帝应以"德"来调整自己的行为，但总的来看，皇权万能、皇权至上是整个中国封建社会的主导思想。

第二节 人性假设与组织管理

一、经济人假设及任务管理

(一)经济人假设及其主要代表人物

经济人(rational-economic man)假设原意为"理性—经济人"，又称"实利人"。该假设起源于享乐主义哲学观和亚当·斯密(A. Smith)的劳动交换经济理论，认为人的一切行为都是为了最大限度地满足自己的私利。美国管理学家布朗(J. Brown, 1954)认为经济人是一种合理使用人类基本条件、作精确计算、用最小力量获得满意报酬的人。沙因(1965)认为经济人有以下特征：①追求最大利益；②在组织操纵和控制下被动地工作；③情感是非理性的。经济人假设的主要代表人物是沙因和麦格雷戈，主要实践者是泰勒。

(二)经济人假设的基本观点

(1) 人性惰。多数人生来就好逸恶劳,尽可能逃避工作。
(2) 多数人胸无大志,缺乏进取心,怕负责任,宁愿受人领导。
(3) 多数人的个人目标与组织目标相矛盾,必须用强制、惩罚的手段才能迫使他们为达到组织的目标而工作。
(4) 多数人工作都是为了满足基本需要,只有用金钱才能使他们努力工作。
(5) 人大致可以分为两类:多数人是符合上述设想的人;只有少数人能够自我鼓励、克制情感冲动,这些人应负起管理责任。

(三)基于经济人假设的管理措施

1. 管理重点是"任务管理"

"任务管理"是指整个管理工作的出发点和归属点都是为了完成生产任务、提高生产效率,从来不考虑员工的感情、自身特点和精神需要。

2. 管理策略是"胡萝卜加大棒"

所谓"胡萝卜",是指通过满足员工的物质需求,如用金钱来调动员工的工作积极性。所谓"大棒",是指运用惩罚手段迫使员工的行为与组织目标保持一致,如严厉惩罚消极怠工者。

3. 管理制度是"少数人管理"

经济人假设认为,管理只是少数人的事,与广大员工无关。认为员工与管理者之间具有不可逾越的界限,员工的唯一职责就是服从指挥,因而普遍采取"命令与统一"的管理措施。

(四)基于经济人假设的管理实践

经济人假设的主要实践者是泰勒。回顾一下泰勒制,就不难理解经济人假设的实质。泰勒用科学方法分析人在劳动过程中的机械动作,省去了多余的笨拙动作,制定最精确的工作方法,实行完善的统计与监督,采用工作责任制、计件工资制和奖惩制度,大大改变了过去"放任型"管理的混乱状况,明显提高了生产效率。但是他把人看成"经济人",认为工人是为了追求报酬,老板是为了追求利润,都是为经济利益所驱使,他甚至主张完全用金钱来调动人的工作积极性。泰勒还把一切都标准化,把人视为机器,无视人的思想情感,一味地强调纪律与服从,对工人漠不关心。

(五)评价

经济人假设的致命弱点:它把懒惰、逃避工作视为人的天性,认为人的一切工作行为都是为了获得经济报酬,这是对人性的歪曲;它把人分为少数管理者和多数被管理者,并认为工人只有听指挥和干活的义务,充分表现出它为资本家服务的本质。经济人假设也绝非一无是处。20 世纪初至 30 年代，经济人假设曾风行于欧美企业界就说明了这一点。如今，有些单位滥发奖金；有些单位对员工严加管理，以罚代教、以罚代管，甚至拜倒在金钱脚下。这些现象说明经济人假设的影响还相当普遍，其管理措施还相当有市场。

二、社会人假设及参与管理

(一)社会人假设及其主要代表人物

社会人(social man)假设认为人在工作中获得经济利益对调动工作积极性只是次要的，起决定作用的是人们在工作中结成的良好人际关系。其主要代表人物是沙因和梅奥。

由于泰勒制引起了工人的反感，影响了工人生产的积极性，降低了生产效率，进一步激化了劳资矛盾，人们不得不思考，到底是什么原因影响工人发挥积极性？关于这个问题，梅奥在其人群关系理论中已经作出回答：①人不是经济人而是社会人，影响人的生产积极性不仅有物质因素还有心理因素；②生产效率高低不仅受劳动环境、工作方法等物质因素的影响，还取决于职工的工作情绪；③在正式群体内部还存在着非正式群体，它控制着非正式群体中每个成员的行为，还可以影响整个正式群体中人的行为。此外，1920 年美国一家钢铁公司人事部经理威廉斯为了寻求答案，抛弃经理职位和优厚待遇，到煤矿和许多工厂当流动工人，深入了解工人的处境，撰写了《工人们在想些什么》一书，否定了经济人假设，认为"工人们根据感情办事，考虑工作的性质胜过金钱"。[1]

(二)社会人假设的基本观点

(1) 人并非完全受金钱激励，也要满足社会性需要，包括良好的人际关系、社会地位和成就。

(2) 由于工作合理化，许多工作的原有意义已不复存在，人会从工作关系和社会关系中寻找乐趣和意义。

(3) 人在群体中所受到的影响，比在管理中所受到的控制对他们的影响更大。

(4) 人的工作效率，随着管理者能够满足他们社会需要的程度而改变。

(三)基于社会人假设的管理措施

社会人假设更加强调人的社会性需要，突出了人际关系对个体行为的影响。与经济人假设相比，社会人假设的管理措施发生了下列五个方面的变化。

1. 由关心任务转变为关心人

经济人假设认为，整个管理工作的出发点和归属点都是为了完成生产任务、提高生产率；而社会人假设则主张，管理者除了应该关心工作、关心生产任务外，更应该关心人，重视满足人的各种社会性需要。

---

[1] 朱永新. 管理心理学[M]. 2 版. 北京：高等教育出版社，2006：51.

2. 由重个人转变为重视人际关系

经济人假设的一切管理主张，都是针对员工个人而言的，如认为应该加强对员工的指导和监督，应该用金钱来刺激工人的积极性等；而社会人假设则不然，它强调要重视员工间的人际关系，培养他们的归属感和整体感。

3. 由重个人奖惩转变为重视集体奖惩

经济人假设的实质就是用金钱来刺激工人的积极性，重视对工人实行个人奖惩；而社会人假设则主张，应该重视集体对个人的影响并实行集体奖惩制，不主张个人奖惩制。

4. 管理者应由监工转变为联络员

经济人假设认为，管理者唯一的职能就是加强对员工的指导和监督，员工唯一的职责就是服从指挥；而社会人假设则主张，管理者应该成为企业家与员工的联络员，做好下情上达，成为对员工有同情心的人。

5. 由少数人管理转变为参与管理

经济人假设认为，管理只是少数人的事，与广大员工无关；而社会人假设的突出贡献在于提出了一种新型的管理制度——**参与管理**(management by participation)。即通过一些制度或授权的方式让中下层管理人员和员工有提供意见的机会，在不同程度上让他们参加组织决策的研究和讨论。

(四)基于社会人假设的管理实践

"参与管理"比"任务管理"更有效，已为许多实验研究和管理实践所证实。马罗(A. J. Marrow)在哈乌德公司(The Harwood Co)主持了一项实验，该公司要实行一项改革，这项改革涉及改革部分工人的工作方法和工作性质，估计会遭到一些工人的反对。实验目的是要测定，让工人参加改革方案的讨论是否有助于克服工人对改革的抵制。实验过程：把工人分为参与组和非参与组。对非参与组的工人只向他们交待新工作的安排与新的计件制度；对参与组的工人则向他们详细说明为什么要进行改革，并组织工人讨论如何改变工作方法，如何降低工作成本等问题。实验结果：非参与组产量下降 35%，而且一个月后情况仍未见好转，有 9%的工人要求离职，其余人均抱怨工资降低了，6 个星期后情况仍未见好转，管理当局决定解散这个小组，组内工人另行安排工作；而参与组的情况则相反，改革后第二天产量就恢复到改革前的水平，3 个星期后产量比改革前提高 14%，没有人离职，也没有人抱怨。两个半月后，又把解散的非参与组工人重新组织起来，按参与组的方式要求他们讨论改革方案。结果是，该组产量迅速回升，一个星期内产量就超过了改革前的水平，没有人要求离职，也没有人抱怨。这一实验证明，参与管理效果明显。它不仅使工人明确了工作任务，更为重要的是使工人与管理者处于平等地位，改善了工人与管理者之间的关系。

斯凯伦计划(Scanlon plan)是美国帕帕因梯钢铁公司工会的工作人员斯凯伦提出来的。20世纪 30 年代美国发生经济危机，帕帕因梯钢铁公司濒临破产。这时斯凯伦提出了改革方案：成立劳资联合委员会，共同商讨如何降低成本，如何提高产量和质量等问题，并发动全体员工提出合理化建议；实行集体分红制，超产部分按一定比例作为员工的集体奖励。这个计划由于提高了员工的"参与度",使员工感到自己是企业的一分子,是为了实现共同目标而工作,从而缓解了劳资矛盾,增强了归属感,大大提高了生产效率,使濒临破产的帕帕因梯钢铁公司绝处逢生,扭亏为盈。

二战前后,斯凯伦计划被不少企业采用,并且都在不同程度上提高了生产效率。例如派克笔厂 1955 年以前实行个人奖励制度,工人不愿采用新技术,致使该厂 50%的零件被迫外包。实行斯凯伦计划后,到 20 世纪 60 年代末,已有 80%的零件由本厂生产,由于不断采用新技术,成本大大降低,利润大幅度上升。日本企业采用"参与管理"方式也取得了明显成效:丰田公司成立工人俱乐部,鼓励工人提出一些合理化建议,公司即使不采纳,也会对提出建议者给予象征性奖励。这些措施的确在调动员工积极性方面收到了良好效果。

(五)评价

首先,社会人假设是在资本主义经济危机背景下提出的,是企业竞争剧烈、劳资矛盾加剧的产物,并非资本家变得善良了。但是这一假设冲破了泰勒制的局限,强调生产中人的因素的重要性,无疑是一大进步。其次,社会人假设企图通过改善企业内部的人际关系来解决劳资对立,从根本上讲是不可能的。因为劳资对立的根源是人剥削人的资本主义制度。但是基于这一假设提出的"参与管理"是一种新型管理制度,它在资本主义企业管理中确实起到了积极的推动作用,如缓解了劳资矛盾,提高了生产效率,进而推动资本主义社会生产力的发展。最后,对"参与管理"应全面分析,既要看到它虚伪欺骗性的一面,也要看到它合理性的一面。其虚伪欺骗性的一面是为了给企业主带来更大利润;其合理性的一面在于满足了员工的归属感需要,使他们处于和谐人际关系中,不能不说是有效调动工人积极性的管理制度。

三、自我实现人假设及民主管理

(一)自我实现人假设及其主要代表人物

自我实现人(self-actualizing man)假设认为,人都需要发挥自己的潜力,表现自己的才能。只有人的潜力充分发挥出来,才能充分表现出来,人才会感到最大满足,人的积极性才会得到充分发挥。其代表人物是沙因、麦格雷戈、马斯洛和阿吉里斯。

自我实现人假设源于马斯洛的**自我实现需要**(self-actualization need)。自我实现需要"反映了个体要求自我设计、自我完善、发挥潜能、实现自我价值的强烈愿望"。[①] 自我实现需要与马斯洛的人性观密切相关。在他看来,最理想的人就是自我实现的人。他认为"自我实现人"应具有 15 种特征,如敏锐观察力、思想高度集中、有创造性、不受环境偶然因素影响、只跟少数志趣相投的人来往、喜欢独居等。马斯洛也不得不承认在现实中这种人是极少数,多数人之所以不能自我实现,是因为社会未能给人创造自我实现的条件。

---

① 黄希庭. 简明心理学辞典[Z]. 合肥:安徽人民出版社,2004. "自我实现需要"词条.

1960年美国管理心理学家克瑞斯·阿吉里斯(C. Argyris)在《理解组织行为》[①]一书中提出"不成熟—成熟"理论。该理论认为一个健康人是从不成熟到成熟逐步发展的，成熟是一个自然发展过程。只有少数人能够达到完全成熟，多数人之所以不能达到完全成熟，是因为社会环境、社会制度等限制了人的发展。阿吉里斯认为，人从不成熟到成熟表现为七个方面：①由被动到主动；②由依赖到自主；③由只有少量动作到能做多种动作；④由兴趣浅薄到兴趣深刻；⑤由目光短浅到远见卓识；⑥由服从地位到平等地位或超越地位；⑦由缺乏自我意识到自我意识成熟。

阿吉里斯的"不成熟-成熟"理论与马斯洛的自我实现理论有相同含义。成熟过程就是自我实现的过程。人之所以不能达到成熟，不能充分自我实现，皆因受到环境条件的限制。

【专栏 3-3】

不成熟—成熟的标志

1. 被动	…………	主动
2. 依赖	…………	独立
3. 有限的行为	…………	多样性行为
4. 肤浅的工作兴趣	…………	浓厚的工作兴趣
5. 目光短浅	…………	目光长远
6. 从属地位	…………	主导地位
7. 缺乏自知之明	…………	自我意识强烈

(资料来源：许芳. 组织行为学原理与实务[M]. 2版. 北京：清华大学出版社，2014：286)

(二)基本观点

(1) 人性勤。在某些条件下，工作能使人得到满足。
(2) 惩罚不是促使人努力工作的唯一手段。人对于自己参与的目标，往往能自我控制。
(3) 报酬能激励人，但最重要的不是金钱，而是尊重需要和自我实现需要的满足。
(4) 在适当条件下，多数人不仅能接受任务，而且能主动承担责任。
(5) 多数人都有解决问题的智慧，但在通常情况下这种智慧只得到了部分发挥。

由此不难看出，自我实现人和经济人是两种根本对立的人性假设，如表3-2所示。

表3-2 自我实现人假设和经济人假设基本观点比较[②]

	经济人假设	自我实现人假设
对人的基本看法	人性惰	人性勤
对人的态度	不信任	信任
工作兴趣	低	高
努力工作的条件	在强迫条件下工作	在被承认条件下工作

[①] [美]唐·赫尔雷格尔，小约翰·瓦·斯洛克姆. 组织行为学[M]. 余凯成，译. 北京：中国社会科学出版社，1989：84-88.

[②] 朱永新. 管理心理学[M]. 2版. 北京：高等教育出版社，2006：54.

(三)基于自我实现人假设的管理措施

1. 管理重点的转变

经济人假设认为管理重点是任务管理；社会人假设认为管理重点是关心人，重视满足人的各种社会性需要。与此二者不同，自我实现人假设则把重点放在工作环境上，认为管理的任务就是创造一种适宜的工作环境，并提供所需的工作条件和服务，使人能充分挖掘潜力，发挥才能，即能够充分地自我实现。

2. 管理职能的改变

经济人假设认为管理者是生产指挥者；社会人假设认为管理者是人际关系协调者。与此二者不同，自我实现人假设认为管理者应是工作设计师和服务者。其主要职能是设计合理的工作环境，并为员工发挥聪明才智创造条件，减少和消除员工在自我实现过程中遇到的障碍。

3. 奖励方式的改变

经济人假设主张个人奖励；社会人假设主张集体奖励。与此二者不同，自我实现人假设将奖励分为两大类：一类是外在奖励，如工资、升职、良好人际关系等；另一类是内在奖励，如在工作中获得知识、增长才干、充分发挥潜力等，并认为只有后一种奖励才能满足人自尊和自我实现的需要，从而极大地调动人的积极性。

4. 管理制度的改变

经济人假设主张"少数人管理"；社会人假设主张"参与管理"。与此二者不同，自我实现人假设则认为应实行**民主管理**(democratic management)，即让员工有权参与组织重大事情的决策和管理，并对管理者进行监督，体会到当家做主的愉快，从而充分调动其积极性。

(四)基于自我实现人假设的管理实践

自我实现人假设不像经济人假设那样采取监督、控制的管理制度，也不像社会人假设那样采取改善人际关系的管理制度，而是采用一种新型管理制度——民主管理。这样的管理制度有利于员工充分发挥才能，满足成就需要。阿吉里斯曾就此在一家工厂进行过一项实验。实验组员工主要从事收音机装配工作。在管理制度改革前，组内 12 名女工按照工业工程师的设计，有明确分工，如领班、包装、检验等。实验开始时，让她们按照自己的想法组织生产，如果产量因此下降也不扣工资，如果产量提高则增加工资。实验开始后第 1 个月，产量下降了 70%，6 个星期后情况更糟糕，但第 8 个星期开始回升，15 个星期后超过实验前的产量，而且成本下降、质量提高，用户批评信件减少了 96%。这一实验的**生态学**

效度(ecological validity)①是值得怀疑的。这里列举这个实验，只是为了说明阿吉里斯基于自我实现人假设而进行了有关管理制度改革的实验研究。

(五)评价

自我实现人假设产生于 20 世纪 50 年代中期。这一时期资本主义工业生产已经发展到高度机械化程度，普遍实行流水线生产，工人工作的专业化程度日益提高，被束缚在一个狭小的工作范围内，重复简单、单调的动作，看不到自己的工作与组织目标的联系，因而士气降低，产品数量与质量下降。在这种背景下，随着马斯洛需要层次理论的创立和行为科学的兴起，自我实现人假设也随之产生。

自我实现人假设的进步意义：①它促使资本主义企业推行民主管理，在工作时间上采取弹性制，管理中采用这些变革措施，对提高生产效率起到了促进作用；②它主张在不违背群体利益原则下为员工创造有利于充分发挥其聪明才智的工作条件，这正是现代组织管理所追求的目标；③它把奖励制度划分为外在奖励与内在奖励，这与我们今天所说的物质奖励与精神奖励有类似之处；④它主张培养个人工作兴趣，培养个人对组织的归属感、责任感等，有利于调动员工积极性；⑤它认为管理者要相信员工的独立性、创造性，这对我们也有启发意义。

自我实现人假设在理论上是有错误的：①它认为人天生勤奋，这不确切；②它认为成熟是一个自然发展的过程，这与人的社会性、历史性是相悖的；③它强调自我实现是个人努力的结果，忽视了社会环境的作用，是个人中心主义的反映。事实一再证明，离开环境的影响，人不可能成长，更不可能自我实现；④它片面强调组织、社会要为个人自我实现服务，这是不可能办到的。关于这一点，麦格雷戈在晚年也不得不承认他的 Y 理论是理想化的理论。

四、复杂人假设及权变管理

(一)复杂人假设及其主要代表人物

复杂人(complex man)假设认为人的需要和动机是复杂的，会因时、因地、因条件变化而变化，不能一概而论，因此管理措施也应随之改变。其代表人物是沙因、摩尔斯和洛斯齐。复杂人假设由沙因(1965)提出。摩尔斯和洛斯齐(1970)在《哈佛工商业评论》上发表《超 Y 理论》一文，他们既反对 X 理论，也不赞成 Y 理论，从而提出一种新的人性假设理论——超 Y 理论。

---

① **生态学效度**(ecological validity)是指研究结果或实验效果的普遍性和可应用性。也就是说，研究所得结果或实验所得结论，应该而且必须适用于现实世界中自然发生的行为。这一概念由美国认知心理学家奈瑟尔(U. Neisser)于 20 世纪 70 年代在一篇关于记忆研究的文章中提出。

(二)基本观点

(1) 人的需要多种多样,而且这些需要随着人的发展和生活条件的变化而改变。同时,每个人的需要又各不相同,需要层次也因人而异。人在不同环境下会产生不同的需要。例如某人在工作单位可能无法满足交往需要,但在业余活动或非正式群体中,交往需要则可能得到满足。

(2) 人的动机多种多样,而且这些动机会发生相互作用并结合为统一整体,形成错综复杂的**动机模式**(motive patterns)。例如,两个人都想得到高额奖金,但他们的动机可能不同,一个可能是为了改善家庭生活条件,另一个可能把它看成是达到技术熟练的标志。

(3) 由于人的需要和动机各不相同,人对于不同管理方式会有不同反应,因此没有一套适合于任何个人、任何时间和任何组织的普遍的行之有效的管理方式。

(三)基于复杂人假设的管理措施

复杂人假设提出了一种全新的管理措施——**权变管理**(contingency management)。权,衡也。权变管理即因人、因时、因事、因组织环境不同,而制定不同的管理措施和采取灵活多样的管理方法。西方学者将其称之为"情境管理"。这种管理措施认为,领导行为和管理工作应根据组织内外条件的变化,采取与之相应的管理方式,不存在一成不变、普遍适用的"最好的"管理理论和方法。在组织结构方面,认为组织是和外界相互影响的一个开放系统;把组织分成不同的结构模式,不同的模式应采取不同的管理方式;在人事管理方面,认为管理方式要因工作性质和人员素质而异。首先,管理者应有权变观点,从实际情况出发作出灵活的反应,为此,在某一特定情境条件下,管理者要学会正确地进行管理,领导方式要随情境条件的变化而变化;其次,既然人与人之间的需要和动机各不相同,那么管理者就应根据各人的具体情况,灵活采取不同的管理措施,也就是说,管理措施要因人而异,不能千人一面;最后,管理方法不能过于简单化、一般化,而要具体情况具体分析。例如,在工作任务不明确,生产和工作秩序混乱的情况下,应严格管理,使生产和工作走上正轨。反之,如果任务明确、分工清楚,则可更多地采取授权形式,使下级充分发挥其主观能动性。

(四)评价

首先,复杂人假设强调管理方法要根据工作任务、工作性质、环境条件、员工需要和动机等特点来确定,不能简单化、固定化,不能千篇一律,这包含了某些辩证思想。但它又过分强调人的差异性,忽视人的共同性。在阶级社会里,人的共性首先是阶级性,复杂人假设避开了这一点,这充分反映出这一假设形而上学和历史唯心主义的特点。

其次,复杂人假设以其新颖、独到的观点阐释人性,在管理制度和管理措施方面提出了新见解,因而受到管理理论界和管理实际工作者的高度重视,不仅进行了大量的具体研究,而且得以应用。这些研究和实践主要反映在三个方面:一是组织结构研究。组织结构是固定还是灵活变化,应根据任务性质而定。二是领导行为研究。应根据组织运转是否正常而采取相应的领导方法。也就是说,如果组织运转正常,则更多地采取授权方式;如果组织运转混乱,则要更多地采取严格管理方式。三是管理者观察力研究。管理者要善于观察员工的个体差异,这样才能因人而异地采取灵活的管理方法。

五、文化人假设及组织文化管理

(一)文化人假设及其主要代表人物

文化人(intellectuals)假设认为管理的要点就是要建立一种适合于组织发展的文化,通过组织文化管理,提高员工对组织的认同感和归属感,从而获得理想的管理效率。"文化人假设就是要用正确的组织文化引导人、约束人、凝聚人、塑造人。"[①]其主要代表人物是威廉·大卫、迪尔和肯尼迪。

20世纪60年代初,日本出现了"组织文化管理"模式。它成功地把日本民族文化和现代工业精神有机结合,建设和张扬了以"共享价值观"为核心的企业文化,使组织凝结起强大的团队精神,极大地激发了员工的创造精神。因此到20世纪80年代初,日本的国民生产总值位居世界前列。这样一个二战时期的战败国,在经济十分落后的情况下,居然在战后短短二十多年内迅速崛起,一跃成为世界经济强国。面对来自日本的严重威胁,为了揭开日本成功的奥秘,美国的专家学者或亲赴日本考察,或在日本的海外公司进行美日组织管理比较研究,威廉·大卫就是其中之一。威廉·大卫从1973年开始进行美日组织管理比较研究,并于1981年出版了《Z理论——美国企业界怎样迎接日本的挑战》一书。他认为,美国的管理方式是A式管理,日本的管理方式是J式管理,两种管理方式是截然不同的。

A式管理(A management)的特点:①短期雇佣;②快速评定和提升;③明确控制;④专业化职业道路;⑤个人决策;⑥个人负责;⑦局部关心。

J式管理(J management)的特点:①长期雇佣;②缓慢评定和提升;③含蓄控制;④非专业化职业道路;⑤集体决策;⑥集体负责;⑦整体关心。

威廉·大卫指出,美国企业应结合本国特点,学习日本企业的管理方式,以形成自己的管理方式。他将这种管理方式称为Z式管理。他在《Z理论》一书中详细地论述了自己的Z式管理,由此形成了Z理论。该理论强调了Z式管理独特的经营理念和经营哲学,显示了组织文化在管理中的重要性。1982年,美国学者迪尔和肯尼迪认为,人的行为及价值选择,是由其所处文化决定的,有什么样的文化,人就会有什么样的行为,从而提出了与Z理论相对应的文化人假设。

(二)基本观点

综上不难得知,文化人假设的基本观点就是 **Z 式管理**(Z management)的基本内容,它是一种兼具日式管理特点和美式管理特点的管理模式。其内容包括下述各点。

1. 终身雇佣制

对员工实行终身雇佣,不仅使员工有一种安全感,而且使员工感到自己与组织攸关,

---

① 朱永新. 管理心理学[M]. 2版. 北京:高等教育出版社,2006:57.

使之有一种责任感，进而培养员工与组织同甘共苦、荣辱与共的精神。

2. 年功序列制

每年都对员工进行定期考核，以此作为员工提薪、晋级的依据，以使员工认识到只要为组织作出贡献，组织就会给自己以好处，进而积极地关心自己的工作，关心组织发展。

3. 集体决策和个人负责相结合

凡属重大决策都需经过集体研究决定。集体决策一经生效，就指派专人负责，责任到人。

4. 专业化和非专业化相结合的职业道路

既要重视专业人才培养，为有志于得到提升的人员提供机会，也要大胆引进没有经验的新员工。前者是组织的中坚力量，后者对组织文化一般不会产生抵触情绪或拒绝态度，比较容易接受组织文化，而管理的关键就在于员工要认同组织文化。

5. 含蓄控制与明确控制相结合

在要求员工应该怎样做或不应该怎样做时，要视具体人而区别对待。对那些"响鼓不用重锤"的人，用不着正面说明，只需用委婉隐约的话把意见表达出来即可达到目的；相反，则要明白无误地告诉他应该怎样做或不应该怎样做，必要时还应当严厉地批评教育。

6. 整体关心

管理者不仅要求员工为组织作贡献，更要关心员工，包括关心他们的工作、生活、健康、家庭等，以使他们为组织作出更大贡献。当然，管理者不仅应关心员工个人，更要关心员工所在的班组、车间，以培养他们的团队精神。

(三)基于文化人假设的管理措施

1. 管理者以身作则

"组织文化管理"模式要求管理者扮演文化设计师和行为楷模的角色。为此，管理者必须严格遵守组织的各项规章制度，以身作则，为员工树立榜样。

2. 努力营造良好的组织文化氛围

组织文化不是写在纸上、贴在墙上的美丽辞藻，而是根据自身特点长期培育出来的一种人文精神。这种人文精神主要是以隐性方式存在于组织内部，从而形成组织特有的文化氛围。营造良好的文化氛围既是一个系统工程，也是一个渐进的长期积累过程，需要从点滴做起。

3. 组织文化应有个性

组织文化的核心是"共同价值观"，即形成全体员工共享的价值观。不同组织应形成能够彰显自身特点的核心价值观，不可千篇一律。用今天的话说，就是"人无我有，人有我特，人特我优"。近20年来，不少组织学习、借鉴和实践这一管理措施取得了意想不到的效果。

(四)评价

文化人假设是对经济人、社会人、自我实现人、复杂人假设的扬弃和超越。它越过对人的经济和心理等层面的关注，直接逼近对人的行为影响更深远、更有力的文化价值层面。日本人成功地把民族传统文化和现代工业精神有机结合，建设和张扬了"组织共同价值观"等组织文化管理的核心内涵，使组织凝结起强大的团队精神，极大地激发了员工的创造精神，从而使日本在战后短短二十多年内一跃成为世界第二大经济强国。

文化人假设并非完美无缺。它并没有对人的本性作深入探讨，对在实践基础上人的发展缺乏足够的认识；"终身雇佣制"和"年功序列制"等曾经帮助日本企业创造过经济奇迹的管理措施，由于"过分捆绑"之弊端，在知识经济条件下使劳动者的创造精神受到严重束缚，终于导致管理实践中出现了严重问题，这大概是最近若干年来日本经济衰退的症结所在。

关 键 术 语

(1) 人性假设(assumption of human nature)是关于人性的一种学说，又称"人性观""人性论"。

(2) 参与管理(management by participation)是指通过一些制度或授权的方式让中下层管理人员和员工有提供意见的机会，在不同程度上让他们参加组织决策的研究和讨论。

(3) 民主管理(democratic management)是指让员工有权参与组织重大事情的决策和管理，并对管理者进行监督，体会到当家做主的愉快，从而充分调动其积极性。

(4) 权变管理(contingency management)是指要因人、因时、因事、因组织环境不同，而制定不同的管理措施和采取灵活多样的管理方法。

本 章 要 点

(1) "性"历来是中国传统文化的重要范畴，关涉诸多学理问题，其含义深邃复杂。中国古代思想家认为"性"是事物本身所固有而与生俱来的，分为气性、物性、人性三个层次。

(2) 中国古代思想家认为人性是"性"的最高层次，是人区别于动物的一切属性(特性、特点、特征)的综合或总称；马克思主义认为人性是人的自然性、社会性和历史性的统一体。

(3) 人性由何者决定？中国古代思想家的主流思想是"习性论"，即人性是在后天环境和教育影响下逐渐习得的。不同西方心理学学派则有不同的观点：精神分析学派认为人性由本能决定；行为主义认为人性由环境决定；人本主义心理学认为人性由"似本能"决定。

(4) 人性假设是关于人性的一种学说，又称"人性观""人性论"。中国古代思想家曾提出过性善论、性恶论、性不善不恶论、性有善有恶论等多种人性假设，其中以"性善论"和"性恶论"影响最大。孟子是"性善论"者，荀子是"性恶论"者。在西方人格心理学家中，罗杰斯是"性善论"者，弗洛伊德是"性恶论"者。

(5) 管理心理学不是对人性作抽象概括，而是从从业人员的需要和劳动态度角度来研究人性。最先将人性假设与管理问题明确联系起来的是美国管理心理学家麦格雷戈。麦格雷戈1960年指出：在每一项管理措施背后，都必然有着某种关于人性本质及人性行为的假设。

(6) 在西方管理心理学中曾先后出现过五种人性假设(经济人假设、社会人假设、自我实现人假设、复杂人假设、文化人假设)和与之相对应五种理论(X理论、人群关系理论、Y理论、超Y理论、Z理论)。每一种人性假设都有其存在的合理性，也有其历史局限性。

(7) 人性假设不仅在微观上影响管理方式和管理制度，而且在宏观上影响管理思想。

(8) 经济人假设认为人的一切行为都是为了最大限度地满足自己的私利，主要代表人物是沙因和麦格雷戈，主要实践者是泰勒。基于经济人假设的管理措施：管理重点是"任务管理"；管理策略是"胡萝卜加大棒"；管理制度是"少数人管理"。

(9) 社会人假设认为人在工作中得到的经济利益对调动工作积极性只是次要的，起决定作用的是人与人之间在工作中结成的良好人际关系。其主要代表人物是沙因和梅奥。与经济人假设相比，社会人假设的管理措施发生了五个变化：由关心任务转变为关心人；由重视个人转变为重视人际关系；由重视个人奖惩转变为重视集体奖惩；管理者应由监工转变为联络员；由少数人管理转变为参与管理。

(10) 自我实现人假设认为人都需要发挥自己的潜力，表现自己的才能。只有人的潜力充分发挥出来，才能充分表现出来，才会感到最大满足，人的积极性才会得到充分发挥。其主要代表人物是沙因、麦格雷戈、阿吉里斯和马斯洛。自我实现人假设认为管理重点是创造一种适宜的工作环境，管理者的职能是工作设计师和服务者，奖励方式是外在奖励和内在奖励相结合，管理制度是民主管理。

(11) 复杂人假设认为人复杂的，管理措施也应随之改变。其主要代表人物是沙因、摩尔斯和洛斯齐。复杂人假设主张管理措施是权变管理。

(12) 文化人假设认为管理的要点在于建立一种适合于组织发展的文化，通过组织文化管理来提高员工对组织的认同感和归属感，从而获得理想的管理效率。其主要代表人物是威廉·大卫以及迪尔和肯尼迪。基于文化人假设的管理措施是：管理者以身作则；营造良好组织文化氛围；组织文化应有个性。

练习与思考

一、名词解释题

人性、人性假设、参与管理、民主管理、权变管理

二、单项选择题

1. 最先将人性假设与管理问题明确联系起来的是(　　)。
    A. 麦格雷戈　　　　B. 沙因　　　　C. 马斯洛　　　　D. 威廉·大卫

2. "胡萝卜加大棒"是下列哪种人性假设的管理措施？（   ）

    A. 经济人假设   B. 社会人假设   C. 自我实现人假设   D. 复杂人假设

3. 主张依靠良好人际关系来调动人的积极性的人性假设是(   )。

    A. 经济人假设   B. 社会人假设   C. 自我实现人假设   D. 复杂人假设

4. 不是 Z 理论主要特点的选项是（   ）。

    A. 长期雇佣制   B. 集体决策   C. 整体关心   D. 创造适宜工作环境

三、填空题

1. 人性假设不仅在微观上影响管理方式和管理制度，而且在宏观上影响_____。

2. 管理心理学不是对人性作抽象概括，而是从从业人员的需要和_____角度来研究人性的。

3. _____是指管理要因人、因时、因事、因组织环境不同，而制定不同的管理措施和采取灵活多样的管理方法。

四、思考题

1. 为什么说管理心理学不是对人性作抽象概括，而是从从业人员的需要和劳动态度角度来研究人性的？说明理由。

2. 试述五种人性假设存在的合理性及其历史局限性。

3. 你认为你所在单位的管理比较符合哪种人性假设？为什么？举例说明。

五、案例分析题

教师抵制不打招呼听课

镇东初中规模不算大，生员基础参差不齐，师资业务素质总体水平不高，教学质量始终上不去，学生家长反映强烈，领导也有意见。新学期开始后，镇教育委员会针对该校情况决定调教育办公室李主任到该校任校长。李校长任校长一周后，召开了学校领导班子会议，他谈了对提高教学质量的初步设想。他说："要提高质量，摘掉落后帽子，就必须加强教学管理，狠抓教学工作各个环节的检查，尤其是课堂教学检查，因为这是提高教学质量的关键。我想通过经常性突击听课，促使教师钻研教材，改进教法，提高授课水平，向 45 分钟要质量。过去，我们学校班子没有重视这项工作，致使少数责任心不强的教师混课甚至旷课，这是突出的薄弱环节。因此我提议，从明天起，所有校长、主任按自己所学专业，分学科到班级随时听课，事先一律不与教师打招呼，希望大家不要走漏风声。"会后第二天，校长、主任根据原定方案，自带凳子分头到班级进行不打招呼听课。

第一次听课后，部分校长、主任肯定了这种做法。有的说："这次不打招呼听课，确实发现了不少问题，有的教师未备课，就是读读书，有的新教师根本就不会讲课。"有的说："这次听课也发现了不少教师授课能力强，水平高，以后要注意重点使用。"有的还说："这样听课今后每过一段时间听一次，是很有好处的。"当然，也有一部分干部提出疑问，认为这种听课方式不够妥当，对教师不够尊重，容易造成逆反心理。

虽说有不同意见，第二天仍然继续不打招呼听课，不料情况与前一天截然不同。这个老师说"我这节课主要是让学生做作业"，那个老师说"我这堂课主要是让学生背书"。

一句话，就是不愿让领导听不打招呼课。可想而知，这次校长、主任们真的不受欢迎了。

这样的听课已无法进行下去了。教师的不满，明里暗里的软抵抗行动，李校长耳闻目睹。面对这意想不到的情况，他陷入了沉思。

请运用管理心理学有关理论对这个案例进行分析，并阐述其对组织管理的启示意义。

【小知识】

案例分析的诀窍

第一步判断：判断案例所说的是一个什么样的问题(或现象，或效应)。

第二步定义：如果判断它是什么问题(或现象，或效应)，就对这个问题(或现象，或效应)进行定义(注意：定义是对一个概念的内涵和外延确切而简要地说明)。

第三步分析：结合案例进行分析。

第四步揭示启示意义：如果题目有要求就回答。

注意：(1) 在案例分析过程中内心要有这四个步骤，但这四个步骤不必在作业中写出来。

(2) 一般而言案例分析没有标准答案，只要能够自圆其说即可，因此第一步判断是关键。

参 考 文 献

[1] 埃德加·沙因. 组织文化与领导力[M]. 4版. 章凯，罗文豪，等译. 北京：中国人民大学出版社，2014.

[2] 道格拉斯·麦格雷戈. 企业的人性面[M]. 韩卉，译. 北京：中国人民大学出版社，2008(原著出版年：1960).

[3] 方展画. 罗杰斯"学生为中心"教学理论评述[M]. 北京：教育科学出版社，1990.

[4] 何伟强. 中西方教育管理人性理论之比较[J]. 浙江教育学院学报，2005(5)：12-23.

[5] 李文虎. 西方人格理论的人性观[J]. 心理学探新，1999(4)：11-14.

[6] 马克思，恩格斯. 马克思恩格斯选集(第1卷)[M]. 北京：人民教育出版社，1972.

[7] 马克思，恩格斯. 马克思恩格斯选集(第46卷，上)[M]. 北京：人民教育出版社，1979.

[8] 乔治·梅奥. 工业文明的人类问题[M]. 陆小斌，译. 北京：电子工业出版社，2013(原著出版年：1933).

[9] 唐·赫尔雷格尔，小约翰·瓦·斯洛克姆. 组织行为学[M]. 余凯成，译. 北京：中国社会科学出版社，1989.

[10] 威廉·大卫. Z理论——美国企业界怎样迎接日本的挑战[M]. 孙耀君，译. 北京：中国社会科学出版社，1984(原著出版年：1981).

[11] 西格蒙德·弗洛伊德. 精神分析引论新编[M]. 高觉敷，译.北京：商务印书馆，1987(英文版1933年).

[12] 朱永新. 管理心理学[M]. 2版. 北京：高等教育出版社，2006.

[13] Maslow A H. The farther reaches of human nature[M]. New York: Viking. 1971.

[14] Morse, J. J., Lorsch，J. W. Beyond theory Y [J]. Harvard Business Review, 1970. 48(3): 61-68.

[15] Simon, H. A. Administrative Behavior(3rd Ed.) [M]. New York, NY: Macmillan. 1976.

第二篇　个体心理管理

第四章　社会认知偏差克服

> 人啊，认识你自己！
>
> ——阿波罗太阳神庙人生箴言

【学习目标】

- 识记社会认知、社会认知偏差等概念。
- 理解自我认知偏差的含义、种类和产生原因。
- 理解对他人认知偏差的含义、种类和克服方法。
- 理解归因偏差的含义、种类和克服方法。
- 掌握刻板印象的含义、特点、表现、形成过程、形成原因、危害和改变方法。
- 掌握克服社会认知偏差的策略。

【引例】

第一印象的妙用

一个新闻系的毕业生正急于寻找工作。一天，他到某报社对总编说："你们需要一个编辑吗？""不需要！""记者呢？""不需要！""排字工、校对呢？""不，我们现在什么空缺也没有了。""那么，你们一定需要这个东西。"说着他从公文包中拿出一块精致的小牌子，上面写着"额满，暂不雇佣"。总编看了看牌子，微笑着点了点头说："如果你愿意，可以到广告部工作。"这个大学生以其幽默、风趣、机智、乐观的人生态度，给总编留下了良好的第一印象，使总编产生好感，从而为自己赢得一份满意的工作。

社会认知(social cognition)是个体对自己、他人、群体等社会客体的认知。[1]每个人总是基于自己的眼睛、心情、观点、信念和价值观来认知自己、他人和群体，产生偏差在所难免。**社会认知偏差**(social cognitive bias)是指个体在社会认知过程中产生的偏离现实的想法，具体表现在接受和解释信息、产生应对方式和处理问题、预测和估计结果等方面，其信念和信念体系、思维和想象过程均可能存在不同程度的歪曲。[2]

社会认知偏差是怎样产生的？回答这个问题非常棘手。经济学家认为，大脑通常采用简单程序应对复杂环境，出现偏差在所难免。社会心理学家认为，社会认知偏差跟"自我

---

[1] 林崇德，杨治良，黄希庭. 心理学大辞典[Z]. 上海：上海教育出版社，2003. "社会认知"词条.

[2] 薛云珍. 认知偏差与抑郁症关系研究[D]. 天津：天津师范大学博士论文，2009.

中心思维"有关，是为了维护自我形象、维持自尊。进化心理学家提出的**错误管理理论**(error management theory)认为，人类通常以犯代价较小的错误来适应世界。该理论把人类常犯的错误分为两类：错误肯定和错误否定。把某个没有的东西当成有，叫错误肯定；把某个有的东西当成无，叫错误否定。两类错误通常给人带来不同的代价：把没病当成有病，不存在贻误病情问题；把有病当成没病，必然错失治疗良机。成语故事"杯弓蛇影"中的人把草绳当成蛇仅是一场虚惊；"鸿门宴"上项羽把刘邦的野心当成无，结果自刎乌江。在长达数百万年的进化史上，能活下来的物种通常具有一种倾向，即在不确定决策场景下，容易犯代价较小的那类错误。"许多社会认知偏差都是自然选择配备给人们的行为手册，它指导人们以犯错误的方式适应世界，因为如果不犯这种错误，就可能犯代价更高的错误。"[①]

社会认知偏差难以避免，只能尽量克服。作为管理者和被管理者，我们可以不去关心社会认知偏差是怎样产生的，却不能不关心如何克服社会认知偏差问题，否则，朋友失和、同事结怨、干群矛盾、劳资冲突将不可避免。

第一节　自我认知偏差

《诗经·王风·黍离》云："知我者谓我心忧，不知我者谓我何求。"有时候我们连自己都不了解自己，又何必指望他人了解自己呢！

一、自我认知与自我认知偏差

(一)自我认知

试想一下你在向别人描述自己时，你首先提到的是什么？是你的性格特征(如内向、外向)、外表特征(如高矮胖瘦)，还是社会类别(如学生、老师)？除这些具体特征之外，你可能还会向别人大致介绍一下你对自己的评价，如"我这个人还不错"。从中可以看出，你在向别人描述自己时，通常包括两个方面的内容：认识自己和评价自己。所以，**自我认知**(self-perception)是个体对自己的认识和评价。[②]

(二)自我认知偏差

希腊德菲尔神庙包括阿波罗太阳神庙和雅典女神庙。阿波罗太阳神庙的柱子上镌刻着一句人生箴言："人啊，认识你自己！"这是古希腊哲学家苏格拉底的一句名言，卢梭认为这一碑铭"比伦理学家们的任何巨著都更为重要，更为深奥"。

人类是好奇的物种，凡事总想探个究竟。人在认识自己的时候，并不总是客观的，难

---

① Haselton, M. G., & Nettle, D. The paranoid optimists: An integrative evolutionary model of cognitive biases. Personality and Social Psychology Review, 2006(10): 47-66. Maner, J. K. , Kenrick, D. T., Neuberg, S. L., Becker, D. V., Robertson, T. , Hofer, B., et al. Functional projection: How fundamental social motives can bias interpersonal perception [J]. Journal of Personality and Social Psychology. 2006(88)63-78.

② 沙莲香. 社会心理学[M]. 4版. 北京：中国人民大学出版社，2015：93.

免出现偏差。自我认知偏差是个体在认知自己时偏离自身实际的行为。周爱保、赵鑫(2008)将自我认知偏差归结为两种效应：**优于常人效应**(better-than-average effects)和**差于常人效应**(worse-than-average effects)。[①]郑莉君、潘聪绒(2009)指出：人们会选择性地遗忘与自我核心特质有关的消极信息，出现**记忆忽略**(memory neglect)现象，即：常常高估自身缺点在人群中的普遍性，表现出**虚假一致性效应**(false consensus effect)；或者高估自身优点在人群中的独特性，表现出**虚假独特性效应**(false uniqueness effect)。[②]通俗地说就是：我的缺点常人都具备，我的优点常人不具备。

二、自我认知偏差的表现

(一)虚假独特性效应的表现

斯文森(Svenson，1981)[③]研究发现：有90%的司机认为自己的驾驶技能要好于一般司机。克鲁格(Kruger，1999)[④]研究显示：人们报告自己在完成一些较为常见、简单的任务(如与他人友好相处、熟练操作鼠标)时，自身能力要优于一般人。钱伯斯(Chambers，2003)[⑤]和温斯坦(Weinstein，1980)[⑥]发现：与普通人相比较，人们倾向于过高估计自己经历一些常见事件的可能性，即人们对自己的未来不切实际，盲目乐观。克鲁格和伯勒斯(Kruger＆Burrus，2004)[⑦]在研究中让被试与普通人比较自己经历28种事件的可能性，结果发现在比较一些常见事件时，被试报告自己经历这些事件的可能性显著高于普通人。这些事件为：拥有小汽车、年薪高于25 000美元、拥有房子、活过70岁、工作受到奖赏、毕业考试位于全班前50%、去欧洲旅行、驾驶过快收到罚单等。研究表明，人们往往认为自己符合社会性赞许的方面也多于别人。戴维·迈尔斯(D. Myers，2006)[⑧]研究表明，当问及自己的职业能力时，90%的商业经理认为自己的业绩优于同级经理的平均水平。澳大利亚一项研究指出：86%的人认为自己的工作成绩高于平均水平，只有1%的人认为自己低于平均水平(转引自迈尔斯，2006)。多数外科医生认为自己病人的死亡率低于其他外科医生的平均水平。[⑨]说谎的人往往

---

① 周爱保，赵鑫. 社会比较中的认知偏差探析："优于常人"效应和"差于常人"效应[J]. 心理学探新，2008，28(1)：72-76.
② 郑莉君，潘聪绒. 自我提升研究进展与未来走向[J]. 沈阳师范大学学报(社会科学版)，2009，33(1)：46-49.
③ Svenson O. Are we less risky and more skillful than our fellow drivers?[J]. Acta Psychological. 1981(47): 143-151.
④ Kruger J. Lake Woebegone be gone！The "below-average effect" and the egocentric nature of comparative ability judgments. [J]. Journal of Personality and Social Psychology. 1999(77): 221-232.
⑤ Chambers J R，Windschitl P D，Suls J. Egocentrism, event frequency, and comparative optimism: When what happens frequentlyis "more likely to happen to me" [J]. Personality and Social Psychology Bulletin. 2003(29): 1343-1356.
⑥ Weinstein N D.. Unrealistic optimism about future life events[J]. Journal of Personality and Social Psychology. 1980(39): 806-820.
⑦ Kruger J，Burrus J... Egocentrism and focalism in unrealistic optimism(and pessimism)[J]. Journal of Experimental Social Psychology. 2004(40): 332-340.
⑧ [美]戴维·迈尔斯. 社会心理学[M]. 8版. 侯玉波，乐安国，张志勇，等译. 北京：人民邮电出版社，2006.
⑨ Gawande A... Doubts of a doctor [J]. *US News and World Report*, 2002. 132(12)：76.

认为别人也不诚实，逃税的人往往认为别人也逃税。[1]

(二)虚假一致性效应的表现

克鲁格(1999)研究发现个体并不是在所有情况下都认为自己(如能力)要优于一般人：当任务复杂或成功概率极小时，人们往往认为自己(如能力)要差于一般人；人们报告自己在完成熟练操作鼠标、与他人友好相处等一些简单任务时，自身能力要优于一般人；但被试报告自己在完成变戏法、骑独轮车和电脑编程等复杂任务时，自身能力要差于一般人。温斯坦(1980)发现：个体在比较经历一些普遍事件(如活过80岁)的机会时，认为自己经历这些事件的可能性要大于普通人；而个体在比较自己经历一些罕见事件(如活过100岁)的机会时，认为自己经历这些事件的可能性要小于普通人。克鲁格和伯勒斯(2004)在让被试与普通人比较自己经历28种事件的可能性时发现：被试在比较一些罕见事件时，他们报告自己经历这些事件的可能性要显著低于普通人。这些事件为：拥有私人飞机、年薪高于25万美元、拥有私人岛屿、活过100岁、研究成果获得诺贝尔奖、毕业考试位于全班前1%、去月球旅行等。

三、缘何产生自我认知偏差

人为什么会出现自我认知偏差？心理学家一直在寻找原因并力图从理论上予以解释。

(一)社会比较(social comparison)理论

社会比较理论由里昂·费斯廷格(L. Festinger, 1954)提出。社会比较是个体把自己跟具有相似生活情形的人进行比较，对自己的能力、行为水平及行为结果作出评价的过程。[2]费斯廷格认为人有一种内驱力，它促使自己跟他人进行比较，并通过比较来评价自己。[3]乔纳森·布朗(J. Brown, 1988)发现人有一种对待自己比对待别人更积极的倾向，即认为自己的积极品质多于同伴，自己的消极品质少于同伴。[4]布朗在1994年又指出"人们总是对自己持一种不太实际的更为肯定的态度"。[5]斯蒂尔(Steele, 1988)提出，人们有一种基本需要，即确认对自己的看法、表达是正确的，并证实对自己的看法是正确的。他认为这种基本需要是许多心理现象中一个关键但潜藏的因素。[6]

---

[1] Sagarin B J, Rhoads K V, Cialdini R B. Deceiver's distrust: Denigraion as aconsequence of undiscovered deception[J]. *Pesonality and Social Psychology Bulletin*. 1998, 24(11): 1167-1176.
[2] 林崇德，杨治良，黄希庭. 心理学大辞典[Z]. 上海：上海教育出版社，2003. "社会比较"词条.
[3] Festinger L. A theory of social comparison process[J]. *Human Relations*. 1954，117-140.
[4] 转引自：郑莉君，潘聪绒. 自我提升研究进展与未来走向[J]. 沈阳师范大学学报(社会科学版)，2009，33(1)：46-49.
[5] [美]乔纳森·布朗. 自我[M]. 陈浩莺，等译. 北京：人民邮电出版社(原著出版时间：1994)，2007：200-276.
[6] 转引自：李凌. 自我知觉积极偏向的理论解释和意义分析[J]. 心理科学，2004，27(4)：1013-1015.

(二)自我中心思维(egocentric thinking)理论

自我中心思维是一种思维方式或思维倾向，由瑞士心理学家让·皮亚杰(J. Piaget)发现。自我中心思维是指儿童从自己的立场和观点出发去认识事物，不从客观的、他人的立场和观点去认识事物。皮亚杰在其"三山实验"中证实了自我中心思维的存在。他让儿童围绕三座山的模型(见图4-1)散步，儿童可以从不同的角度看到这个模型。然后让儿童坐在模型的一边，要求他们从许多照片中挑选出坐在模型另一边的玩具娃娃所看到的景物的照片。结果发现：他们挑选出来的往往是跟自己的角度完全相同的照片，说明儿童不能从别人的立场去观察和思考问题。

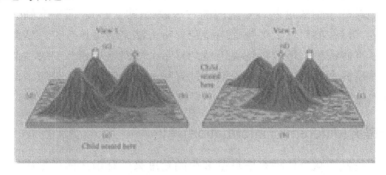

图4-1 三座山模型

成人是否也有自我中心思维方式呢？科萨等人(Keysar, Lin, & Barr, 2003)[①]研究表明：成年人在某些特定情况下也存在自我中心思维倾向。奥伯曼和拉马钱德兰(Oberman & Ramachandran, 2007)[②]指出：自我中心思维方式是人类自我认知的一种默认选择，人们常常把自己的观点直接赋予他人，这是一个通过模拟自己来理解他人的过程。

(三)自我提升(self-enhancement)理论

自我提升理论试图从动机角度来解释前述两种效应。该理论认为人们乐意从积极的角度、用积极的眼光来看待自己。泰勒和布朗(Taylor & Brown, 1998)[③]指出：人们觉得自己的积极品质要好于同伴，这是一种积极错觉。这种积极错觉可以使人能够更好地应对现实生活中的各种挫折，甚至可以提高心理健康水平。伍德(Wood, 1989)[④]发现：当个体自尊受到威胁时，这种威胁可以使人产生自我提升动机，进而会认为自己要优于常人。克鲁格认为，自我提升理论似乎较为合理地解释了"虚假独特性效应"，但却无法解释"虚假一致性效

---

① Keysar B, Lin S H, Barr D J. Limits on theory of mind use inadults[J]. Cognition. 2003, 89(1): 25-41.
② Oberman L M, Ramachandran V S. The simulating social mind: The role of the mirror neuron system and simulation in thesocial and communicative deficits of autism spectrum disorders[J]. Psychological Bulletin. 2007, 133(2): 310-327.
③ Tay lor S E, Brown J D.. Illusion and well-being: a social psychological perspective on mental health[J]. Psychological Bulletin 1998, 103(2): 193-210.
④ Wood J V. Theory and research concerning social comparisons of personal attributes[J]. Psychological Bulletin. 1989, 106(2): 231-248.

应"。他认为,如果人存在积极错觉,那么为什么会认为自己经历"活过 100 岁"这个事件的可能性要小于常人呢?为什么会认为自己在从事"变戏法"这项复杂任务时自己的能力要差于常人呢?迄今为止,研究者们都一直在试图寻找能够解释两种效应的非动机因素。

(四)权重差异(differential weighting)理论

权重差异理论试图从人格角度来解释前述两种效应。该理论认为:个体在进行社会比较时,总是以自我为中心,过多地考虑比较目标(自身),很少考虑甚至忽视比较对象(他人),从而呈现出明显的**自我中心主义**(egocentrism)人格倾向。当个体的能力、成就等绝对高时,往往会过高地估计自己;当个体的能力、成就等绝对低时,往往会过低地估计自己。这一理论比较合理地解释了造成这两种效应的的主观原因(即人格),但也遭到一些研究者的质疑。质疑者认为,以往的研究大多是采用路径分析方法来验证该理论,这就使被试对比较对象即使作出了准确评价,但分析结果仍然会显示个体对比较目标的关注要大于对比较对象的关注。一些研究者还指出,该理论能通过直接测量来解释两种效应,却无法在间接测量中对这两种效应作出很好的解释。

(五)信息差异(differential information)理论

信息差异理论试图从个体拥有信息量多少的角度来解释前述两种效应。该理论认为:在社会比较过程中,个体拥有更多关于自己的信息,而对比较对象(他人)的信息相对比较缺乏,这就造成了比较双方信息的不对称。由于信息不对称,从而使个体可以对自己的能力、表现等进行比较准确的评价,而对他人的评价则更多地依赖于对比较对象所在群体的平均水平的猜测。因此,当个体认为自己的能力、表现、成就等高于他所猜测的平均水平时,就会出现"虚假独特性效应";而当个体认为自己的能力、表现、成就等低于他所猜测的平均水平时,就会出现"虚假一致性效应"。这一理论较好地解释了两种效应产生的客观原因。周爱保和赵鑫(2009)[①]以在校大学生为对象进行测试,结果发现:在社会比较中,不同类型的问题和被试拥有信息的清晰度共同影响了两种效应,且二者之间存在交互作用。

第二节 对他人的认知偏差

在现实生活中,我们总是有意无意地对他人形成某种印象或看法。对于一个与我们擦肩而过的行人,我们只要匆匆一瞥,对他是个什么样的人一般都能猜个八九不离十。但在多数情况下,我们总是有意地、仔细地观察别人,并试图了解他,从而决定是否与他交往以及如何交往,他是否值得信任。一般来说,我们总是把我们所获得的各种零散信息加以整合,以便对他人形成一个整体印象。那么,我们在对他人形成印象过程中会有哪些认知偏差呢?

---

① 周爱保,赵鑫. 任务类型与信息清晰度对社会比较中认知偏差的影响[J]. 心理科学,2009,32(4):770-773.

第四章 社会认知偏差克服

一、第一印象

与陌生人接触和交往，所得到的有关对方的最初印象称为**第一印象**(first impression)。

(一)第一印象的存在

陆钦斯(S. A. Luchins, 1957)[①]曾以大学生为被试做过一个实验：给两组被试看同一个人的照片。在看照片之前，对一组被试说，照片上的人是一个屡教不改的罪犯；对另一组被试说，照片上的人是一位著名学者。然后让两组被试分别从这个人的外貌特征来说明他的性格特征。结果，两组被试对照片上的人作出的解释截然不同。第一组被试说，深陷的目光隐藏着险恶，高高的额头表明他死不悔改的固执；第二组被试则说，深陷的目光表明他思想深邃，高高的额头表明他在科学探索道路上无坚不摧的意志。实验表明，人们最初获得的信息对解释后面的信息确实起着至关重要的作用，具有压倒性优势。

(二)第一印象的作用

第一印象在日常生活和工作中具有相当大的作用。为官者十分在意"新官上任三把火"，平民百姓也深知"下马威"的妙用，每个人都力图给别人留下良好的第一印象。第一印象并非总是正确的，但它却是最鲜明、最牢固的。其作用通常表现在两方面：一是决定人们的交往行为。如果他人留给自己的第一印象良好，就愿意与之继续交往，愿意深交；反之，就不愿意与之继续交往，即使交往也不愿深交。二是影响人们对他人以后行为的解释和评价。如果他人留给自己的第一印象良好，那么就会对他人以后的行为作出带有宽容性和谅解性的解释和评价；反之，就会作出苛刻的解释和评价。

第一印象来自第一次接触和交往，不深刻、不全面在所难免。青年男女谈恋爱，之所以不提倡"一见钟情"，原因在于第一印象不可靠。如果仅凭第一印象为依据来决定取舍，难免发生误判。在夫妻关系中"因不了解而结婚，又因了解而离婚"的例子还少吗？

(三)管理者如何利用第一印象

如何克服第一印象？《增广贤文》告诉我们："路遥知马力，日久见人心。"只有通过长期接触和交往，才能真正了解一个人。在管理工作中，一方面管理者应尽可能在群众中留下良好的第一印象，这对以后工作的开展显然是有利的；另一方面，管理者对待员工应尽量避免受第一印象影响，以免给干群关系、工作开展以及组织目标的实现带来不应有的麻烦和损失。

二、首因效应和近因效应

信息出现的先后对印象形成的作用是不同的。许多学者就这个问题进行了大量研究，

---

① Luchins A.. Pecency in Impression Formation, C. Hovland, W. Mandell&E, Campbell et al. (Eds), The Order of Presentaion in Persuasion, New Haven, CT, Yale University Press. 1957.

并提出**首因效应**(primacy effect)和**近因效应**(recency effect)这两个概念。首因效应是指最先得到的信息对形成他人印象具有重要作用的现象；近因效应是指最后得到的信息对形成他人印象具有重要作用的现象。可见，"首因"即首先(或最初、最先)获得的信息，"近因"即近期(或最近、最后)获得的信息。

(一)首因效应和近因效应的存在

陆钦斯(1957)通过实验证实了这两种效应的存在。他先是杜撰了一个叫吉姆的人，并分别编写了两段关于吉姆生活片段的文字。一段文字把吉姆描写成一个热情而外向的人，另一段文字把吉姆描写成一个冷漠而内向的人。陆钦斯把两段文字发给大学生被试，一组被试先阅读第一段文字，后阅读第二段文字，另一组被试正好相反。结果发现：第一组有78%的被试认为吉姆比较外向、友好；第二组只有12%的被试认为吉姆外向、友好，而有82%的被试认为吉姆比较内向、孤独。实验结果表明：由于两部分材料出现的顺序不同，对吉姆的印象有很大差异，而且最先获得的信息(即"首因")对印象形成起着重要作用。

对于近因效应，陆钦斯(1957)的实验方法不是让被试连续阅读两份材料，而是在中间插入其他活动(如做数学题)。在这种情况下，大部分被试会根据在间隔活动后所看到的材料来对吉姆作出判断，这时最后获得的信息(即"近因")对印象形成起主要作用。

(二)产生首因效应和近因效应的原因

怎样解释首因效应和近因效应这一对矛盾现象？首先，与注意状态有关。当两种信息连续出现时，人们对最初信息很注意，而相对忽略最后的信息，因此首因效应明显；当注意最新信息时，最先被注意的信息逐渐淡化，最新信息的作用就增强了。其次，与知识表征激活强度有关。储存在人脑中的知识越容易被激活，越有可能自动地进入我们的意识，而不需要有意识地提取。如同存放在箱子里的衣物，放在最上面的很容易提取，放在底部的不容易提取。最初被激活的知识表征强度较高，此时"首因"起作用。但随着时间推移或注意淡化，这种激活强度逐渐衰退，而最近激活的知识表征获得较高强度，因此"近因"开始起作用。最后，与个性特点有关。一般来说，在心理上保持高度一致、具有稳定倾向的人，容易受首因效应影响；在心理上开放、灵活的人，容易受近因效应影响。

(三)首因效应与第一印象的区别

许多研究者都认为首因效应和第一印象是同一个概念，其实两者间是有区别的。

(1) 两者的认知主客体不同：首因效应中的认知主体是自己，认知客体是他人；在第一印象中，自己和他人互为认知主客体。

(2) 两者所指内容不同：首因效应所指内容是他人信息中的内在特质(如热情与冷漠、外向与内向)；第一印象所指内容是他人信息中的外部特征(如谈吐、风度)。尽管人的外部特征在某种程度上能够反映出人的内在特质，但两者在多数情况下是不能画等号的，甚至相左。不管暴发户怎么刻意整饰自己，举手投足之间都不可能有世家子弟的优雅，总会在不经意中"露出马脚"，因为一个人的文化素养是装不出来的。

(3) 两者的明晰、稳固程度不同。第一印象"最鲜明、最牢固"；首因效应则不同，最后获得的信息一旦比最先获得的信息更突出、更重要，最先获得的信息极易被淡化，"首因"极易被"近因"遮挡，从而变得模糊不清，且极易消失，说明首因效应具有不稳定性。

(四)近因效应的表现

在认知他人时近因效应大量存在。当发现一个平时表现不错的人犯了某种错误，人们往往会把问题看得比较严重，甚至夸大错误，并否认他一贯的表现；反之，当发现一个平时表现一般的人突然做了某件好事，人们往往会刮目相看，并肯定他一贯的表现。对他人认知这一左一右，都是近因效应的典型表现。有的人在人们心目中印象一直很好，可是由于他最近的某个举动给人以糟糕的印象，于是这个"糟糕"的印象就削弱了原先"很好"的印象，人们会因此改变对他的看法；有些节操高尚的人，到了晚年未能经受住考验，晚节不保，弄得身败名裂。这两种情况都含有近因效应的意味。

(五)管理者如何利用首因效应和近因效应

首因效应主要在陌生人之间起作用，近因效应主要在熟悉的人中起作用。前者告诉我们，初次与人相处，要尽量给人留下良好的第一印象；后者告诉我们，应历史地考察一个人，不要因某人最近的不良表现而予以全盘否定。首因效应和近因效应都是社会认知偏差，但却可以利用它来为我们服务。同事之间、干群之间关键在于"勿以小嫌疏至亲，勿以新怨忘旧恩"。领导者在开会作报告时，一开始就鲜明地提出自己的正面观点，可使人们对这种观点加深印象；在报告结尾部分，再次用有力论据来证明自己观点的正确性。这样，由于同时利用了首因效应和近因效应，极有可能使报告收到很好的效果。

三、晕轮效应(光环效应)

(一)何谓晕轮效应

人们总是倾向于把他人的有关特质联系起来以便对他人形成较为统一的印象。随着生活经验的积累，人们认识到某些特质(如热心与利他)之间存在着密切联系，于是当了解到某人具有某个特质时，就会自动地联想到与这一特质相关联的另一特质或其他特质，从而认为这个人也具有另一特质或其他特质。例如当我们得知某老师授课认真，就会认为他喜欢钻研，而且认为他一定知识丰富、学识渊博、对学生负责。正因如此，人们常会歪曲信息，以减少不一致的信息，从而对他人形成统一的认知。当我们认为某人具有某种特征时，就会推断他也具有其他相似或相互关联的特征，这种倾向被称为**晕轮效应(halo effect)**或光环效应。

(二)产生晕轮效应的原因

晕轮效应与背景作用相关。人们对他人的判断最初是以好与坏为标准来判断的。一个人被认为是好的，他就被一种积极的光环所笼罩，从而也就被赋予其他好的特质；如果他被认为是坏的，他就被一种消极的光环所笼罩，从而也就被赋予其他坏的特质。后一种效应又被称为"魔鬼效应"。我们对他人的评价，往往受被评价者总体印象的影响。被评价者的特质越是模糊，越是难以测量，晕轮效应就表现得越明显。正因为这种泛化现象的存在，当我们认为某人某个方面好时，就会认为这个人一切都好，反之则认为这个人一切都坏。"一好百好""一坏百坏"就是典型的晕轮效应。

(三)晕轮效应的存在

阿希(S. E. Asch, 1946)在实验基础上提出"首要特质"理论证实了晕轮效应的存在。[①]他让每个大学生被试手里拿到一张描写一个人特质的词表，词表上面有五个形容词：聪明、灵巧、勤奋、坚定、热情。要求被试想象这个人是什么样的人。结果被试普遍把这个人想象为一个进取、友善的人。然后，阿希把词表中的"热情"替换成"冷酷"，词表中的词序变为聪明、灵巧、勤奋、坚定、冷酷，再要求被试想象这个人是什么样的人。结果发现，被试普遍推翻了原来的形象，从而产生了一个完全不同的形象，即认为这个人是一个颓废、敌意的人。于是，阿希把"热情""冷酷"这两个对印象形成起决定作用的特质称为"首要特质"，把其余四个对印象形成不起重要作用的特质称为"次要特质"。首要特质(热情、冷酷)笼罩着次要特质(聪明、灵巧、勤奋、坚定)，首要特质对次要特质起着晕轮效应。

戴恩(K. K. Dion, 1972)等人也证实了晕轮效应的存在。[②]研究者让大学生被试仔细观察三个年轻人的照片：第一个人外表很有魅力，第二个人魅力中等，第三个人缺乏魅力。要求被试在其他27种人格特质上逐个评价这三个人，接着让被试估计三个人将来的婚姻美满情况以及谁最有可能在事业上取得成功。结果表明：被试对第一个人赋予了更多的正性人格特征，如和蔼、沉着；而且认为第一个人将来的婚姻更可能美满，事业上更可能成功。这说明，"有魅力"这个特质笼罩着其余27种特质，对其余27种特质同样起到了晕轮效应。

(四)如何克服晕轮效应

晕轮效应是人们快速认知他人的一种策略，不利于正确评价。晕轮效应是很难避免的，只能尽量克服。使用评价量表的心理学家想出一些办法来加以克服：对评价者进行训练；评价人的时候一个特质一个特质地评价；使评价者知识均等。作为管理者，一方面要通过改善人际关系的性质来消除晕轮效应的消极影响；另一方面，不要搞"亲疏有别""圈内圈外"那一套，既不要把自己喜欢的人捧上天，也不要把自己不喜欢的人贬得一无是处，而应全面看待每一位员工，正确对待员工的优缺点。

第三节 对群体的认知偏差

一、群体与刻板印象

(一)何谓群体

我们每天都要跟形形色色的人打交道，如下属、服务对象、供货商、销售商、投标商、

---

① Asch E.. Forming Impressions of Personality [J]. *Journal of Abnormal and Social Psychology*. 1946(41): 258-290.
② Dion K. K, Berscheid E. ，&Walster E. What Is Beautiful Is Good[J]. *Journal of Personality and Social Psychology*. 1972(24): 285-290.

承包商、施工队、推销员等。我们不可能也没必要把每个人都当作独立的个体来加以认知。为了更快速、更有效地认知他人和应对他人，人类一个基本认知策略就是分类。"物以类聚，人以群分"。就像把瓜果类蔬菜分为南瓜、黄瓜、冬瓜、丝瓜、苦瓜等一样，我们也按性别、年龄、职业、出生地等把人分成各种**社会群体**(social groups)，简称"群体"。划分群体的依据各式各样。我国由于民族统一、宗教自由，地域、职业、年龄等成为划分群体的主要依据。所以，在日常生活中，陌生人见面第一句话往往是"您是哪里人？""在哪里高就？""贵庚几何？"不过，在大多数国家，性别、年龄、种族、社会经济地位、文化背景等都是划分群体的重要依据。当然，一个人还可以按照不同标准被划入不同群体之中。群体中的个体称为"群体成员"。由于人类天生具有分类这种认知策略，人们才会被划分为各种群体。由于有群体存在，才会出现刻板印象这种社会认知偏差。

(二)刻板印象及其特点

刻板印象(stereotype)又称"定型"，是人们对某个群体或某个阶层的成员所形成的相对简单、概括和固定的看法，通常集中在消极的、不利的方面，是对社会信息的获得有着强烈影响的认知体系。① 刻板印象具有以下特点。

1. 具有极高稳定性

刻板印象很难改变，即使遇到相反的事实出现，人们也倾向于坚持它，并以此去否定或"修改"事实。

2. 一般含有真实成分

刻板印象可以在一定程度上帮助人了解和应对环境，简化人的认知过程，起"执简驭繁"之效，但也会导致人认知僵化，阻碍人接受新事物、新经验，常会造成认知上的过度概括化。

3. 自动被唤醒，无意识被使用②

(1) 一个人的类别特征越明显，与此类别相联系的刻板印象越是容易浮现在我们的脑海中。一个女人的长相越甜美，穿着越女性化，人们越是容易把她知觉为具有女性特征(如温柔、贤淑)的女人。

(2) 人们对待匿名的、可互换的群体成员容易用刻板印象知觉他们，从而忽略了个人特征。在日常生活中常有这样的体会：到某个饭店吃饭时，一位穿着制服的服务员来招呼我们，她记下点的菜，送上碗筷，倒好茶水，然后离开。等我们想再多点一个菜时，看到穿着制服穿梭在走廊上的服务员，都不知道刚才那位是哪一个。

(3) 当时间紧迫、需要快速对他人作出判断时，容易使用刻板印象。

(4) 当人们获得的信息很复杂、不易分析加工时，也易使用刻板印象。

(5) 当人们处于极端情绪状态(如勃然大怒)时，也易使用刻板印象。

---

① 黄希庭. 简明心理学辞典[Z]. 合肥：安徽人民出版社，2004."刻板印象"词条.
② 沙莲香. 社会心理学[M]. 4 版. 北京：中国人民大学出版社，2015：132.

(6) 当人们意识到对个体的判断不太重要时，也许不会去进一步搜集有关个体的信息，而只用该群体的刻板印象来认识个体。

二、刻板印象的表现

(一)在外表上的表现

一个著名例子是"以貌取人，失之子羽"，语出《史记·仲尼弟子列传》。说的是一个名叫澹台灭明(字子羽)的人，相貌丑陋，师从孔子，孔子认为他相貌丑陋、资质低下、不会成才，子羽只好"退学"回家，后来"自学成才"。他处事光明正大，不走邪路；不是为了公事，从不去会见公卿大夫。后来，子羽游历到长江，随从弟子达三百人，声誉很高，各诸侯国都在传诵他的名字。孔子听说这件事情后感慨地说："我只凭外貌来判断人的品行、能力，结果对子羽的判断就错了。"

【专栏4-1】

> **真的假的？**
>
> 20世纪七八十年代的人看电影，一旦屏幕上出现一个留长发、蓄胡须、戴墨镜、穿喇叭裤的人物，人们就会认为这个人不是好人而是坏蛋。现实生活中，当一个仪表堂堂的人因杀人放火进了班房，人们会感到吃惊，这么好的人怎么会干坏事？县委书记吴某身材瘦小，驾驶员陈某身材高大，两人年龄相差无几。一次，陈某开车送吴某去省里开会，会务组人员居然热情招呼陈某，而把吴某晾在一边，搞得陈某很尴尬。黔北人幽默风趣，交往方式特别，人们以相互打趣为乐事。熟人、朋友见面，因双方互喻"恰到好处"、随机应变能力强，常令旁人忍俊不禁。如A调侃B"没想到你其貌不扬却是处长"，则B会立马回敬"没想到你胡子拉碴却是教授"。如果话题涉及其他人，那么很可能是：没想到某某一本正经却是秘书，没想到某某衣冠楚楚却是打工仔，没想到某某戴个眼镜却是杀猪匠……

(二)在地域、民族性上的表现

人们对不同地域的人可能会形成某种刻板印象。比如，人们通常认为山东人身材魁梧、正直豪爽，山西人质朴厚道、保守恋土，四川人吃苦耐劳，浙江人聪明伶俐，苏南人性格内敛……

在民族性上的刻板印象尤为明显。研究中国人性格的外国人很多，"自从意大利威尼斯商人马可·波罗1299年写了一部《马可·波罗游记》，700年间西方探险家、传教士、商人、水手、政客、学者，形形色色的人写过各种各样关于中国的报道。有写实、有虚构；有不着边际的赞美，也有不怀好意的污蔑。在难以记数的'中国著述'中……对东西方影响最大的要数阿瑟·史密斯的《中国人的性格》。《中国人的性格》除《导言》外，共27章，其内容按照原书顺序分为27个方面：保全面子；节俭持家；勤劳刻苦；讲究礼貌；漠视时间；漠视精确；易于误解；拐弯抹角；顺而不从；思维含混；不紧不慢；轻视外族；缺乏公心；因循守旧；随遇而安；顽强生存；能忍且韧；知足常乐；孝悌为先；仁爱之心；

缺乏同情；社会风波；株连守法；相互猜疑；缺乏诚信；多元信仰；现实与时务。"① 根据阿希的"首要特质"理论，在史密斯眼中，中国人的性格特征是"好面子"。

作为美国传教士，史密斯在中国生活长达34年之久。如果说史密斯的看法源于他的亲身体验和观察，那么许多民族的刻板印象则是源于道听途说。对不同国家或民族的人，即使没有接触过甚至不了解，人们也会形成一整套比较固定的看法。比如人们常说美国人开放，英国人绅士，德国人严谨，法国人浪漫，犹太人聪明……

(三)在职业上的表现

人们对不同职业的人会产生不同的刻板印象。人们常常认为，文人有文人的风仪，武夫有武夫的气概，教授文质彬彬，艺术家风度潇洒，戴眼镜的人必定有学问，一本正经、不拘言笑的人肯定是干部等。

(四)在性别角色上的表现

人们在性别角色上表现的刻板印象较为普遍。似乎有些职业专属男性，有些职业专属女性。于是，说到军人、经理、教授、董事长之类的角色，人们首先会想到男性，尽管我们知道谁也没规定过这些角色专属男性。由于历史和现实原因，以及男女在生理、体力上的差异，使人们普遍接受了这种无形的模式。所以在日常生活中，一谈起女性，人们迅速想到的最合适她们的职业似乎是秘书、小学教师、护士等。美国《华尔街日报》和盖洛普民意测验组织1984年曾对大型企业副经理以上的高级女职员作过调查，使她们最感到愤愤不平的是她们中 61%的人曾经有过在某些场合被误认为是女秘书的经历。莎士比亚戏剧中本来就有"女人，你的名字是弱者"的说法，所以现代女性是很难接受"女强人""女汉子"等称谓的。

三、刻板印象的形成过程及原因

(一)形成过程：对应推断

先将某个群体贴上某种固定标签，然后根据某个人一些容易辨别的特征(如年龄、性别、地域、职业、种族、文化背景、宗教信仰等)把他划归该群体，再把该群体中多数成员所共有的典型特征粘贴在这个人身上，并以此为依据来判断这个人。

(二)形成原因

1. 亲身经验

第一次与某个群体接触时，人们只要与其中一两个成员互动，就有可能对这个群体产生一种大致看法。后来，当人们与这个群体内多数成员互动，对这个群体有了进一步了解后，即使知道原来的看法不对，也难以改变原来的看法，即将原来的看法"定型"下来。

---

① 丁立平. 中国社会人格研究的百年回顾与比较[J]. 长沙铁道学院学报(社会科学版)，2002，3(2): 1-5.

因此，我们亲眼见到的、亲身体验的少数几个成员的行为，是我们对这个群体形成刻板印象的基础，或者说群体中少数几个成员的行为对刻板印象形成起着关键作用。罗沙特(M. Rothart)等人证明了这一点。[1]他们研究表明，由于群体中某几个成员作出新奇、极端、突出的行为，这样的行为容易引起人们注意。在实验中，让一组被试看一张清单，上面列着 50 个男人的所作所为，其中 10 人犯了非暴力性罪；另一组被试看同样的清单，其中 10 人犯了暴力性罪。然后问被试你们所看到的 50 人中有多少人犯罪？被试回答第二张清单所列 50 人中有更多的人犯罪。

2. 社会学习

刻板印象可以从父母、老师、同学、课本及大众媒体那里习得。张德(1990)[2]、关树文(1992)[3]的研究证实了这一点。张德以人民出版社 1970 年至 1982 年出版的全日制学校十册小学语文课本为分析素材，发现：

(1) 教材中的人物都是男性多于女性(781∶542)。

(2) 教材对不同性别的人赋予了不同的职业。如保育员、营业员、纺织工都是女性；科学家、文学家都是男性。

(3) 教材中无知、低能的人物都是女性，男性则知识渊博、能力高超。如《数星星的孩子》中，奶奶说"那么多星星一闪一闪地乱动……你能数得清吗？"爷爷则开导孩子说"天上的星星在动，而它们之间的距离是不变的。"又如《看月食》中，奶奶说月食是天狗吃了月亮，爸爸则纠正说是因为地球转到了太阳与地球之间。

(4) 在一些课文里往往让女性来表现人类的劣根性。如《蓝树叶》中不愿借笔给同学的林圆圆，《田寡妇看瓜》中的田寡妇，《西门豹治邺》中凶狠恶毒、草菅人命的老巫婆，《渔夫与金鱼》中的老太婆。

3. 文化遗传

在中国传统文化中，刻板印象无处不在：关于性别：女人"头发长，见识短"。关于年龄：年轻人"嘴上无毛，办事不牢"。关于职业：无官不贪；无商不奸；文人相轻。关于地域：南方出文官，北方出武将，穷山恶水出刁民。关于相貌：尖嘴猴腮是奸相，地阔天方是忠臣。关于人性：可怜之人必有可恨之处……这些刻板印象是怎样形成的？既不是亲身经验，也不是社会学习，而是我们所属文化"遗传"给我们的。

文化塑造人。每个人都生活在特定文化之中。文化模式浇灌出来的刻板印象，千百年来通过文艺作品的不断渲染，通过人们的口耳相传，注入人们的意识，强化已有的观念，为特定文化中的人所普遍接受，久而久之信以为真。

---

[1] Rothart M., Fulero S., Censen, et al. From Individual to Group Impressions: Availability Heuristics in Stereotype Formation [J]. *Journal of Experimental Social Psychology.* 1978(14): 237-255.

[2] 张德. 关于性别偏见的调查报告[J]. 社会心理研究，1990(3).

[3] 关树文. 少年读物中的性别角色研究[J]. 见李庆善. 中国人社会心理研究论集[M]. 香港：时代文化出版公司，1992：141-146.

四、刻板印象的危害

刻板印象严重妨碍人们去辨别群体中的个体。我们都知道，群体中的个体不是从同一模型中浇铸出来的，每个人都有自己的个性。因此，用"对应推断"方法得出的看法去套某个具体的人，显然具有很大片面性，其危害性不言而喻。

历史小说《三国演义》中有这样一个故事：周瑜死后，鲁肃把庞统(字士元，号凤雏)举荐给孙权。孙权见庞统"浓眉掀鼻，面黑短髯，形容古怪，心中不喜"，决定"暂不用之"，结果因以貌取人，把一个"卧龙凤雏，得此一人，可安天下"的人才推给了刘备。

职业刻板印象危害巨大。我国至少有2.3亿农民在城市务工[①]，几乎所有的事业单位都有所谓"编外人员"。作为管理者，如果不抵制职业刻板印象，不仅他们生存得没有尊严(生存≠生活)，而且会影响中国经济社会发展，严重者会影响社会安定。民族性刻板印象的危害性同样巨大。中国的合资企业、外资企业如雨后春笋。作为管理者，如果不抵制民族性刻板印象，会妨碍国家之间、民族之间的友谊，同样会影响中国经济社会发展。

五、改变刻板印象的方法[②]

(一)人们拒绝改变刻板印象所使用的策略

(1) 把不一致的信息解释掉。当人们获得与自己的期望不一致的信息(比如当我们发现某个戴眼镜的人并没有多少学问)时，就会去寻找原因。人们会把这种不一致的信息归因于特殊情境(比如认为这个人可能是因先天近视而戴眼镜)，但人们通常会认为因先天近视而戴眼镜的人并不是所有戴眼镜人的真实情况。

(2) 把不一致的信息区隔开来。当发现不一致的信息不能被解释掉时，人们就会把一个群体进一步分成各个亚群体(比如把戴眼镜的人分成有学问的人和先天近视的人)，然后把不一致的信息归属于其中一个特殊的亚群体，从而保持原有刻板印象不变。

(3) 把不一致的信息归于群体中不典型的成员。人们通常认为不一致的信息是从群体中特殊的、非典型的成员那儿获得的，而原有刻板印象是群体中典型成员所具有的，所以更有代表性和概括性，当然就用不着改变了。

(二)改变刻板印象的方法

(1) 为了避免把与刻板印象不一致的信息归于特殊的情境或时间，如果要使不一致的信息不断重复，那么这种稳定的信息就可以被解释为个体内在品质的反映，而对个体所属群体的刻板印象就可能改变。为此，人们需要跟有刻板印象的群体成员进行长期交往。

(2) 为了避免把与刻板印象不一致的信息归于群体中的亚群体成员，就要跟有刻板印

---

① 国家统计局. 2009年农民工监测调查报告[EB/OI]. thttp//www.stats.gov.cn. 2010-03-19.

② 沙莲香. 社会心理学[M]. 4版. 北京：中国人民大学出版社，2015：133.

象的群体成员进行广泛交往，这样，所获得的普遍的不一致信息就会改变人们对这个群体的原有看法。

(3) 为了避免把与刻板印象不一致的信息归于群体中非典型的成员，就要跟群体中有代表性的、典型的成员交往。

(4) 由于刻板印象的特点之一是"自动被唤醒，无意识被使用"，人们要想改变刻板印象，就必须有意识地去寻找不一致信息，有意识地校正自己的判断，这才是改变刻板印象的前提和基础。否则，即使不一致信息反复出现，人们也会视而不见、充耳不闻。

总之，长期交往、广泛交往、跟群体中的代表性成员交往、有意识地寻找不一致信息，在某种程度上是能够改变刻板印象的。

第四节 归因偏差

一、何谓归因

人们做某件事，无论成功还是失败，在总结经验教训谈心得体会时总会找出几条理由或原因：一向遵守纪律的员工上班迟到了，势必引起人们关于迟到原因的议论；某人上班无精打采，人们总要问个为什么；某人成就了一番事业，旁人说什么的都有，如能干、运气好、有高人指点等。归因(attribution)是人们对自己或他人行为原因加以推断的过程。人们之所以对各种行为及因果关系感兴趣，是因为弄清行为的前因后果就可以预测、评价他人的行为。弗里茨·海德(F. Heider)、哈罗德·凯利(H. Kelley)、伯纳德·维纳(B. Weiner)等人曾系统地研究过归因问题，并提出了各种归因理论。

二、何时归因

虽然人类是好奇物种，但并不是对每件事都要问个为什么。人们不会问太阳为什么每天早晨升起晚上落下；车辆为什么红灯停绿灯行。对于大多数自然事件及人类行为，人们都不会劳心费神地去探究原因。那么人们在何时归因呢？[①]

(一)当出乎意料的、不寻常的事情发生时

人们通常都希望自己对这个世界有一定的预测力，这样人们才会感到安全。当发生出乎意料的、不寻常的事情时，人们就会感到惊奇，就会去寻找原因，以加强自己对世界的预测力，增强自己的安全感。

(二)负性事件

糟糕的、痛苦的、不愉快的事件容易促使人们去探寻原因，以便找到解决方法，使自

[①] 沙莲香. 社会心理学[M]. 4版. 北京：中国人民大学出版社，2015：148.

己生活得更美好。幸福的小两口通常不会去探寻两人之所以幸福的原因。不过，当两人感情出现危机时，双方通常会寻找原因，以试图弥合出现的裂痕。

(三)对个体很重要，但又不太了解、不太肯定的事情

当某个同事被"炒鱿鱼"了，其他人就会试图去了解为什么。除了听老板解释外，人们还可能去寻找背后的真正原因，毕竟被"炒鱿鱼"这种事对自己至关重要。

三、归因偏差的种类

一般而言，人是尊重客观事实的、理性的、讲究逻辑的，当人们在推断自己或他人的行为原因时，会客观评价和利用各种信息。但情况也并非完全如此，人们的归因往往是有偏差甚至错误的。常见的归因偏差有以下三种。

(一)基本归因偏差(fundamental attribution bias)

当我们作为观察者，在解释他人行为原因时，常常出现基本归因偏差。基本归因偏差也称"对应偏差"，是这样一种倾向：在解释他人行为时，夸大他人的个人特质(如人格、能力)的作用，低估环境因素(如任务难度、机遇、他人影响)对他人的影响作用。即使他人行为明显地受制于环境因素，人们仍然倾向于认为引起他人行为的原因是他人的个人特质而不是他人所处的环境。当某个员工上班迟到，人们倾向于认为他懒散，而不是交通堵塞；当某个职员的办公桌上堆满了文件，人们倾向于认为他做事杂乱无章，而不是考虑文件太多；当某人把茶杯掉在地上，人们倾向于认为他笨拙，而不是茶杯烫手；很多热恋中的人把对方的殷勤看成是他(她)具有关心人的良好品质，而忽视了"双方在热恋"这一特定情境。正因如此，我们有时会忽略社会角色在决定其行为上的重要性，常常出现这样的现象：在不同人眼中，同一个人的个人特质截然不同。例如一名中层干部，在上级看来，他是个忠诚、有能力的人，而在下级或同事看来，他却是个溜须拍马、管理毫无章法的人。同一个人的个人特质在不同人眼中之所以截然不同，根本原因在于归因者忽视了这个人所扮演的特定角色。

人们之所以产生基本归因偏差，原因之一是用特质来解释他人行为很容易，而解释影响他人行为的复杂情境则比较困难。当观察他人行为时，人们倾向于注意他人行为本身，而忽略他人行为发生的情境，因此个人特质比情境因素更突出，更容易引起人们的注意。

(二)行为者与观察者偏差(actor-observer bias)

每个人既是行动者，又是观察者。当我们作为行动者在解释自己行为的原因时，更多地强调自身以外的环境因素；当我们作为观察者在解释他人行为的原因时，更多地强调他人的内部因素，这就是行为者与观察者偏差。别人绩效差是因为他能力不足或努力不够，自己绩效差是因为任务太难、运气不佳或领导支持不够；某人年终考核评优是因为他人缘好、会来事，自己年终考核评优是领导关怀的结果，是同志们大力支持、热情帮助的结果。

行为者与观察者偏差与注意指向有关：[①]作为行动者，我们不能看清自己是如何行动的，这时注意指向外部，所以倾向于从自身以外的情境中寻找原因；作为观察者，我们很容易看清他人的行为，他人成了我们的认知对象，他人所处情境则成为相对模糊的背景，这时我们的注意指向他人的行为，而倾向于从他人内部特质中寻找原因。

(三)自我服务归因偏差(self-serving attribution bias)

当我们对自己的行为进行归因时，将不可避免地产生自我服务归因偏差。自我服务归因偏差也称"自利性归因偏差"，是这样一种倾向：将成功作内部归因，如归因于自己的能力、努力等；将失败作外部归因，如归因于运气、环境等。在保险公司的理赔申请中，经常看到司机提供的无数条自利性归因理由：一辆车突然出现撞坏我的车，然后消失了；当我到十字路口时，一个障碍物模糊了我的视线；一个行人被碰倒了，躺在我的车下……总之，事故原因不在自己而是事出有因。学生也是如此：考试成绩好，是自己努力的结果，是汗水，是基础，是天赋；考试成绩差，则是试卷太难、老师没教好、外界干扰；连英语听力没考好都怪录音机质量不行。

自利性归因偏差在组织管理中比较明显：Bradley(1978)发现，公司业绩好归结为公司发展战略得当，公司业绩差则归结为外部环境。[②]Staw 等人(1980)对财富 500 强中 81 份董事长致辞进行研究，将其按照每股盈余进行划分，其中每股盈余增长 50%以上为绩优企业，共 49 家；每股盈余下跌 50%以下为绩差企业，共 32 家。通过统计检验，发现无论绩优企业还是绩差企业都更愿意强调正面理由。[③]Clapham and Schwenk(1991)发现，管理者更倾向于将绩优归于自己，将绩差归于环境；当企业成功运营时，将公司业绩归因于自身努力是归因于外部环境的三倍。[④]

三种归因偏差都有一定的文化差异。莫里斯(M. W. Morris)等人采用发生在美国的两个类似的悲剧事件为材料，对美国人和中国人的归因情况做了比较研究。[⑤]一个材料是一个中国博士生枪杀了他的导师和几个旁观者，另一个材料是底特律一个邮政工人枪杀了他的上司和几个旁观者。研究者分析了英文报纸和中文报纸对两个凶手行为的解释：英文报纸几乎都从凶手的人格特征方面找原因；而中文报纸大多从情境、背景及社会因素等方面找原因。而且美国大学生和中国大学生对这两个事件的解释分别与中英文报纸的解释相类似。基本归因偏差为什么具有文化差异？在强调个人自由的欧美文化中，人们倾向于认为个体行为是由他(她)的内在特质引起的；而在强调人与人之间相互依赖的亚洲文化中，人们则趋

---

① 郑雪. 社会心理学[M]. 广州：暨南大学出版社，2004：51.

② Bradley G W. Self-serving biases in the attribution process: A reexamination of the fact or fiction question [J]. *Journal of personality and social psychology*. 1978, 4(60): 211-233.

③ Staw B M，Cummings L L. Rationality and justification in organizational life[J]. *Ressarch in Organizational Behavior*. 1980, 1(2): 45-80.

④ Kaibin Xu. Causal Attributions for Corporance: A Cross-Cultural Comparison of Chinese and U. S.[J]. *American Companies*. 2011, 4(3): 211-239.

⑤ Morris M. W.，Nisbett R. E.，＆Peng K. Causal Understanding Across Domains and Culture，D. Sperher，D. Premack＆J. Premack(Eds.)，Causal Cognition: A Multidisciplinary Debate，Oxford，Oxford Univerity Press. 1995: 577-612.

第四章　社会认知偏差克服

向于把情境因素、社会因素当作事件或行为发生的主要原因。[1]

即使在亚洲国家，行为者与观察者偏差也存在差异。例如，印度流行宿命论的文化观念，人们相信命运决定一切，这种文化背景下的人更加强调行为的外部原因；在中国，人们相信努力工作是通向成功的必经之路，因此当面临成功或失败时，中国人首先考虑自己是否足够努力或态度是否端正。[2]在强调个人主义的欧美文化中，自利性归因偏差表现得强一些；在强调集体主义的东方文化中，自利性归因偏差表现得弱一些。Reggy(2008)对比了美国和日本的企业管理，发现两国公司都存在自利性归因倾向。业绩好时，归因于公司内部因素的程度相似；业绩差时，日本公司归因于外部环境因素的程度更强。[3]Tsang(2002)对比了新加坡和美国的企业管理，发现新加坡公司的业绩评估也存在自利性归因倾向。[4]

四、归因偏差克服

归因偏差不可避免，而且不为人们觉知。如果能够意识到它的存在，再加上必要的**归因训练**(attribution training)，在一定程度上是能够克服的。

(一)基本归因偏差克服

在组织管理中，基本归因偏差常常使我们过早地推定别人的责任，而不考虑可能的外部原因，从而造成对他人的不准确判断。当员工绩效差时，它会导致管理者完全忽视可能造成这一结果的不可控原因，而过多地责备员工。管理者要想避免这一偏差，通常有两种方法。

(1) 换位思考。即设身处地考虑员工的处境，看看员工工作失误是不是出于迫不得已的原因。特别要想到当自己处于相同情境时，是否会表现得更加糟糕。如果回答是肯定的，就不应该过多地责备员工，而是体谅和帮助员工。

(2) 关注共同反应的信息。在类似情境中、在相同情况下，如果绝大多数员工都表现出类似的行为，这时将责任归因于员工个人是不合适的。相反，管理者应该从情境因素中寻找员工行为失败的特殊原因。

(二)行动者与观察者偏差克服

行动者与观察者偏差不一定是行动者和观察者之间个人恩怨造成的，也许出于双方依据的信息不同，也许出于双方看问题的角度不同，但这种偏差常常会导致人际冲突和矛盾，带来个人恩怨。克服行动者与观察者偏差的办法——两步归因。第一步是自动归因。有些时候，人们常常难以冷静地处理问题，会在仓促间作出决定，结果只注意到行为本身而不去

---

[1] 沙莲香. 社会心理学[M]. 4版. 北京：中国人民大学出版社，2015：153.
[2] 刘永芳. 管理心理学[M]. 2版. 北京：清华大学出版社，2016：146.
[3] 孙蔓莉，蒋璐，孙健. 业绩归因的自利性披露及市场反应研究——汇率单边升值情境下的纺织业表现[J]. 会计研究，2013(3)：46-51.
[4] Tsang, E. W. K. Self-Serving Attributions in Corporate Annual Reports: A Reduplicated Study[J]. *Journal of Management Studies*. 2002, 39 (1): 51-65.

分析行为后面的真正原因，从而造成不当"自动归因"。第二步是换位思考。即在自动归因之后，采用换位思考(即问问自己"如果我处于这种情况会作何反应")的方法考虑别人行为原因中可能存在的情境因素，以调整自动归因时可能存在的归因偏差。

(三)自利性归因偏差克服

研究者让被试共同完成某些任务，然后得知这些任务完成得很棒或很糟糕。结果发现，成功组成员宣称本组对成功作出的贡献最大，多数成员又宣称自己比别人作出的贡献更大，失败组的情况正好相反。如果多数成员都认为自己的贡献大于别人而又没有获得相应报酬和充分认可，那么很可能产生嫉妒和不和谐。[1]

人们往往会过多地将行为原因归于那些突出的因素。有鉴于此，寻找未被发现的原因有利于克服自利性归因偏差。[2]当员工受挫时，管理者要及时了解他们的归因倾向，以便帮助他们总结经验教训并全面归因。对于员工的自利性归因偏差，管理者应及时纠正，积极引导，使员工意识到导致工作失败的真正原因究竟是出于自身还是外部，从而有针对性地进行改正。对管理者而言，克服自利性归因偏差尤其重要。面对失败，应多从决策、领导责任方面找原因；面对成绩，应看到下属和员工的贡献，切不可"功劳归自己，失败怪他人"。不少领导干部争名逐利、与民争利，说轻点是自利性归因偏差的表现，说重点是以权谋私。

第五节　招聘面试如何克服社会认知偏差

前面几节都结合组织管理实际零零散散地讲到一些在组织管理中如何克服社会认知偏差问题，本节打算就招聘面试问题集中谈谈如何克服社会认知偏差。

一、招聘者应克服社会认知偏差

(一)招聘方的社会认知偏差

目前许多组织在人员招聘过程中都存在着明显的社会认知偏差。如：性别刻板印象；地域刻板印象；以貌取人——容貌刻板印象；一流高校(一流专业)效应——晕轮效应；"5分钟决定取舍"——第一印象；查"三代学历"——归因偏差；应聘者稍有闪失就认为此人不行——行动者与观察者偏差……

(二)招聘者怎样克服社会认知偏差

招聘者要克服社会认知偏差，关键在于调整心态。要知道你是代表组织在选拔优秀人

---

[1] Schlenker B. R, Miller R. S. Egocentrism in groups: Self-serving biases or logical perceptions in cooperative groups [J]. *Human Relations*. 1977, 30(11): 1039-1055.
[2] 王军，王菲. 管理决策中的归因偏差及其纠正[J]. 沈阳工业大学学报(社科版)，2010，3(1)：52-54.

才，是"伯乐"，而不应戴着有色眼镜去过滤人，更不应专挑毛病。既然是人才，难免有特立独行的一面，因此对人才不应求全责备。再说，面试过程实际上是双向评价过程。你在评价应聘者，应聘者也在评价你。他们从你对应聘者是否存在严重社会认知偏差，也可以看出你的文化素养，并"对应推断"到你所在的组织，从而对你所在组织产生不良印象。

二、应聘者克服社会认知偏差的策略

(一)巧用第一印象

职场中常说"1分钟搞定第一印象""5分钟决定成败"。何也？前面指出，第一印象的内容主要是针对人的外部特征而言的。有人甚至认为形成良好的第一印象，50%的内容与外表有关(如漂亮的脸蛋、轻盈的体态、优雅的神情、得体的衣着)，40%的内容与说话有关(说话的语气、语速、语调比说话的内容重要)，10%的内容与行为举止有关。[①]既然如此，就应巧用第一印象以整饰自己的形象。应聘者可以在两个方面整饰自己的形象。

(1) 精心制作简历。简历既是自我介绍信、推荐书，也是"敲门砖"，精心制作简历既必要也重要。一是简历形式要美观、醒目、引人注意、博人眼球；二是简历内容要简洁、突出重点、实事求是，切忌自我吹嘘。

(2) 重视游戏规则。面试是程式化很强的活动，有它的游戏规则。如衣着得体、肢体语言恰到好处等。在面试现场，大多数应聘者都穿着整洁、正装打扮，这是必要的，显得你对本次面试的重视，但不一定西装革履，可以穿得休闲些。不过一些另类夸张的服饰，肯定是不受欢迎的。有的女性佩戴过多的耳环、戒指等首饰，过多地涂脂抹粉；有的应聘者不注意坐姿，双脚总是不停地晃动等。这些虽是细节，但都会对评委产生影响。面试开始前，主动向招聘者问好并"自报家门"；结束后不忘向招聘者致谢。面试过了一些时日，通过电话、邮件、QQ、微信等询问录用情况，以示你很重视这份工作。无视规则的人，往往会失去机会。

(二)善用首因效应和近因效应

面试过程中的早期信息比晚期信息更为重要，这说明首因效应在起作用，但是切勿忘记近因效应的作用。某大学校长说，他在与前来应聘的Z博士交谈过程中，Z博士并没有给他留下什么特别的印象，他之所以决定录用Z博士，是因为Z博士最后说的一句话"我是将优秀当成一种习惯"让他很感动。这说明，近因效应也是很重要的。

(三)克服光环效应

不要以为自己是一流高校一流专业毕业或是海归，不要以为自己学位高，不要以为自己在读期间参与过课题研究、发表过重要论文就自视过高，这些都只能说明你的过去，不能说明你的现在和将来。"金无足赤，人无完人"，不要用自己某个特别突出的特质"笼

---

① 小果的博客：什么决定第一印象[EB/OI]. http://blog.sina.com.cn/u/1977035753.

罩"自己的其他特质。

(四)避免归因偏差

在招聘这种特殊"采购"关系中，应聘者作为供方，要正确面对不同风格的招聘者(即客户)。一个真正的销售员在面对客户时，自己的态度是无法选择的。应聘者有时候会认为招聘者态度冷淡、严厉就是对自己不满意；有时候招聘者看上去是一个年轻小伙子，心里便犯嘀咕"他有资格面试我吗？"有时候招聘者看上去其貌不扬，心里也犯嘀咕"他有真才实学吗？"……如果你脑海里浮现这些念头，建议你想想是否存在归因偏差。特别是对于同期竞聘者，当发现某人不是一流高校一流专业毕业(或其他不如自己的某些方面)时，就不把别人当回事。如果你脑海里浮现这些念头，建议你想想是否存在归因偏差。"以己之长，比人之短"乃人生之大忌！

(五)切忌自我夸大

自我高估属于自我认知偏差中的"虚假独特性效应"。自我夸大则不同，有人认为它是一种人格倾向，有人认为它是一种习惯。一旦养成自我夸大习惯，常常不能自觉，意识不到自己是在自我夸大。熟人、朋友闲谈，自我夸大无伤大雅，如果在某些正式场合也自我夸大，则于己不利。某年某高校面向全国招聘人才，计算机专业的 X 教授应邀前来考察，校长设宴款待。教学副校长、科研副校长、人事处长以及计算机学院院长、书记一干人等悉数到场作陪。席间，有人问 X 教授："您擅长软件还是硬件？" X 教授回答："我软件硬件都行。"事后，久久没有下文，于是 X 教授托人打听，校长回答打听者："我们这所学校庙小，容不下 X 教授那样的大佛。"这是一个真实故事，只要稍加留意，就不难发现：招聘方求贤若渴，之所以没有聘用，是因为 X 教授自我夸大。所以，自我夸大有时候是会付出代价的。

(六)三点忌讳

一忌不良表现。应聘过程中不在于你表现出什么优良品质，而在于你不要显露出不良品质。

二忌与众相同。"能介绍一下你自己吗？"是面试人员常问的问题，切记不要把自己的简历复述一遍。你可以另辟蹊径作出与众不同的回答，甚至可以讲一个关于自己的小故事，让招聘者了解你的能力专长、兴趣爱好、性格特征。

三忌口直心快。如果招聘人员刚提完问题就迫不及待地回答，会显得不够稳重。当然，如果每个问题都要想了又想才回答，又显得过分谨慎、畏首畏尾。正确的做法是：大多数问题一经提出即可立即回答，一边回答一边考虑如何切中要害。对于比较棘手或意想不到的问题，你的对策是把招聘人员提出的问题用陈述语气复述一遍，以缓解紧张。对于有些敏感问题的回答要注意策略，如招聘人员问："你有时会不会感到与他人合作困难啊？"你可以这样回答："以前在各种社会活动中，我从来没有听到别人说跟我合作有困难。如果有的话，我想那是因为有时对自己感兴趣的活动太投入了吧！"又如招聘者问："听说你在原单位干得蛮不错，怎么就看上我们这座小庙了？"切忌不要说原单位有多么的不公之类的话，得体的回答应是："我希望来贵单位更好地发挥自己的专长。"

【专栏 4-2】

小李应聘的心路历程

　　大学即将毕业的小李，首要任务就是找一份满意的工作。小李听说过某公司，印象不错，考虑到自己所学专业和个人素质，觉得比较适合，成功机会比较大，于是发出了求职信。过了几天，公司通知她去面试，小李精心准备一番后信心十足地来到公司。然而在面试过程中经理却问了很多刁钻古怪的问题，并表示出对女性的歧视，说公司一般不招聘女性，让小李觉得很难堪。面试后，小李感到被聘用的可能性不大，并对经理产生了意见，认为经理是个尖酸刻薄的人。可是，过了一段时间公司竟然通知她去上班，还安排了一个不错的职位。工作中，小李发现经理原来是个和蔼的人，对她也比较关心。她想，招聘时经理可能是在有意考察自己，觉得有点错怪了经理，决心好好工作以回报经理和公司。

关 键 术 语

(1) 社会认知(social cognition)是个体对自己、他人、群体等社会客体的认知。

(2) 社会认知偏差(social cognitive bias)是指个体在社会认知过程中产生的偏离现实的想法，具体表现在接受和解释信息、产生应对方式和处理问题、预测和估计结果等方面，其信念和信念体系、思维和想象过程均可能存在不同程度的歪曲。

(3) 自我认知(self-perception)是个体对自己的认识和评价。

(4) 自我认知偏差(self-perception bias)是个体在评价或判断自己时偏离自身实际的行为。

(5) 第一印象(first impression)是与陌生人接触和交往所得到的有关对方的最初印象。

(6) 首因效应(primacy effect)是指最先得到的信息对形成他人印象具有重要作用的现象；近因效应(recency effect)是指最后得到的信息对形成他人印象具有重要作用的现象。

(7) 晕轮效应(halo effect)又称"光环效应"，是指当人们认为某人具有某种特征时，就会推断他也具有其他相似或相互关联特征的倾向。

(8) 刻板印象(stereotype)也称"定型"，是人们对某个群体或某个阶层的成员所形成的相对简单、概括和固定的看法，通常集中在消极的、不利的方面，是对社会信息的获得有着强烈影响的认知体系。

(9) 归因(attribution)是人们对自己或他人行为原因加以推论的过程。

(10) 基本归因偏差(fundamental attribution bias)又称"对应偏差"，是这样一种倾向：在解释他人行为时，夸大个人特质的作用，低估环境因素的作用。

(11) 行为者与观察者偏差(actor-observer bias)是指这样一种倾向：当我们作为行动者在解释自己行为原因时，更多地强调自身以外的环境因素；当我们作为观察者在解释他人行为原因时，更多地强调他人的内部因素。

(12) 自我服务归因偏差(self-serving attribution bias)也称"自利性归因偏差"，是将成功作内部归因、将失败作外部归因的倾向。

本 章 要 点

(1) 自我认知偏差表现为虚假一致性效应和虚假独特性效应。前者是指高估自身缺点在人群中的普遍性；后者是指高估自身优点在人群中的独特性。出现自我认知偏差的原因很复杂，心理学家试图从社会比较理论、自我中心思维理论、自我提升理论、权重差异理论、信息差异理论等角度来解释它。

(2) 对他人的认知偏差主要有第一印象、首因效应和近因效应、晕轮效应。

(3) 首因效应与第一印象的区别表现在：两者的认知主客体不同；两者所指内容不同；两者的明晰、稳固程度不同。

(4) 对群体的认知偏差是刻板印象。其特点是：具有极高稳定性；一般含有真实成分；自动被唤醒，无意识被使用。刻板印象在外表、地域、民族性、职业、性别角色等方面均有明显表现，其危害性巨大。

(5) 刻板印象的形成过程是"对应推断"，形成原因：亲身经验；社会学习；文化遗传。通过长期交往、广泛交往、跟群体中有代表性成员交往、有意识地寻找不一致信息，在某种程度上能够改变刻板印象。

(6) 人们常在三种情况下归因：当出乎意料的、不寻常的事情发生时；负性事件；对个体很重要但又不太了解、不太肯定的事情。

(7) 归因偏差包括三种：基本归因偏差；行为者与观察者偏差；自我服务归因偏差。三种归因偏差都有一定的文化差异。

(8) 在招聘过程中应聘者克服社会认知偏差的策略有：巧用第一印象；善用首因效应和近因效应；克服光环效应；避免归因偏差；切忌自我夸大。

练习与思考

一、名词解释题

社会认知、社会认知偏差、自我认知偏差、自我中心、第一印象、首因效应和近因效应、晕轮效应、归因偏差

二、单项选择题

1. "三山实验"的实验者是(　　)。
　　A. 皮亚杰　　　　　B. 费斯廷格　　　　C. 阿希　　　　D. 陆钦斯
2. 可以用下列哪种效应来解释"新官上任三把火"？(　　)
　　A. 首因效应　　　　B. 近因效应　　　　C. 第一印象　　D. 刻板印象
3. 可以用下列哪种效应来解释"下马威"？(　　)
　　A. 首因效应　　　　B. 近因效应　　　　C. 第一印象　　D. 刻板印象
4. "文人相轻"是指(　　)。

A. 性别刻板印象　　　　　　　　B. 地域刻板印象
C. 职业刻板印象　　　　　　　　D. 年龄刻板印象

5. 当人们认为某人具有某种特征时，就会推断他也具有其他相似或相互关联的特征，这种倾向被称为（　　）。
　　A. 首因效应　　B. 近因效应　　C. 晕轮效应　　D. 刻板印象

6. 按照史密斯的观点，中国人的首要特质是（　　）。
　　A. "好面子"　　B. 勤劳刻苦　　C. 漠视时间　　D. 思维含混

7. 将成功作内部归因，将失败作外部归因指的是（　　）。
　　A. 基本归因偏差　　　　　　　　B. 行动者与观察者归因偏差
　　C. 自我服务归因偏差　　　　　　D. 自我认知偏差

三、填空题

1. 自我中心思维是一种思维方式，自我中心主义是一种＿＿＿＿＿＿。
2. 高估自己的缺点在人群中的普遍性称为虚假一致性效应，高估自己的优点在人群中的独特性称为＿＿＿＿＿＿。
3. 刻板印象形成过程是＿＿＿＿＿＿。
4. 刻板印象形成的原因包括亲身经验、社会学习和＿＿＿＿＿＿。

四、思考题

1. 首因效应与第一印象的区别有哪些？
2. 请说明改变刻板印象的方法。
3. 应聘者克服社会认知偏差的策略有哪些？请结合实例说明。
4. 除了教材上的例子，请你尽可能多地举出一些刻板印象的例子。
5. 请对某个最熟悉的人(用化名)的自我认知进行调查分析。

五、案例分析题

一位青年未婚男士刚入职不久，据闻他是一个喜欢向女士献殷勤的人，也爱在各种社交场合出现。今天他比平时迟了一个多小时才上班，上班时他头发蓬松、睡眼惺忪、眼圈发黑、衣衫皱褶，他穿的衣服好像是昨天上班时穿的那件。据此，差不多能肯定他昨晚通宵达旦地玩乐而没有睡觉。对此，你有何感想？你对这位男同事会抱有什么看法？

请运用管理心理学有关理论对这个案例进行分析，并阐述其对组织管理的启示意义。

参 考 文 献

[1] 戴维·迈尔斯. 社会心理学[M]. 8版. 侯玉波，乐安国，张志勇，等译. 北京：人民邮电出版社，2006.
[2] 丁立平. 中国社会人格研究的百年回顾与比较[J]. 长沙铁道学院学报(社会科学版)，2002，3(2): 1-5.
[3] 关树文. 少年读物中的性别角色研究[J]. 见李庆善. 中国人社会心理研究论集[M].香港：时代文化出版公司，1992.
[4] 李宏，郑全全. 错误管理理论：一种新的认知偏差理论[J]. 心理科学进展，2002，10(1): 78-82.

[5] 李凌. 自我知觉积极偏向理论解释和意义分析[J]. 心理科学，2004，27(4)：1013-1015.

[6] 乔纳森·布朗. 自我[M]. 陈浩莺，等译. 北京：人民邮电出版社，2007(原著出版时间：1994).

[7] 沙莲香. 社会心理学[M]. 4版. 北京：中国人民大学出版社，2015.

[8] 孙蔓莉,蒋璐,孙健. 业绩归因的自利性披露及市场反应研究——汇率单边升值情境下的纺织业表现[J]. 会计研究. 2013(3)：46-51.

[9] 王军，王菲. 管理决策中的归因偏差及其纠正[J]. 沈阳工业大学学报(社科版)，2010，3(1)：52-54.

[10] 薛云珍. 认知偏差与抑郁症关系研究[D]. 天津：博士论文，天津师范大学，2009.

[11] 张德. 关于性别偏见的调查报告[J]. 社会心理研究，1990(3).

[12] 郑莉君，潘聪绒. 自我提升研究进展与未来走向[J]. 沈阳师范大学学报(社会科学版)，2009，33(1)：46-49.

[13] 郑雪. 社会心理学[M]. 广州：暨南大学出版社，2004.

[14] 周爱保，赵鑫. 社会比较中的认知偏差探析："优于常人"效应和"差于常人"效应[J]. 心理学探新，2008，28(1)：72-76.

[15] 周爱保，赵鑫. 任务类型与信息清晰度对社会比较中认知偏差的影响[J]. 心理科学，2009，32(4)：770-773.

[16] Asch E. Forming Impressions of Personality [J]. Journal of Abnormal and Social Psychology. 1946(41): 258-290.

[17] Bradiey G W. Self-serviog biases in the attribution process:A reexamination of the fact or fiction question [J]. Journal of personality and social psychology, 1978, 4(60):211-233.

[18] Dion K. K. , Berscheid E. , & E. Walster. What Is Beautiful Is Good[J]. Journal of Personality and Social Psychology. 1972(24): 285-290.

[19] Chambers J R, Windschitl P D, Suls J. Egocentrism, event frequency, and comparative optimism:When what happens frequentlyis "more likely to happen to me" [J]. Personality and Social Psychology Bulletin. 2003(29):1343-1356.

[20] Festinger L. A theory of social comparison process[J]. Human Relations. 1954. 117-140.

[21] Gawande A. Doubts of a doctor [J]. US News and World Report. 2002. 132(12):76.

[22] Haselton, M. G. , & Nettle, D. The paranoid optimists: An integrative evolutionary model of cognitive biases. Personality and Social Psychology Review. 2006(10): 47-66. Maner, J. K. , Kenrick, D. T. , Neuberg, S. L. , Becker, D. V. , Robertson, T. , Hofer, B. , et al. Functional projection: How fundamental social motives can bias interpersonal perception [J]. Journal of Personality and Social Psychology. 2006(88)63-78.

[23] Kaibin Xu. Causal Attributions for Corporance:A Cross-Cultural Comparison of Chinese and U. S. [J]. American Companies. 2011, 4(3):211-239.

[24] Keysar B, Lin S H, Barr D J. Limits on theory of mind use inadults[J]. Cognition. 2003, 89(1): 25-41.

[25] Kruger J. Lake Woebegone be gone ! The "below-average effect" and the egocentric nature of comparative ability judgments[J]. Journal of Personality and Social Psychology. 1999(77) :221-232.

[26] Kruger J, Burrus J. Egocentrism and focalism in unrealistic optimism(and pessimism)[J]. Journal of Experimental Social Psychology, 2004(40):332-340.

[27] Luchins A. Pecency in Impression Formation, C. Hovland, W. Mandell＆E, Campbell et al. (Eds), The Order of Presentaion in Persuasion, New Haven, CT, Yale University Press, 1957.

[28] Morris M. W. , R. E. Nisbett&K. Peng. Causal Understanding Across Domains and Culture, D. Sperher, D. Premack&J. Premack(Eds.), Causal Cognition:A Multidisciplinary Debate, Oxford, Oxford Univerity Press. 1995: 577-612.

[29] Oberman L M, Ramachandran V S. The simulating social mind:The role of the mirror neuron system and simulation in thesocial and communicative deficits of autism spectrum disorders[J]. Psychological Bulletin. 2007. 133(2):310-327.

[30] Rothart M. , S. Fulero, Censen, et al. From Individual to Group Impressions:Availability Heuristics in Stereotype Formation [J]. Journal of Experimental Social Psychology. 1978(14): 237-255.

[31] Ross L. The intuitive psychologist and his shortcomings:Distortions in the attribution process[J]. Advances in Experimental Social Psychology. 1977(10): 173-220.

[32] Sagarin B J. , Rhoads K V. , Cialdini R B. Deceiver's distrust:Denigraion as aconsequence of undiscovered deception[J]. Pesonality and Social Psychology Bulletin. 1998, 24(11):1167-1176.

[33] Schlenker B R. , Miller R S. Egocentrism in groups:Self-serving biases or logical perceptions in cooperative groups [J]. Human Relations. 1977, 30(11):1039-1055.

[34] Staw B M., Cummings L L. Rationality and justification in organizational life[J]. Ressarch in Organizational Behavior, 1980. 1(2):45-80.

[35] Svenson O. Are we less risky and more skillful than our fellow drivers?[J]. Acta Psychological. 1981, 47:143-151.

[36] Tay lor S E, Brown J D. Illusion and well-being :a social psychological perspective on mental health[J]. Psychological Bulletin. 1998. 103(2):193-210.

[37] Tsang E. W. K. , Self-Serving Attributions in Corporate Annual Reports: A Reduplicated Study[J]. Journal of Management Studies. 2002, 39 (1) : 51-65.

[38] Weinstein N D. Unrealistic optimism about future life events[J]. Journal of Personality and Social Psychology. 1980(39):806-820.

[39] Wood J V. Theory and research concerning social comparisons of personal attributes[J]. Psychological Bulletin. 1989, 106(2):231-248.

第五章 工作动机激发

卢克："我不相信它。"尤达："这就是你失败的原因。"

——《帝国反击论》

【学习目标】

- 识记激励、ERG 理论、双因素理论、成就动机理论、目标设置理论、期望理论、强化理论、公平理论等概念。
- 了解划分内容型激励理论、过程型激励理论、行为改造型激励理论的依据。
- 理解西方八个激励理论的含义、基本观点、主要内容、管理启示；四种内容型激励理论的区别与联系；俞文钊的激励理论。
- 掌握激励理论在管理实践中的应用。

【引例】

不断挑战的世界首富

微软公司创立者和领导人比尔·盖茨35岁时，就已经积聚了几十亿美元的财富，成为世界上最富有的人之一。然而，他比任何人都努力工作，即使他已经不再需要那么多的钱。盖茨以日理万机著称。一般情况下，一天中他有12小时的时间待在办公室，回家后还要再加几小时的班。他没有电视机，说是这东西太让人分心。是什么驱使他如此拼命地工作呢？他说，激励他的是挑战和对学习新事物的渴望。

(资料来源：保罗·E. 斯佩克特. 工业与组织心理学[M]. 5版. 孟慧，等译.
北京：机械工业出版社. 2010)

动机是人的一切心理活动的源动力，因此管理心理学非常重视研究如何激发员工工作动机问题。激发员工工作动机过程就是激励过程。

第五章 工作动机激发

第一节 激励概述

一、何谓激励

只要稍加留意就会发现,"激励"的英文是 motivation,"动机"的英文也是 motivation。这是怎么回事?原来"motivation"一词有名词、动词和名动词之分。当其作为名词使用时,motivation 通常译成心理学中的"动机";当其作为动词或名动词使用时,motivation 通常译成组织管理中的"激励"。可见,"动机"是名词,是心理学术语;"激励"是动词或名动词,是管理学术语。那么什么是激励呢?**激励**(motivation)是发动和维持动机实现目标的心理过程。[①]要准确理解激励的含义,必须搞清楚激励的四个构成要素。

(一)需要

需要(need)是有机体内部由于生理或心理上的某种匮乏而产生的不平衡状态。[②]它体现有机体生存和发展对客观条件的依赖性,是有机体行为积极性的源泉。人是生物实体和社会实体的统一。作为生物实体,为了维系生命和种族延续,必须依靠食物、水、空气等自然条件和性;作为社会实体,为了维持生存和社会发展,必须从事劳动、人际交往等社会活动。人的自然性需求和社会性需求如果得不到满足,就会引起不平衡状态。人一旦产生了某种不平衡状态,即意味着有了需要。人的需要常以意向、愿望、动机、兴趣和价值观等形式表现出来。

人一旦有了需要,就会不断去行动。只要行动,就有可能使需要得以满足。旧的需要满足之后,又会产生新的需要。因此,需要的最大特点是无止境性。"得陇望蜀""人心不足蛇吞象"就是最好的证明。动机是需要的表现形式,那么什么是动机呢?

(二)动机

动机(motivation)是激发和维持个体活动,并促使该活动朝向某一目标的心理倾向或内部动力。[③]罗伯特·伍德沃斯(R. Woodworth, 1918)最先提出动机概念,并认为动机是决定个体行为的内部动力或内部驱动力(简称"内驱力")。动机具有三种功能:①激发功能。它能激发个体产生某种行为;②指向功能。它可使个体行为指向某一目标;③维持和调节功能。它可使个体行为维持一定的时间,并调节行为的强度和方向。那么什么是行为呢?

(三)行为

行为(behavior)是有机体对所处情境的所有反应的总和,包括一切内在和外在的生理性

---

① 林崇德,杨治良,黄希庭. 心理学大辞典[Z]. 上海:上海教育出版社,2003. "激励"词条.
② 黄希庭. 简明心理学辞典[Z]. 合肥:安徽人民出版社,2004. "需要"词条.
③ 黄希庭. 简明心理学辞典[Z]. 合肥:安徽人民出版社,2004. "动机"词条.

反应与心理性反应。①行为由一定的**刺激**(stimulus)因素引起。刺激因素又称"诱因",是对有机体的反应产生影响的所有东西,包括自然刺激和社会刺激、具体刺激和抽象刺激、外部刺激和内部刺激。外界的声音、光线、温度、气味,他人说话的内容、动作、面部表情,内分泌和血液中化学成分的变化,头脑中浮现的思想、观念、欲望等,都可能成为引发人的行为的刺激因素。行为由一定刺激因素引起,不考虑人的行为由哪种具体刺激因素引起,就无法真正理解人的具体行为。

(四)目标

目标(goal)是行为所要达到的最终目的。②目标亦是引起需要、激发动机的外部条件,是一种刺激因素。动机要能引起行为,不仅要有内在条件,还要有一定的外在条件或环境作为刺激来引起需要,才能激发动机。目标就是这些外在刺激之一,它是行为动机的诱因。目标能刺激人对自己提出相应要求,并为达到这个目的而行动。只有在目标明确的情况下,动机才是有效的。目标的实现,能使人的某种需要得以满足。

目标通常表现为愿景和使命。**愿景**(vision)是关于达到目标的一种清晰蓝图。它不只是停留在想法、意向的层面,而是已经有了明晰的蓝图和景象。并不是所有人都有愿景。有的人浑浑噩噩虚度一生;有的人志向高远,执着追求,成为社会有用之才。**使命**(mission)是组织给员工下达的命令。使命可使员工有明确的责任感和自豪感,产生持久内在动力。遵守、信奉组织使命,将保持生命活力;缺乏使命意识,责任模糊,注定工作绩效很差。

明确的愿景,强烈的使命感,使个体行为有了出发点、源动力和前进方向,但并不是有了愿景和使命就能实现目标。要实现目标,还必须将愿景和使命转化为一个个具体目标,并对实现一个个具体目标的方法、步骤作出明确规定,创设实现目标的条件。

二、激励机制

通过前面的分析不难得知,激励是一个极其复杂的心理过程,通常由需要、动机、行为和目标四个要素构成。其机制是:被激励者首先感到有需要,并由需要引起动机,动机导致行为,行为指向目标。其中需要是导火线,是前提;动机由需要引起,又是行为的推动力量;行为由动机促成,并指向一定目标;目标实现使需要得以满足;旧的需要满足后,又会产生新的需要。所以,需要、动机、行为和目标这四个要素处于一条首尾相连的链条环上,它们在这个链条环上不断循环往复,这个循环往复的过程就是激励过程,如图 5-1 所示。在这一过程中,动机起着中介作用。因此也可以说,激励是以动机为中介、以需要满足为终点的心理过程。

激励机制告诉我们,对员工进行激励,必须着重考虑两个问题:一是制定奖惩措施应以能否满足员工需要为重点;二是满足员工需要应以员工付出努力、取得成绩以及贡献大小为前提。否则,激励就会流于形式,不仅收效甚微,可能还会适得其反。

---

① 黄希庭. 简明心理学辞典[Z]. 合肥:安徽人民出版社,2004. "行为"词条.
② 黄希庭. 简明心理学辞典[Z]. 合肥:安徽人民出版社,2004. "目标"词条.

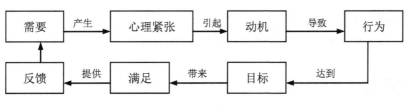

图 5-1 激励模式

三、激励的特征

(一)主体性

实施激励的主体是一个组织的领导者。正确认识激励的主体性，有利于充分体现领导职能。长期以来，不少单位存在"下属做事情，领导捞好处"的怪现象，凡是有好处的，没有几个不是带"长"字的。领导者总是"往自己面前刨"的做派，与激励的主体性特征是格格不入的。

(二)对象性

激励的对象是人，包括下级单位或部门，准确地说，是组织范围内的员工或管理对象。正确认识激励的对象性，要求领导者必须依据员工对组织的贡献大小进行激励。在这个前提下，还要充分认识员工需要，以便根据员工的不同需要进行激励。正确认识激励的对象性，有利于充分调动员工和下级部门的积极性、创造性。

(三)目的性

激励的目的是为了调动广大员工和下级部门的积极性、创造性，使员工和下级部门围绕组织目标作出更大贡献。激励不是平均使力、人人有份，它的作用在于"激励一个人，调动一大片"。如果激励真正起到了这个作用，就意味着激励对象的选择是正确的，使人心悦诚服的；激励方法是恰当、有效的。那种"选先评优"后反而出现人心涣散的现象，说明激励对象没有选对，意味着激励没有真正达到目的。

(四)复杂性

激励是为了满足员工需要。员工需要是复杂的、多种多样的。不针对员工的具体需要进行激励，其效果是不理想的；员工间的关系是复杂的，激励即使有据可依、有章可循，也很难做到公平。正是由于激励具有复杂性，常常使领导者感到头疼，从而采用"轮流坐庄"的做法。"轮流坐庄"的做法不可取，某些人"长期坐庄"的做法更是要不得。

(五)动态性

激励因需要而起，因需要满足而终。人因某种需要而感到心理紧张，心理紧张驱使人去行动，行动使目标得以实现，实现目标使人感到满足，这个过程就是激励过程。当然，这一过程的完成并不意味着激励就终止了。事实上，需要满足后又会产生新的需要。因此，激励是一个连续不断、周而复始、连锁反应的动态过程。

四、激励的功能

激励好比电源开关的按钮和调节器，决定着激励行为的强弱和方向。[①]激励在组织管理中的巨大作用，大体说来有以下四个方面。

(一)挖掘工作潜力

每个员工都蕴藏着巨大的工作潜力。如果能够根据员工的不同需要，有针对性地运用各种激励手段，激发他们的积极性和创造性，更好地挖掘他们的工作潜力，那么他们就能够围绕组织目标努力工作，提高工作效率。

(二)引导行为动机

有时候，员工为了达到个人目的，会采取一些消极的或违反工作纪律的行为手段。这时候，领导者可以通过说服教育以及相应激励措施来消除员工的不良动机，从而引导员工的动机转向有利于实现组织目标的行为上来。

(三)鼓励先进，鞭策后进

任何一个组织都存在先进与后进现象。领导者要做的就是采取各种激励措施，使先进者更加先进，使后进者变成先进。激励对后进者而言显得尤为重要，因为它能使后进者看到差距、受到鞭策，从而主动改变行为，更加努力地工作。

(四)留住人才，吸引人才

人才是组织的宝贵资源。人才不仅是组织高效率运转的重要保证，而且关系到组织的生存和发展。任何一个组织要想留住人才和吸引人才，都必须健全激励机制。一个激励机制不健全的组织，犹如一潭死水，会让人感到窒息，优秀人才会千方百计地"另谋高就"。一个激励机制不健全的组织，更是难以吸引优秀人才。

五、研究激励的不同视野

激励问题不仅是一个方法问题，而且是一个非常复杂的理论问题，因而研究激励问题有不同的视野。

---

① 夏国新，张培德. 新编实用管理心理学[M]. 北京：中央民族大学出版社，1999：133.

(一)方法论视野

每个国家都有自己的国情和文化,为了保证激励措施卓有成效,必须依据自己的国情和文化进行激励,这就涉及激励原则和方法问题。中国有中国的国情和文化,因此所有的激励原则和方法都必须符合中国的国情和文化。关于这个问题我们在第三节提出了五大激励原则和两大激励方法。

(二)理论视野

激励问题可以从管理学、教育心理学、管理心理学等角度进行研究,从而出现不同的理论视野。仅就管理心理学而言,也有不同的理论视野。

西方传统激励理论是本能论,认为人有享乐的本能,人之所以工作,是为了从中获得愉悦,因此激励应当满足人的本能需要,即生理需要。西方现代激励理论有三个视野:①内容视野,即从人的具体需要(或需要的具体内容)出发来探讨激励问题;②过程视野,即从激励过程出发来探讨激励问题;③行为改造视野,即从如何将人的消极行为改造成积极行为进而使其保持积极行为这个角度出发来探讨激励问题。

中国传统文化认为人有名利思想,人是为了名和利而做某件事,因此激励措施应当满足人对名和利追求。其实,中国人的名利思想并不完全是个体性的,背后潜藏着家族、民族因素。如有的人为了光宗耀祖而努力奋斗,有的人为了民族利益而不惜自我牺牲。近年来,中国心理学家也提出了自己的激励理论。

第二节 激 励 理 论

激励理论(motivation theory)是激励个体行为动机,调动行为者工作积极性、主动性和创造性的行为管理理论。随着管理科学的发展,人们越来越重视管理中人的因素,从而发展出许多调动员工积极性的激励理论。西方现代激励理论通常分为三类:内容型激励理论;过程型激励理论;行为改造型激励理论。[①]中国心理学家也有自己的激励理论。

一、内容型激励理论

内容型激励理论(content-based incentive theory)是针对能够调动员工积极性的某种具体需要进行研究的理论。这种理论着眼于满足员工需要的具体内容,即:员工需要什么就满足什么,从而激发员工的行为动机。研究者们普遍认可的内容型激励理论有以下四个理论。

[①] 林崇德,杨治良,黄希庭.心理学大辞典[Z].上海:上海教育出版社,2003. "激励理论" 词条.

(一)需要层次理论(need hierarchy theory)

1. 理论概述

需要层次理论由美国心理学家亚伯拉罕·马斯洛(A. Maslow)提出。1943 年马斯洛在《人类动机理论》一书中把人类纷繁复杂的需要分为五个层次：生理需要、安全需要、友爱和归属需要、尊重需要、自我实现需要。1954 年马斯洛在《动机与个性》[①]一书中把需要的五个层次扩展为七个层次：生理需要、安全需要、友爱与归属需要、尊重需要、求知需要、求美需要、自我实现需要。1970 年马斯洛在《人类动机理论》[②]修订版中又将需要的七个层次归结为五个层次：生理需要、安全需要、归属和爱的需要、尊重需要、自我实现需要。

(1) **生理需要**(physiological need)是与有机体生命、生存直接相关的需要，包括对食物、水、氧气、栖息等和性的需要。人的生理需要具有社会性，与动物的生理需要有本质区别。

(2) **安全需要**(safety need)是人对组织、秩序、安全感和可预见性的需要。

(3) **归属与爱的需要**(belongingness and love need)是渴望与人建立和谐关系、渴望被群体成员和家庭成员接纳的需要。

(4) **尊重需要**(esteem need)包括自尊需要和他尊需要。前者表现为要求独立、自主、自信、成就、名誉等。后者表现为追求地位、实力、威信、被人认可、受人尊敬等。人不仅需要自尊，而且也需要他尊，希望自己的才能和工作得到社会承认。人在前三种需要得到基本满足后，尊重需要就显得非常重要。"参与管理"就是满足员工尊重需要的一种方式。

(5) **自我实现需要**(self-actualization need)是个体向上发展和充分展示自身才能、品质和能力的需要，表现为希望自己越来越成为社会所期望的人物，完成与自己能力相称的一切工作。

2. 基本观点

(1) 人类价值体系中有两类需要：一是沿着生物谱系上升而逐渐变弱的本能需要，即生理需要；二是随着生物进化而逐渐显现出来的潜能，即心理需要(包括安全需要、归属和爱的需要、尊重需要、自我实现需要)。只有生理需要得到满足，心理需要才有可能得到满足；只有心理需要得到满足，才能产生令人满意的主观效果。

(2) 五种需要呈阶梯状上升，从而构成一个需要层次，如图 5-2 所示。

(3) 在高级需要出现之前，必须先满足低级需要；只有在低级需要得到满足或部分地得到满足以后，高级需要才有可能出现。

(4) 五种需要的满足都依赖于某种外部条件。越是低级需要对外部条件的依赖性越弱，越是高级需要对外部条件的依赖性越强。

(5) 五种需要对个体行为均有激励作用。需要层次越低，激励作用越大。随着需要层次的上升，激励作用相对减弱。

---

① [美]亚伯拉罕·马斯洛. 动机与人格[M]. 许金声，等译. 北京：中国人民大学出版社，2007(原著出版时间：1954).

② [美]亚伯拉罕·马斯洛. 人类动机理论[M]. 许金声，等译. 北京：华夏出版社，1987(原著出版时间：1943，1970).

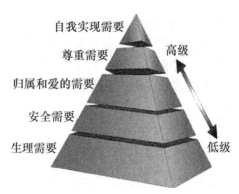

图 5-2　需要层次

3. 优点与缺点

（1）优点：简单明了，易于理解，对组织管理产生了重大影响。在管理理论上，它为激励理论打下了坚实基础；在管理实践上，它促进了"参与管理"的方式兴起。

（2）缺点：①该理论认为只有低级需要获得一定程度的满足，高级需要才会产生。即需要满足遵循"满足—前进"模式。这种看法是机械的，与事实不符。它忽视了人的主观能动性，忽视了人为了崇高理想可以忍受物质条件匮乏所带来的痛苦甚至不惜牺牲生命的事实。②该理论是从个体需要出发的，没有从人的社会性需要这个角度来论述人的需要。

4. 需要层次理论在组织中的应用

需要层次理论第一次系统地阐述了需要与行为之间的关系，在现代组织管理中具有广泛的应用价值。表 5-1 列出了不同层次的需要所对应的追求目标以及相应的管理措施。

表 5-1　需要层次理论与管理措施[①]

需要层次	诱因（即追求目标）	管理制度与措施
生理需要	薪水、工作环境、各种福利	身体保健（医疗设备）、工作时间（休息）、住宅保证、福利措施
安全需要	职位保障、意外防范	雇用保证、退休金制度、健康保险制度、意外保险制度
归属和爱的需要	友谊（良好人际关系）、群体接纳与组织一致	协谈制度、利润分配制度、群体活动制度、互助金制度、娱乐制度、教育培训制度
尊重需要	地位、名分、权力、与他人薪水比较	人事考核制度、晋升制度、表彰制度、奖金制度、选拔进修制度、委员会参与制度
自我实现需要	能发展个人特长的组织环境，具有挑战性工作	决策参与制度、提案制度、研究发展计划、劳资会议

由表 5-1 可以看出，管理者首先要对员工的需要加以归类和确认，然后了解员工尚未满足或正在追求的需要，并采取相应的管理制度与措施进行激励，既不能落后也不能超前于员工的需要层次。也就是说，当员工低层次需要未得到满足时，不要奢望他们有什么奉献

---

① 俞文钊. 管理心理学（简编）[M]. 大连：东北财经大学出版社，2003：165.

精神，而应把解决他们的衣食住行问题放在首位；当员工低层次需要得到满足时，又不能一味地强调用物质奖励办法来激励他们，而应创设更好的工作和人际环境来满足他们更高层次的需要。从某种程度上说，一个组织的员工的需要层次高低，应作为该组织管理成败的重要标志之一。员工需要层次越高，说明该组织管理越成功，反之亦然。[①]

(二)ERG 理论(ERG theory)

1. 理论概述

由于需要层次理论存在某些缺陷，不少学者对其提出批评。美国耶鲁大学教授克雷顿·阿尔德弗(C. Alderfer)在大量调查研究的基础上，于 1969 年在《人类需要新理论的经验测试》[②]一文中修正了马斯洛的观点，将需要的五个层次重组为三个层次：**生存需要**(existence need)、**关系需要**(relation need)和**成长需要**(growth need)，称为 ERG 理论。三种需要的具体内容，如表 5-2 所示。

表 5-2　ERG 理论的主要内容

需要层次	主要内容
生存需要	指全部生理需要和物质需要，包括收入、福利、工作环境和条件等。类似于需要层次理论中的生理需要和物质型安全需要
关系需要	指组织中的所有人际关系需要。类似于需要层次理论中的人际型安全需要与他尊需要
成长需要	指那些涉及一个人通过努力以求工作上有创造性的或个人成长的所有需要。类似于需要层次理论中的自尊需要与自我实现需要

2. 基本观点

(1) 阿尔德弗认为，缺少生存需要、关系需要、成长需要中的任何一个，人们都会渴望满足该层次需要，也会转而追求高一层次需要，还会去追求低一层次需要。任何时候，人们追求需要层次的顺序并不那么严格，优势需要也不那么突出，因而激励措施可以多样化。

(2) 阿尔德弗认为，ERG 旨在谋求确定"组织背景中人的需要"，并指出每个员工的需要结构和强度是各不相同的，有的是生存需要占主导地位，有的是关系需要或成长需要占主导地位，管理者应了解每个员工起初的需要，然后采取适当措施来满足员工的需要，以便激励和控制员工的行为，使其为实现组织目标和个人目标而奋斗。

根据阿尔德弗的观点，兰迪和特朗普(Landy & Trumbo，1980)[③]从中归纳出 ERG 理论关于需要满足的三条规律，并绘制了 E、R、G 三者间的关系示意图，如图 5-3 所示。

① "愿望—加强"律：越是不能满足的需要，人对这种需要的渴望就越强烈，就越是希望得到满足。

② "满足—前进"律：低层次需要如果得到满足，就会追求高层次需要。

[①] 刘永芳. 管理心理学[M]. 2 版. 北京：清华大学出版社，2016：85.
[②] 斯蒂芬·P. 罗宾斯，蒂莫西·A. 贾奇. 组织行为学[M]. 14 版. 孙健敏，李原，黄小勇，译. 北京：中国人民大学出版社，2012(原著出版时间：1979)：4.
[③] Landy F. J. , Trumbo D. A. Psychology of Work Behavior[M]. Homewood，Ill: Dorsey prers. 1980.

③ "受挫—倒退"律：追求高层次需要如果遭受挫折，就会退而求其次，尽可能多地去满足低层次需要。

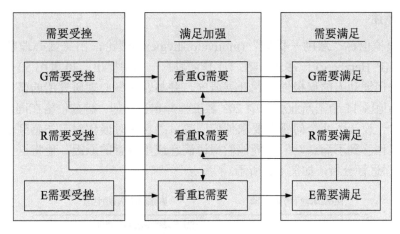

图 5-3　ERG 相互作用

3. ERG 理论与需要层次理论的联系

ERG 理论与需要层次理论的联系，如图 5-4 所示。

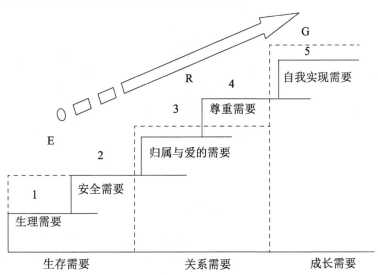

图 5-4　需要层次理论与 ERG 理论相互关系

4. ERG 理论与需要层次理论的区别

（1）需要层次理论是一种"满足—前进"模式；ERG 理论不仅包括"满足—前进"模式，还包括"愿望—加强"模式和"受挫—倒退"模式。也就是说，ERG 理论不认为在激发高层次需要之前，一定要先满足低层次需要。一个人的背景和所处环境，有时会使关系需要或成长需要处于更优先地位。

（2）ERG 理论不认为"剥夺"是满足需要的唯一手段。

（3）ERG 理论认为人可以同时有一种以上的需要。

(三)双因素理论(two-factor theory)

1. 理论概述

双因素理论也称**"激励—保健"**(motivator-hygiene)理论,由美国心理学家佛雷德克里·赫兹伯格(F. Herzberg)于1959年在《工作激励》一书中提出。20世纪50年代后期,赫兹伯格围绕如何调动人的积极性问题开展研究,并与匹兹堡心理研究所的研究人员一起,调查了匹兹堡地区11个工商业机构中203名工程师和会计师。赫兹伯格在同这些工程师和会计师面谈时,设计了两个问题并要求他们回答:"什么时候你对工作感到满意?""什么时候你对工作感到不满意?"并同他们探讨满意或不满意的原因。他将这些调查资料归纳为16个方面进行分析,如图5-5所示。

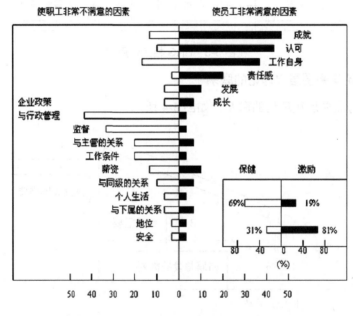

图5-5 双因素

赫兹伯格发现,导致员工满意和不满意的因素并非截然分开的。从图5-5中可以看出,"成就"使人产生满意的程度几乎接近100%,但它使人产生不满意的程度也超过10%。只是为了研究方便,赫兹伯格才将"满意"和"不满意"两种因素分开来加以讨论。

导致满意和不满意的因素,如表5-3所示。

表5-3 双因素理论的主要内容

导致满意的六种因素	
①成就	是否成功完成了工作,是否解决了问题,是否明白自己工作的结果
②认可	是否受到他人赞扬,是否受到资方认可,完成任务后是否受到奖励
③工作本身	工作本身是否有意义,是常规的还是变化的,是创造性的还是重复性的,是有趣的还是讨厌的,是困难的还是容易的,是否有挑战性

续表

④责任感	工作中是否有自主性，是增强还是削弱了责任心
⑤晋升	取得成绩后在组织内的状况是否发生了实质性改变，是否得到升迁
⑥发展	工作情境变化的可能性，增加学习机会的可能性，提升的可能性
导致不满意的十种因素	
①企业政策与行政管理	任务、资源分配是否合理，人事政策是否恰当
②监督	上司是否称职，监督是否公平、是否有效
③与主管的关系	跟主管交往是否愉快
④工作条件	工作物质条件如设备、温度、光线、空间、工具等是否如人意
⑤薪资	工资不足或增长过高，工资调整或早或迟，薪资是否优渥，报酬是否合理
⑥与同级的关系	同僚合作是否愉快
⑦个人生活	个人生活条件是否具备，是否愉快，与家庭成员是否和睦
⑧与下属的关系	下属是否配合
⑨地位	在公司是否有地位
⑩安全	工作是否稳定，是否有安全感

2. 基本观点

组织中的所有因素可分为"满意因素"和"不满意因素"。满意因素(即导致满意的六种因素)是指可以使人感到满意、受到激励的因素，又称**激励因素**(motivation factor)。不满意因素(即导致不满意的十种因素)是指容易使人产生意见和消极行为的因素，又称**保健因素**(hygiene factor)。两种因素都是影响员工绩效的主要因素。保健因素是工作以外的因素。如果满足这些因素，能消除员工的不满情绪，使其维持原有的工作效率，但不能激励员工更积极的行为；激励因素与工作本身有关。如果满足这些因素，可以对员工产生更大的激励作用，如果不满足这些因素，也不会像保健因素那样产生不满情绪。

3. 意义与不足

(1) 意义：双因素理论是针对需要满足而言的，要调动人的积极性，就要在"满足"二字上做文章。满足员工对工作条件以外的要求，可以使员工受到外在激励；满足员工对工作本身的要求，可以使员工受到内在激励。

(2) 不足：①赫兹伯格的研究样本只有203人，样本数量明显不够，而且其研究对象是工程师、会计师，他们在工资、安全、工作条件等方面都比较好，这些因素对他们自然不会起激励作用，很难代表一般员工；②赫兹伯格没有使用"满意尺度"这一概念。事实上，"满意"与"不满意"仅仅是一个连续统一体上的两个端点，其间还有许多不同的程度；③赫兹伯格认为满意和生产率提高有必然联系，事实上满意并不等于能够提高生产效率，二者之间并不存在必然联系。

4. 管理启示

(1) 采用"直接满足"和"间接满足"两种方式来调动员工积极性。①直接满足即满足员工工作任务以内的需要。这种满足是通过工作本身获得的，它能使员工学到新知识新技能，产生工作兴趣和工作热情，使员工更有责任心和成就感，因而可以使员工受到内在激励。直接满足虽然所需时间较长，但员工积极性一经激励起来，不仅可以提高生产效率，而且能够持久，所以管理者应充分重视运用直接满足这种激励方法。②间接满足即满足员工工作任务以外的需要。这种满足不是从工作本身获得的，而是在工作以后获得的。如晋升、授衔、嘉奖、薪资、福利(包括奖金、食堂、托儿所、员工学校、俱乐部)等都是在工作之后获得的，都属于间接满足。间接满足虽然与工作也有一定联系，但它毕竟不是直接的，因而在调动员工积极性方面往往有一定局限性，常常使员工感到与工作本身关系不大而满不在乎。间接满足虽然也能够显著提高工作效率，但不容易持久，有时处不好还会产生负作用。

(2) 不仅要提供充分的保健因素，使员工不至于产生不满情绪，更要重视利用激励因素去激发员工的工作热情。两种因素顾此失彼，激励作用都将会收效甚微。

(3) 双因素理论可以用来指导奖金发放。我国目前正在将奖金作为一种激励措施，但在发放奖金时，必须将它与个人工作成绩挂起钩来。如果一味地"平均分配"，久而久之，奖金就会变成保健因素，奖金再多也起不到激励作用。

(4) 双因素理论还可以用来指导思想工作。保健因素类似于物质奖励，激励因素类似于精神奖励。既然物质奖励和精神奖励都能有效地激发员工的工作热情，那么就应处理好两者间的关系，尤其要充分发挥精神激励的作用。

(四)成就动机理论(achievement motive theory)

1. 理论概述

成就动机(achievement motive)是指努力追求卓越，以期实现更高目标的内在动力或心理倾向。①成就动机理论又称"三种需要理论""成就需要理论"，由美国哈佛大学教授戴维·麦克利兰(D. McClelland)于20世纪50年代在一系列文章中提出。他把人的高层次需要分为成就需要、权力需要和亲和需要(见图5-6)，并对三种需要特别是成就需要做了深入研究。

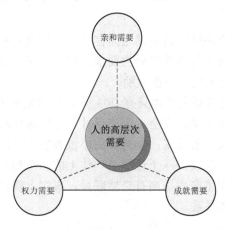

图 5-6 成就动机理论内容

---

① 林崇德，杨治良，黄希庭. 心理学大辞典[Z]. 上海：上海教育出版社，2003. "成就动机"词条.

(1) **成就需要**(need for achievement)是争取成功希望做得更好的需要。高成就需要者的行为方式是：喜欢独当一面，独立自主地解决问题；希望自己的事业能超过同辈或前人，喜欢富有挑战性的工作，敢于冒险，且不存侥幸心理。

(2) **权力需要**(need for power)是影响或控制他人且不受他人控制的需要。高权力需要者的行为方式是：揽权用权，强人顺从，追求权力的形式，不大关心权力的实际内容。

(3) **亲和需要**(need for affiliation)又称"合群需要""友谊需要"，是建立亲密友好人际关系的需要。高亲和需要者的行为方式是：喜欢合作、愉快的工作环境，对人际冲突和矛盾采取折衷调和的处理方法。

【专栏 5-1】

高成就需要者的特点

(1) 重精神奖励轻物质奖励。他们总是渴望把事情做得更完美，获得更大成功，他们追求的是解决问题过程中的愉悦和成功之后的成就感，并不看重成功所带来的物质奖励。

(2) 喜欢具有适度挑战性的目标。他们总是精心设置自己的目标,很少被动接受别人(包括上司)为其确定的目标。除了请教能提供帮助的专家外，他们不喜欢寻求别人的帮助。如果成功了，希望得到相应荣誉；如果失败了，也不会推诿责任。他们喜欢研究问题和解决问题，例如有两件成功概率相同的事情(赌博赢钱的概率是 1/3 和解决问题的成功概率也是 1/3)让他们挑选，他们会选择后者，因为赌博赢钱不会带来成就感而成功解决问题可以带来成就感。尽管他们喜欢研究问题和解决问题，但他们却不愿意凭运气或他人帮助获得成功。

(3) 喜欢中等难度的任务。他们不喜欢接受那些在他们看来特别容易或特别困难的任务。特别容易的任务极易完成，即使完成了也没有成就感；特别困难的任务不能完成或只能凭运气完成，这两种情况都没有成就感。

(4) 喜欢能立即获得有效反馈的信息。他们之所以希望得到及时而明确的反馈信息，是因为他们急于知道自己是否有所进步。

(资料来源：根据 MBA 智库百科，http://wiki.mbalib.com/wiki/麦克利兰的成就动机理论整理)

2. 基本观点

成就需要、权力需要、亲和需要无高低层次之分，但其排序和重要性却因人而异。有的有高成就需要，相对忽视亲和需要和权力需要；有的注重成就需要和亲和需要，权力需要相对较弱。工作本身可以使人满足成就需要。要激励人，就必须赋予其有意义、有挑战性的工作。

3. 对高成就需要者的激励措施

(1) 自主决策。对于他们选择什么样的工作任务确立什么样的工作目标，应让他们自主决策，而不是干涉其决策或代替其决策。

(2) 高成就需要者有低权力需要和低友谊需要。为此：①除非他们有愿望，不一定要通过安排行政职务来激励他们。高成就需要者不一定是优秀管理者。因为他们感兴趣的是自己如何做好工作，而不是如何影响他人。②善待他们的行为方式。他们常常勤奋工作，潜心钻研，甘于寂寞，不谙世事，率性而为，不要认为他们的人际关系不好，不要认为他们是在有意顶撞你，尤其不要指望他们奉承你、巴结你。

(3) 合理薪酬。他们能力强，人脉广，信息灵通，如果薪水偏低，极易"跳槽"；他们喜欢从事开创性工作，一旦作出突出贡献，应给予重奖。

(4) 经常反馈。经常反馈能够使他们了解成功或失败的原因所在，以便总结经验教训，进一步激发其成功愿望。

(五)四种内容型激励理论的联系与区别

1. 联系

对需要进行分类；强调以某种具体需要作为激励手段；强调满足人的高层次需要；强调通过满足需要来调动人的工作积极性。四者间的相互联系，如图5-7所示。

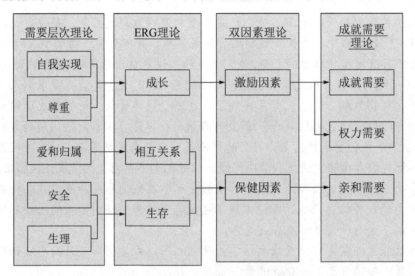

图 5-7　四种内容型激励理论相互关系

2. 区别

四种内容型激励理论的区别，如表 5-4 所示。

表 5-4　四种内容型激励理论的区别

区　别	需要层次理论	ERG 理论	双因素理论	成就动机理论
需要类型	生理需要 安全需要 归属和爱的需要 尊重需要 自我实现需要	生存需要 关系需要 成长需要	保健因素 激励因素	亲和需要 权力需要 成就需要
研究出发点	人的自然性需要	组织背景中人的需要	组织背景中员工工作满意度	人的高级需要

续表

区别	需要层次理论	ERG 理论	双因素理论	成就动机理论
需要特点	需要是与生俱来的、内在的	需要既是与生俱来的，也是可以通过后天而产生的	把员工的所有需要归为两大类	需要因人的社会特性而不同
需要变化	需要有严格层次，是由低级向高级逐级发展的	需要既可由低向高逐级发展，也可逾级发展	两大类需要无严格顺序之分	三种需要无严格顺序之分
激励措施	"满足—前进"律	"愿望—加强"律 "满足—前进"律 "受挫—倒退"律	提供保健因素 重视激励因素	激励因人而异

二、过程型激励理论

内容型激励理论有助于管理者根据员工的具体需要采取激励措施，但它并没有有效说明员工选择什么样的行为方式才能受到激励，或员工受到激励后会选择什么样的行为方式。**过程型激励理论**(process models of motivation theory)就是描述和揭示激励过程的规律性，以便遵循员工的行为规律进行激励的理论。研究者们普遍认可的过程型激励理论有目标设置理论和期望理论。

(一)目标设置理论(goal setting theory)

1. 理论概述

目标设置理论由美国马里兰大学管理学兼心理学教授爱德温·洛克(E A. Locke，1967)提出。此后，经过许多学者不断补充、发展和完善，如今已成为内容越来越丰富、影响越来越大的激励理论。目前流行的"目标管理"方式即源于此。限于篇幅，我们仅把这个理论的主要观点大致梳理如下。

(1) 含义：目标本身就具有激励作用，目标能把人的需要转变为动机，使人的行为朝着一定的方向努力，并将自己的行为结果与既定目标相对照，及时进行调整和修正，从而能实现目标。这种由需要转化为动机，再由动机支配行为以达成目标的过程就是目标激励。因此，目标设置理论也可称为**目标激励理论**(motivation by objective theory)。

(2) 核心思想：目标设置理论的核心思想是把目标作为一种激励因素。一个人做某件事有无目标，其效果是大不一样的。心不在焉地阅读就没有效果；相反，在阅读过程中如果阅读者能为自己确立一个目标，则有助于提高阅读效果。比如背诵课文，我们为自己确定一个在当天或一个时段内所要达到的目标，并朝着这个目标努力，则容易记住课文。有鉴于此，洛克和休斯(C L. Huse，1967)在研究中发现，外在刺激(如奖励、工作反馈、监督的压力)都是通过目标来影响动机的。目标能引导活动指向与目标有关的行为，可使人根据目标难度大小来调整努力程度，并影响行为的持久性。

(3) 目标设置的前提：①员工必须觉察目标并知道用什么行为去实现目标；②员工必

须接受目标并愿意用必要的行为去完成目标。洛克认为,在这个前提下,管理者就不需要直接控制员工的行为了。如果这样做了,效果也不会好,往往是事倍功半。反之则能够收到事半功倍之效,因为目标本身就具有内在激励价值。

(4) 目标本身必须具备两个基本属性:明确具体;难度适中。

① 目标明确具体。明确目标比模糊目标、具体目标比笼统目标更具有激励作用,曼陀(Mento,1992)[①]等人证实了这一点。他们先是根据成绩、能力、态度等将被试分为高积极性组和低积极性组,然后安排两个助手去两个组。甲助手对低积极性组被试布置了十分明确具体的任务,乙助手对高积极性组只是笼统地告诉被试"你们好好干吧"。结果表明:低积极性组无论在工作成绩还是工作态度方面,都很快赶上并超过了高积极性组。

② 目标难度适中。要求在 20 分钟内做完 10 个题目,这样的目标是容易的;要求在 20 分钟内做完 20 个题目,这样的目标难度是中等的;要求在 20 分钟内做完 30 个题目,这样的目标难度是困难的;要求在 20 分钟内做完 100 个题目,这样的目标是不可能完成的。目标难度依赖于人和目标之间的关系,同样的目标对某人来说可能是容易的,而对另一个人来说可能是难的,这取决于他们的能力、努力、态度、经验等。一般来说,目标绝对难度越高,人们就越难实现它。在能力、努力、态度、经验等因素不变的情况下,有难度但通过努力可以实现的目标更容易被接受,更容易取得绩效。因为员工将有难度的目标看成是对自己能力的一种挑战,一旦接受了这样的目标,会加倍努力,直至实现目标。从这个意义上讲,目标激励理论也可称为"摘桃论"。

(5) 要使目标具有激励作用,员工还必须具备一些必要条件作为实现目标的调节变量。这些调节变量包括以下几方面。

① 参与设置。多数情况下,人们对自己参与设置的目标会更感兴趣,因为它提高了努力的方向性和可接受性,因而完成它更具有激励作用。

② 目标承诺。当目标是自己作出承诺的,其激励作用会更大;反之,指定的目标哪怕是能够接受的而且是可以实现的,只要自己没有作出承诺,在执行过程中也可能打折扣。

③ 自我效能感。高的自我效能感有助于员工提高坚持性,尤其是当面临困难时更是如此。

④ 任务策略。在实现目标过程中,每个员工都有一套完成任务的策略。策略不当,哪怕上述条件都具备,也于事无补。

⑤ 恰当反馈。有反馈比无反馈、自我反馈比外部反馈更具有激励作用。在实现目标过程中,员工如果获得反馈信息将做得更好。因为反馈能帮助他们认清已经完成和将要完成的任务之间的差距,即反馈引导行为。并不是所有反馈都有同样的激励作用。事实上,自我反馈比外部反馈具有更大的激励作用。因为自我反馈能帮助员工自行控制工作进度、改变工作策略。

综上所述,可以把目标设置理论描述为如图 5-8 所示的激励模型。

[①] Mento A J,Locke E A,Klein H J. Relationship of goal level to valence and instrumentality[J]. *Journal of Applied Psychology*. 1992. 77(4): 395-405.

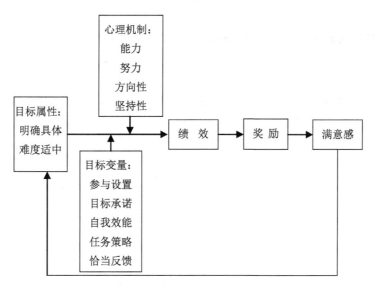

图 5-8　目标设置激励模型

从图5-8中可知，模型从明确具体、难度适中的目标开始，在实现目标过程中，如果员工具备必要的目标调节变量(如参与设置、目标承诺、高的自我效能感、适宜的任务策略、恰当反馈)，加上员工必要的心理机制参与(如能力、努力、方向性、坚持性)，就会取得绩效。假如高的绩效导致了希望中的回报(如有吸引力的奖励)，就会产生满意感。满意感又可使行为导向新的目标，于是新的一轮目标激励过程又开始了。

2. 缺点与优点

(1) 缺点——有些问题需要进一步研究：①目标设置与内部动机之间的关系。一般认为，设定**掌握目标**(Mastery Goal)比**绩效目标**(Performance Goal)更能激发行为动机，但这个过程很可能受到很多其他中介因素的影响，如员工成就动机高低等；②目标设置与满意感的关系。目标设置与满意感的关系很复杂。困难目标比容易目标容易激起更高的绩效，但它却可能导致更低的满意感；③有反馈比无反馈、自我反馈比外部反馈更能提高绩效，但什么样的反馈和自我反馈方式才是最有效的，尚不清楚；④目标冲突与绩效的关系；⑤当目标困难、任务复杂时，影响任务策略选择受哪些因素影响。

(2) 优点：①指定的目标更具可靠性；②具有很强的可操作性而且便于绩效考核；③体现了"以人为本"的管理思想；④帮助员工进行职业生涯规划与管理；⑤有利于实现组织使命与战略。

3. 管理启示

(1) 目标设置必须符合激励对象的需要。
(2) 目标设置必须明确具体、难度适中。
(3) 目标设置应当具有阶段性。
(4) 合理运用反馈机制。
(5) 目标设置应注重反映员工的能力水平、努力程度、知识经验和工作态度，实行个性化的绩效考核方式。

(二)期望理论(expectancy theory)

1. 理论概述

期望理论早期代表人物是爱德华·托尔曼(E. C. Tolman)和库尔特·勒温(K. Lewin)。他们认为,动机是以一系列预期、判断和实现目标的认知活动为基础的。托尔曼提出,行为的目的性即行为动机,就是希望得到某些东西并企图避开某些讨厌的东西。这就是期望理论的原始形态。美国心理学家维克托·弗鲁姆(V H. Vroom,1964)在《工作与激励》[①]一书中正式提出期望理论。弗鲁姆认为,并不是所有目标都具有激励作用,只有当实现目标的可能性很大,而且实现目标具有重要价值时,这样的目标才具有激励作用。目标激励力量的大小取决于期望值与效价的乘积,用公式表示为

$$激励力量(M)=期望值(E)×效价(V)$$

激励力量(motivation)M 是指目标能够激励一个人的力量大小。

期望值(expectancy)E 是指一个人估计自己实现目标的可能性有多大。

效价(valence)V 是指一个人如果实现了目标对自己来说有多大的价值或意义。

期望值和效价的不同组合将产生不同的激励力量,其组合情况有五种。

$$E_{高} \times V_{高} = M_{高}$$
$$E_{中} \times V_{中} = M_{中}$$
$$E_{低} \times V_{低} = M_{低}$$
$$E_{高} \times V_{低} = M_{低}$$
$$E_{低} \times V_{高} = M_{低}$$

可见,只有当期望值最大且效价最高时,目标才具有最大的激励作用。期望值和效价的其余四种组合情况,都意味着目标缺乏激励作用。

为了使目标的激励力量达到最佳值,弗鲁姆勾勒了人的期望模式,如图 5-9 所示。

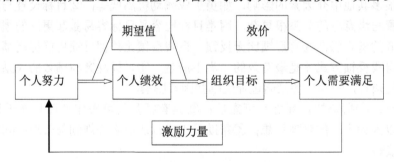

图 5-9 期望模式

弗鲁姆认为,根据人的期望模式,为了有效激发员工的工作动机,需要处理好三种关系。

(1) 努力与绩效预期的关系。每个人在接受任务、承诺目标之前,对工作绩效都有一种心理预期。然而个人努力与个人绩效预期之间的关系却非常复杂,其间存在许多变数。

---

① V room H Victor. Work and Motivation[M]. New York: John Wiley & Sons. 1964.

比如科研人员本想年内出高质量科研成果，尽管努力了，却因种种原因没有如愿；营业员本想年营业额达到 100 万元，尽管努力了，却因种种原因没有达到。员工经过努力，取得的绩效如果符合自己的预期，绩效就具有激励作用，否则就缺乏激励作用。

(2) 绩效与奖励预期的关系。奖励有类型和程度之分。就类型而言，可分为物质奖励和精神奖励。奖励还有程度之分。以物质奖励为例，奖励 1 万元与奖励 10 万元有天壤之别；以精神奖励中的表扬为例，口头表扬、通报表扬、提请上级组织给予表扬就是不同程度的表扬。个人经过努力取得了工作绩效，如果组织奖励符合自己的预期，奖励的激励作用就大，否则激励的作用就小。

(3) 奖励与满足需要预期的关系。两者间的关系也很复杂。不同类型员工的需要预期不尽相同(见图 5-10)，每个员工的需要预期更是千差万别。人们总是希望组织奖励能够满足自己的需要预期。如果人们希望得到物质奖励，组织却给予精神奖励，或是相反，尽管组织已经奖励了，由于奖励不符合员工的需要预期，奖励的激励作用不会大。同样，如果人们希望得到高级别奖励，组织却给予低级别奖励，奖励的激励作用也不会大。只有奖励符合员工的需要预期，激励作用才会最佳。

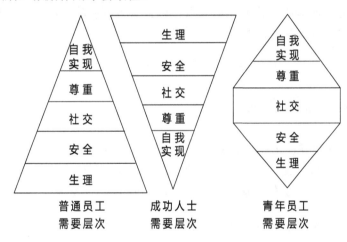

图 5-10　不同员工群体需要预期

2. 意义

期望理论的重要价值在于它避免了马斯洛和赫兹伯格研究方法中的简单化倾向，将员工工作动机的激发过程考虑得很周全，努力与绩效预期、绩效与奖励预期、奖励与满足需要预期三者间是递进关系，它们一环扣一环、环环紧扣，几乎考虑了可能出现的每一种复杂情况，因而更加符合员工因受到激励的行为变化规律。

3. 管理启示

(1) 为员工设置适度的工作目标。这个目标一定是力所能及的，实现的可能性很大，实现之后对他们来说有重要价值或意义。唯其如此，目标才会具有激励作用。

(2) 为员工制定适度的劳动定额。唾手可得或高不可攀的劳动定额都没有激励作用。同时还要为他们创造工作条件，使其经过努力，能够实现绩效预期。

(3) 员工一经取得绩效，就应该兑现奖励。这种奖励一定要符合他们的胃口，"乱点鸳鸯谱"式的奖励没有激励作用。

(4) 奖励不仅要对胃口，而且要满足员工的需要预期。这就要求管理者必须深入研究每一个或每一类员工当下的主导性需要是什么，以便"对症下药"，包治百病的处方既花钱又治不了病。只有满足员工需要预期的奖励才具有激励作用。

【专栏 5-2】

期望与现实的矛盾

每天都有新人抱着各种各样的幻想和不切实际的期望走进企业。一些人留了下来并适应了新的环境，一些人留了下来但不是很敬业，许多人不敬业并最终选择了离开。Saratoga经过多项研究发现，那些留下来但又不是很敬业的员工有如下抱怨：

"人力资源部门在招聘的时候并没有将事情解释清楚。"
"我们经理作出的许多承诺都没有兑现。"
"我对我在 ABC 公司入职之初所接受的培训很不满意。"

这些抱怨的根本原因在于员工的期望没有得到满足。有时，员工的期望可能不切实际，但毫无疑问，有时并非如此。你可能从未在任何企业的离职原因调查表中发现"期望未满足"这一项，但它可能正是员工离职的头号原因。

(资料来源：世界经理人. http://www.ceconline.com/hr/ma/8800049494/01)

三、行为改造型激励理论

行为改造型激励理论(behavior modification incentive theory)是研究如何改造人的行为，如何使人的行为由消极转变为积极，如何使人的积极行为得以保持，以有益于组织运作和发展的理论。一般认为，行为改造型激励理论主要包括强化理论和公平理论。

(一)强化理论(reinforcement theory)

1. 理论概述

强化理论是用强化概念来解释行为获得、保持和消退的一类理论。[①]这类理论的主要创立者是新行为主义学习理论创始人斯金纳(B. F. Skinner)，其他一些研究者如赫尔(C. Hull)、格斯里(E. Guthrie)、普雷马克(D. Premack)等也曾对该理论的形成作出过贡献。斯金纳(1938)认为，行为是受外界因素影响的，影响行为的外界因素称为"强化物"。强化物是紧随行为结果的一种刺激，它能增加或减少行为重复的可能性。因此，强化理论认为行为是行为结果的函数。按照这个理论，对员工进行强化就是使员工行为得以产生、保持和消退的手段。

(1) 根据强化时间与次数比率不同，斯金纳将强化分为四种方式。

① 定时距强化。不管行为本身，每隔一段固定时间就出现一次强化。如员工每个月

[①] 黄希庭. 简明心理学辞典[Z]. 合肥：安徽人民出版社，2004. "强化理论"词条.

在固定时间领取薪水和奖金。

② 定比率强化。不管时间长短，每出现一次固定行为便给予一次强化。如推销员每推销出一定数量的商品便给予一次奖金。

③ 变时距强化。强化物不按固定时间出现。例如，定期检查员工的业绩情况，只要是绩优者就给予一次奖励。

④ 变比率强化。强化物不按固定次数出现。如随时都可以对绩优员工进行奖励。

由于强化的程序或强化方式不同，因强化而导致的行为模式亦不同。

(2) 根据强化的效果，斯金纳将强化分为四种功能。

① 正强化。任何一种强化物出现在个体行为时(或行为之后)，都有助于增加个体在以后相同情境中再次出现该行为的频率，这种强化作用被称为正强化。员工取得业绩时(或之后)给予奖励就是正强化。奖励是为了使员工再次出现类似行为。

② 负强化。任何一种强化物在个体表现出某种行为时(或行为之后)立即停止或消失，从而使个体减少出现该行为的频率，或增加出现与之相反的行为的频率。员工没有取得业绩时(或之后)不予奖励就是负强化。不奖励是为了使员工减少出现绩差行为的次数，或增加出现绩优行为的次数。

③ 惩罚。惩罚是伴随某种特定行为而施加某些令人厌恶的刺激，以使该行为不再出现。员工违纪给予批评、处分，其目的是为了使员工不再违纪。

④ 消退。个体形成某种行为习惯后，由于未受到持续强化而使个体的行为习惯逐渐减弱直至消失的现象。某营业员的营业额每个月都是第一名(即养成了每个月都拿第一名的习惯)，如果始终都不给予奖励，那么他(她)拿第一名的习惯就会逐渐减弱甚至不去拿第一名。

2. 不足与意义

通过强化，无疑能够对人的行为产生重要影响，作为一种激励方式，强化理论因此而受到广泛认可。但它仅仅关注个体采取一定行为时会出现什么结果，而忽略了个体的内部心理状态，包括情感、态度、期望和其他已知的可能会对个体行为产生影响的认知变量。

3. 管理启示

从前述得知，强化方式具有多样性，强化作用具有灵活性。因此对员工进行强化，除了必须考虑强化方式多样性和强化作用灵活性外，还应注意以下几个问题。

(1) 及时性。无论正强化、负强化还是惩罚都必须及时。及时正强化(奖励、表扬)、及时惩罚(批评、处分、罚款)对人的印象最深刻、效果最明显、作用最直接；及时负强化(不奖励、不表扬)也能及时给人以警醒。

(2) 差异性。即使是奖励(正强化)，每个员工希望得到奖励的类型也不同。如有的重视物质奖励，有的重视精神奖励。

(3) 奖勤罚懒。不奖励绩优的，就是助长绩差的；不处罚绩差的，就是无视绩优的；即使奖勤不罚懒，也会使绩优员工产生不公平感，打击其积极行为。国家之所以一再强调不要搞平均主义、大锅饭那一套，原因就在于此。

(4) 以奖励为主，以惩罚为辅。时下流行语"多做加法，少做减法"就是这个意思。

"减法"不是不做,而是少做,做多了会适得其反。动不动就惩罚,只会把员工训练成制度的奴隶,搞不好还会产生消极行为乃至破坏行为、敌对行为。

(二)公平理论(equity theory)

1. 理论概述

公平理论由美国心理学家斯塔西·亚当斯(S. Adams)于1967年提出。20世纪60年代,亚当斯出版了三本著作:《工人关于公司工资的内心冲突与生产率的关系》(1962,与罗森鲍姆合著);《工资不公平对工作质量的影响》(1964,与雅各布森合著);《社会交换中的不公平》(1967)。前两本著作均是从"公司"这一微观层面来讨论"工资分配"的公平问题,第三本著作则是从"社会"这一宏观层面来讨论"报酬分配"的公平问题,它既是对前述研究的展开,也是对前述研究成果的总结,成型的公平理论即源于此。所以,公平理论也被称为"社会比较理论"。公平理论认为,报酬分配是否公平、合理,对人的积极性有很大影响。人们不仅关心个人努力所得的绝对报酬量,而且还关心自己报酬量与别人报酬量之间的关系。

亚当斯认为,人不是生活在真空中,他们总是在进行比较。那么他们和谁比?比什么?怎么比?比较结果会使人产生怎样的心理感受?该心理感受会引发什么行为?实际上,公平理论就是提出并解决这五个问题的理论。

(1) 比较对象——和谁比。

亚当斯认为,人有时候也会拿自己跟自己比,即拿"现在的自己"跟"过去的自己"比,但主要是跟他人进行比较。"他人"即跟自己情况类似的所有人。既包括组织内与自己情况类似的同事、同僚,也包括组织外与自己情况类似的人,如熟人、朋友、同学、配偶等。就像平头老百姓不会和总统比官大、穷人不会和富人比钱多一样,人也绝不会跟情况不相似的人进行比较,因为跟情况不相似的人比较没有可比性。

(2) 比较内容——比制度。

亚当斯认为,"制度"是组织政策(如工资政策、人事政策)及其运作情况。人们常说"某某单位福利好""某某单位总是想方设法给员工合理避税",其实是在抱怨本组织的制度及其制度运作情况,也是在羡慕别的组织的制度及其运作情况。制度是否科学具体表现为"付出"和"报酬"之比是否公平合理。

① 付出:包括学历(教育水平)、职称、职务、资历、经验、能力水平、努力程度等。
② 报酬:包括工资、福利、机会(如进修机会、受奖机会、晋升机会)等。

(3) 比较方式——怎么比?

亚当斯认为,人的比较方式主要是横向比较和纵向比较。"横向比较"就是拿此组织的制度跟彼组织的制度进行比较;"纵向比较"就是拿本组织现在制度跟过去制度进行比较。"某某单位福利好"就是横向比较;"王二小过年,一年不如一年"就是纵向比较。

(4) 比较结果——产生什么心理感受?

亚当斯认为,人们比较结果必然会产生公平感或不公平感。表5-5列举了三种比较结果使人所产生的不同心理感受。①

表 5-5　三种比较结果与相应心理感受

比较结果	心理感受
我报酬/我付出 ＜ 他报酬/他付出	不公平感(报酬过低)
我报酬/我付出 ＝ 他报酬/他付出	公平感
我报酬/我付出 ＞ 他报酬/他付出	不公平感(报酬过高)

(5) 公平感和不公平感导致人产生何种行为？

①当"我报酬/我付出=他报酬/他付出"成立时，个体觉得报酬是公平的，即产生公平感，个体会为此而保持高昂的工作热情和努力程度；②当"我报酬/我付出＜他报酬/他付出"成立时，个体觉得自己付出没有得到相应回报，因报酬过低而产生不公平感，会因此而要求增加报酬，或者自动减少付出，或者提出辞职；③当"我报酬/我付出＞他报酬/他付出"成立时，个体会觉得报酬过高，或付出较少，因内疚也会产生不公平感。这时他们可能自觉地增加投入(即加大付出)，如多做一份工作作为回报，但不会自动要求减少报酬。

(6) 不公平感的行为方式。

亚当斯着重探讨了不公平感与行为方式的关系。他认为人在感到不公平时，常有以下几种行为反应。

① 改变努力水平。不再努力，既然报酬少就少干事。

② 改变所得报酬。要求增加报酬；或增加自己的投入，即多做一份工作作为回报。

③ 改变比较对象。跟比自己更受不公平待遇的人进行比较，即"比上不足，比下有余"。

④ 歪曲认知。一是歪曲对自己的认知。认为自己本来就付出少，少劳少得，也在情理之中。二是歪曲对他人的认知。认为他人报酬之所以比自己多，是因为人缘好，会来事。三是认为领导偏心。其实这两种认知都未必符合自己或他人的真实情况，属于社会认知偏差。

⑤ 采取不合情理手段。让多拿钱的人多干事；发牢骚，说怪话，泄私愤，甚至造谣中伤，制造人际矛盾。

⑥ 改变眼前工作。辞去工作，另谋高就。

2. 意义与不足

(1) 意义：人人都希望报酬合理、公平，这是一种普遍的社会心理现象。该理论从这一极为普遍的社会心理现象出发研究激励机制，使它与其他任何激励理论都有所不同，因而受到人们的广泛认可和普遍接受。

(2) 不足：①该理论只强调横向比较和纵向比较，只强调比报酬和付出，相对忽视不公平感的产生还有极为复杂的主客观因素。客观因素包括宏观政策、宏观经济状况、是否

---

① [美]斯蒂芬·P. 罗宾斯. 管理学[M]. 4 版. 黄卫伟，等译. 北京：中国人民大学出版社，1997(原著出版时间：1984)：396.

遇到不可抗拒的外在因素等。主观因素包括是否存在错误比较、满足需要预期是否过高等。②该理论的可操作性不强。通过努力，可以使情况类似的人在物质报酬(如工资、奖金、福利)方面获得公平，但在精神报酬(如进修机会、受奖机会、晋升机会)方面的公平却无法体现。现实生活中，能力差的人比能力强的人、努力的人比不努力的人获得更多机会的例子还少吗？③情况类似的人就一定有同样付出吗？说不定受教育水平低的人比受教育水平高的人、职称职务低的人比职称职务高的人付出更多。所有这些不足，都不是公平理论本身的问题。事实上，没有任何一个理论能够解决公平和不公平问题，至少到目前为止是这样的。原因何在？原因在于人类是一个复杂的物种。

3. 管理启示

当前，我国的报酬分配机制正处在变革与完善过程之中，分配不公现象在社会上屡见不鲜。就组织内部而言，分配合理性、公平性是员工普遍关心的问题且极为敏感。对此，管理者应倍加重视四个方面的问题。

(1) 客观分析产生不公平感的原因。造成不公平感的原因主要有三个方面。

① 错误比较。只比报酬不比付出，把合理分配看成是不合理的，把公平的差别看成是不公平的。错误比较现象在组织中并不少见。

② 分配制度不完善。"一刀切"的定额标准。有的工种有定额，有的工种没定额甚至"旱涝保收"；劳动定额不是随着原材料供应和产品销路的变化而变化。

③ 管理者人为造成不公平。管理者或者因官僚主义不了解情况而造成不公平；或者作风不正派，私心太重，在提级、晋职、奖励等问题上凭个人好恶决定一切。

(2) 教育员工正确对待公平。公平是相对的，不平之事常有，遇到不平之事要通过正常渠道反映；教育员工顾大局、识大体，倡导奉献精神。

(3) 科学制定劳动定额标准，尤其要制定出操作性强的报酬分配实施细则。

(4) 作为管理者，一要注重调查研究，做到心中有数；二要廉政、正派，努力营造公平、公正的环境。

四、中国的激励理论

中国悠久的历史不仅孕育了博大精深的民族文化，而且也产生了至今不失光彩的激励思想。中国当代学者也有不少关于激励问题的精彩论述和研究。从中采撷有关激励问题的花絮，对建立具有中国特色激励理论有着重要意义。①这里主要介绍华东师范大学俞文钊教授的三个激励理论，以飨读者。

(一)同步激励理论(synchronization motivation theory)

同步激励理论由俞文钊于 1993 年在《中国的激励理论及其模式》②一书中提出。该理论认为，只有当物质激励与精神激励有机结合、综合使用、同步进行时，才能获得最大的

---

① 刘永芳. 管理心理学[M]. 2 版. 北京：清华大学出版社，2016：97.
② 俞文钊. 中国的激励理论及其模式[M]. 上海：华东师范大学出版社，1993.

激励效果。用公式表示为

$$激励力量 = \sum \int (物质激励 \cdot 精神激励)$$

公式表明：只有物质激励和精神激励都处于最高值时才能获得最大的激励力量，两个变量中任何一个处于低值时都不能获得最佳、最理想的激励效果。

该理论否定了单纯使用物质激励或精神激励的做法，也否定了简单地交替使用物质励和精神激励的做法，强调物质激励和精神激励要同步进行。

（二）三因素理论(three factors theory)

三因素理论由俞文钊于 1991 年在《企业中的激励与去激励因素研究》[①]一文中提出。三因素分别指**激励**(motivation)因素、**保健**(healthcare)因素和**去激励**(tomotivate)因素，三个因素的区别，如表 5-6 所示。

表 5-6　三因素各自的含义

激励因素	保健因素	去激励因素
使人产生满意感	使人不产生不满意感	使人产生不满意感
使人提高积极性	保护人的积极性	使人的积极性降低
使工作效率提高	维持原状，不会使工作效率提高	使工作效率降低

激励因素、保健因素、去激励因素三者处在一个连续带上，其中激励因素和去激励因素居于连续带的两个端点，保健因素位于两个端点的中间过渡带，并填充整个连续带。保健因素不是固定不变的，它既可以转化为激励因素，也可以转化为去激励因素。在组织管理过程中，管理者要正确区分哪些是激励因素，哪些是去激励因素，并创造条件使去激励因素向激励因素转化。

（三）公平差别阈理论(fair difference threshold theory)

公平差别阈理论由俞文钊于 1991 年在《公平差别阈与分配公平》[②]一文中提出。该理论是在亚当斯公平理论基础上提出的。亚当斯认为人们总是拿"我报酬/我付出"与"他报酬/他付出"进行比较，比较结果就会产生公平感或不公平感。俞文钊认为，在现实生活中，既存在两个人条件相等或相同的情况，也存在两个人条件不相等的情况，如资历、工龄、职务、投入量等方面的差异。在这种情况下，无差别分配不仅不会产生公平感，反而会产生不公平感。在两个人条件相同的情况下，适度的差别分配才能使人产生公平感。

公平差别阈(fair difference threshold)是指能使两个条件不相同的人，刚能产生公平感时的适度差别的比值，这是一个可以测量的值。俞文钊等人研究表明，承包者与员工之间报酬的公平差别阈在 1∶2～1∶3，即承包者收入是员工收入的 2～3 倍。大于这个值，员工不能接受；小于这个值，承包者也不能接受。

该理论的重要贡献在于提出了公平差别阈这一重要概念，使激励有了量化标准。不足

---

① 俞文钊. 企业中激励与去激励因素研究[J]. 应用心理学，1991，6(1)：6-14.
② 俞文钊. 公平差别阈与分配公平[J]. 行为科学，1991(1)：8-13.

在于又把亚当斯的"报酬"拉回到物质报酬上。

根据这一理论，管理者在进行分配时，既要打破平均主义大锅饭的分配方式，也要防止差异悬殊的分配方式，坚持适度的分配差别，提高员工的工作积极性。

第三节 激励原则和方法

一、激励原则

激励原则(principle of incentive)是管理者在激励过程中必须遵循的基本要求。它是根据管理过程中激励的客观规律提出来的，是管理实践经验和激励理论探讨的总结。贯彻激励原则，是使激励取得良好效果的重要保证。根据激励规律，结合我国组织管理实际，现提出以下五条原则。

(一)有利于培养员工主人翁精神原则

这条原则是指激励政策的制定、实施要紧紧围绕培养员工的主人翁精神来进行。提出这条原则的依据是：员工是组织的主人，是组织的依靠对象。他们的合法权益只能得到尊重，不能受到削弱。贯彻这条原则的要求是：①对员工当家做主的合法权益应切实尊重；②员工应加强自我修养，提高政治和业务素质，增强职业道德观念，增强主人翁责任意识；③要处理好"主人与公仆"的关系。领导者是员工的公仆，员工是组织的主人，绝不能颠倒主人与公仆的地位，绝不能把对员工的奖励当成是"赐予"；④激励政策的制定与实施应向生产、工作、科研一线员工倾斜，领导者不要总是往自己面前刨。

(二)有利于提高工作绩效原则

这条原则是指激励政策的制定、实施要紧紧围绕提高组织工作绩效来进行。提出这条原则的依据是：效率是金钱，效率是生命，效率是组织存在的根本理由；组织工作绩效是通过每个员工的工作绩效来体现的。贯彻这条原则的要求：①科学制定工作质量与数量的定额标准，为激励提供准确依据；②深入了解员工，把每一位员工安排在最能发挥其作用、最能取得工作绩效的工作岗位上去，真正做到"人尽其才"；③兼顾"例外"。要切实考虑员工的年龄、身体、学历等因素，采取"因人而异"的绩效评估办法和奖励办法。

(三)物质激励与精神激励统一原则

这条原则是指要重视员工的物质需要和精神需要，二者不可偏废，不能相互抵触。提出这条原则的依据是：物质需要是基础，精神需要是支柱。每个员工都有物质需要和精神需要，只不过因人因时在表现形式上有强与弱、迫切与不迫切之分。贯彻这条原则的要求是：正确处理好物质激励与精神激励的关系。既不能以物质激励代替精神激励，一说到激励就是钱，以钱衡量一切；也不能以精神激励代替物质激励，总是开"空头支票"。

(四)按劳分配与论功行赏相结合原则

这条原则是指应根据员工付出多少和贡献大小实行激励，绝不能搞一刀切。提出这条原则的依据是："以按劳分配为主体，多种分配方式并存"是我国的基本分配制度。贯彻这条原则的要求是：①破除平均主义、大锅饭，实行按劳取酬；②在工资、奖金、福利待遇等方面拉开档次，真正体现多劳多得；③奖勤罚懒，以奖为主，以罚为辅；④奖和罚都只是手段，不是目的，两者都不可滥用，都要合理、合法、公开、及时；⑤信守诺言，激励政策一经制定，就要取信于民，不折不扣地执行。

(五)国家、组织、个人利益兼顾原则

这条原则是指要在谋划国家、组织利益前提下考虑员工利益；在满足员工需要时，要重视对国家、组织利益的保护。提出这条原则的依据是：国家利益高于一切，组织利益重于泰山；个人利益不可忽视。贯彻这条原则的要求是：①任何激励方法的采用都应符合国家政策法规，都要从组织实际情况出发；②教育员工真正领会"大河有水小河满"的道理；③坚决杜绝"富了和尚穷了庙"的现象发生；④不能一味地强调国家利益和组织利益而要求员工"勒紧裤带干革命"。

二、激励方法

激励方法(incentive methods)是指符合国家政策法规，符合国家利益、组织利益，有利于调动员工积极性的任何手段和途径。不过，所有的激励方法都可归结为物质激励和精神激励。

(一)物质激励法

1. 工资

基本工资可以起到精神激励的作用。因为基本工资不同，体现了员工的工作能力、教育背景、贡献大小的不同。基本工资数额高的人，表明组织对自己的工作能力、教育背景、贡献的认可，从而产生心理上的成就感与满足感。而那些基本工资数额低的人也会以此来督促自己，客观上起到激励的作用。

基本工资支付形式一般分为计时工资与计件工资。计时工资是按照员工劳动时间依据一定单位时间工资标准来支付劳动报酬。我国大多数单位都采用按月支付形式，并在支付时将出勤、怠工等因素统统考虑进去。这可激励员工尽可能出满勤、不怠工。计件工资是根据员工完成的工作量来支付劳动报酬。完成工作量或生产合格产品的数量越多，劳动报酬就越多。这可激励员工尽可能多工作，多出合格产品。

基本工资的制定方法也具有激励作用。员工参与工资的制定过程，可以激发他们的主人翁意识；工资水平与劳动技能挂钩，可以促使员工去自我充电以提高各方面的技能水平；工资变动与组织利润挂钩，通过把员工与组织捆绑在一起，因"厂兴我荣，厂衰我耻"的

缘故，从而激励员工把组织的事看成自己的事。

2. 奖金

奖金是对基本工资的补充，是对员工超额劳动或增收节支行为的一种奖励形式。与基本工资相比，它有三个特点：①较强的针对性与灵活性。可以根据工作需要，有针对性地解决问题。比如企业接了某个项目，任务紧迫，需要员工加班加点；或是业务旺季，人手不足，可以利用奖金对付出超额劳动的员工给予补偿。②有很强的激励功能。根据个人贡献来确定奖金数额，多劳多得，少劳少得，不劳不得，可以最大限度地发挥其激励员工的作用。③将员工收入、贡献和组织效益联系在一起。组织如果取得了很好的效益，员工的总体奖金水平也会随之提高，这对于提高整个员工队伍的士气大有好处。

发放奖金的名目多种多样：有激励员工多劳多得的奖励项目，有激励员工减少成本与消耗的项目，可以对某一个或几个人进行奖励，可以对某一部门实行团体奖励，可以是全勤奖、年终奖等。如何发放奖金值得研究。人的价值观不同，两个人干差不多的活儿，一个人拿得多一个人拿得少，后者会产生不公平感。目前，在大多数私企和一些跨国公司，或采取发红包，或采取秘密约见单独发奖金等方式，在一定程度上就是为了这个原因。

3. 福利

福利是在工资、奖金之外向员工提供的货币、实物和各种服务。福利形式多种多样，如"五险一金"，各种补贴(交通费补贴、通信费补贴、出差补贴、外派补贴、特殊工种补贴)以及免费工作餐、探亲假期、带薪休假、集体出游、教育培训等。福利是员工收入中可观的部分。有数据显示，1995年美国企业的福利收入占员工总收入的30%以上。周到的福利可使组织显得更富于人性化，更有利于激励员工。

4. 优越的办公环境

处在市区繁华地带的高档写字楼，宽敞的办公场所，安静的环境，各种现代化的办公设备，既能给员工带来心理上的愉悦，也在无形中影响着员工的自我形象。一个用手提笔记本电脑办公的人和一个用二手台式计算机办公的人其自我形象会相差很大。在摩天大楼办公和犄角旮旯办公的人也肯定有截然不同的感受。前者会想，我一定要珍惜这里的条件，珍惜这里的机会，争取再升职努力工作；后者多半会这样想：努力、奋斗，干几个月就离开这个鬼地方。

5. 经理人股票期权

怎样让经理们对公司的未来负责，这是公司老板颇感棘手的问题。传统年薪制只能引导经理们对公司当年的效益负责，导致经理们的短期行为。实际上，公司高级经理时常需要就公司的经营理念、战略发展等问题进行决策，诸如公司购并、重组、长期投资等。这些决策给公司带来的影响往往是长期的，其效果可能要在若干年后才会体现出来。如果一家公司的薪酬制度是年薪制，那么高级经理们出于对个人私利的考虑，可能会倾向于谋求公司的短期效益而放弃那些有利于公司长期发展的计划。经理股票期权有可能解决这一矛盾。它将高级经理们的薪酬与公司长期利益联系起来，鼓励他们更多地关注公司的长远发展，而不是将注意力集中在短期效益上。在发达国家，股票期权制已相当普遍。世界500

强企业中，89%的公司已在其高级管理人员中实行了这种制度。迪斯尼公司总裁艾斯纳的薪水加奖金仅为 576 万美元，但股票期权带来的财富却有近 5.7 亿美元。在硅谷，平均每天有 32 个百万富翁产生。这种分配制度还显示了巨大的生产力促进效应：在美国，如果将无员工股权公司的产值平均增长率作为 100%的话，那么有员工股权的公司产值增长率高达 139%。

6. 员工持股

员工持股有多种形式。其中一种就是全体员工买下本公司的全部股票，拥有公司的全部股权，共同成为企业的所有者来参与企业的经营管理和利润分配。从基本特征来看，它带有典型的合作经济性质，因而有人将它称为"资本主义集体所有制"。20 世纪 50 年代中期，路易斯·凯尔索将他提倡的"小额股票"付诸实施，首次成功将一家股份公司 72%的股权在 8 年内完成了向员工的转移。这一成功举措，赢得了美国各界的广泛赞誉。1975 年美国民意测验专家哈特调查发现，美国有 66%的人赞成员工持股。1978 年哈里斯的民意测验也表明，美国职员有 64%的人觉得如果让"所有员工平均分享公司的利润"，那么他们的生产效率会更高。1991 年美国的员工持股公司已发展到 15000 个，参与持股的员工达 1200 万，占美国劳动者的 10%。员工持股拥有的资产约为 1000 亿美元。

员工股份制依据的理论假设是：当人为自己劳动时，就会更好地工作；而员工为自己劳动的关键是在法律和经济两重意义上拥有企业财产。因此，财产关系内部化，全体员工拥有企业产权会产生出更高效率。这就是员工股份制在美国如此受欢迎的原因所在。

(二)精神激励法

精神激励的方法多种多样，这里主要探讨以下几个方面。

1. 善于倾听

最好的领导往往是最善于倾听的领导。作为领导者，你可能不懂某个方面的业务，这不要紧，只要下属向你汇报工作完毕后，你非常诚恳地反问他："你觉得呢？你认为应该怎么办最好？"这时，下属就会给出一个解决问题的方案，而且谈得常常八九不离十。不仅如此，下属也会满意地离开，觉得这位领导很不错，很尊重下属意见。倾听是一门艺术。与下属交谈，你必须充分尊重他，专心致志地听他说，听他的言外之意，还要注意他的动作、手势、眼神与表情。要使他相信，此时此刻这个世界上只有你和他存在。许多时候，跟一个苦闷的员工交谈，并不需要你出主意，提供解决问题的办法，你只需要耐心倾听，员工在诉说完自己的苦闷之后，自然就会找到解决办法。有些时候，仅凭倾听是不够的，对于一些员工，除非你小心翼翼地询问，否则你无法知道他在想些什么。但询问必须委婉，让对方觉得你的本意是关怀而不是窥探隐私。

2. 真诚赞美

每个人在内心深处都渴望别人赞美和夸奖。试想，在数千人的注视下，走上主席台领取奖金、奖章或鲜花，会是一种什么样的奇妙感觉！当员工发现自己的名字出现在单位橱窗的奖励名单中时，会有什么样的感受！在公开场合赞美员工是一种极佳的激励方式。私下赞美员工容易收到神奇功效。赞美员工每一点小小的成绩都会激发他的自信，员工会朝着你所赞美的方向去努力。每个员工都需要通过别人的赞美来保持自信。如果愿意，你可以找出无数机会来赞美你的部下，发自内心地称赞他们，他们会死心塌地为你卖命。

3. 员工参与

让员工参与决策已显得非常必要。①工作已变得越来越复杂，人已变得越来越难以管理。管理者不可能了解一切工作和人，只有一线员工才有可能作出针对性很强的决策；②员工参与了决策，在实施过程中他们必然会把这项工作当成自己的事情来做，全力以赴，会自觉地向同事解释为何作出这项决策，而不会采取事不关己的态度；③现在的员工受教育程度越来越高，自主意识越来越强，他们不甘充当别人的工具，而是要求能够在工作中表达自我、实现自我。员工参与的决策一旦付诸实施，当他们看到了自己的想法得以实现，这无疑是一件激人奋进的事。员工在工作中的表现会更加投入，有更高的积极性。

4. 内部升迁

绝大多数员工都希望通过努力能够获得领导者的肯定，并以此获得更多的工作权利和责任，进而获得更好的个人发展空间。当这种愿望不可能实现时，他们就会另谋出路来满足个人发展需要。领导者应当重视这个不稳定因素，在肯定员工工作的同时，寻找可以满足员工内心需求的新的工作机会，并将这种机会尽可能多地提供给合适的员工。内部升迁是一种有效的激励机制。

5. 工作挑战性、丰富化与工作轮换

对于大多数员工特别是专业人员来说，他们更希望工作目标能够挑战自己的技术和能力。挑战性过低令人厌烦，挑战性太强会使人产生挫折感，中等程度的挑战性应该比较合适。工作具有挑战性，可激发员工对工作的兴趣，他们会以解决工作中的难题为乐事。员工一旦喜欢自己的工作，就会像打扑克牌、玩电脑游戏一样废寝忘食、通宵达旦。员工对自己的工作一旦乐在其中，还有什么事干不好呢？

工作丰富化是就工作内容扩展而言的。把各项工作任务组织起来形成一个新的完整的任务，让员工独立完成，他们会增强责任感，增强主人翁意识，觉得自己很重要，自己的工作很重要。员工会更好地理解领导者，具有更多地了解自己工作绩效的机会。这样，他们会自我评价，自我激励，自我改进，而无须领导者提醒。

工作轮换是指当员工觉得某项工作已不再具有挑战性、工作内容不再丰富时，把员工调换到另一岗位上去。对员工而言，有利于掌握多项技能，有利于寻找最适合自己的岗位；有利于更深刻地理解各项工作之间的关系，对组织整体安排会有更深刻的认识。对组织而言，工作轮换可以挖掘员工潜力，以便在适应变革、填补职位空缺时，具有更大的灵活性。

工作挑战性、丰富化与工作轮换之间有许多相通之处，它们是现代管理常用的激励方法，为许多人本主义领导者所采用。

6. 教育培训

无论是管理人员、技术人员还是普通员工，无论他多么能干，他的技能都会随着时间的推移而变得陈旧过时。激烈的竞争，迅猛的技术变革，员工对未来发展的预期，都要求

第五章 工作动机激发

领导者更加注重教育培训。工程师要学习电子通信技术,管理人员要学习如何适应员工知识化、业务技术化的趋势,技术人员、专业人员要学习如何更好地在团队中工作。每个员工都需要接受教育培训,成千上万的公司都在加大教育培训投入。

【专栏 5-3】

IBM 德国公司的员工技能培训

在 IBM 德国公司,培训是企业生存延续的法宝。不论是生产性公司还是服务性公司,都坚信"活到老,学到老"的格言。1990 年 IBM 德国公司为员工培训花费了 2.7 亿马克,平均每个员工"接受教育"13 天。公司认为只有不断学习、不断培训,才能让员工在变化莫测的世界中跟上节奏。员工技能培训的内容包括技术技能和人际关系技能。

7. 感谢太太

日本麦当劳汉堡店总裁藤田认为:抓住员工妻子的心,记住员工太太和孩子的生日,并赠予一点礼物,绝对有益于公司向心力的养成。藤田在总结他们的做法时说:每一个员工的太太过生日时,一定会收到我让花店送去的鲜花。这束鲜花的价钱并不昂贵,可是太太们却很高兴:"连我先生也忘了我的生日,想不到董事长却记得送花来,实在太感激了。"

日本麦当劳除了 6 月底和年底发奖金外,每年 4 月也要发一次奖金——结算奖金。结算奖金并不交给员工,而是发给员工的太太,同时附上一封短信:

公司能有这么好的业绩,都是各位太太大力协助的结果。虽然直接参与工作的是你先生,但如果没有你这位贤内助,你先生的工作成绩将大打折扣,所以这笔奖金是你该得的。

日本麦当劳在慰劳员工时,常常邀请员工的太太一起出席联欢会,以此来提高从业人员的向心力,这也是经营诀窍之一。

日本来岛集团总裁坪内寿夫对员工妻子的关心则另有新招。他以自己的名义给所有员工的太太发出"请求协助信",收到了良好的效果。他说:

我每 5 年都会分送员工及妻子各 5 万元奖金,作为协助金,并附上一封信,请她更多地照顾自己的先生。许多平常晚起的太太,会因此亲自送先生出门,这使得先生们的工作情绪高昂。我们作过调查,凡工作情绪不佳的员工,通常妻子的态度都不好。这时我们会设法疏通,要求太太们为了避免丈夫因为工作不专心而出事,势必要笑脸送他们出门。最好还能为他做早餐,晚上也应做好晚餐等他们回来。这样,丈夫才不会在外徘徊不归。

感谢哪些人的"太太"是有讲究的。日本企业的做法是感谢所有员工的太太。

【专栏 5-4】

某医院感谢"员工"以及"员工太太"的做法

在中央"八项规定"出台之前,某医院是这样感谢"员工"以及"员工太太"的:每到年末岁尾,院领导都要把所有科室干部召集在一起,搞一个团拜。院领导在致辞中少不了"感谢你们一年来辛勤工作"之类的话。接下来是撮一顿,席间,通过有奖问答活动抽个奖什么的,当然抽到的奖也只是象征性的小礼品。饭后,发个红包,每个人拎着

119

一些年货之类的东西皆大欢喜地离开。

接下来是把所有科室干部的"太太们"都请过来，撮一顿，发个红包，院领导在致辞中同样少不了"感谢你们一年来对你们配偶的支持，没有你们的支持，他们不会这样安心工作，我们医院也不可能取得如此巨大成就"之类的话。

此举遭到全院上下普遍诟病之后，于是院领导又把主任医生等正高职称人员也召集在一起，搞个团拜，撮一顿，席间，也是通过有奖问答活动抽个奖什么的，抽到的奖同样是象征性的小礼品。饭后，每个人拎着一些年货之类的东西皆大欢喜地离开。

在中央"八项规定"出台之后，所有"员工"都不感谢了，"员工们"的"太太"也不感谢了，"都不感谢"不知是退步了还是进步了？

前面，我们从物质激励和精神激励两个方面列举了两类 13 种激励方法。其实，激励方法多种多样，甚至不可穷尽。比如，按照工作业绩、按照年龄和性别、按照个性特征、按照员工喜欢的方式等进行激励，在组织内实行良性竞争，对进言者进行激励，赋予管理人员以经营权等，都是一些可以采用的激励方法。

关 键 术 语

(1) 激励(motivation)是发动和维持动机实现目标的心理过程。

(2) 激励理论(motivation theory)是激励个体行为动机，调动行为者工作积极性、主动性和创造性的行为管理理论。

(3) 内容型激励理论(content-based incentive theory)是针对能够调动员工积极性的某种具体需要进行研究的理论。

(4) 过程型激励理论(process models of motivation theory)是指描述和揭示激励过程的规律性，以便遵循人的行为规律进行激励的理论。

(5) 行为改造型激励理论(behavior modification incentive theory)是研究如何改造人的行为，如何使人的行为由消极转变为积极，如何使人的积极行为得以保持，以有益于组织运作和发展的理论。

(6) 需要层次理论(need hierarchy theory)认为要激发员工的工作动机，必须先满足其低级需要，再满足其高级需要。

(7) ERG 理论(ERG theory)认为组织背景中的员工有生存需要、关系需要和成长需要。缺少其中的任何一个，人们都会渴望满足该层次需要，也会转而追求高一层次需要，还会去追求低一层次需要。

(8) 双因素理论(two-factor theory)又称"激励—保健"(motivator-hygiene)理论。该理论认为，组织中所有因素可分为"满意因素"和"不满意因素"。满意因素是指可以使人感到满意、受到激励的因素，又称激励因素(motivation factor)；不满意因素是指容易使人产生意见和消极行为的因素，又称保健因素(hygiene factor)。两种因素都是影响员工绩效的主要因素。保健因素是工作以外的因素。如果满足这些因素，能消除员工不满情绪，使其维持原有工作效率，但不能激励员工更积极的行为；激励因素与工作本身有关。如果满足这些因素，可以对员工产生更大的激励作用，如果不满足这些因素，也不会像保健因素那样产生不满情绪。

(9) 成就动机(achievement motive)是指努力追求卓越，以期实现更高目标的内在动力或心理倾向。

(10) 成就动机理论(achievement motive theory)把人的高层次需要分为成就需要、权力需要和亲和需要。三种需要无高低层次之分，但其排序和重要性却因人而异；工作本身可以使人满足成就需要。要激励人，就必须赋予其有意义、有挑战性的工作。

(11) 目标设置理论(goal setting theory)认为目标本身就具有激励作用，目标能把人的需要转变为动机，促使人的行为朝着一定的方向努力，并将自己的行为结果与既定目标相对照，及时进行调整和修正，从而能实现目标。这种使需要转化为动机，再由动机支配行为以达成目标的过程就是目标激励。

(12) 期望理论(expectancy theory)认为只有当实现目标的可能性很大，而且实现目标具有重要价值时才具有激励作用。目标激励力量的大小取决于期望值与效价的乘积。

(13) 强化理论(reinforcement theory)是用强化概念来解释行为获得、保持和消退的一类理论。

(14) 公平理论(equity theory)认为报酬分配是否公平、合理，对人的积极性有很大影响。人不仅关心个人努力所得的绝对报酬量，而且还关心自己报酬量与别人报酬量之间的关系。

(15) 同步激励理论(synchronization motivation theory)认为，只有当物质激励与精神激励有机结合、综合使用、同步进行时，才能获得最大的激励效果。

(16) 三因素理论(three factors theory)认为激励因素、保健因素、去激励因素三者处在一个连续带上，其中激励因素和去激励因素居于连续带的两端，保健因素位于两个端点的中间过渡带，并填充整个连续带。保健因素不是固定不变的，它既可以转化为激励因素，也可以转化为去激励因素。

(17) 公平差别阈理论(fair difference threshold theory)认为在两个人条件相同的情况下，适度的差别分配会使人产生公平感。

(18) 激励原则(principle of incentive)是管理者在激励过程中必须遵循的基本要求。它是根据管理过程中激励的客观规律提出来的，是管理实践经验和激励理论探讨的总结。

(19) 激励方法(incentive methods)是指符合国家政策法规，符合国家利益、组织利益，有利于调动员工积极性的任何手段和途径。

本 章 要 点

(1) 激励是发动和维持动机达到目标的心理过程，包括需要、动机、行为、目标四个构成要素。

(2) 激励机制：被激励者首先感到有需要，需要引起动机，动机导致行为，行为指向目标。其中需要是导火线，是前提；动机由需要引起，又是行为的推动力量；行为由动机促成，并指向一定目标；目标实现使需要得以满足；旧的需要满足后，又会产生新的需要。所以，需要、动机、行为和目标这四个要素处于一条首尾相连的链条环上，它们在这个链条环上不断循环往复，这个循环往复的过程就是激励过程。

(3) 激励具有五大特征：主体性；对象性；目的性；复杂性；动态性。

(4) 激励具有四大功能：激发工作潜力；引导行为动机；鼓励先进，鞭策后进；留住人才，吸引人才。

(5) 西方激励理论主要包括三大类八个理论：内容型激励理论(需要层次理论、ERG理论、双因素理论、成就动机理论)；过程型激励理论(目标设置理论、期望理论)；行为改造型激励理论(强化理论、公平理论)。它们从不同角度依次回答了三个问题：①满足何种具体需要才能激发员工的工作动机？②用什么目标才能引导员工的行为方向？③用什么措施才能使员工的行为由消极转变为积极，并保持其积极行为。

(6) 需要层次理论认为，要激发员工的工作动机，必须先满足其低级需要，再满足其高级需要。即需要满足遵循"满足—前进"规律。

(7) ERG理论认为，要激发员工的工作动机，必须是员工最渴望哪种需要就设法满足该需要。因为员工需要满足遵循"愿望—加强""满足—前进""受挫—倒退"三条规律。

(8) 双因素理论认为，要激发员工的工作动机，激励因素和保健因素二者不可偏废，因为两种因素都是影响员工绩效的主要因素。

(9) 成就动机理论认为，要激发员工的工作动机，就必须赋予其有意义、有挑战性的工作，因为工作本身可以使人满足成就需要。

(10) 目标设置理论认为，通过设置明确具体、难度适中的目标，可以引导员工的行为方向。当然，员工本身还必须具备目标承诺、自我效能感、参与目标设置、任务策略、反馈等条件作为实现目标的调节变量，以及能力、努力、方向性、坚持性等心理机制的参与。

(11) 期望理论认为，要成功引导员工的行为方向，必须处理好三种关系：①努力与绩效预期的关系；②绩效与奖励预期的关系；③奖励与满足需要预期的关系。

(12) 强化理论认为，要使员工改变消极行为并保持积极行为，必须依据其行为不同而采用不同的强化方式和强化强度。

(13) 公平理论认为，人的公平感和不公平感是通过社会比较而产生的。不公平感会产生消极行为，公平感会产生积极行为。要使人改变消极行为并保持积极行为，必须消除不公平感。消除不公平感的措施：客观分析产生不公平感的原因；教育员工正确对待公平；科学制定劳动定额标准；管理者一要注重调查研究，二要廉政、正派，三要努力营造公平、公正的环境。

(14) 中国的激励理论主要是指俞文钊的同步激励理论、三因素理论和公平差别阈理论。

(15) 任何激励理论都有自身的价值和不足。组织管理应用激励理论既要考虑中国国情和文化，更要结合组织管理实际。

(16) 激励有五大原则：有利于培养员工主人翁精神原则；有利于提高工作绩效原则；物质激励与精神激励统一原则；按劳分配与论功行赏相结合原则；国家、组织、个人利益兼顾原则。

(17) 激励方法包括两大类13个具体方法，其中物质激励法包括工资、奖金、福利、优越办公环境、经理人股票期权、员工持股；精神激励法包括善于倾听、真诚赞美、员工参与、内部升迁、工作挑战性和丰富化以及工作轮换、教育培训、感谢"太太"。

练习与思考

一、名词解释题

激励、激励理论、ERG理论、双因素理论、成就动机理论、目标设置理论、期望理论、强化理论、公平理论

二、单项选择题

1. "满足—前进"是（　　）的激励思想。
   A. 需要层次理论　　B. ERG理论　　C. 双因素理论　　D. 成就动机理论
2. "愿望—加强"律、"满足—前进"律和"受挫—倒退"律是（　　）的激励思想。
   A. 需要层次理论　　B. ERG理论　　C. 双因素理论　　D. 成就动机理论
3. 双因素理论认为在组织管理中对于激励因素和保健因素（　　）。
   A. 重视激励因素忽视保健因素　　B. 重视保健因素忽视激励因素
   C. 保健因素可有可无　　D. 二者不可偏废
4. 按照成就动机理论的观点，（　　）不属于人的高级需要。
   A. 亲和需要　　B. 权力需要　　C. 成就需要　　D. 自我实现需要
5. 目标设置理论的核心思想是把（　　）作为一种激励因素。
   A. 需要　　B. 奖励　　C. 目标　　D. 公平
6. 期望理论认为，要使激励力量达到最大化，必须是（　　）。
   A. $E_高 \times V_高$　　B. $E_中 \times V_中$　　C. $E_低 \times V_低$
   D. $E_高 \times V_低$　　E. $E_低 \times V_高$
7. （　　）是指任何一种强化物在个体表现出某种行为时（或行为之后）立即停止或消失，从而使个体减少出现该行为的频率，或增加出现与之相反的行为的频率。
   A. 正强化　　B. 负强化　　C. 惩罚　　D. 消退
8. 公平理论所指的报酬是（　　）。
   A. 工资　　　　　　　　　　　B. 奖金
   C. 福利　　　　　　　　　　　D. 工资、奖金、福利、机会
9. 俞文钊三因素理论中的三个因素是指激励因素、保健因素和（　　）。
   A. 奖励　　B. 期望　　C. 公平　　D. 去激励

三、填空题

1. 针对能够调动员工积极性的某种具体需要进行研究的理论，称为＿＿＿＿＿＿。
2. 描述和揭示激励过程的规律性，以便遵循人的行为规律进行激励的理论，称为＿＿＿＿＿＿。
3. 研究如何改造人的行为，如何使人的行为由消极转变为积极，如何使人的积极行为得以保持，以有益于组织运作和发展的理论，称为＿＿＿＿＿＿。
4. 要使目标具有激励作用，目标必须具备明确具体和＿＿＿＿＿＿两个基本属性。

四、判断题(正确打"√"，错误的打"×")

1. 成就需要、权力需要、亲和需要无高低层次之分，但其排序和重要性却因人而异。
                                                                              (   )
2. 目标激励力量的大小取决于期望值与效价的乘积。   (   )
3. 人不仅关心个人努力所得的绝对报酬量，而且还关心自己报酬量与别人报酬量之间的关系。
                                                                              (   )
4. 负强化就是惩罚。   (   )

五、简答题

1. 简述激励特征。
2. 简述激励功能。
3. 简述内容型激励理论的区别和联系。

六、论述题

1. 举例说明高成就需要者的特点。
2. 请以考研为例，说明考研这个目标对你的激励力量。
3. 举例说明人在感到不公平时有哪些行为方式。
4. 根据强化理论，你认为组织管理应注意哪些问题？
5. 试述对高成就需要者的激励措施。
6. 试述公平理论的管理启示。

七、案例分析题

陈力和张卫同为工科教授，两人都是博士，两人同年晋升为教授，两人的年龄也相差无几。陈力在任教授期间获得2项省部级成果奖、编著的教材成为省级重点教材、主持过1项国家自科基金项目、1项省部级课题和8项市厅级课题、在 SCI 期刊(三区、四区)和 EI 源刊上发表学术论文12篇；张卫在任教授期间编著的教材成为省级重点教材、主持过1项省部级课题、在 EI 源刊上发表学术论文5篇。按照学校有关文件的规定，两人都符合晋升三级教授的条件，而且两人都晋升为三级教授。陈力得知这个消息后却感到很失望，因为比他差得多的张卫也晋升为三级教授。

请用某种激励理论对这个案例进行分析，并阐述其对组织管理的启示意义。

参 考 文 献

[1] 保罗•E. 斯佩克特. 工业与组织心理学[M]. 5版. 孟蕙，等译. 北京：机械工业出版社，2010.

[2] 姬定中，孙亚辉. 管理学[M]. 北京：科学出版社，2007.

[3] 刘永芳. 管理心理学[M]. 2版. 北京：清华大学出版社，2016.

[4] 斯蒂芬•P. 罗宾斯. 管理学[M]. 4版. 黄卫伟，等译. 北京：中国人民大学出版社，1997(原著出版时间：1984).

[5] 斯蒂芬·P.罗宾斯,蒂莫西·A.贾奇.组织行为学[M].14版.孙健敏,李原,黄小勇,译.北京：中国人民大学出版社,2012(原著出版时间：1979).

[6] 夏国新,张培德.新编实用管理心理学[M].北京：中央民族大学出版社,1999.

[7] 亚伯拉罕·马斯洛.动机与人格[M].许金声,等译.北京：中国人民大学出版社,2007(原著出版时间：1954).

[8] 亚伯拉罕·马斯洛.人类动机理论[M].许金声,等译.北京：华夏出版社,1987(原著出版时间：1943,1970).

[9] 俞文钊.公平差别阈与分配公平[J].行为科学,1991(1)：8-13.

[10] 俞文钊.企业中激励与去激励因素研究[J].应用心理学.1991.6(1)：6-14.

[11] 俞文钊.中国的激励理论及其模式[M].上海：华东师范大学出版社,1993.

[12] 俞文钊.管理心理学[M].3版.大连：东北财经大学出版社,2008.

[13] Locke E A, Chah D O, Harrison D S, Lustgarten N. Seperating The Effects Of Goal Specificity From Goal Level[J]. Organizational Behavior And Human Decision Processes, 1989. 43：270-287.

[14] Locke E A,Latham G P. A theory of goal setting ＆task performance[M]. Englewood Cliffs,NJ: Prentice Hall. 1990.

[15] Locke E A. , Latham G P. Work Motivation And Satisfaction：Light At The End Of The Tunnel[J]. Psychology Science. 1990(1)：240-246.

[16] Landy F. J. , Trumbo D. A. Psychology of Work Behavior[M]. Homewood，Ⅲ：Dorsey prers. 1980.

[17] Mento A J，Locke E A，Klein H J. Relationship of goal level to valence and instrumentality[J]. Journal of Applied Psychology. 1992, 77(4)：395-405.

第六章 情绪管理

能控制好自己情绪的人，比能拿下一座城池的将军更伟大。

——拿破仑

【学习目标】

- 识记情绪工作、工作压力、工作倦怠等概念。
- 了解情绪工作的作用；工作压力的后果；工作倦怠的成因。
- 理解工作倦怠的内容；工作压力源；工作倦怠的表现；工作压力管理的个人策略。
- 掌握情绪工作策略；工作倦怠的组织干预措施。

【引例】

> **情绪劳动，让你无处可逃；为了薪水，只能笑脸相迎**
>
> 习惯了迎宾小姐彬彬有礼的"欢迎光临"，习惯了超市导购员极富耐心的产品讲解，我们对服务行业工作人员的笑脸相迎、礼貌有加习以为常，却忘了他们也是普通人，也会有情绪起伏和悲喜。社会学家将这种必要的情绪伪装称作情绪劳动，有时候为了达到目的，我们不得不暂且收起自己的心情，而这样的劳动，往往比体力劳动、脑力劳动更累人。
>
> "收起自己的小情绪，现在是工作时间。"或许服务行业的工作人员更容易听到上司类似的训斥。作为服务员，要在顾客面前彬彬有礼；作为护士，要在病人面前耐心有加；作为老师，要在学生面前既亲切又严肃；作为销售人员，要在客户面前热情周到……特殊的工作岗位，对从业人员的形象提出了特殊要求，要符合岗位设定，只能通过调动情绪给予恰当的表现。这种要求员工在工作时展现某种特定情绪，以实现其所在职位工作目标的劳动形式，就被称为"情绪劳动"。作为一个社会心理学概念，这个词早在30多年前就出现了。区别于普遍意义上的脑力劳动和体力劳动，它更像是一种新的劳动形式。
>
> (资料来源：《浙江日报》数字报纸/2016年5月25日/见习记者/王琳溪)

情绪是影响工作的重要因素。长期以来，管理理论研究者和实践工作者都认为情绪是理性的对立面，员工的情绪问题没有受到足够的重视。[1]直到20世纪80年代以后才逐渐受

---

[1] Ashforth B E, Humphrey R H. Emotion in the workplace: A reappraisal[J]. *Human Relations*. 1995, 48(2): 97-125.

第六章 情绪管理

到重视,它现在已经成为管理心理学研究的前沿课题。[1]本章打算讨论两个问题:一个是"情绪工作"(第一节),另一个是"工作情绪"(第二节、第三节)。一会儿情绪工作,一会儿工作情绪,是不是有点像绕口令?不错,两者听起来的确有点像绕口令,不过它们却是两个截然不同的问题。马姆比和帕特南(Mumby & Putnam, 1992)[2]指出:情绪工作是工作的一部分,它强调工作的情绪部分,受组织控制,具有工具性目的;"工作情绪"是在工作中表现出来的情绪,它是由工作事件引起的,自然而然发生的,不受组织控制,也不具有工具性目的。简言之,前者是工作,后者是工作中的情绪。

第一节 情 绪 工 作

情绪工作(emotion job)又称"情绪劳动",我们之所以称情绪工作而不称情绪劳动,是因为张辉华等人在《心理科学进展》2006 年第 1 期发表了《"情绪工作"研究概况》[3]一文,文章在综述英文文献之后得出的结论是,西方早期研究虽然使用"情绪劳动",但后期研究大多使用"情绪工作"。根据张辉华等人的观点,故称情绪工作而不称情绪劳动。

一、情绪工作的概念

情绪工作概念的提出与服务型经济的兴起密不可分。20 世纪 80 年代,随着西方国家从制造型经济向服务型经济转型,社会对服务型员工的数量要求越来越多,雇主对服务型员工的服务质量要求也越来越严格,要求他们在服务过程中必须善于表达自我和调控自我。雇主通常采用警告、解雇、晋升、加薪等方式对员工的情绪表达实行控制,当员工在工作中管理自己的情绪以达到雇主的要求时,他们就在从事情绪工作。

正是在这一社会背景下,美国社会学家阿莉·霍奇柴尔德(A R. Hochschild)在《美国社会学杂志》1979 年第 3 期发表了《情绪工作:感受规则和社会结构》[4]一文,她在文章中致力于推广其**情绪管理的观点**(emotion management point of view),认为情绪是可以根据环境的要求来进行管理的。她把需要通过情绪管理才能完成的工作称为"情绪工作",并把它定义为"个人试图去改变情绪(或感受)之程度或质量所采取的行动"。

后来,霍奇柴尔德通过对 Delta 航空公司空乘人员在服务过程中的行为方式进行调查发现,空乘人员为了有效完成工作,除了需要付出脑力和体力外,还需要调控自己的情绪及其表达方式。她们就像演员一样,在工作舞台上扮演着特定的角色。她们被要求扮演乘客所希望的所有角色:友好又有礼貌,保障舒适和安全,时刻保持冷静。更为重要的是,她

---

[1] Ashkanasy N M, Hartel C E J, Daus C S. Diversity and emotion: The new frontiers in organizational behavior research[J]. Journal of Management. 2002, 28(3): 307-338.

[2] Mumby D K, Putnam L L. The politics of emotion: A feminist reading of bounded rationality[J]. Academy of Management Review. 1992, 17(3): 465-486.

[3] 张辉华,凌文辁,方俐洛. "情绪工作"研究概况[J]. 心理科学进展, 2006, 14(1): 111-119.

[4] Hochschild A R. Emotion work, feeling rules and social structure[J]. American Journal of Sociology. 1979. 85(3): 551-575.

们做任何事情都必须保持微笑。基于这种个案研究，霍奇柴尔德在 1983 年出版的《管理人类情绪的商业化》[①]一书中指出，情绪工作的发生需要具备三个条件：①需要与公众有面对面接触或者通过声音接触；②需要员工为他人营造某种情绪状态；③允许雇主通过培训和监督对员工的情绪活动有一定的掌控能力。她同时还把情绪工作的定义修订为：个人致力于情绪管理，以便在公众面前创造一种适当的面部表情和肢体表现。"这种情绪由于是在工作场所发生的、受组织控制的、带有工具性目的"[②]，而且"其情绪表现是为了获得工资，因而具有使用价值和交换价值"。[③]

霍奇柴尔德提出的情绪工作概念及其研究成果，在西方引起人们的广泛兴趣和高度重视，许多研究者就情绪工作的定义提出了不同于霍奇柴尔德的看法：阿什福斯和汉弗莱(Ashforth & Humphrey，1993)认为霍奇柴尔德的定义过于狭窄，于是把情绪工作定义为"个体表现出合适的情绪行为"[④]；莫里斯和费德曼(Morris & Feldman，1996)从相互交往角度出发，认为员工情绪表达在很大程度上取决于社会情境，于是把情绪工作定义为"在人际交往过程中，个体通过努力、计划和控制，使自己表现出组织要求的情绪行为"[⑤]；琼斯(Jones，1998)认为交往不仅包括外部客户，而且包括内部客户，于是把情绪工作定义为"个体在与外部或内部利益相关者进行交往时，努力调控情绪使之与组织需要表现的情绪相一致的过程"[⑥]；察普夫(Zapf，2002)从心理学角度出发，认为情绪工作是个体调节出组织所期望的情绪的心理过程[⑦]；第芬多夫和格罗斯朗德(Diefendorff & Gossrand，2003)从情绪管理角度出发，认为情绪工作是个人为了响应组织有关情绪表达规则以完成组织工作任务而对自己的情绪表现进行管理的过程。[⑧]

包括霍奇柴尔德的定义在内，西方学者对情绪工作至少提出了六种定义。从这些定义可以看出，有的持"表现说"，有的持"行为说"，有的持"过程说"，有的持"管理说"。这些定义无疑有助于加深我们对情绪工作内涵的理解。我们同时也发现，第芬多夫和格罗斯朗德(2003)的定义更加接近情绪工作的本质。即情绪工作是个人为了响应组织有关情绪表达规则以完成组织工作任务而对自己的情绪表现进行管理的过程。简言之，情绪工作是员工管理自己的情绪而进行的工作。

---

① Hochschild A R. The Managed Heart: Commercialization of human feeling[M]. Berkeley，CA: Univerity of California Press. 1983.
② 张辉华，凌文辁，方俐洛．"情绪工作"研究概况[J]．心理科学进展，2006，14(1)：111-119.
③ Kidd J M. Emotion in career contexts: Challenges for theory and research[J]. Journal of Vocational Behavior. 2004(64): 441-454.
④ Ashforth B E，Humphrey R H. Emotional labor in service roles: The influerce of identity [J]. Academy of Management Review. 1993, 18(1): 88-115.
⑤ Morris J A, Feldman D C. The dimensions，antecedents，and consequences of emotional labor [J]. Academy of Management Review. 1996, 21(4): 986-1010.
⑥ Jones J R. An examination of the emotional labor construct and its effects on employee outcomes[J]. Doctoral Dissertation，The University Of Nebraska-Lincoln. 1998, 1-17.
⑦ Zapf D. Emotion work and psychological well-being: A review of the literature and some conceptual considerations[J]. Human Resource Management Review. 2002(12): 237-268.
⑧ Diefendorff J M，Gosserand R H. Understanding the emotional laboe process: A control theory perspective[J]. Journal of Organizational Behavior. 2003, 24(8): 945-959.

【专栏6-1】

十一次微笑

　　上星期和老总坐飞机到上海出差，飞机起飞前，老总肚子有点不舒服，于是请求空姐倒杯水给他吃药。空姐听后，一脸迷人的笑容十分有礼貌地说："先生，为了您的安全，请您稍等片刻，等飞机进入平稳飞行状态后我马上给您送水过来，好吗？"

　　十分钟过去了，飞机早已进入了平稳飞行状态，可是老总要的那杯水却迟迟没有送来，老总第二次看了手表后按响了乘客服务铃。顿时，机舱里响起了急促的铃声。很快，空姐就端着水进入客舱来到老总跟前，十分小心地把水送到老总面前，面带微笑说："先生，实在对不起，由于我的疏忽，延误了您吃药的时间，我感到非常抱歉。"老总没等空姐说完就指着自己的手表毫不客气地说："你怎么回事？你看看，现在都过了多久了？有你这样服务的吗？""先生，实在对不起，由于工作太忙，忘了给您倒水，听到铃声我第一时间就给您送水过来……"不管空姐怎么解释，老总也不肯原谅空姐工作的疏忽。

　　接下来的飞行途中，也许空姐为了补偿自己的疏忽和过失，每次给乘客服务，只要一到客舱，就会来到老总面前，面带微笑十分有礼貌地问老总是否需要水，或者其他别的帮助。然而老总余怒未消，每次都不理她，只是两眼盯着空姐。这样的情形先后有八次我都看到眼里，真替空姐捏一把汗。

　　老总对我说要投诉空姐。快到上海了，空姐又一次来到老总面前面带微笑很有礼貌地询问是否需要什么帮助时，老总没有理她，而是叫空姐把乘客留言本送过来。很明显空姐知道老总要投诉自己，却不失职业道德，依然面带微笑有礼貌地对老总说："先生，对不起，请您允许我再一次向您表示真诚的歉意，无论您提出什么意见，我都会欣然接受您的批评！"老总欲言又止，打开留言本开始写起来。我没有吱声，在一旁静观其况。

　　飞机顺利地降落在上海机场，乘客陆续离开了机舱。坐在车上的我在想，当空姐忐忑不安地打开留言本时，她一定会十分惊喜。她怎么也不会想到摆在她面前的并不是投诉信，而是一封写得热情洋溢的表扬信。

　　老总在信中有这样一段话："是什么让我最终放弃投诉呢？是你最殷勤的服务方式，是你表现出来的最真诚的歉意，特别是你前后多达十一次的温馨的微笑，深深地感动了我，你们的服务非常好，我十分满意，以后有机会还要乘坐你们这趟班机！"

（资料来源：360doc个人图书馆. 十一次微笑：[EB/OI]. http://www.360doc.com/content/shtml）

二、情绪工作的内容

　　情绪工作包括哪些内容？研究者们同样没有达到共识。不同的研究者从各自的角度出发，以自身的定义为基础，提出了不同的情绪工作内容。

(一)二维结构说

布拉特里奇和格兰德里(Brotheridge & Grandey,2001)[①]从员工与组织的关系角度出发,认为情绪工作的内容由"工作中心"和"人员中心"两个维度构成。

1. 工作中心(job center)

工作中心是指在服务交往过程中,员工的情绪表达应当以工作或职业为中心,它重点考察组织(或雇主)对员工的情绪表达有哪些要求,符合这些要求的工作就是情绪工作。

2. 人员中心(personnel center)

人员中心是指在服务交往过程中,员工的情绪表达如果是以自我为中心,那么他(她)的情绪表达就不符合组织(或雇主)的要求,反之,就是符合组织(或雇主)的要求。可见,人员中心主要考察员工的情绪表达与组织(或雇主)要求的情绪表达规则是否一致的问题。只有两者间是协调一致的工作才是情绪工作,也只有这样的情绪工作才是有效的。

(二)四维结构说

莫里斯和费德曼(1996)从情绪表达与情绪表达规则的关系角度出发,认为情绪工作的内容由四个维度构成。

1. 情绪表达频率(frequency of emotional display)

情绪表达频率是指员工在工作中被要求表达某种情绪的次数,它是情绪工作量化研究中最常考察的内容。莫里斯和费德曼(1996)指出,在判断某种工作是否为情绪工作时,许多研究者都是将员工与顾客之间的互动频率作为一项核心指标。一项工作任务本身要求员工恰当表达情绪的频率越高,组织对员工的情绪表达要求就越高。例如沃顿和埃里克森(Wharton & Erickson,1993)[②]研究表明,当雇主发现员工通过互动与某家公司建立起情感联系时,雇主就更愿意与这家公司做生意。莫里斯和费德曼(1996)指出,为了与客户建立起情感联系,雇主就会想方设法提高员工和客户之间的互动。

2. 情绪表达规则所需注意力(attentiveness to required display rules)

莫里斯和费德曼(1996)指出,情绪表达需要的注意力水平越高,对员工心理能量和努力程度的要求就越高,因此员工就必须付出更多的情绪表达。情绪表达规则所需注意力包括两个方面:①**情绪表达持久性**(duration of emotional display),员工与顾客交往,有时候只需要一个微笑、一句"谢谢"即可,这时对员工情绪表达的要求就比较低;如果员工需要与顾客进行长时间的交流和交往,此时员工的情绪表达就更复杂,更需要意志努力。②**情绪**

[①] Brotheridge C M, Grandey A A. Emotional labor and burnout: Comparing two perspectives of "people work" [J]. Journal of Vocational Behavior. 2001(60): 17-39.

[②] Wharton A S, Erickson R J. Managing emotions on the job and at home: Understanding the consequences of multiple emotional roles[J]. Academy of Management Review. 1993, 18(3): 457-486.

表达强度(intensity of emotional display)，包括员工体验到的情绪强弱，以及组织需要表达的情绪强弱。有研究者认为，员工情绪表达强弱是影响顾客行为改变的关键因素。[1]

3. 情绪表达多样性(variety of emotions required to be expressed)

情绪表达多样性是指员工在工作中需要表达的情绪类别，如高兴、愤怒、冷漠、悲伤、同情等。莫里斯和费德曼(1996)指出，不同工作对员工情绪表达多样性的要求是不同的，一些工作(如幼儿教师、护士)要求比较丰富的情绪表达，如教师通常要表现出和蔼友善，但当学生犯错误时又应表现出不满甚至生气；一些工作对员工情绪表达的要求比较单一，如法官必须表现出威严。一般而言，需要表达情绪类别越多的工作，其情绪工作的强度越强。

4. 情绪不协调(emotional dissonance)

情绪不协调是指员工感受到的情绪与组织要求表达的情绪不一致的现象。莫里斯和费德曼(1996)认为，如果组织要求员工表达的情绪与员工自身体验到的情绪一致，就不需要更多的情绪表达规则和技巧；当组织要求员工表达的情绪与员工自身体验到的情绪相冲突时，员工就需要对自己的情绪表达进行调整和控制，这时就意味着员工付出了情绪工作。

此外，戴维斯(Davies，2002)[2]将情绪工作的内容分为情绪表达频率、情绪表达多样性、情绪失调、情绪强度、情绪努力、情绪表达持久性等六个维度，格隆布和特夫斯(Glomb & Tews，2004)[3]将情绪工作的内容分为真实表达积极情绪、真实表达消极情绪、假装表达积极情绪、假装表达消极情绪、压抑积极情绪、压抑消极情绪等六个维度。在某种意义上，这些研究工作都是对莫里斯和费德曼关于情绪工作内容分类的一种扩展，此处不赘述。

三、情绪工作的作用[4]

情绪工作受到如此关注，那么如何评估情绪工作的价值呢？组织(或雇主)关注员工情绪表达的背后原因何在？情绪工作对组织、顾客、自身会产生什么影响呢？

(一)情绪工作对顾客的作用

情绪工作最核心的作用在于情绪工作者可以通过自己的情绪表达来影响顾客，这一点在服务性行业中尤为常见。通过员工工作，如果顾客的态度、情感、行为等达到了组织的预期(顾客购买了产品、企业获得了利润)，那么可以认为员工的情绪工作是有效的。对于顾客而言，消费过程满意与否不仅仅取决于产品和服务功能，还取决于顾客在整个消费过程

---

[1] Frijda N H, Ortony A, Sonnemans J, Clore G L. The complexity of intensity: Issues concening the structure of emotion intensity [M]. In M. S. Clark(Ed.), Emotion. 1992: 60-89.
[2] Davies S A. Emotional labor in academia: Development and initial validation of a new measure. Doctoral dissertation[J]. The Ohio State University. 2002, 1-11.
[3] Glomb T M, Tews M J. Emotional labor: A conceptualization and scale development[J]. Journal of Vocational Behavior. 2004(64): 1-23.
[4] 刘永芳. 管理心理学[M]. 2 版. 北京：清华大学出版社，2016：220.

中的心理体验。这一方面来自适当的产品或服务设计、恰当的消费环境,另一方面来自服务人员的情绪工作。如果服务人员恰当的言谈举止、真实的情感投入丰富了顾客的消费体验,满足了顾客的情感需求,使顾客产生积极的情感体验,创造一份美好的回忆,那么顾客就会愿意继续消费你的产品或服务。

(二)情绪工作对组织的作用

随着信息技术的不断进步和产品日益丰富,企业仅仅通过产品的功能性服务已经很难满足顾客的需求。顾客越来越重视特定消费过程中对自身内心情感和思想的触动。新加坡航空公司在这方面积累了相当成功的经验。公司十分重视选拔、培养和留用周到细致的空乘人员,新招聘的空乘人员都要接受为期 4 个月的培训,培训内容包括职业技能、人际交往和个人仪态等,高素质的空乘人员最终为顾客提供了卓越的服务,也让新加坡航空公司实现了连续 38 年盈利。[①]可见,为顾客创造美好的情感体验是企业增强自身竞争优势的途径之一。这就需要企业做好服务人员的选拔、任用及培养等工作,并通过建立情感性的企业文化和相应的制度来激励服务人员的情绪工作,提升顾客的消费体验,从而提高顾客的满意感和忠诚度。

(三)情绪工作对服务人员自身的作用

戈德堡和格兰德里(Goldberg & Grandey,2007)[②]研究表明,情绪工作与情感消耗之间有密切联系。比如医生、教师、客服人员等为了做好分内工作,在面对服务对象时,常常需要大量的情感投入,这种投入很容易使他们过度消耗自身的情感资源,表现出抱怨、精神压抑甚至人格解体等现象,从而降低工作满意度,甚至产生心理问题。但是,如果这些付出可以得到组织的奖励,如更多的物质报酬或精神鼓励,或者如果服务对象做出了积极的反应,甚至彼此之间建立起良好人际关系,那么服务人员的工作满意度就会相应提高。

四、情绪工作的策略

许多研究者都证实过度情绪工作会影响员工的身心健康。[③④⑤]既然过度情绪工作有如此多的危害性,那么情绪工作者如何管理自身的情绪以降低其危害性呢?对此,西方研究者提出了许多可供借鉴的情绪工作策略。

---

① 林美珍. 服务性企业的服务创新问题[J]. 中国人力资源开发. 2011(2):68-70.
② Goldberg L S, Grandey A A. Display rules versus display autonomy:Emotion regulation,emotional exhaustion,and task performance in a call center simulation[J].Journal of Occupational Health Psychology. 2007, 12(3): 301-218.
③ Morris J A, Feldman D. C. Managing emotions in the workplace[J]. Journal of Managerial Issues. 1997, 9(3): 257-274.
④ Totterdell P, Holman D. Emotion regulation in customer service roles[J]. Journal of Occupational Health Psychology. 2003, 8(1): 55-73.
⑤ Liu Y M, Perrewé P L, Hochwarter W A, Kacmar C J. Dispositional antecedents and consequences of emotional labor at Work[J]. Journal of Leadership & OrganizationalStudies. 2004, 10(4): 12-25.

(一)霍奇柴尔德的情绪工作策略

霍奇柴尔德在《管理人类情绪的商业化》(1983)一书中,根据情绪工作需要付出心理努力的程度,提出了情绪工作的三种策略。

1. 表面行为(surface behavior)

表面行为是指当个体的真实情绪与组织的情绪表现规则不一致时,通过调节自身情绪可以观察的方面(如手势、声音、面部表情等),使情绪按照组织要求的情绪表达规则表现出来。此时,个体的内心感受并未发生改变,而是以一种暂时的**伪装情绪**(camouflage mood)展现给顾客。如果使用这种策略,因无须付出更多的心理努力,对健康也不会有太多损害。

2. 主动深度行为(active deep acting)

主动深度行为是指个体通过积极思考、想象、记忆、意志等心理过程,激起或者压抑某种情绪,使情绪与情绪表现规则相符合的情绪行为。如果使用这种策略,那么个体的内部感受和外在行为都会发生改变,由于需要付出更多的心理努力,势必会影响身心健康。

3. 被动深度行为(passive deep acting)

被动深度行为是指个体经过长期训练,已经养成了某种职业习惯,即每当进入工作场所,就会自然而然地表现出与组织要求的情绪表达规则相一致的情绪行为。"这种情绪表露是自然而然的,无须付出心理努力"[1],因而使用这种策略也不会影响身心健康。"习惯成自然"也就无所谓心理压力了。高校中有的老教授常说,学校的规章制度对我来说是多余的,因为我会提前进教室上课,我也会自觉搞研究。对于上课和开会,学校只要有个铃声就行了,甚至连铃声都不需要,因为我有手表或可以通过手机看时间。"规矩对守规矩的人来说形同虚设"就是这个道理。按照霍奇柴尔德的观点,被动深度行为是情绪工作的最佳策略。据此,员工要使自己的情绪工作策略达到最佳化,就必须经过长期训练。

(二)第芬多夫等人的情绪工作策略

第芬多夫等人(Diefendorff, Croyle & Gosserand, 2005)[2]根据情绪工作需要动用的情绪资源不同,也提出了三种策略。

1. 表层扮演(surface acting)

表层扮演是指个体通过抑制自身的真实情绪或伪造某种情绪表现,使之符合工作的需要,它是情绪调节中的**反应聚焦**(response-focused)过程。换句话说,提供服务的员工可能已经非常不耐烦了,但仍然通过改变面部表情、动作姿态、语气语调等,起码从表面上符

---

[1] Kruml S M, Geddes D. Exploring the dimensions of emotional labor[J]. Management Communication Quarterly. 2000, 14(1): 8-49.
[2] Diefendorff J M,Croyle M H, & Gosserand R H. The dimensionality and antecedents of emotional labor Strategies[J]. Journal of Vocational Behavior. 2005(66): 339-357.

组织要求的情绪表达规则。①表层扮演时，员工虽尽量调控情绪，表现出组织要求的情绪，而内心的真实感受并没有发生改变，只是"强颜欢笑"而已。表层扮演意味着内心感受与外部表现之间的分离，但不失为一种策略。因为在无法改变现有的内心感受时，就必须以装扮的情绪来开展工作，这就是日常所说的"赔笑脸"。②对于一个表层扮演水平较高的员工来说，掩饰情绪是一件容易的事，不会体会到太多的痛苦。但是，如果扮演拙劣的话，就可能被顾客识破，效果往往适得其反。③

2. 深层扮演(deep acting)

深层扮演是指个体对工作情境进行重新评估，或者用聚焦于正面事件结果等方法改变认知，从而从内部体验到与组织要求相一致的情绪，它是情绪调节中的**原因聚焦**(antecedent-focused)过程。即在负面情绪被唤起之前，通过认知努力，个体已经对自身情绪进行了调节。④例如，面对一名因航班延误而怒气冲冲的乘客，使用深层扮演策略的空乘人员在负面情绪产生之前，先通过认知努力，聚焦于该事件的积极方面，如"在这种状况下如果都能够让乘客满意，那么该乘客以后会成为我们公司的忠诚客户"，唤醒自身的积极情绪，并且通过表情、语气、姿势等表现出来。⑤

3. 表达自然情绪(display of naturally felt emotions)

表达自然情绪是指员工在工作中表现出发自内心、真诚的、自然的情绪。第芬多夫等人认为，表层扮演和深层扮演都需要员工付出认知努力，员工表达自然感受到的真实情绪时，也需要一定程度的认知努力，因为他们要确认这种真实情绪是否为组织所认可。表达自然情绪在工作环境中是很常见的，会带给顾客真诚的感受，而发自内心的真诚往往也是优质服务的标志。此外，这种策略较少引起员工的情绪衰竭等负面后果。第芬多夫等人通过结构方程建模发现，表达自然情绪与表层扮演、深层扮演是相互独立的维度，其使用频率甚至比表层扮演和深层扮演都高。

只要认真比对就不难发现：首先，第芬多夫等人的三种策略和霍奇柴尔德的三种策略在本质上是没有任何区别的。这是因为表层扮演与表面行为、深层扮演与主动深度行为、表达自然情绪与被动深度行为三者间的含义基本上大同小异；其次，霍奇柴尔德的分类标准是"心理努力"，第芬多夫等人的分类标准在本质上是"认知努力"，反而缩小了"心理努力"的范围。缩小也罢，扩大也罢，关键要看缩小或扩大是否恰当。事实上，表层扮演、深层扮演和表达自然情绪除了都需要付出认知努力外，还需要付出意志努力，而意志努力并不在认知努力的范围之内。可见将"心理努力"缩小为"认知努力"是不可取的。

---

① 黄敏儿，吴钟琦，唐淦琦. 服务行业员工的人格特质、情绪劳动策略与心理健康的关系[J]. 心理学报，2010，42(12)：1175-1189.
② 刘永芳. 管理心理学[M]. 2 版. 北京：清华大学出版社，2016：223.
③ 文书生. 西方情绪劳动研究综述[J]. 外国经济与管理，2004，26(4)：13-19.
④ Grandey A A. Emotion regulation in the workplace: A new way to conceptualize emotional labor [J]. *Journal of Occupational Health Psychology*. 2000, 5(1): 95-110.
⑤ 刘永芳. 管理心理学[M]. 2 版. 北京：清华大学出版社，2016：223.

这里需要特别指出的是，察普夫(Zapf，2002)[1]认为在某些工作情境中存在着不同的情绪表达规则，这些情绪表达规则要求情绪工作者既要表现出适度的情绪，又要保持内心的**中性感受**(neutral feelings)，他把这种情形下的情绪工作策略称为**蓄意不同步行为**(deliberately not synchronous behavior)，哈里斯(Harris，2002)[2]则把这种行为称为**最大化理性行为**(to maximize the rational behavior)。哈里斯认为，采用这种策略，既满足了组织要求的情绪表现规则，又使员工内心感受保持独立，不至于影响身心健康。

综上所述，我们得出一个总体印象——情绪工作策略各式各样、因人而异。不过，为研究者所公认的情绪工作策略有四种：表面行为或表层扮演；深度行为或深层扮演；被动深度行为或表达自然情绪；蓄意不同步行为。每种策略都需要付出不同程度的心理努力，使用任何一种策略都会在一定程度上影响到情绪工作的效果。

第二节 工 作 压 力

当今社会，竞争激烈，工作和生活节奏加快，人们体验到的压力比以往任何时候都要大得多、多得多。**工作压力**(job stress)只是工作场所中人们所承受的诸多压力中的一种。揭示工作压力的实质，建构工作压力的心理模型，指出工作压力的后果，探讨工作压力的解决对策，有利于降低工作压力给员工造成的消极影响，从而提高工作绩效，保障组织良性发展。因此，研究工作压力对员工个人和组织都具有重要意义。

一、工作压力的概念

何谓工作压力？要回答这个问题绝非易事。戴克赫伊曾(V. Dijkhuizen，1980)通过文献调查，曾找出 40 多个关于工作压力的定义，争议颇多，难以统一。[3]我们以"工作压力"为主题词检索中国知网(1979—2017)，发现共有 24 843 篇相关文章，其中 CSSCI 源刊 745 篇，仅心理学类 CSSCI 源刊就有 54 篇。认真研读这 54 篇文章，发现研究者们的界说各不相同。为什么会出现这种情况？赫尔斯(S. H. Hulse)根据概念有无确定的内涵和外延，将概念分为"易下定义概念"和"难下定义概念"。[4]工作压力是一个典型的难下定义概念。它之所以难下定义，主要是"压力"的内涵和外延都不确定。

作为日常用语，人们对压力有不同的理解。刘永芳(2016)指出：压力这个概念和爱的概念有几分相似之处，每个人都知道它所指的意思，但几乎没有两个人会用同一种方式来定义它。当我们大多数人谈到压力时，通常是指我们所感受到的来自周围的压力；学生谈到

---

① Zapf D. Emotion work and psychological well-being: A review of the literature and some conceptual considerations[J]. Human Resource Management Review. 2002(12): 237-268.
② Harris L C. The emotional labor of barristers: Anexploration of emotional labor status professionals[J]. Journal of Management Studies, 2002. 39(4): 553-584.
③ 凌文辁，方俐洛，黄红. 工作压力探讨[J]. 广州大学学报(自然科学版)，2004，3(1): 76-79.
④ 陈琦，刘儒德. 当代教育心理学[M]. 2 版. 北京：北京师范大学出版社，2007: 270.

的压力可能是因为考试成绩不理想或一篇重要论文的最后期限到了；父母谈到的压力可能是因为养家糊口而带来的经济负担；教师谈到的压力可能是既要在专业领域内保持成就又要把课堂教学做好；医生、护士和律师谈到的压力可能是因为他们要应付病人或当事人无休止地提出的各种各样的要求。①

作为科学概念，压力没有统一的定义。压力是一个多学科(如物理学、力学、工程学以及生理学、生物化学、免疫学、生物学、医学、心理学、社会学、人类学、工效学等)共用的概念，它在不同学科领域里的含义各不相同，其定义自然也就有所不同。

如果一定要下定义的话，那么工作压力是个体对于必须直接面对的工作或与工作相关的因素通过认知评价而产生的情绪体验。第一，只有必须直接面对的工作或与工作相关的因素才会使人产生压力，与己无关的工作或相关因素不会使人产生压力，因此我们使用了"必须直接面对"这个修饰语；第二，工作压力源是工作或与工作直接相关的因素；第三，工作压力是一种主观感受，这种主观感受就是情绪体验；第四，无论积极情绪体验还是消极情绪体验，最终都要通过生理、心理和行为反应出来，这些反应统称"工作压力反应"；第五，个体面对工作压力源将产生何种情绪体验，关键取决于个体的认知评价。因此，认知评价是工作压力源和情绪体验的中介变量。

通过以上分析可知，工作压力是一个"家族概念"，与它相关的概念有工作压力源、工作压力感、认知评价、工作压力反应。

(一)工作压力源(job stressor)

工作压力源包括哪些方面，不同学者有不同看法。库伯和马绍尔(Cooper & Marshall)将工作压力源区分为六个方面：工作任务、工作角色、人际关系、事业、组织结构和氛围、"工作—家庭"分界面。②这种区分既给人以启示，也有过于笼统之嫌。我们把工作压力源区分为"工作因素"和"与工作直接相关的因素"两个方面。

1. 工作因素

(1) 工作负荷。工作负荷过重或过轻都是工作压力的重要来源。工作负荷过重，势必加班加点、延长工作时间，从而导致身心疲惫，降低工作效率；反过来，工作太轻或太少，也会闲得无聊。刚刚退休的人或从领导岗位上退下来的人之所以感到不适应，就是因为工作负荷过轻而造成的。事实上，长期处于闲置状态的人通常都有太多的压力。

(2) 工作条件。工作条件太差或太好也会成为工作压力源。工作场所空间狭窄拥挤、温度过高或过低、噪音太大、光线太亮或太弱、辐射、空气污染指数过高等都会使员工产生压力。反过来，工作条件太好、太舒适，也会因担心干不出成绩而产生压力，至少在最初一段时间内是这样的。某高校建了一栋18层的四星级酒店外包出去，原打算将其中两层作为教授工作室，内部装修可谓豪华，结果没有几个教授主动要求进去办公。

---

① 刘永芳. 管理心理学[M]. 2 版. 北京：清华大学出版社，2016：234.
② 景怀斌. 管理心理学[M]. 北京：科学出版社，2009：121.

(3) 工作角色。工作角色带来的压力包括角色模糊、角色冲突、角色过载。角色模糊是指员工对自己的工作职责、工作权限的权利与意义都不清楚；角色冲突是指员工可能同时承担互相矛盾或互相冲突的工作职责，以至相互干扰和妨碍；角色过载是指员工承担的工作超过了自身能力所能负担的极限。[①]

(4) 职业生涯发展。组织情境中与职业生涯发展相关的压力源包括工作安全感、晋升机会、培训机会等。工作不稳定，担心随时会被炒鱿鱼，没有培训机会、缺少晋升机会和发展空间，都是员工工作压力的重要来源。[②]

2. 与工作直接相关的因素

(1) 技术创新。技术创新给人带来的压力是不言而喻的，网上购物、支付宝消费、无纸化办公、OA 系统……使许多人无所适从。技术创新给员工造成的工作压力表现在：[③]担心不懂新技术或因掌握新技术有困难；担心使用新技术会丧失已经掌握的技术优势；担心依赖新技术会荒废自己的技能，使工作变得机械而无聊；担心新技术取代人而导致裁员；担心新技术会使管理者们对自己的控制更加严格而失去工作自主性。

(2) 宏观政策。据《中国教育报》报道：安徽省将建立高校编制周转池制度，高校后勤和教辅岗位将逐步退出编制管理。[④]但愿身处其中的员工能够淡定。国家政策默许事业单位有编外人员，他们虽然名义上与体制内人员"同工同酬"，但实际上却受到太多的不公正对待。房价高居不下已经成为广大员工的巨大压力，这里面难道没有政策因素在起作用？

(3) 组织气氛。层层叠叠的"圈子文化"，林林总总的"办公室政治"，重亲疏轻人品、重关系轻能力的组织气氛，干群关系搞得乌烟瘴气，人际关系变得微妙复杂。人置身于这样的组织气氛之中，要想独善其身都不能，只能深受其害。这样的组织气氛给员工造成的压力远远超过了工作本身。

(4) "工作—家庭"分界面。工作和家庭分不清固然不行，只顾工作不顾家庭或只顾家庭不顾工作也不行；两者兼顾，势必精力不够，这就产生了工作压力。目前已有越来越多的人因"工作—家庭"冲突而导致夫妻失和、矛盾升级。

与工作直接相关的四个因素，有的属于社会层面(技术创新和宏观政策)，有的属于组织层面(组织气氛)，有的属于个人层面("工作—家庭"分界面)。

造成工作压力的因素，无论是工作因素还是与工作直接相关的因素，都远不止这些，它们多如恒河细沙，不可穷尽，我们仅列举上述八个方面。

(二)工作压力感(job distress)

工作压力感是人面对工作压力源而产生的主观感受，这种主观感受就是**情绪体验**

---

① 凌文辁，方俐洛，黄红. 工作压力探讨[J]. 广州大学学报(自然科学版)，2004，3(1)：76-79.
② 马超，凌文辁. 国有大中型企业员工心理应激研究[J]. 心理科学，2004，27(3)：651-653.
③ Ayyagari R, Grover V, Purvis R. Technostress: Technological antecsdents and implications[J]. *MIS Quarterly*, 2011. 35(4): 831-858.
④ 王琼，俞路石. 安徽建立高校编制周转池制度[M]. 中国教育报，2016-11-07.

(emotional experience)。"情绪体验是人在主观上感受或意识到的情绪状态",[①]有消极和积极之分。有人认为工作压力是一种"消极情感体验"。[②]查遍诸多心理学辞书,均无"情感体验"一说。有人认为工作压力感是个体因工作压力而产生的失望、失败、挫折、抑郁、焦虑等**负性**(negative)情绪,是一种痛苦性感受。[③]那倒不一定。工作压力究竟会产生消极情绪体验还是积极情绪体验,关键取决于个体的认知评价。

(三)认知评价(cognitive appraisal)

工作压力源是一种客观存在,工作压力感是一种主观感受。面对工作压力源,个体将产生何种工作压力感——是消极情绪体验还是积极情绪体验,关键取决于个体的认知评价。因为个体的认知评价对工作压力源具有解释作用,它通常需要解释两个问题:工作压力源对自己是否构成威胁;能否应对。而对这两个问题的解释又取决于个体的一系列因素。

(1) 个性差异。**个性**(individuality)是个体精神面貌的全部内容,是个人在独特的生活道路中形成的不同于他人的稳定特征。个性差异反映了人与人之间的个别差异。刘洪举、张兴福(2007)[④]研究表明:有完美主义倾向的员工,所体验到的压力水平高于普通员工。

(2) 知识经验。个体如果有相关的知识经验,一方面决定着他(她)对工作压力源作何解释,另一方面也说明他(她)有应对资源。"经历或阅历可以降低一个人的反应水平,培训或训练也可以使新员工尽快适应新环境,降低反应水平。"[⑤]

(3) 归因特点。两个员工同样面对工作职责的重大变化,一个员工可能把它看作是学习新技术的机会,是上司对自己工作能力的肯定;另一个员工可能把它看作是一种威胁,是上司对自己的不信任,因此工作压力与个体归因特点有关。[⑥]

(4) 社会支持。面对同样的工作压力源,孤立无援的个体显然要比能够得到多方援助的个体承受更大的压力。[⑦]为什么?因为有无社会支持系统,对工作压力源的解释方式不同。

(四)工作压力反应(job stress reaction)

通过认知评价,如果个体认为工作压力源对自己不构成威胁或者即使构成威胁但能够应对,那么就会产生积极情绪体验。反过来,如果个体认为工作压力源对自己已经构成威胁而且无法应对,那么就会产生消极情绪体验。无论哪种情绪体验,最终都要通过生理、心理和行为反应出来。如果是积极情绪体验,那么其生理反应通常是睡眠质量高、精神状

---

① 林崇德,杨治良,黄希庭. 心理学大辞典[Z]. 上海:上海教育出版社,2003. "情绪体验"词条.
② 郑晓芳. 中小学教师职业压力、人格特征与职业倦怠的关系[D]. 硕士学位论文. 吉林大学,2004.
③ Hardy G E, Woods D T. The impact of psychological distress on absene fromwork [J]. Journal of AppliedPsychology. 2003(88): 306-314.
④ 刘洪举,张兴福. 现代企业员工的完美主义倾向与工作应激的相关分析[J]. 东北师大学报(哲学社会科学版),2007(6):87-91.
⑤ 刘永芳. 管理心理学[M]. 2版. 北京:清华大学出版社,2016:237.
⑥ 苏丽娜,刘永芳. 工作应激与个体归因特点关系的研究[J]. 心理科学,2006,29(4):826-829.
⑦ 段万春,张劲梅,傅红. 社会支持对新生代员工组织变革应激的影响研究[J]. 昆明理工大学学报(社会科学版),2013,13(4):48-52.

态好、无躯体症状等；其心理反应通常是情绪稳定、泰然自若、工作满意度高等；其行为反应通常是工作效率高、工作积极性高等。如果是消极情绪体验，那么其生理反应通常是头痛、高血压、心脏病等；其心理反应通常是焦虑、情绪低落、工作满意度降低等；其行为反应通常是工作效率降低、缺勤、离职等。

至此，我们可以建构一个工作压力的心理模型，如图6-1所示。

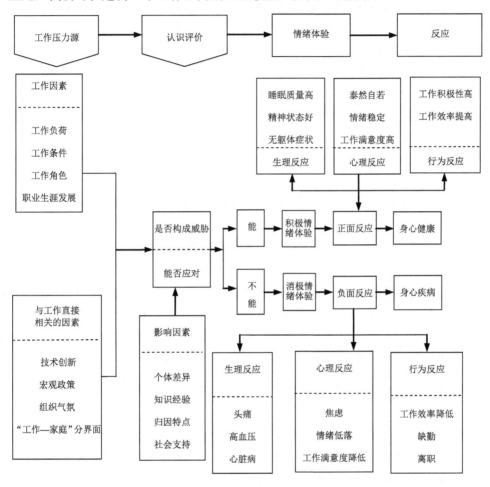

图 6-1　工作压力心理模型

二、应激：一个被滥用的概念

为了撰写前一个问题——工作压力，首先想到的是查阅心理学工具书。不巧的是《简明心理学词典》[1]《心理学大词典》[2]《心理学大辞典》[3]均无"工作压力"词条，巧合的是它们均有"工作应激"词条，因此"工作应激"引起了我们的注意。由于三本心理学辞书对

---

[1] 黄希庭. 简明心理学辞典[N]. 合肥：安徽人民出版社，2004.
[2] 朱智贤. 心理学大词典[Z]. 北京：北京师范大学出版社，1989.
[3] 林崇德，杨治良，黄希庭. 心理学大辞典[Z]. 上海：上海教育出版社，2003.

"工作应激"的解释出入较大，于是又以"工作应激"为主题词检索中国知网(1979—2017)，发现有 213 篇相关文章，其中 CSSCI 来源期刊 19 篇。在这 19 篇文章中，有的以潜艇艇员、军事飞行员、航空安全员为研究对象，有的以党政干部、护士为研究对象。看到"党政干部工作应激……""护士工作应激……"这样的标题，感觉好生奇怪！于是想进一步弄清楚什么是**应激**(stress)。

加拿大生理学家汉斯·塞里(H. Selye，1978)[①]首先使用"应激"一词来描述身体的生理反应机制。塞里认为应激是身体对强加于自身的外部要求的非特异性反应，并通过**一般适应综合征**(General Adaptation Syndrome)表现出来。[②]塞里将一般适应综合征描述为警戒、抵抗、衰竭三个阶段，如图 6-2 所示。

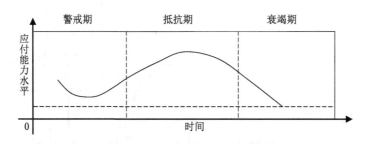

图 6-2　一般适应综合征模型

由于工作的英文是 job 或 work，应激的英文是 stress，不知从何时开始，也不知出于何人之手，这位仁兄不假思索地直接将 job 和 stress 嫁接在一起，于是就有了**工作应激**(job stress)一说，而且被国内心理学辞书无一例外地将它作为词条，同时也被不少研究者所使用。

我们并非一味反对使用"工作应激"，要不要使用、在何种情况下使用，关键要看研究对象是什么。研究对象如果是潜艇艇员、军事飞行员、航空安全员，使用"工作应激"也未尝不可。研究对象是党政干部、护士，如果也使用"工作应激"，那意味着党政干部、护士的工作存在应激问题。

前面的话题并不是我们关注的重点，我们重点关注的问题是：作为心理学辞书，在没有"工作压力"词条且只有"工作应激"词条的情况下，"工作应激"中的"工作"理应被理解为泛指所有工作。说所有工作都存在应激问题，不得不令人匪夷所思。为了说明这个问题，有必要进一步搞清楚什么是"应激"。

《简明心理学词典》和《心理学大辞典》认为应激是有机体在遇到意外刺激时所作出的适应性反应。至于什么是适应性反应，没做解释。**适应性反应**(adaptive response)是生物界普遍存在的现象，[①]是生物在受到刺激(如声、光、电、温度、化学、机械等)时作出的规律性反应。比如触摸含羞草的叶片，其叶片会合拢，就是适应性反应。适应性反应的最大特点是不经过神经系统。根据塞里的应激理论，**应激反应**(stress reaction)是一般适应综合征，其最大特点是警戒、抵抗、衰竭三个阶段在短期内迅速完成。可见，"适应性反应"与"一

---

① Selye H. The stress of life[M]. *New York: McGraw-Hill*. 1978.
② 刘永芳. 管理心理学[M]. 2 版. 北京：清华大学出版社，2016：234.
① 刘树铮. 适应性反应[J]. 中华放射医学与防护杂志，2000，20(6)：373-377.

般适应综合征"并不是一回事：①使生物发生适应性反应的是刺激，使机体发生应激反应的是意外刺激；②适应性反应不经过神经系统，应激反应显然要经过神经系统并在短期内迅速完成。也就是说，把应激反应理解成适应性反应并不是恰当的。

《心理学大词典》没有"应激"，只有"应激状态"，可以把"应激"视为"应激状态"。何谓应激状态？该书解释：**应激状态**(stress state)是出乎意料的紧张与危险情景所引起的情绪状态。从这个定义可知：**应激源**(stressor)是意外的、紧张的、危险的刺激；应激反应是"人类及其他高等脊椎动物"[①]在应激状态下的反应，即一般适应综合征。比如：小动物在遭到食肉动物捕杀时的反应就是应激反应；人在遇到车祸时的反应就是应激反应；司机在遇到意外情况时的紧急刹车就是应激反应。当然了，人在遇到山洪暴发、海啸、地震、飞机失事、轮船沉没、亲人意外身亡等重大意外事故时的反应更是应激反应。应激反应有助于机体适应急剧变化的环境刺激，维护机体功能的完整性。

搞清了应激、应激源、应激反应等概念之后，再来回答前面提出的问题就好办多了。我们之所以反对使用"应激"来表达与工作有关的压力，是因为它与工作压力有本质区别。

第一，对象不同。应激的对象泛指人和动物；工作压力的对象特指工作场所中的人。

第二，两者的"源头"不同。应激源是意外的、紧张的、危险的刺激，它们的降临具有突发性、迅猛性；工作压力源是工作或与工作直接相关的因素，它们的出现对人来说是意料之中的、常规的、缓慢的。

第三，反应特点不同。以塞里的一般适应综合征模型为例，人在"警戒期"通常是毛骨悚然的、不寒而栗的，在"抵抗期"通常是咬紧牙关地拼搏、撕心裂肺地痛苦，在"衰竭期"通常是浑身冷汗、瘫倒在地。人最大的工作压力莫过于被炒鱿鱼，人在被炒鱿鱼时，会有这些反应吗？

第四，反应方式不同。人的应激反应是在短时间内迅速完成的，根本没有冷静自处的时间。"冷静自处"意味着人对应激事件有一个分析、判断并冷静处理的过程。由于没有认知评价参与其中，说明应激反应是生理反应。"心理学家认为生理学的应激观不够全面和完整，还应包括心理方面"，[②]其实这种批评有失公允。不信谁来试试，谁要是在应激状态下还能够冷静自处，那才怪呢！工作压力的反应方式则不同，人即便被炒鱿鱼，组织领导者事先会做非常细致的思想工作，至少事先有许多征兆。至于如何应对被炒鱿鱼这件事，相信每个人都有冷静自处的时间，都有一个深思熟虑的过程。由于有认知评价参与其中，说明工作压力反应主要是心理反应。

第五，反应模式不同。应激反应由于没有认知评价参与其中，因而其反应模式是"刺激—反应"。工作压力反应由于有认知评价参与其中，因而其反应模式是"刺激—评价—反应"。

综上，如果"工作应激"一说成立，那就意味着人会因工作压力而产生应激反应。如果说某人因工作"压力山大"而产生应激反应，除非这个人精神失常，否则"工作应激"无疑是一个学术笑话。

我们的观点：①"工作应激"一说是不能成立的，既不能用它来表达工作压力，也不

[①] 林崇德，杨治良，黄希庭. 心理学大辞典[Z]. 上海：上海教育出版社，2003. "应激"词条.
[②] 林崇德，杨治良，黄希庭. 心理学大辞典[Z]. 上海：上海教育出版社，2003. "应激"词条.

能用"应激"来表达与工作有关的压力,用来表达工作压力的用语只能是"工作压力"或"职业压力",当然单独使用"压力"来表达与工作有关的压力也是可以的。②如今,和工作应激同样不可思议的用语常见于报纸杂志,什么应激预案、应激管理、组织应激管理等。对于应激事件要是事先能够制订一个预防方案的话,唐山大地震、汶川大地震何至于造成这么大的损失!马航 MH370 失事之前,编制预案的人们在干吗?"工作应激"一说不成立,难道"组织应激"一说就成立吗?按照社会学、社会心理学的观点,政党、国家也是一个组织。国民党政权垮台、苏联解体显然不是在一瞬间完成的,不存在什么应激不应激的问题。既然"组织应激"不成立,哪来的组织应激管理?至于什么是应激管理,就更是不得而知了。

最终意见:应激概念正在被滥用,必须尽量缩小它的使用范围。

三、工作压力后果

工作压力后果(job stress consequences)是指工作压力对个体可能产生的后果,分为直接后果和间接后果。无论直接后果还是间接后果,都有积极和消极之分。

压力有个度的问题。适度的压力是必要的。西方有句谚语"压力是人生的香料",人们也常说"人无压力轻飘飘"。古今中外但凡有成就的人,无一不是经受住压力考验而成就一番事业的。小到一个人,大到一个群体、一个组织、一个政党、一个国家、一个民族,又何尝不是这样!不过,过度的压力却会严重影响身心健康,进而影响工作效率和生活质量。

【专栏 6-2】

正确对待压力山大

新闻媒体常有某某因压力山大而自杀了之类的报道,学术文章常以事实和数据来证明压力的消极影响。要说有关压力的消极作用方面的"报道",中国早在几千年以前就有了。伍子胥过昭关一夜白头、屈原投江、岳飞"怒发冲冠"不就是例子吗?这方面的"报道"如果太多、太频繁,势必引导人们得出这样的印象:压力的作用都是消极的、负面的、不良的、破坏性的。如果不幸被言中,那就违背了事实真相。事实真相是什么?任何事物都有两面性,压力也不例外,既有消极作用,也有积极作用。一分为二地看待压力的后果,理论上有利于引导压力的科学研究,实践上有利于引导人们正确对待压力山大。

(一)工作压力与身心健康

个体身体健康与其承受的工作压力之间有着非常紧密的联系。①一些专家估计,50%~70%的生理疾病与工作压力有关。②过度工作压力对身体健康的危害性很大,主要表现为"直

---

① Kivimäki M, Virtanen M, Elovainio M, Kouvonen A, Väänä nen A, Vahtera J. Work stress in the etiology of coronary heart disease-A meta-analysis [J]. *Scandinavian Journal of Work Environment & Health*. 2006, 32(6): 431-442.

② 刘永芳. 管理心理学[M]. 2 版. 北京:清华大学出版社,2016:239.

接危害"和"间接危害"。它的直接危害轻则导致血压升高、冠状动脉疾病、头痛、胃病、免疫力下降、血脂升高,①重则使病情加重,导致心脏病、中风、糖尿病等重大疾病。它的间接危害是导致人焦虑、易怒,因而是酗酒、攻击行为、吸毒的诱因。过度工作压力对心理健康的危害,主要表现为增加了焦虑感、沮丧情绪以及健忘、倦怠、自信下降、易怒。②

(二)工作压力与工作绩效

心脏病专家尼克森(P. Nixen)提出了**人类绩效曲线**(human performance curve),如图6-3所示。③

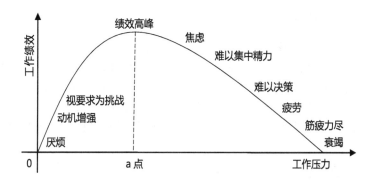

图 6-3 人类绩效曲线

从图 6-3 可知:第一,人类绩效曲线再一次证明工作压力既有积极作用,也有消极作用。不过它是一条不规则的正态曲线,说明工作压力的积极作用和消极作用并不是平分关系;第二,人类绩效曲线表明,个体只有在适度压力下其工作绩效才会最高。然而工作绩效高峰值究竟有多高?个体能够承受的最大压力值(a 点)究竟有多大?却很难回答。因为不同人、不同工作对它们都有影响。例如,同一项工作对张三来说压力正好,对李四来说就太大或太小了。相反,一个人干 A 工作正合适,而让他干 B 工作也许就会感到压力太大或太小。

(三)工作压力与工作要求、控制能力

对于组织提出的工作要求,个体能不能控制、控制能力怎么样,与工作压力有关。卡拉塞克(Karasek,1979)④指出,工作压力与工作要求的高低成正比,与控制能力的强弱成反比。工作要求与控制能力的关系有四种格局,这四种格局对个体产生的压力是不一样的。

(1) 高要求—低控制:就是在工作上提出完成工作量大、质量高、时间紧迫、与别人

---

① Taylor S E. Health psychology [M]. *London: McGraw Hill Higher Educayion*, 2011.

② Kivimäki M,Virtanen M,Elovainio M,Kouvonen A,Väänänen A,Vahtera J. Work stress in the etiology of coronary heart disease-A meta-analysis [J]. *Scandinavian Journal of Work Environment & Health*. 2006, 32(6): 431-442.

③ 景怀斌. 管理心理学[M]. 北京:科学出版社,2009:124.

④ Karasek R A. Job demands,job decision latitude and mental: Implications for job redesign [J]. *Administrative Science Quarterly*. 1979(24): 285-308.

协作、采用新的工作方法和手段等高要求，而个人的工作效率、质量、方法等控制能力却很小。在这种情况下，个体受到的压力表现最为明显，是四种格局中压力最大的一种。

(2) 低要求—高控制：这与第一种情况相反，个体受到的压力最小，是四种格局中压力最小的一种。但个体的动力和受到的挑战性也最小，进步不快。

(3) 低要求—低控制：这种情况下个人的压力较小，如果长期这样下去，会使人丧失独立判断能力和接受挑战性工作的能力。

(4) 高要求—高控制：这种情况，虽然对个人的工作提出了高要求，但由于个人的控制力强，有较多参与决策机会，因而受到的鼓励和激励也较大，员工的满足程度也最大。

(四)工作压力与个人决策

我们每时每刻都要作出各种各样的决策：大的和小的，重要的和不重要的。在作决策时，我们都希望有一个清醒的头脑，能够获取各种有用的信息，以便作出科学决策，但工作压力却能妨碍人的有效决策。当人们感到压力山大时，会倾向于拖延和回避决策。由于难以集中精力，人们很少有兴趣去挖掘那些有助于作出更好决策的新信息，难以把注意力放到已获得的信息上，而且常常忽视重要信息，其结果是经常作出不理想甚至错误的决策。

四、工作压力管理

工作压力管理(job stress management)是指透过理解工作压力反应，发现工作压力源，运用处理技巧，以降低工作压力对员工起副作用的各种方法。

(一)识别工作压力

要降低工作压力的消极作用，首先要能够识别工作压力。从员工的工作习惯或行为方式上，有经验的管理者一眼就能够看出员工压力山大的程度。一般来说，工作压力大的员工，其行为方式有可能会发生下列变化：①时间上的"一多两少"，即工作时间比平常要多得多，睡觉时间比平常少得多，休闲、散步时间比平常少得多；②做事增加了拖沓性；③增加了缺勤率；④很难作出决策；⑤粗心出错次数增加；⑥回避工作；⑦遗忘职位要求；⑧难以与人相处；⑨注意力集中在个人的错误和失败上。

(二)工作压力管理的目的

1. 压力管理是为了控制压力

有人用"逃跑—战斗"来形容人的压力反应模式。面对压力，人的本能反应是逃跑。不能逃跑，则要战斗。压力管理既不是逃跑，也不是盲目战斗，而是把压力控制在适当的程度。

2. 压力管理是为了解压或减压

解压或减压常有三种方式——问题方式、认知方式和回避方式。问题方式即问题解决，问题解决了，压力自然就少了；认知方式是重新认知压力、定义压力，以便化解压力；回避方式就是回避压力，这是一种不恰当的压力管理方式。

3. 压力管理是为了提高工作效率

压力是一种情绪体验，有消极和积极之分。消极情绪体验影响着人的身心健康和工作积极性。压力管理是变消极情绪体验为积极情绪体验。消极情绪体验没有了，身心就健康了。身心健康了，个体的生存质量就提高了，工作效率也提高了。

(三)工作压力管理的个人策略和组织策略

1. 个人策略

(1) 明确任务。前面谈到工作任务含糊不清、责任不明是产生工作压力的一个重要原因。因此，为了消除由此引起的工作压力感，就要明确每个人的工作任务，该干什么、不该干什么、有什么责任、享有什么权利等。

(2) 寻求帮助。员工如果在完成工作过程中遇到了困难或感到缺乏信息，最有效的办法就是寻求帮助。这样做可以明显地减轻个人的焦虑感，减轻工作压力。

(3) 消除完美主义思想。产生工作压力感的一个重要原因，是管理者幻想着有完美无缺的员工，员工幻想着有完美无缺的工作，幻想着有品德高尚、慈悲无限的管理者。如果找不到这样的工作和人，他们便觉得苦恼极了，甚至为此焦躁不安。世界上没有十全十美的领导和员工，也没有十全十美的工作，并不是每一项工作都能发挥出自己的最高水平，如果希望都能做得完美无缺是不可能的。正视现实、回归现实才是科学的态度。

(4) 增强对模糊状态的忍耐度。人人都喜欢明确清楚的任务，都愿意接受明确的指令，但现实情况却并非如此。员工特别是管理人员在工作中遇到的问题并不都是很明确的，对工作成绩的评价标准也存在比较模糊的认识。因此，一方面我们应该尽量减少任务的模糊状况，另一方面也要努力提高对模糊状态的忍耐度，这样才能有效地减轻工作压力感。

(5) 克服**自我专注**(self-absorption)。"工作—家庭"冲突造成的工作压力感，主要是由自我专注引起的。自我专注在工作上的表现是：把注意力仅仅集中在工作上；过分在意别人对自己工作的评价；沉迷于工作的自我感受甚至孤芳自赏。由于关注的对象十分有限，无法体会工作以外的乐趣，其结果是导致无聊之至、烦闷之极，家庭、生活变成一件难以忍受的事。克服办法：转移注意；家庭成员援助计划。

(6) 松弛技巧。工作间隙，借助一些方法松弛一下过度紧张的神经，可以减轻肌肉紧张，降低心率、血压及呼吸的速度，使自己保持冷静的头脑，以便更有效地处理工作压力。如，闭目养一会儿神，找一个安静环境休息一下，到花园里散步、打太极拳等。

(7) 工作调动。如果某项工作的压力实在太大，自己感到实在难以应付，最好的办法就是在生理和心理受到损害之前放弃这项工作，重新谋求一项比较适合自己的工作。

2. 组织策略

(1) 培训。对管理人员进行培训，以使他们作出更好的绩效评价，更有效地听取员工意见，更准确地安排工作；对员工进行培训，使他们熟练掌握业务知识和工作技能，处理同事之间、上下级之间的关系等。

（2）工作设计。为了改变"工作—人员"不匹配情况，除了人员调整外，重新设计工作，重新定义任务范围或改变工作内容，通过工作职务分析提高工作职务的明确性。

（3）设立保健中心。设立保健中心有助于员工调整生理、心理方面的不平衡。在这里，他们可以进行健康检查、医疗保健，也可以静处修养或者进行体育锻炼、增强体质。

第三节 工作倦怠

一、工作倦怠的概念

"倦怠"一词在 20 世纪 60 年代初期开始成为美国社会的大众词汇。[1]1974 年美国精神分析学家弗洛登伯格(Freudenberger)[2]首创**工作倦怠**(job burnout)一词，他用"倦怠"来描述那些服务于**助人行业**(helping professions)的人因工作时间过长、工作量过大、工作强度过高所产生的一种疲惫不堪状态。马斯拉奇和杰克逊(Maslach & Jackson, 1981)[3]则将工作倦怠研究推向深入。据克雷博和兹曼(Kleiber & Enzmann, 1990)[4]统计，仅 1974—1989 年就有 2500 多篇关于工作倦怠的研究报告发表。什么是工作倦怠？马斯拉奇和杰克逊(1981，1986)[5]认为工作倦怠是一种心理综合病征，主要表现为情绪衰竭、去人格化和个人成就感丧失。黄希庭(2004)直接将它定义为"一种情绪衰竭、人格解体、个人成就感降低的综合征"。[6]我们的定义：工作倦怠是指个体不能顺利应对工作压力而产生的一种极端反应，是个体在长时期工作压力体验下出现的情感、态度和行为衰竭状态。

【专栏 6-3】

工作压力与工作倦怠的区别

工作压力与工作倦怠的关系，目前尚不完全清楚。通常认为两者既有联系又有区别，其区别主要表现在三个方面。

（1）维度不同。工作压力是从单维角度来研究压力反应，工作倦怠则是从多维角度来研究的，它不仅包括工作压力情境下的生理反应、心理反应和行为反应，还包括由于工作压力所引起的自我评价以及对他人的评价。从这种意义上讲，工作压力是一般意义上的压

---

[1] 许燕. 现代人的职业枯竭与心理健康[J]. 青年记者，2005(10)：35-37.
[2] Freudenberger H J. Staff burnout[J]. *Journal of Social Issues*. 1975(30): 159-165.
[3] Maslach C，Jackson S E. The measurement of experienced burnout [J]. *Journal of Occupational Behaviour*. 1981, 2(2): 99-113.
[4] Kleiber D，Enzmann D. Burnout: 15 years of research: An international bibliography[M]. Gotting: Hogrefe. 1990.
[5] Schutte N. Toppinen S, Kalimo R et al. The factorial validity of the Maslach burnout inventory-general survey (MBI-GS) across occupational groups and nations[J]. *Journal of Occupational and Organizational Psychology*. 2000. 73(1): 53-56.
[6] 黄希庭. 简明心理学辞典[N]. 合肥：安徽人民出版社，2004. "工作倦怠"词条.

力，而工作倦怠则更多地与特定情境相联系。

(2) 成因不同。压力反应通常产生于个体知觉到的工作要求与个体能力之间的不一致，而工作倦怠则产生于个体知觉到的工作投入与工作回报之间的不一致。工作压力本身并不一定导致工作倦怠，但是如果个体长期处于工作压力之下，无法得到解脱，又没有缓冲资源，没有社会支持系统，那么这些不可调解的工作压力就会发展成为工作倦怠。

(3) 阶段不同。从时间上看，工作压力可以是一种即时性反应，而工作倦怠则是一个长期的逐渐演变的过程。

(整理自：郑晓芳. 中小学教师职业压力、人格特征与职业倦怠的关系[D]. 硕士学位论文. 吉林大学. 2004.)

二、工作倦怠的表现

(一)情绪衰竭(emotional exhaustion)

情绪衰竭主要反映工作倦怠的情感维度。它是个体对工作压力的评估，表现为个体情绪处于极度疲劳状态，工作热情完全丧失，感觉自己已经被"掏空"，再也无法继续付出情感资源。很多研究报告都指出情绪衰竭是工作倦怠的核心内容。[①]

(二)去人格化(depersonalization)

"人格化"是指给神、给宇宙万物赋予人的特性。"去人格化"则是将人的特性人为地去掉，对人就像对待没有生命的物体一样。去人格化主要反映工作倦怠的态度维度。它是个体对他人的评估，表现为个体以消极否定、麻木不仁的态度对待服务对象。去人格化的员工对待顾客有这样一些表现：刻意和顾客保持距离；减少与顾客的接触；从内心拒绝接纳顾客，对顾客持冷漠态度；他们的情感表达只是一种程序化的无意识反应，他们的微笑只是为了完成分内工作而做出的一种机械动作。其人格特征要么悲观厌世，要么愤世嫉俗。

(三)个人成就感降低(diminished personal accomplish)

低成就感主要反映工作倦怠的行为维度。它涉及个体的自我评价且带有负性评价趋势。表现为个体对自己工作的意义与价值的评价降低，如工作胜任感降低，工作满足感降低，缺乏进步感甚至觉得自己的工作不仅没有进步反而是在退步。

三、工作倦怠的成因

引起员工产生工作倦怠的因素无外乎内部因素(又称"个体因素")和外部因素。对于个体因素，我们仅列举了人口学变量和人格特质两个方面；对于外部因素，我们仅列举了工

---

① Cordes C L，Dougherty T W. Blum managers and professionals: A comparison of models[J]. *Journal of Organizational Behavior*. 1997(18): 685-701.

作因素、组织因素和社会因素三个方面,详情如表6-1所示。

表6-1 工作倦怠的前测因素

因素类型	因素类别	因素描述
个体因素	人口学变量	年龄;性别;婚姻状况
	人格特质	"大五"人格;核心自我价值;完美主义者
外部因素	工作因素	工作负荷;工作压力
	组织因素	组织特征;分配公平与程序公平;组织认同
	社会因素	社会支持

(一)个体因素

1. 人口学变量

马斯拉奇等人(2001)[1]研究了年龄、性别、婚姻状况与工作倦怠的关系,结果表明:①年轻员工的工作倦怠水平高于中年员工,看来年轻员工的工作压力大于中年员工。马斯拉奇等人提醒人们应当注意**幸存者偏差**(survival bias)——随着那些因工作倦怠已经离岗的员工的离去,那些剩下来的"幸存者"的工作倦怠水平自然比较低;②男性有较高水平的疏离和去人格化倾向,女性有较高水平的情绪衰竭;③已婚员工的工作倦怠水平低于未婚员工(尤其是男性),未婚员工的工作倦怠水平高于离婚员工。据此可以推测稳定的婚姻关系是影响工作情绪的重要因素。马斯拉奇等人认为,这正好符合中国人"成家立业"的思想。

2. 人格特质

马斯拉奇等人(2001)研究表明,**神经质**(nervousness)的个体更容易受到工作倦怠的侵扰,工作倦怠中的情绪衰竭与 A 型性格(喜欢竞争、爱好有压力的生活方式、有较强的控制欲)呈正相关;孙配贞等人(2011)[2]认为,**核心自我价值**(core self-evaluation)是人们对自己能力和价值的最基本评价,它是存在于自尊、控制点、神经质和一般自我效能感四种人格特质之上的高阶因素特质,是一个更宽泛的、更高层次的人格概念。他们研究发现,个体的核心自我价值越高,其工作倦怠水平越低。

(二)外部因素

马斯拉奇等人(2001)[1]认为,虽然个体因素的确会导致工作倦怠,但这种影响作用比较小,工作倦怠更大程度上受到外部因素的影响。

1. 工作因素

首先,工作负荷与工作倦怠呈正相关。如果需要在短期内完成大量高强度的工作,员

---

[1] Maslach C, Schaufeli W B, Leiter M P. Job Burnout.[J]. *Annual Review of Psychology*. 2001(52): 397-422.

[2] 孙配贞,郑雪,许庆平,等. 小学教师核心自我价值、应对方式与工作倦怠的关系[J]. 心理发展与教育,2011(2): 188-194.

[1] Maslach C, Schaufeli W B, Leiter M P. Job Burnout. [J]*Annual Review of Psychology*. 2001(52): 397-422.

工的工作倦怠(尤其是情绪衰竭)就很容易产生;[1]工作负荷越高,其情绪衰竭水平越高;[2]每天工作时间和单位工作时间需要服务的客人数量与工作倦怠也呈正相关。[3]其次,工作压力会导致工作倦怠。工作压力与工作倦怠的三个维度(情绪衰竭、去人格化、个人成就感降低)均有显著正相关[4];其他学者的研究也得出类似的结论。[5]

2. 组织因素

研究表明:那些等级森严、规则较为死板的组织,其员工较容易产生工作倦怠[6];分配不公平或分配程序不公平会导致员工产生工作倦怠[7];员工的组织认同与去人格化、个人成就感降低呈负相关。[8]

3. 社会因素

研究发现,得到工作单位、家人、朋友和社会团体的支持越多,职业母亲的工作倦怠水平越低[9];社会支持不仅能降低武警警官的工作倦怠水平,还能提升其心理健康水平。[10]

四、工作倦怠的组织干预措施

工作倦怠的干预措施在理论上可以分为个人、组织、社会三个层面,但实际上对于已经卷入工作倦怠的员工个人而言,再谈什么个人层面的干预措施,那也只能是隔靴搔痒的话。因为"倦怠如同燃烧的火焰,有足够能源补充时,火焰会持续燃烧;当能源消耗殆尽,火焰自然就熄灭了。倦怠的员工就像熄灭的火焰,再也无法照亮自己和他人了"。[11]社会层面的干预措施主要是建立社会支持系统。可见,真正意义上的干预是组织层面的。

(一)科学甄别员工工作倦怠类型

科学甄别员工工作倦怠类型,是采取有针对性干预措施的前提。员工工作倦怠无外乎情绪衰竭、去人格化和个人成就感降低三种类型,如果对三种类型不加区分地进行所谓的

---

[1] Leiter M P, Maslach C. Nurse turnover: The mediationg role of burnout [J].*Journal of Nursing Management*. 2009, 17(3): 331-339.
[2] 蒋奖,许燕,张西超. 银行职员职业倦怠状况及压力水平的关系[J]. 中国临床心理学杂志,2004,12(2): 178-180.
[3] Maslach C, Schaufeli W B, Leiter M P. Job Burnout[J]. *Annual Review of Psychology*. 2001(52): 397-422.
[4] 赵简,张西超. 工作压力与工作倦怠的关系——心理资本的调节作用[J]. 河南师范大学学报(自然科学版),2010,38(3): 139-143.
[5] 李志鸿,任旭明,林琳,等. 教学效能感与教师工作压力及工作倦怠的关系[J]. 心理科学,2008,31(1): 218-221.
[6] Maslach C, Schaufeli W B, Leiter M P. Job Burnout[J]. *Annual Review of Psychology*. 2001(52): 397-422.
[7] 李超平,时勘. 分配公平与程序公平对工作倦怠的影响[J]. 心理学报,2003,35(5):677-684.
[8] 申继亮,李永鑫,张娜. 教师人格特征和组织认同与工作倦怠的关系[J]. 心理科学,2009,32(4):774-777.
[9] 李丽英,刘惠军. 职业母亲的工作倦怠与自尊、社会支持的关系[J]. 心理发展与教育,2008(1): 66-71.
[10] 裴改改,李文东,李建新,等. 控制感、组织支持感及工作倦怠与武警警官的心理健康的心理结构方程模型研究[J]. 中国健康心理学杂志,2009,17(1): 115-117.
[11] Schaufeli W B,Leiter M P,Maslach C. Burnout: 35 years of research and practice [J]. *Career Development Intenational*. 2009, 14(3): 204-220.

干预，其效果可能是不明显的。组织通常想到的干预措施可能是两条：一是推进柔性管理、倡导绩效评价多样化；二是努力培养个人兴趣、增强情绪调节能力。这两条措施对情绪衰竭型员工来说是有用的，但对另外两种类型的员工可能起不到什么干预作用。因此，对工作倦怠的类型不要一概而论，否则干预措施不仅不会起作用，反而浪费组织资源。

(二)开展差别化的心理援助计划

既然工作倦怠与个体因素有关，这就为干预措施提出了差别化要求。比如组织在稳定员工婚姻关系方面至少是想办法能够办到的。再如组织在减轻员工工作负荷、优化组织特征、完善分配公平和程序公平、提升员工的组织认同感等方面应该是有很大作为空间的。

(三)推进和完善现代管理制度

积极推进和完善现代管理制度，从制度入手减轻员工工作倦怠。为此，组织必须从自身实际情况出发，探索参与管理的有效途径，充分发挥员工在营销、产品研发和自主经营等方面的作用，改善员工与领导之间的关系，提高员工的沟通满意度；尊重个性自由，营造宽松的环境；提高员工地位，维护员工权益，改善员工待遇。同时，改革员工评价体系，强调形成性评价的重要性，最终建立形成性评价与总结性评价相结合并以形成性评价为主的复合性评价体系，并以合理的激励机制来保障。

(四)积极倡导自觉成长意识

积极倡导自觉成长意识，从员工自身角度入手减轻其工作倦怠。为此，组织领导者要教育员工以自律心态为人处世，因为他们的一言一行可能对服务对象产生放大的积极或消极影响；引导员工掌握自我调节技巧，如自我激励、自我悦纳等，以热忱的态度对待顾客；引导员工掌握时间管理策略，即"统筹安排工作时间，高效利用最佳时间，灵活利用零碎时间"，减少因时间利用不合理而带来的紧张与焦虑；引导员工科学规划职业生涯，确立个人的阶段性发展目标，合理平衡个人目标与组织目标之间的关系；引导员工丰富业余生活，发展愉悦身心的兴趣爱好。相应地，组织相关部门需改变传统的岗位培训模式，更新培训内容；重构入职后培训的框架，助力员工这一重要人力资本保值、增值。

【专栏 6-4】

工作倦怠发展的五个阶段

工作倦怠最轻的表现是一般性压力感，即在工作中能感觉到压力的存在。工作倦怠继续发展则会将这种压力感转移到个人情绪上，表现为易激怒或情绪低落，工作兴趣也在减退。工作倦怠进一步发展将出现生理障碍，如长期性失眠、多梦、嗜睡、胃口不好、胃口大开和性功能障碍等。再进一步发展，工作倦怠会使人出现躯体症状，表现为长期偏头痛、颈肩部疼痛、胃部疼痛、长期低热等。发展到最严重阶段，工作倦怠会使人的性格发生变化。比如，有着长期从业经历的大夫和殡仪馆工作人员，可能对病症和死亡表现出"麻木不仁"的态度。

(资料来源：姬雪松谈工作倦怠. [EB/OI]. http://job.foodmate.net/hrinfo/anli/22206.html)

关 键 术 语

(1) 情绪工作(emotion job)是个人为了响应组织有关情绪表达规则以完成组织工作任务而对自己的情绪表现进行管理的过程。

(2) 工作压力(job stress)是个体对于必须直接面对的工作或与工作相关的因素通过认知评价而产生的情绪体验。

(3) 工作压力后果(job stress consequences)是指工作压力对个体可能产生的后果，分为直接后果和间接后果。无论直接后果还是间接后果，都有积极和消极之分。

(4) 工作倦怠(job burnout)是指个体不能顺利应对工作压力而产生的一种极端反应，是个体在长时期工作压力体验下而出现的情感、态度和行为衰竭状态。

本 章 要 点

(1) 二维结构说认为，情绪工作的内容由"工作中心"和"人员中心"两个维度构成；四维结构说认为，情绪工作的内容由情绪表达频率、情绪表达规则所需注意力、情绪表达多样性、情绪不协调四个维度构成。

(2) 情绪工作策略有四种：表面行为或表层扮演；深度行为或深层扮演；被动深度行为或表达自然情绪；蓄意不同步行为。每种策略都需要付出不同程度的心理努力，使用任何一种策略都会在一定程度上影响到情绪工作的后果。

(3) 工作压力是一个"家族概念"，与它相关的概念有工作压力源、工作压力感、工作压力反应、认知评价。

(4) 应激的概念正在被滥用，必须尽量缩小它的使用范围。

(5) 工作压力对个体身心健康、工作绩效、工作要求与控制能力、决策都有影响。

(6) 工作压力管理有个人策略和组织策略之分。个人策略包括明确任务、授权、寻求帮助、消除完美主义思想、增强对模糊状态的忍耐度、克服自我专注、松弛技巧和工作调动；组织策略包括培训、工作设计、设立保健中心。

(7) 工作倦怠表现为情绪衰竭、去人格化、个人成就感降低。

(8) 导致工作倦怠的因素分为内部因素(人口学变量、人格特征)和外部因素(工作因素、组织因素、社会因素)。

(9) 工作倦怠的组织干预措施包括四种：科学甄别员工工作倦怠类型；开展差别化的心理援助计划；推进和完善现代管理制度；积极倡导自觉成长意识。

练习与思考

一、名词解释题

情绪工作、工作压力、工作倦怠、去人格化

二、单项选择题

1. 根据霍奇柴尔德的观点，情绪工作最有效的策略是（   ）。
   A. 表面行为   B. 深度行为   C. 被动深度行为   D. 蓄意不同步行为
2. 员工在工作中既要表现出适度的情绪，又要保持内心的中性感受，指的是（   ）。
   A. 表面行为   B. 深度行为   C. 被动深度行为   D. 蓄意不同步行为
3. 工作倦怠的核心内容是（   ）。
   A. 情绪衰竭   B. 去人格化   C. 个人成就感降低   D. 幸存者偏差
4. 有着长期从业经历的大夫和殡仪馆工作人员，可能对病症和死亡表现出"麻木不仁"的态度。这种情况指的是（   ）。
   A. 情绪衰竭   B. 去人格化   C. 个人成就感降低   D. 幸存者偏差
5. 有研究指出，那些等级森严、规则较为死板的组织，其员工较容易产生工作倦怠。其中"等级森严、规则较为死板的组织"指的是（   ）。
   A. 组织特征   B. 分配公平和程序公平
   C. 组织认同   D. 以上都不是
6. 在下列四种格局中，个体感到压力最大的是（   ）。
   A. 高要求—低控制   B. 低要求—高控制
   C. 低要求—低控制   D. 高要求—高控制

三、填空题

1. _____是个人为了响应组织有关情绪表达规则以完成组织工作任务而对自己的情绪表现进行管理的过程。
2. 情绪工作策略包括表面行为、主动深度行为、被动深度行为和_____。
3. 工作倦怠表现为情绪衰竭、_____和个人成就感降低。
4. 导致员工工作倦怠的组织因素包括组织特征、分配公平与程序公平和_____。

四、简答题

1. 简述情绪工作的策略。
2. 简述工作倦怠的表现。

五、论述题

1. 请你谈谈主动深度行为和被动深度行为的区别。

2. 试述组织层面的工作倦怠干预措施。

3. 试述工作压力与工作倦怠的关系。

六、案例分析题

我是一名初中教师，最近以来一直提不起精神来，工作没劲儿，做事有气无力，感觉工作乏味，二十多年来整天就是备课讲课批作业，家里学校讲台"老三点"。特别是推行新课标以来，感觉无所适从了：尊重学生，可学生不尊重你；严格要求学生，学生说你不给他自主空间；想惩罚违纪学生，学生说你体罚他；不准学生上课睡大觉，他说你干涉自由；批评谈恋爱的学生，他说是个性需要。学生难调，课本难教，中考难以应付，家长社会要求太高，我总感觉自己生活在夹缝之中，困惑无法解决，激情难以燃烧，身心疲惫，慢慢地变得漠然起来。我知道事业不能苟且，可就是不能振作精神。

请问我是什么问题？该怎么办呢？

参 考 文 献

[1] 段万春，张劲梅，傅红. 社会支持对新生代员工组织变革应激的影响研究[J]. 昆明理工大学学报(社会科学版)，2013，13(4)：48-52.

[2] 黄敏儿，吴钟琦，唐淦琦. 服务行业员工的人格特质、情绪劳动策略与心理健康的关系[J]. 心理学报，2010，42(12)：1175-1189.

[3] 蒋奖，许燕，张西超. 银行职员职业倦怠状况及压力水平的关系[J]. 中国临床心理学杂志，2004，12(2)：178-180.

[4] 景怀斌. 管理心理学[M]. 北京：科学出版社，2009：121.

[5] 李超平，时勘. 分配公平与程序公平对工作倦怠的影响[J]. 心理学报，2003，35(5)：677-684.

[6] 李丽英，刘惠军. 职业母亲的工作倦怠与自尊、社会支持的关系[J]. 心理发展与教育，2008(1)：66-71.

[7] 李志鸿，任旭明，林琳，等. 教学效能感与教师工作压力及工作倦怠的关系[J]. 心理科学，2008，31(1)：218-221.

[8] 林美珍. 服务性企业的服务创新问题[J]. 中国人力资源开发，2011(2)：68-70.

[9] 凌文辁，方俐洛，黄红. 工作压力探讨[J]. 广州大学学报(自然科学版)，2004，3(1)：76-79.

[10] 刘洪举，张兴福. 现代企业员工的完美主义倾向与工作应激的相关分析[J]. 东北师大学报(哲学社会科学版)，2007(6)：87-91.

[11] 刘永芳. 管理心理学[M]. 2版. 北京：清华大学出版社，2016.

[12] 马超，凌文辁. 国有大中型企业员工心理应激研究[J]. 心理科学，2004，27(3)：651-653.

[13] 裴改改，李文东，李建新，等. 控制感、组织支持感及工作倦怠与武警警官的心理健康的心理结构方程模型研究[J]. 中国健康心理学杂志，2009，17(1)：115-117.

[14] 孙配贞，郑雪，许庆平，等. 小学教师核心自我价值、应对方式与工作倦怠的关系[J]. 心理发展与教育，2011(2)：188-194.

[15] 申继亮,李永鑫,张娜. 教师人格特征和组织认同与工作倦怠的关系[J]. 心理科学,2009,32(4): 774-777.

[16] 苏丽娜, 刘永芳. 工作应激与个体归因特点关系的研究[J]. 心理科学, 2006, 29(4)：826-829.

[17] 文书生. 西方情绪劳动研究综述[J]. 外国经济与管理, 2004, 26(4)：13-19.

[18] 许燕. 现代人的职业枯竭与心理健康[J]. 青年记者, 2005(10)：35-37.

[19] 俞克纯, 沈迎选. 激励•活力•凝聚力[M]. 北京：中国经济出版社, 1988：37.

[20] 赵简, 张西超. 工作压力与工作倦怠的关系——心理资本的调节作用[J]. 河南师范大学学报(自然科学版), 2010, 38(3)：139-143.

[21] 张辉华, 凌文辁, 方俐洛. "情绪工作"研究概况[J]. 心理科学进展, 2006, 14(1)：111-119.

[22] 郑晓芳. 中小学教师职业压力、人格特征与职业倦怠的关系[D]. 硕士学位论文. 吉林大学, 2004.

[23] Ashkanasy N M, Hartel C E J, Daus C S. Diversity and emotion: The new frontiers in organizational behavior research[J]. Journal of Management. 2002, 28(3): 307-338.

[24] Ashforth B E, Humphrey R H. Emotion in the workplace: A reappraisal[J]. Human Relations. 1995, 48(2): 97-125.

[25] Ayyagari R, Grover V, Purvis R. Technostress: Technological antecsdents and implications [J]. MIS Quarterly. 2011, 35(4): 831-858.

[26] Brotheridge C M, Grandey A A. Emotional labor and burnout: Comparing two perspectives of "people work"[J]. Journal of Vocational Behavior. 2001(60): 17-39.

[27] Cordes C L, Dougherty T W. Blum managers and professionals: A comparison of models[J]. Journal of Organizational Behavior. 1997(18): 685-701.

[28] Davies S A. Emotional labor in academia: Development and initial validation of a new measure. Doctoral dissertation[J]. The Ohio State University. 2002. 1-11.

[29] Diefendorff J M, Croyle M H, & Gosserand R H. The dimensionality and antecedents of emotional labor Strategies[J]. Journal of Vocational Behavior. 2005(66): 339-357.

[30] Diefendorff J M, Gosserand R H. Understanding the emotional laboe process: A control theory perspective[J]. Journal of Organizational Behavior. 2003, 24(8): 945-959.

[31] Freudenberger H J. Staff burnout[J]. Journal of Social Issues. 1975(30): 159-165.

[32] Frijda N H, Ortony A, Sonnemans J, Clore G L. The complexity of intensity: Issues concening the structure of emotion intensity [M]. In M. S. Clark(Ed.), Emotion (1992: 60-89).

[33] Glomb T M, Tews M J. Emotional labor: A conceptualization and scale development[J]. Journal of Vocational Behavior. 2004(64): 1-23.

[34] Grandey A A. Emotion regulation in the workplace: A new way to conceptualize emotional labor[J]. Journal of Occupational Health Psychology. 2005(1): 95-110.

[35] Goldberg L S, Grandey A A. Display rules versus display autonomy: Emotion regulation, emotional exhaustion, and task performance in a call center simulation[J]. Journal of Occupational Health Psychology, 2007. 12(3): 301-218.

[36] Hardy G E, Woods D T. The impact of psychological distress on absene fromwork[J]. Journal of

AppliedPsychology. 2003(88): 306-314.

[37] Harris L C. The emotional labor of barristers: Anexploration of emotional labor status professionals[J]. Journal of Management Studies. 2002, 39(4): 553-584.

[38] Hochschild A R. Emotion work, feeling rules and social structure[J]. American Journal of Sociology. 1979. 85(3): 551-575.

[39] Hochschild A R. The Managed Heart: Commercialization of human feeling[M]. Berkeley, CA: Univerity of California Press. 1983

[40] Jones J R. An examination of the emotional labor construct and its effects on employee outcomes[J]. Doctoral Dissertation, The University Of Nebraska-Lincoln. 1998, 1-17.

[41] Karasek R A. Job demands, job decision latitude and mental: Implications for job redesign [J]. Administrative Science Quarterly. 1979(24): 285-308.

[42] Kidd J M. Emotion in career contexts: Challenges for theory and research[J]. Journal of Vocational Behavior. 2004(64): 441-454.

[43] Liu Y M, Perrewé P L, Hochwarter W A, Kacmar C J. Dispositional antecedents and consequences of emotional labor at Work[J]. Journal of Leadership & OrganizationalStudies. 2004, 10(4): 12-25.

[44] Kivimäki M, Virtanen M, Elovainio M, Kouvonen A, Väänänen A, Vahtera J. Work stress in the etiology of coronary heart disease-A meta-analysis [J]. *Scandinavian Journal of Work Environment & Health*. 2006, 32(6): 431-442.

[45] Kleiber D, Enzmann D. Burnout: 15 years of research: An international bibliography[M]. Gotting: Hogrefe. 1990.

[46] Kruml S M, Geddes D. Exploring the dimensions of emotional labor[J]. Management Communication Quarterly. 2000, 14(1): 8-49.

[47] Leiter M P, Maslach C. Nurse turnover: The mediationg role of burnout[J]. Journal of Nursing Management. 2009, 17(3): 331-339.

[48] Maslach C, Schaufeli W B, Leiter M P. Job Burnout[J]. Annual Review of Psychology. 2001(52): 397-422.

[49] Morris J A, Feldman D C. The dimensions, antecedents, and consequences of emotional Iabor [J]. Academy of Management Review. 1996, 21(4): 986-1010.

[50] Morris J A, Feldman. D. C. Managing emotions in the workplace[J]. Journal of Managerial Issues. 1997, 9(3): 257-274.

[51] Mumby D K, Putnam L L. The politics of emotion: A feminist reading of bounded rationality[J]. Academy of Management Review. 1992, 17(3): 465-486.

[52] Schaufeli W B, Leiter M P, Maslach C. Burnout: 35 years of research and practice [J]. Career Development Intenational. 2009, 14(3): 204-220.

[53] Schutte N, Toppinen S, Kalimo R et al. The factorial validity of the Maslach burnout inventory-general survey (MBI-GS) across occupational groups and nations[J]. Journal of Occupational and Organizational Psychology. 2000, 73(1): 53-56.

[54] Selye H. The stress of life[M]. New York: McGraw-Hill. 1978.

[55] Taylor S E. Health psychology [M]. London: McGraw Hill Higher Educayion. 2011.

[56] Totterdell P, Holman D. Emotion regulation in customer service roles[J]. Journal of Occupational Health Psychology. 2003, 8(1): 55-73.

[57] Wharton A S, Erickson R J. Managing emotions on the job and at home: Understanding the consequnces of multiple emotional roles[J]. Academy of Management Review. 1993, 18(3): 457-486.

[58] Zapf D. Emotion work and psychological well-being: A review of the literature and some conceptual considerations[J]. Human Resource Management Review. 2002(12): 237-268.

第七章 工作投入管理

最好不要在夕阳西下的时候去幻想什么,而要在旭日东升的时候即投入工作。

——谢觉哉

【学习目标】

- 识记组织社会化、心理契约、心理契约违背、组织承诺等概念。
- 了解组织社会化的过程、标志和策略。
- 理解心理契约的特点、结构和意义。
- 理解组织承诺的类型及其对员工行为的影响。
- 掌握心理契约违背的预防措施;组织承诺和心理契约的关系。

【引例】

要不要跳槽

A 对 B 说"我要离开这家破公司,我恨透它了!"B 答:"我举双手赞成,一定要给它点颜色看看,不过你现在离开还不是时候。"A 问为什么?B 说:"如果你现在走,公司损失不是很大。你应该趁你在公司的机会,拼命为自己拉一些客户,成为公司独当一面的人物,然后带着这些客户突然离开,公司才会被动,才会受到重大损失。"A 觉得 B 说得在理,于是拼命工作,事遂人愿,几经努力,终于有了许多忠实客户。两人再见面时 B 对 A 说:"现在是时候了,要跳槽赶快行动哦!"A 淡然笑道:"老总跟我谈过,准备升我为总经理助理,我暂时没有离开的打算了。"这也恰恰是 B 的初衷。

(整理自:工作态度的故事. http://www.docin.com/p-216964932.html)

启示:一个人对自己的工作哪怕不满意,只要投入,就会取得工作绩效。只有工作绩效提高了,才能证明你的能力大于位置,领导才会给你更多的机会。

工作投入(job involvement)又称工作卷入。尽管对这个概念的定义尚未达成一致意见,但有两个定义共同指向同一个内容——对工作的认同程度。黄希庭(2004)[①]定义:工作投入是指员工对其工作的积极主动态度和迷恋程度,主要是个人在心理上对自己工作的认同程

---

① 黄希庭. 简明心理学辞典[Z]. 合肥:安徽人民出版社,2004. "工作卷入"词条.

度。沙莲香(2015)[①]定义：工作投入测量的是一个人在心理上对工作的认同程度，认为其绩效水平对自我价值的重要程度。

工作投入的员工对他们所做的工作有较强烈的认同感，并且很在意他们所做的工作。工作投入是一个循序渐进的动态变化过程，其间包括组织社会化、心理契约和组织承诺。

第一节　组织社会化

员工如果打算应聘某个组织，总得先了解这个组织的情况怎么样，然后再决定是否应聘。一旦应聘，一方面要熟悉组织的规章制度、工作要求、行为规范以及它的历史、文化、传统等，另一方面也要在某种程度上约束自己、改变自己，只有这样，才能适应组织、融入组织，这个过程就是**组织社会化**(organizational socialization)。组织社会化是员工工作投入的第一步，它犹如"新娘进门，了解内情"。

一、组织社会化的概念

社会化(socialization)是指人从婴幼儿开始，受家庭、学校、社会的影响和塑造，学习自己所处社会的风俗、习惯、语言、价值观，掌握有效参与社会生活所需知识和技能的过程。通俗地说，社会化就是人从**自然人**(natural person)转变为**社会人**(social man)的过程。

受到社会化研究的启发，美国管理心理学家埃德加·沙因(E. Schein, 1968)将社会化概念引入组织领域，认为组织社会化是员工从**组织外部人**(outsider)转变为**组织内部人**(insider)的过程。[②]此后，研究者关于组织社会化的界说很多，大致有六种观点。

(1) 适应观：组织社会化是新员工的角色适应过程。
(2) 认同观：组织社会化是新员工认同并内化组织行为规范的持续过程。
(3) 互动观：组织社会化是新员工个人价值观与组织价值观相互影响并最终融合的过程。
(4) 交易观：组织社会化是新员工个人利益与组织利益彼此交换的过程。
(5) 调适观：组织社会化是新员工在组织中对可能遇到的各种冲突进行妥协、折衷与调适的过程。
(6) 学习观：组织社会化是新员工学习和内化组织文化的过程。[③]

这些观点都从某个角度道出了组织社会化的真谛。我们比较赞同埃德加·沙因的定义，不过稍有改动。本书定义：组织社会化是员工从社会人转变为组织人的过程。

首先，人在进入组织之前，就已经获得了适应社会的能力，形成了符合该社会要求的态度、信念、价值观及行为方式，是一个社会人。不过，由于没有经过组织文化的熏陶，

---

① 沙莲香. 社会心理学[M]. 4版. 北京：中国人民出版社，2015：232.
② Schein E H. Organizational socialization and the profession of management[J]. *Industrial Management Review*. 1968(9): 1-16.
③ Ostroff C, Kozlowski S W J. Organizational socialization as a learning process: the role of information acquisition[J]. Personnel Psychology. 1992(45): 849-874.

还不是组织人。刚进入组织的新员工,他们身上社会人的成分还很多,还不是一个完全的组织人。即使是老员工,如果身在组织,心在"社会"(如当一天和尚撞一天钟,敷衍了事),也不是一个完全的组织人。可见,员工从社会人转变为组织人是一个漫长且不断反复的过程。

其次,社会人的特点是有个性、价值观、目标、态度等,组织的特点是有组织文化、共同价值观、组织目标、组织规范等。因此,员工从社会人转变为组织人,必须通过人与组织的"一致性匹配"。①即员工个性与组织文化的一致性匹配,个人价值观与组织共同价值观的一致性匹配,个人目标与组织目标的一致性匹配,个人态度与组织规范的一致性匹配。

沙因认为,一个员工只要从组织外部人变成组织内部人,似乎就完成了社会化过程,这种看法是片面的。根据前面分析,本书的定义旨在强调,员工从社会人转变为组织人是一个不断出现反复的过程,要真正实现从社会人向组织人的转变,还必须与组织实现四个"一致性匹配"。否则,即便是老员工,也未必是组织人。

二、组织社会化的过程

关于组织社会化的过程,西方学者提出了许多模型,其中菲尔德曼(Feldman,1976)提出的权变模型最具代表性。菲尔德曼认为,组织社会化过程包括三个阶段(如图7-1所示):前社会化阶段、适应阶段和角色管理阶段。②这三个阶段是依次发展的,每个阶段会直接影响下一阶段社会化的效果,每个阶段均可用来单独评判员工社会化的成功与否。

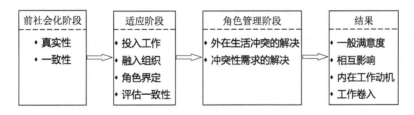

图7-1 组织社会化过程

(一)前社会化阶段

这一阶段即个人应聘与组织招聘阶段。此时,应聘者将搜集和评估与组织相关的信息,同时将自己的信息传递给招聘者,并评估组织提供的信息,从而决定自己是否加入该组织。这一阶段的重点是真实性和一致性。③"真实性"是指应聘者应表现出真实的自我,组织要提供自身的真实信息;"一致性"是指应聘者的需求及技能与组织的资源及要求之间契合的程度。契合程度越高,应聘者加入组织和组织接受应聘者的可能性就越大。

---

① 张兴国,许百华. 人-组织匹配研究的新进展[J]. 心理科学,2005,28(4):1004-1006.
② 转引自:喻自觉,凌文辁. 员工的组织社会化探析[J]. 经济论坛,2007(23):92-94.
③ 王明辉,凌文辁. 组织社会化理论及其对人力资源管理的启示[J]. 科技管理研究,2008(1):172-173.

(二)适应阶段

员工进入组织后，开始面对组织的真实情况，并尝试成为组织的一分子。在这一阶段，新员工必须了解和学习组织的工作职责及任务要求，接触同事并建立新的人际关系，明确自己的工作角色，并评估自己在组织中的发展前景。衡量这一阶段社会化程度的指标有四个：投入工作，加入群体，界定角色，评估一致性(即绩效自我评估与组织评估一致性)。

(三)角色管理阶段

这一阶段的员工要解决好两种冲突：①外在生活冲突，即"工作—家庭"冲突。工作本身或组织对个人在工作(或非工作)方面的要求都有可能造成"工作—家庭"冲突。②冲突性要求，即"个人工作要求—群体工作要求"冲突。对于工作重要性的认知、职务范围的界定、工作先后顺序的安排等问题，个人要求与群体要求两者间也可能发生冲突。菲尔德曼认为，新员工在社会化过程中会对组织的相关信息进行寻求与评估，对工作群体规范加以学习和适应，如果员工妥善地解决了这两种冲突，就会成为组织的一分子。

三、组织社会化的标志

员工从社会人转变为组织人的标志是什么？Chao(1994)[1]等人认为，组织社会化的标志体现在以下六个方面。

(1) 工作绩效标准化。即员工是否学习、掌握了与工作相关的知识和能力。

(2) 人际关系。即员工是否与上下级、同事之间建立了纵向和横向的人际关系。

(3) 组织政治。即员工能否有效地获取组织内部各种正式或非正式的工作关系及权力结构的信息。

(4) 语言。即员工是否获得组织内部的专用工作语言，包括能否理解组织中的专业技术用语，能否清楚地知道一些简写、俚语或行话。

(5) 组织目标/价值。即员工是否认识到学习组织目标及价值观的重要性，是否理解了一些非语言性的规范和非正式网络。

(6) 历史。即员工是否掌握了组织的传统、习俗、故事、仪式等方面的信息。

从这个意义上说，组织社会化就是"了解内情"[2]的过程。

张兴国和许百华(2005)[3]提出的四个"一致性匹配"模型从另一个侧面回答了组织社会化的标志：员工个性与组织文化的一致性匹配，个人价值观与组织共同价值观的一致性匹配，个人目标与组织目标的一致性匹配，个人态度与组织规范的一致性匹配。

---

① Chao G T, Oleary A M, Howard S W, et al. Organizational socialization: Its content and consequences[J]. *Journal of Applied Psychology.* 1994(79): 730-743.
② 林崇德，杨治良，黄希庭. 心理学大辞典[Z]. 上海：上海教育出版社，2003. "社会化"词条.
③ 张兴国，许百华. 人—组织匹配研究的新进展[J]. 心理科学，2005，28(4): 1004-1006.

四、组织社会化的策略

组织社会化策略最先由曼南和沙因(V. Mannen & E. Schein,1979)提出,是指组织通过特定的策略或方法促进员工的组织社会化,使之成为组织所期望的角色。[1]他们把组织社会化策略分为六种,每种由相互对立的两个概念组成。[2]

(1) 集体的—个别的。前者是指新员工通过集中学习方式来共同分享组织的经验和价值观,以达到组织社会化的目的;后者是指新员工以分散方式,单独学习组织的经验和价值观,以达到组织社会化的目的。集中学习容易对工作角色形成共同反应,分散学习容易对工作角色产生差异反应。

(2) 正式的—非正式的。前者是指对新员工先通过有计划、有针对性的培训,使其专心学习相关技能和工作角色,培训结束后再进入具体工作岗位;后者是指直接安排新员工进入某个工作岗位,一边工作一边学习相关技能和工作角色,而没有经过培训这一环节。

(3) 固定的—变动的。前者是指新员工在学习相关技能和工作角色时有一个固定的时间表;后者则没有固定的时间安排,无法确知每个阶段需要学习的内容。

(4) 连续的—随机的。前者是指给新员工提供一系列明确的、连贯的学习相关技能和工作角色的程序,使其了解将来在组织中会经历的各个阶段;后者是指新员工在学习相关技能和进入工作角色时没有固定的模式和顺序可循,其角色认知也可能是模糊的、随机的。

(5) 伴随的—分离的。前者是指组织安排有经验的资深成员伴随新进员工完成组织社会化过程,这些资深成员实际上是**角色榜样**(role model);后者是指让新进员工在没有其他成员帮助的情况下自行摸索和发展,没有既定的角色榜样可以学习。

(6) 赋予的—剥夺的。前者是指组织在尊重新员工个人特征和先前某些观念的前提下,让他们逐渐接受组织的规范、观念,并最终实现组织社会化;后者是指新员工需要改变个人特征和某些原有观念,必须重新建立起组织所需要的规范、观念。

琼斯(Jones,1986)将前述六种社会化策略整合为两类。[3]琼斯认为,如果组织采用集体的、正式的、固定的、连续的、伴随的、赋予的社会化策略,实际上是鼓励员工被动接受组织预先设定的角色,以使组织维持现状,他将这种策略称为**制度化策略**(institutional tactics);如果组织采用个别的、非正式的、变动的、随机的、分离的、剥夺的社会化策略,目的是鼓励员工保持个体特性,主动解释在组织中的角色,他将这种策略称为**个体化策略**(individual tactics)。琼斯认为,制度化策略容易导致员工角色固守倾向,个体化策略则容易产生角色创新倾向。可见,不同的组织社会化策略对员工态度和行为的影响存在差异。

---

[1] Van Maanen J, Schein EH. Toward a theory of organizational socialization [A]. S taw BM. Research in organizational behavior (Vol. 1)[C]. *Greenwich:JAI Press.* 1979, 209-264.
[2] 谭亚莉, 廖建桥. 员工社会化理论的研究进展[J]. 人类工效学, 2004, 10(2): 38-40.
[3] Jones G R. Socialization tactics, self-efficacy, and newcomers adjustments to organizations[J]. *Academy of Management Journal.* 1986(29): 262-279.

五、组织社会化管理

(一)新员工入职培训应正规化和结构化

尽管现代员工具有强烈的自主意识和自我中心主义倾向,然而他们却比较看重入职培训的制度化策略,期待组织的正式引导活动与政策,这一点对没经验的毕业生和有经验的**工作转换者**(work conversion is)来说都是如此。为此,组织可以通过建立企业学校或人才实训基地,并设置完整的培训课程体系,将新员工的入职培训与职业生涯规划结合起来。这样做,一方面可帮助新员工迅速完成角色转换;另一方面也可通过阶梯式人才培养路径设计满足新员工的个性化成长需求,帮助其实现自我价值。

(二)鼓励新员工的主动社会化行为

主动社会化行为包括开发人情关系。开发人情关系不应被简单看作是功利主义价值观下的行为导向,它直接影响到组织社会化策略对新员工工作适应的引导,组织应认可这类以利益交换为主要特征的非正式的人际关系的建构。[1]由于新员工采取主动社会化需要付出感知成本,因此组织应向新员工发布准确、充分的工作要求和组织的相关信息,以降低其主动社会化行为的成本感知;或者努力为新员工创造与组织其他成员交往的机会(如娱乐活动等)。另外,在新员工招聘和录用过程中,除了基于人职匹配的角度考察其知识和技能外,还应当测评那些对新员工主动行为具有预测效度的个体特质(如自我效能感等)。

(三)为新员工建立组织支持系统

可以为新员工指派专门"导师",通过导师充分了解新员工的特点,采用多样化、个性化的灵活指导方式。关于这一点,有的高校做得比较好。对于新教师,指派教学经验丰富的老教师作为他们的"教学导师"对其教学情况进行专门指导,一般以一年为期限进行考核,并对考核结果实行必要的奖惩。

第二节 组织中的心理契约

"黄梅时节家家雨,青草池塘处处蛙。有约不来过夜半,闲敲棋子落灯花。"南宋诗人赵师秀的诗句,表达了诗人因朋友爽约而显得百聊无赖、心灰意懒之心情。朋友爽约会引起心情不爽,员工和组织之间爽约就不是心情不爽那样简单了,它会造成一系列不良后果。

---

[1] Crant J N. Proactive Behavior in Organizations[J]. *Journal of Manaxement*. 2000, 26(3): 435-462.

第七章 工作投入管理

一、心理契约及其特点

(一)契约、心理契约和组织中的心理契约

《辞海》：契约即"合同"。合同有广狭两义。广义泛指发生一切权利义务关系的协议。狭义专指当事人之间订立、变更、终止民事关系的协议。"合同"一词最早见于《周礼·秋官·朝士》。在西方，合同制度始自罗马法，至资本主义提倡契约自由而日趋完善。广义合同多属口头协议，如师徒合同；狭义合同则属书面协议，如劳动合同(用人单位与劳动者签订的合同)。劳动合同具有法律效力。广义合同和狭义合同的共同特点是规定了当事人双方的权利和义务。

凡有人群的地方，人与人之间都可能形成相关关系。凡是相关关系人，都会在心理上有相互期望。同事之间期望相互理解，愉快合作；朋友之间期望相互忠诚，永不背叛；夫妻之间期望相爱永远，厮守终生；上级希望下级尊重，下级希望上级关爱……相关关系人之间的相互期望就是**心理契约**(psychological contract)。心理契约既不是口头协议，也不是书面协议，它"近似于心理上的相互认同"。①心理契约既然是相互期望，它必然是潜藏于内心深处的，不便明言的。

契约是法学术语，心理契约是社会心理学术语，组织中的心理契约则是管理心理学术语(为简便起见，以下简称"心理契约")。

20世纪60年代初，美国管理心理学家克瑞斯·阿吉里斯(C. Argyris)在工厂调查时发现，除了劳动合同规定的权利义务之外，工人和工厂之间、工人和工头之间，总是存在一种不成文的相互期望在起作用。工人对工厂总是有太多的期望。例如，期望把他们当人看，期望给他们提供值得一干而不是枯燥乏味甚至低贱的工作，期望承认他们的能力，期望对他们的工作给予公正评价，期望给他们以深造、发展的机会等。工厂和工头对工人也有很多期望。如工厂期望工人忠诚可靠，能代表、维护工厂形象，能为工厂作出牺牲。当工头们看到某个他们所器重的工人变得不那么积极或"不愿为工厂卖力气"时，会感到很失望。有鉴于此，1960年阿基里斯在《理解组织行为》一书中最先使用"心理工作契约"一词来表达工人与工厂之间、工人与工头之间"只可意会不可言传"的相互期望，并认为**心理工作契约**(psychological work contract)是"工人与工厂之间以及工人与工头之间一种隐性的、非正式的相互理解与默契关系"。②

此后，有关心理契约的定义很多。莱文森和普莱斯等人(Levinson & Price, et al, 1962)③认为心理契约是"雇主与雇员之间的相互期待，它在很大程度上是无形的，并处在不断改变之中"。埃德加·沙因(1980)④的定义一直被奉为经典，他认为"心理契约是在组织中，每

---

① [英]亨利·梅因. 古代法[M]. 沈景一，译. 北京：商务印书馆，1959：39.
② Argyris C. Understanding organizational behavior[J]. Oxford: Dorsey. 1960.
③ Levinson H，Price C R，Munden K J，Mandl H J，Solley C M . Men, management, and mental health [M]. Cambridge: Harvaed University Press. 1962.
④ Schein E H. Organizational Psychology [M]. Englewood Cliffs，NJ: Prentice Hall. 1980.

个成员和不同的管理者,以及其他任何人在任何时候都存在的没有明文规定的一整套期望"。沙因特别强调心理契约在组织管理中的地位和作用。他认为心理契约一旦被破坏,将导致雇员不再信任组织,不再为组织服务,最终将危及组织的正常运转。

上述定义并非完美无缺,它可能有认识上的深与浅、文字上的简与繁、表达上的直与曲、辞藻上的雅与俗等方面的成功与遗憾。这倒是次要的,主要在于上述定义均未体现"劳动合同之外"这一重要特征。本书定义:心理契约是在劳动合同规定的权利义务之外,员工与组织之间对于双方应尽权利义务的一整套隐含的、非正式的相互期望,分为员工心理契约和组织心理契约两种。员工心理契约即员工对组织应尽权利义务的期望,简称"员工期望";组织心理契约即组织对员工应尽权利义务的期望,简称"组织期望"。

(二)心理契约的特点

1. 约束作用有限性

心理契约是在劳动合同规定的权利义务之外的相互期望,说明它不具备法律效力。由于它的约束作用十分有限,双方或一方爽约是常有的事。一旦爽约,就会给对方造成伤害。一旦造成伤害,一方或双方通常会通过情绪改变、态度改变、行为改变等方式表现出来,如消极情绪体验、不再相信对方、离职或被离职等。

2. 内隐性

心理契约是藏于内心深处的,说明它具有内隐性。心理契约的内隐性特点,决定了雇用双方必须尽力去理解、评估对方的期望。理解、评估不一致,是导致爽约的重要原因。理解、评估一致性,则是维护心理契约的有效办法。

3. 双向性

心理契约是相互期望,说明它具有双向性。心理契约的双向性特点,要求雇用双方必须尽量满足对方的期望。一方不能满足另一方的期望,就会导致爽约。克服爽约的有效办法是双方有诚意地、友好地沟通。唯其如此,方能发挥心理契约的激励作用。

4. 动态性

随着组织内外部环境不断变化和员工的组织社会化程度不断提高,心理契约也会不断变化。心理契约因人而异、因时而变的特点,说明它具有动态性。沙因从员工和组织两个方面分析了心理契约的动态性。从员工方面看,员工在刚刚进入组织时,由于其组织社会化程度不高,他们的期望多半是围绕着"自我测试"而发生的,他们需要弄清楚自己的本事究竟有多大、能否站稳脚跟、能否真正为组织作贡献。因此,他们期望组织给自己压担子。但是当他们看到自己总是干一些无意义的、辅助性的、低贱的工作时,就会感到莫大的失望。而当处于职业生涯的后期,他们的期望可能是"得到关心和照顾",而不是被"秋扇见捐""弃如敝屣"。从组织方面看也是如此,当它处境艰难、举步维艰时,会期望员工献出最大的忠诚;当它处于平稳发展时期,会期望员工有更扎实可靠的工作表现。

二、心理契约的结构

研究者们在探讨心理契约的本质的同时，也在对心理契约的内容结构展开研究。

(一)二维结构

麦克尼尔(MacNeil，1985)[1]最早将心理契约的内容分为两个维度：**交易型**(transactional)心理契约和**关系型**(relational)心理契约。交易型心理契约由具体、短时、有形的相互责任构成，双方强调当前利益的即时交换。例如，员工方根据工作要求生产合格产品，企业方根据产品数量支付报酬。关系型心理契约由广泛、长时、开放性的相互责任构成，它不仅基于经济成分的相互交换，还基于未来的事业发展、自身学习进步以及社会情感方面的交换。在此，心理契约的内容更多为主观性理解。例如，企业方为员工安排培训，提升员工的能力水平；员工方不断进行技术创新，提高企业生产效率。

卢梭和帕克斯(Rousseau & Parks，1993)[2]也将心理契约分为交易型和关系型两类，并指出它们在关注点、时间框架、稳定性、范围和明确程度上存在差异，如表7-1所示。

表7-1　交易型心理契约与关系型心理契约的差异

	交易型心理契约	关系型心理契约
关注点	追求经济的、外在需求的满足	追求社会情感需求的满足
时间框架	有限期的	无限期的
稳定性	稳定的、无弹性的	动态的、有弹性的
范围	涉及更少的员工个人生活	涉及更多的员工个人生活
明确程度	员工责任的界限分明	员工责任的界限不清晰

罗宾森等人(Robinson et al.，1994)[3]、崔(Tsui，1997)[4]、米尔沃德和霍普金斯(Millward & Hopkins，1998)[5]、陈加洲等人(2003)[6]都证明了二维结构的存在，不过不同的研究者在每个维度上研究的具体内容不尽相同。

(二)三维结构

以上研究都认为心理契约由两个维度构成，支持三维结构的研究者也不少。

---

① MacNei l I R. "Relational Contract: What We Do and Do Not Know."[M]. *Wisconsin Law Review*. 1985.
② Rousseau D M, Parks M J. The contracts of individuals and organizations[A]. In L. L. Cummings, &B. M. Staw (Eds.)[C]. Research in Organizational Behavior[M]. Greenwich, CT: JAI Press. 1993, 1-43.
③ Robinson S L, Kraatz M S, Rousseau D M. Changing obligations and the psychological contract: A longitudinal study[J]. *Academy of Management Journal*. 1994(37): 137-152.
④ Tsui A S，Pearce J L, Porter LW，et al. Alternative approaches to the employee organization relationship: Does investment in employees pay off?[J]. *Academy of Management Journal*. 1997(40): 1089-1121.
⑤ Millward L J, Hopkins L J. Psychological contracts, organizational and job commitment[J]. Journal of *Applied Social Psychology*. 1998, 28(16): 1530-1556.
⑥ 陈加州，凌文辁，方俐洛. 企业员工心理契约的结构维度[J]. 心理学报，2003, 35(3): 404-410.

卢梭和缔约利瓦拉(Rousseau&Tijoriwala, 1996)[1]将心理契约分为三个维度：交易维度、关系维度和团队成员维度。交易维度指组织为员工提供经济和物质利益，员工承担基本工作任务；关系维度指员工与组织关注双方未来的、长期的、稳定的联系，促进双方共同发展；团队成员维度指员工与组织均注重人际支持和良好的人际关系。李和汀斯利(Lee &Tinsley)[2]对香港和美国工作团队进行研究也得出相同结论。李原和郭德俊(2006)[3]也将心理契约分为三个维度：规范性责任、人际型责任和发展型责任。规范性责任表现为企业给员工提供经济利益和物质条件，员工遵规守纪完成基本工作要求；人际型责任表现为企业给员工提供人际环境和人文关怀，员工为企业创造良好的人际环境；发展性责任表现为企业为员工提供更多的发展空间，员工自愿在工作中付出更多的努力。

三、心理契约的意义

(一)理论意义

1. 心理契约体现了人本管理思想

心理契约是人本管理思想在信息时代的体现，是提高现代组织核心竞争力的秘诀。研究心理契约，可以为人力资源开发管理提供理论指导。

2. 心理契约是建立诚信制度的重要内容

心理契约的核心理念在于强调双方对于权利义务的兑现，以此为基础的组织管理还是建立诚信制度、改善组织环境的重要内容。

3. 心理契约是发展合作关系的重要保证

员工与组织的关系既是雇员与雇主的关系，更是合作关系。以心理契约为基础的组织管理，既是维系合作关系的基础，更是发展合作关系的保证。

(二)实践意义

1. 心理契约有助于增强履责意识

心理契约有助于加强双方履行权利义务的意识，以及自我约束和自我控制。心理契约是联系员工与组织的心理纽带，也是影响员工行为和态度的重要因素，它会影响员工工作投入、工作绩效、工作满意度以及离职率等。

2. 心理契约有助于降低管理成本

心理契约可使组织在人员选拔与招聘、薪酬设计、职业发展、组织变革等各个环节上

---

[1] Rousseau D M, Tijioriwala. Perceived legitimacy &Unilateral Contract Change: It Takes a Good Reason to Change a Psychological Contract[C]. *San Diago*: *Symposium at the SIOP Meetings*. (in Chinese). 1996.

[2] Lee C, Tinsley C H. Psychological Normative Contracts of Work Group Member in the U.S. and Hong Kong[R]. *Working Paper*. 1999.

[3] 李原，郭德俊．员工心理契约的结构及其内部关系研究[J]．社会学研究，2006(5)：151-168．

加强与员工的沟通，明确双方现实的和发展的权利义务，在诚信基础上保证双方的权益，使组织与员工关系和谐发展。心理契约可使组织根据发展需要对员工进行教育、培训和引导，通过调整、提高组织和员工之间的相互责任水平，实现员工价值与组织价值在更高水平上的统一。

3. 心理契约有助于降低不确定性

明确全部细节让人厌烦，但不确定性太大，双方压力也大。由于心理契约暗含着条款约束，对双方行为都作了限定，因此心理契约能够降低不确定性。降低不确定性对员工和组织都有重要意义：①它可使双方对未来事件作出预测，并制订应对心理契约违背的预案；②它可使组织不必总是对员工的行为进行监视，也可使员工不必总是担心组织爽约；③相对于组织，员工总是弱者。降低不确定性，能使员工在一定程度上把握自己的命运。因为心理契约遵循着这样的规则：只要员工履行了自己一方的权利义务，他就有理由要求组织兑现其应尽的权利义务。

四、心理契约违背的预防

(一)心理契约违背的相关问题

1. 心理契约违背的概念

心理契约违背(psychological contract violation)是指员工因组织违背心理契约而产生的一种短期的、相对激烈的消极情绪反应，如失望、愤怒、悲痛等。可见，心理契约违背的主体是组织，引起消极情绪反应的一方是员工。

2. 心理契约违背的过程

莫里森和罗宾逊(Morrison & Robinson, 1997)[①]指出，由于对心理契约违背在界定上存在分歧，因此造成一些研究结果不一致的情况。他们强调应将"心理契约违背"与"心理契约未履行认知"这两个概念区分开来。后者是指个体对于组织未能履行其心理契约而引起的认知评价。前者是指个体在认知评价基础上产生一种情绪体验，其核心是愤怒情绪，个体感觉组织背信弃义或自己受到不公正对待。图7-2提供了心理契约违背的形成过程。

3. 心理契约违背的原因

心理契约违背的原因可分为三个方面：一是组织由于客观原因而失去了兑现能力；二是组织有能力兑现但故意不兑现；三是员工和组织对心理契约的理解存在歧义。

---

① Morrison E. W, Robinson S. L. "When Employees Feel Betrayed: A Model of How Psychological Contract Violation Develops"[J]. *Academy of Management Review*. 1997, 22(2). 226-256.

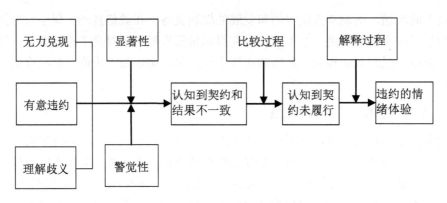

图 7-2　心理契约违背的形成过程

4. 心理契约违背的行为反应

组织违背心理契约，员工可能有四种行为反应[1]：①退出行为。即辞职或调离。②呼吁行为。即积极行动、采取措施、解决问题。③忠诚行为。即乐观而被动地等待、寻求支持。④忽略行为。表现为迟到、早退、旷工等消极应付行为。

5. 心理契约违背对组织的影响[2]

(1) 阻碍组织效益提升。如果员工采取呼吁行为或忠诚行为，表明员工还是试图维持雇佣关系的。如果员工采取退出行为或忽略行为，则会对组织效益的保持或提升产生极大的消极影响。因为退出行为意味着人力资源流失，也意味着由退出人员所掌握的技术、营销、管理等知识资源的流失；而忽略行为则意味着消极怠工的产生和抱怨情绪的蔓延，这些都将直接或间接导致组织效益的降低。

(2) 对组织文化氛围产生消极影响。当员工感到被背叛和受到不公平对待时，也会对组织所倡导的文化产生怀疑甚至反感，会在组织中寻求具有相同感受的"志同道合"者，形成非正式群体，将心理契约违背的感知和愤怒通过非正式的沟通渠道向组织中的各个环节散布，在组织中培养与组织文化价值观相悖的行为准则和行为方式。

(3) 对组织声誉造成负面影响。俗语说："良禽择木而栖。"心理契约违背会把有抱负、有才能、有市场的员工推向自己的竞争对手，导致人力资源流失，更深层次则反映出组织识人、用人、育人、留人机制不完善。这一信息在人力资源市场上的传播，将直接导致组织后续人力资源供给的匮乏，也会影响组织的声誉。

(4) 导致不良社会行为发生。员工中存在良莠不齐的现象是常有的事。少数员工知识资源丰富，但思想意识欠成熟，如果组织引导、教育和培养得当，那是组织的宝贵财富。反之则可能因心理契约违背而走到失控边缘。如果被不法分子教唆和利用而采取非理性行为，如罢工闹事、集会游行等过激行为，轻者对组织造成伤害，重者对社会造成危害。

---

[1] Tumley W H, Feldman D C. "The Impact of Psychological Contract Violations on Exit, Voice, Loyalty and Neglect" [M]. *Human Relations*. 1990: 895-922.

[2] 郑子林. 知识型员工心理契约违背的影响及预防措施探析[J]. 管理世界, 2014(1): 1-4.

(二)心理契约违背的预防措施[①]

1. 营造诚信履约的组织文化

如果从机会主义行为中能够得到大于付出的好处,理性的心理契约主体就可能放弃诚信而故意违约。组织要发挥心理契约的特有作用,强化双方履约的责任,就必须不断构建和强化诚信履约的组织文化,抑制博弈过程中的机会主义行为。诚信文化可促进心理契约双方如约履行的机制,包括道德自律、制度约束和文化自觉这三个层面。组织期望的实现,在于建设以人的能力为本的组织文化。健康向上的组织文化能在组织中创造出一种奋发、进取、和谐、平等的组织氛围和组织精神,为全体员工塑造强大的精神支柱,形成坚不可摧的生命共同体,这无疑可以为达成与维持心理契约创造良好的氛围和空间,增强员工努力工作的热情与信念,激发组织与员工共同信守"契约"所默示的各自对应的"承诺"。因此,建立良好组织文化有利于员工形成合理的期望,起到稳定人才的作用。

2. 构建心理契约违背的防范机制

认知到的心理契约违背并不一定准确,难免出现认知偏差。在员工与组织的心理契约关系中,若员工主观上形成了心理契约违背的认知判断,就会产生消极情绪体验及相应的行为反应,进而影响个人绩效和组织绩效。心理契约违背的防范机制包括:①事前防范。即防范导致心理契约违背的客观事件的真实发生。②认知偏差防范。心理契约从缔结到履行直至新一轮契约关系的建构,双方沟通与交流都是借助于含蓄而间接的心理暗示手段来实现的,因此组织应加强暗示技能的培训,通过恰当的情境、行为乃至含蓄的言语文字等方式,让员工较准确地感受到心理契约履行的真实情况,避免晕轮、定型、首因、近因等效应造成心理契约违背的认知偏差。

3. 完善心理契约违背的补救制度

心理契约违背补救是一种管理过程。首先要发现心理契约违背的发生,分析违背原因,然后对心理契约违背进行评估并采取恰当的管理措施予以解决。违约主体若为故意违约,则应按诚信原则及时惩戒,并敦促相关管理者信守承诺;违约主体若属无力履约,则应通过有效沟通,及时传递客观有用信息,求得员工理解并及时补救;若是出于双方对心理契约的理解存在歧义,则应改善沟通方式,有效地交流各自的期望和传递履约的真实情况,才能化解员工因理解歧义而导致的消极情绪体验和不良行为反应,并促使其行为反应向积极方向转化。

五、建立良好心理契约的途径

(一)组织公平

亚当斯(1967)的公平理论主要是基于激励的角度来研究分配公平和程序公平。从心理契

---

① 张志宏. 组织行为学[M]. 上海:立信会计出版社,2008.

约的角度来研究公平，既包括分配公平和程序公平——统称薪资公平，也包括机会(如职称、职务、进修等)公平。薪资公平和机会公平的关键在于是否被员工所认知。如果员工认知到是公平的，那么他们就会觉得心理契约是平等的。否则，员工就会产生心理契约违背的感受，从而故意减少对组织的贡献和付出，这将对组织绩效造成不利影响。

(二)激励公平

让员工感知到组织公平远远不够，须得激励公平。所谓激励公平就是奖勤罚赖，大贡献重奖，小贡献小奖，没有贡献不奖。只有这样，员工才会觉得组织是公平的。激励公平有助于员工和组织内部其他人之间形成一种公平的心理契约关系。

(三)尊重员工

员工觉得受到尊重，自尊心就会提高。提高自尊心的员工，往往容易和组织形成良好的心理契约关系，他们会心甘情愿地为组织作贡献，觉得"付出"是值得的。

(四)职业生涯指导

个人职业生涯发展和组织发展目标一致是最理想的状态。这种理想状态，一靠组织管理，二靠对员工职业生涯规划进行指导。个人职业生涯发展和组织发展目标一致，员工容易和组织形成良好的心理契约关系。平衡的心理契约关系，有助于创造一个高绩效的工作环境，有助于提高员工对组织的忠诚度，有助于防止人才外流。

(五)组织文化建设

以人为本的组织文化，其本质在于组织价值观应建立在尊重人、充分发挥人的能力这一基础之上。组织的一切管理活动、经营理念、发展目标都应紧紧围绕尊重人、充分发挥人的能力而进行。以人为本的管理，就是发挥员工潜质的管理。员工潜质得到极大发挥，就容易和组织形成良好的心理契约关系。

兵书云："上下同欲者胜。"愿心理契约能够成为您打开成功管理之门的一把钥匙。

【专栏7-1】

心理契约研究什么

"昨夜星辰昨夜风，画楼西畔桂堂东。身无彩凤双飞翼，心有灵犀一点通。"唐代诗人李商隐脍炙人口的诗句，赞美了恋人之间心意相通、心心相印的美好情感。然而在学校、医院、企业乃至更为规范、严密的行政组织中，上下级之间的心理关系却远比恋人之间的心理关系要复杂得多、微妙得多，双方总是力图通过相互沟通、相互理解、相互信任以求达到心理上的契合，而且这种愿望又总是那么迫切和强烈！

心理契约理论不仅研究员工和组织之间的相互期望，而且还研究这种相互期望对双方的影响。它通过对这种相互期望进行分析，既要找到克服心理契约违背的有效办法，又要找到建立良好心理契约关系的有效途径，以减少员工的无端猜疑，增强组织凝聚力。

第三节 组织承诺

"一别之后，二地悬念。只说三四月，又谁知五六年。七弦琴无心弹，八行书无可传。九连环从中折断，十里长亭望眼欲穿。百思想，千系念，万般无奈把郎怨……"[①]这首嵌数诗，表达了诗人卓文君对郎君司马相如欲负当初承诺之抱怨。

夫妻之间不信守承诺尚且要遭到抱怨，何况员工与组织之间呢！

一、组织承诺的概念

哈德·贝克(H. S. Becker，1960)在《组织承诺的概念》一文中最先给组织承诺下定义：组织承诺是由员工**单方投入**(side-bet)产生的维持"活动一致性"的倾向，是随着员工对组织单方投入的增加而不得不继续留在该组织的一种心理现象。[②]这种"单方投入"对于员工来说可以是一切有价值的东西，如时间、精力、已经掌握的只能用于本组织的技能等。[③]

此后，有关组织承诺的定义很多，但都是围绕员工的"单方投入"来定义的：布坎南(Buchanan，1974)[④]：组织承诺是个人对所属组织目标和价值观的认同，个人认同组织以及与组织联系的紧密程度。默德等人(Mowday, Porter, Steers，1979)[⑤]：组织承诺是个人对组织目标、价值观的一种强烈认同和接受；愿意为组织贡献力量；愿意留在组织中。维纳(Wiener，1982)[⑥]：组织承诺是指为了满足组织的利益，个体不断地被灌输和强调组织奉行的观念或规范的结果，是个体对组织目标、价值观的接受和内化。凌文辁等人(2001)：[⑦]组织承诺是员工对组织的一种态度，它可以解释员工为什么要留在某企业，因而也是检验员工对企业忠诚度的一种指标。《心理学大辞典》[⑧]：组织承诺是员工随着对组织投入的增加而产生的积极投入组织任何工作的一种感情。

上述定义从不同角度揭示了组织承诺的本质。不过组织承诺究竟是什么，研究者们意见纷呈，莫衷一是，有心理现象说、态度说、感情说、认同说等。说它是心理现象显得过于宽泛；说它是态度或情感又显得过于狭窄，因为态度和情感仅反映了组织承诺的一个方面；说它是认同显然不对，因为认同组织目标和价值观只是员工作出承诺的前提。

本书定义：**组织承诺**(organizational commitment)是员工认同组织目标和价值观而留在组

---

① 赵连元. 审美艺术学[M]. 北京：首都师范大学出版社，2002：94.
② Becker H S. The concept of organizational commitment [J]. American Journal of Sociology. 1960(66): 32-42.
③ 胡卫鹏，时勘. 组织承诺研究的进展与展望[J]. 心理科学进展，2004，12(1)：103-110.
④ Buchanan B. Building organizational commitment: The socialization of managers in work organizations[J]. Administrative science quarterly. 1974(19): 533-546.
⑤ Mowday R T, Porter L W, Steers R M. The measurement of organizational commitment[J]. Journal of vocational behavior. 1979, 14(2): 224-247.
⑥ Wiener Y. Commitment in organization. A normative view[J]. Academy of Management Review. 1982, 7(3): 418-428.
⑦ 凌文辁，张治灿，方俐洛. 影响组织承诺的因素探讨[J]. 心理学报，2001, 33(3)：259-263.
⑧ 林崇德，杨治良，黄希庭. 心理学大辞典[Z]. 上海：上海教育出版社，2003. "组织承诺"词条.

织、热爱组织、忠于组织的心理倾向。

在认同组织目标和价值观这个前提下，员工会倾向于从不同角度、不同侧面对组织作出承诺，但大体上可分为三类：有的因事出有因而承诺留在组织中；有的则是出于热爱组织而心甘情愿地对组织作出承诺；有的则完全是出于忠于组织，觉得有责任、有义务对组织作出承诺。在这些员工看来，对组织作出承诺是理所应当的。

二、组织承诺的结构

组织承诺的内涵丰富而复杂，因而其结构也经历了从单维到多维的发展。目前受到普遍认可的组织承诺分类是加拿大学者迈耶和艾伦(Meyer & Allen, 1991)[①]提出来的，他们区分了三种不同形式的组织承诺：情感承诺、持续承诺和规范承诺。

(一)情感承诺(affective commitment)

情感承诺是指员工从情感方面认同组织目标和价值观，出于对组织的深厚情感，心甘情愿地承诺为组织工作。情感的东西往往是靠不住的。当组织处于蒸蒸日上的时候，他们是心甘情愿的。当组织运转不正常的时候，心甘情愿就会变成"勉为其难"。

(二)持续承诺(continuance commitment)

持续承诺是指员工虽然认同组织目标和价值观，但往往是出于无奈或有所图而承诺为组织工作。"出于无奈"的原因包括受教育程度、技术水平、离任成本、转换职位机会等。"出于有所图"的原因包括投入、报酬、机会等。

(三)规范承诺(normative commitment)

规范承诺是指员工从态度方面认同组织目标和价值观，觉得有责任、有义务忠于组织。规范承诺是员工忠于组织的表现，这既是组织对员工长期投资带来的结果，也是员工受社会行为规范约束的结果，同时也有员工的良知、社会经历等方面的因素在起作用。

三、组织承诺对员工的影响

研究组织承诺的目的在于探讨不同类型的组织承诺对员工工作行为的影响，以便对员工的工作行为进行预测和干预。

(一)组织承诺与员工离职

迈耶和艾伦(Meyer & Allen, 1997)[②]曾提出一个离职决策模型，认为在离职行为发生之

[①] Meyer J P, Allen N J. A three-component conceptualization of organizational commitment [J]. *Human Resource Management Review*. 1991, 1(1): 61-89.

[②] Meyer J P, Allen N J. Commiment in the work place: Theory, Research and Application[M]. Thousand Oaks: Sage Publications. 1997.

前，组织承诺会对离职念头、离职愿望和离职倾向产生重要影响，而组织承诺、离职念头、离职愿望、离职倾向这些变量在实际测量中具有一定的可信度。袁凌等人(2007)[①]据此构建了一个组织承诺影响员工离职的概念模型，如图7-3所示。

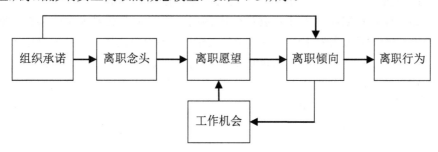

图7-3 组织承诺影响员工离职的概念模型

国外研究表明组织承诺与离职呈显著负相关，即组织承诺越高，离职倾向越低。[②]国内研究者如张勉(2003)[③]、崔勋等(2003)[④]也得出相似结论。袁凌等人(2007)研究表明：①三种承诺(情感承诺、持续承诺、规范承诺)都与离职倾向显著相关；②三种承诺能概括企业员工组织承诺的状况；③离职念头和离职倾向之间存在约束因素，即组织承诺先与离职念头发生直接关系，再受其他因素(如工作机会)影响，而与离职倾向发生间接关系。

(二)组织承诺与员工绩效

研究表明，组织承诺与员工绩效呈显著正相关，即组织承诺越高，工作绩效越高。韩翼(2007)[⑤]研究发现，情感承诺对角色内绩效和角色外绩效有直接正效应，即对组织情感深厚的员工，角色内绩效和角色外绩效都比较高。另外，情感承诺通过规范承诺对角色内绩效和角色外绩效有间接正向影响，即规范承诺高的员工，对组织更有情感，并产生积极行为。李金波等人(2006)[⑥]研究发现，组织承诺对工作行为的作用主要通过情感承诺和持续承诺影响员工角色内行为来实现。三种承诺对工作绩效产生显著影响，只是影响方式有些不一致。情感承诺主要影响周边绩效，规范承诺主要影响任务绩效，持续承诺对两种绩效都有显著影响。马凌等人(2013)[⑦]、李景平等人(2016)[⑧]均证明组织承诺对工作绩效有正向的影响。

---

① 袁凌，王烨，陈俊. 组织承诺对员工离职行为影响的实证研究[J]. 湖南大学学报(自然科学版)，2007，34(6)：85-88.
② Steers RM. Antecedents and outcomes of organizational commitment [J]. Administrative Science Ouarterly. 1977. 22(1): 46-56.
③ 张勉，张德，李树茁. IT企业技术人员离职意图路径模型实证研究[J]. 南开管理评论，2003(4)：12-20.
④ 崔勋. 员工个人特性对组织承诺与离职意愿的影响研究[J]. 南开管理评论，2003(4)：4-11.
⑤ 韩翼. 组织承诺对雇员工作绩效的影响研究[J]. 中南财经政法大学学报，2007(3)：53-58.
⑥ 李金波，许百华，张廷燕. 组织承诺对员工行为和工作绩效的影响研究[J]. 人类工效学，2006，12(3)：17-19.
⑦ 马凌，王瑜，邢芸. 企业员工工作满意度、组织承诺与工作绩效关系[J]. 企业经济，2013(5)：68-71.
⑧ 李景平，张鹏飞，王鑫. 沉静型领导、组织承诺对工作绩效的影响研究[J]. 湖南社会科学，2016(11)：110-114.

(三)组织承诺与员工行为[①]

组织承诺对员工的束缚力在不同因素之间产生的作用是不平等的。员工因为期望而产生的情感承诺会使他们对组织产生更强的依附倾向。组织中存在着大量的事件影响着员工的行为。当员工以情感承诺为主时，他们受到的影响(干扰)会比较小，从而专注于自己的行为；当员工以持续承诺为主时，则可能偏离"束缚"，表现出和承诺不一致的行为。许多员工在组织遇到危机时，表现出与组织同生死共患难的勇气和决心，这些都是组织承诺的作用。因此可以说，组织承诺是组织最宝贵的财富，特别是当组织处于危难情况时，员工的组织承诺更显得弥足珍贵，可谓"一诺千金"。

四、组织承诺与心理契约的关系

(一)组织承诺和心理契约的区别

组织承诺是员工单方面向组织作出承诺，心理契约是员工和组织之间互有期望。前者是单向关系，后者是双向关系。如果说心理契约是员工和组织"共结良缘"，那么组织承诺则是员工向组织"以身相许"。

(二)组织承诺和心理契约的联系

1. 心理契约决定组织承诺的类型

心理契约暗含着雇用双方对于期望的认知评价。正是由于个体对组织一方应尽权利义务的认知、对比与信念，才导致个体对组织产生不同的承诺类型。具体来说，当员工与组织间的契约关系为交易型时，员工对组织的期望主要是高额报酬、绩效奖励、提升和发展等与物质交换有关的契约项目，这种情况下，员工对组织的承诺主要表现为持续承诺；当员工与组织间的契约关系为关系型时，员工对组织的期望主要是长期工作保障、职业发展、机会等与社会情感交换有关的契约项目，在这种情况下，员工对组织的承诺主要表现为情感承诺。

2. 心理契约决定组织承诺的强弱

随着心理契约环境的不断变化，员工会通过调整对组织的承诺来平衡个人与组织的关系。20世纪80年代以前，雇佣关系的典型假设是组织提供工作安全和职业发展，以换取员工的努力工作和忠诚，在这种环境下，员工与组织间具有较为稳定的心理契约，员工对组织的承诺也较高。如今，随着员工与组织间的关系变得日益多元化和复杂化，双方的期望也在变化。随着心理契约的变化，组织似乎也不再像以前那样指望员工的忠诚，员工对组织的承诺似乎也在不断弱化。以前的员工对组织具有强烈依附性和高度忠诚等特点，如今的员工对组织似乎不再有强烈的依附性和忠诚度。

[①] 刘永芳. 管理心理学[M]. 2版. 北京：清华大学出版社，2016：272.

五、组织承诺管理

员工的组织承诺类型决定着员工的工作表现，不同组织承诺类型的员工往往表现出不同的工作特点。情感承诺型员工通常表现出干劲十足，对工作能全身心投入；规范承诺型员工以责任和义务作为行事准则，努力工作，尽职尽责；持续承诺型员工在行为表现中掺杂了被动的成分，为了薪酬福利，他们不得不有所表现，但常常斤斤计较、患得患失；一旦有变换工作的机会和获得更好经济利益的机会，就会选择离职。他们中也有一部分人是由于自己技术水平不高、能力有限而无法进入更理想的组织，才选择继续留下，但这类人在工作中常常敷衍了事，得过且过。

有鉴于此，首先，组织应及时、全面地了解员工的承诺类型和水平，在管理过程中区别对待不同承诺类型的员工。其次，组织要根据员工绩效和组织发展战略，采取有针对性的措施来挽留优秀人才，优化人才结构。对情感承诺型和规范承诺型员工要尽量挽留，对持续承诺型员工可以让其自然流失，因为保持一定比率的人员流动可以实现人才队伍的优化组合。最后，当员工的总体承诺水平较低时，意味着存在高度的外流危险，对此组织领导者必须予以高度警觉并采取相应措施。

关 键 术 语

(1) 工作投入(job involvement)又称工作卷入，是指员工对其工作的积极主动态度和迷恋程度，主要是个人在心理上对自己工作的认同程度。

(2) 组织社会化(organizational socialization)是员工从社会人转变为组织人的过程。

(3) 心理契约(psychological contract)是在劳动合同规定的权利义务之外，员工与组织双方对于应尽权利义务的一整套隐含的、非正式的相互期望，分为员工心理契约和组织心理契约两种。前者简称"员工期望"；后者简称"组织期望"。

(4) 心理契约违背(psychological contract violation)是指员工因组织违背心理契约而产生的一种短期的、相对激烈的消极情绪反应，如失望、愤怒、悲痛等。

(5) 组织承诺(organizational commitment)是员工认同组织目标和价值观而留在组织、热爱组织、忠于组织的心理倾向。

本 章 要 点

(1) 组织社会化是员工从社会人转变为组织人的过程，包括前社会化、适应和角色管理三个阶段；组织社会化的标志：工作绩效标准化、人际关系、组织政治、语言、组织目标/价值、历史；组织社会化的策略可分为制度化策略和个体化策略两大类。

(2) 心理契约是员工和组织之间互有期望。它具有约束作用有限性、内隐性、双向性、动态性等特点，其中动态性是最大最主要的特点。其内容可分为二维结构和三维结构。

(3) 预防心理契约违背的措施：营造诚信履约的组织文化；构建心理契约违背的防范机制；完善心理契约违背的补救制度。建立良好心理契约的途径：组织公平；激励公平；尊重员工；职业生涯指导；组织文化。

(4) 目前公认的组织承诺分类，是把组织承诺分为情感承诺、持续承诺和规范承诺。

(5) 组织承诺与员工离职呈显著负相关，与员工绩效呈显著正相关。

(6) 组织承诺和心理契约的区别表现在：组织承诺是员工单方面向组织作出承诺，心理契约是员工和组织之间互有期望。前者是单向关系，后者是双向关系。其联系表现在：心理契约决定组织承诺的类型；心理契约决定组织承诺的强弱。

练习与思考

一、名词解释题

工作投入、组织社会化、心理契约、心理契约违背、组织承诺

二、单项选择题

1. "新娘过门，了解内情"指的是（　　）。
   A. 组织社会化　　B. 心理契约　　C. 组织承诺　　D. 工作投入
2. "共结良缘"指的是（　　）。
   A. 组织社会化　　B. 心理契约　　C. 组织承诺　　D. 工作投入
3. "以身相许"指的是（　　）。
   A. 组织社会化　　B. 心理契约　　C. 组织承诺　　D. 工作投入
4. 心理契约的主要特点是（　　）。
   A. 约束作用有限性　B. 内隐性　　C. 双向性　　D. 动态性
5. 员工出于无奈或有所图而承诺为组织工作指的是（　　）。
   A. 情感承诺　　B. 持续承诺　　C. 规范承诺　　D. 理想承诺

三、填空题

1. 组织社会化是员工从_____转变为组织人的过程。
2. 组织社会化包括前社会化、适应和_____三个阶段。
3. 导致心理契约违背的原因包括无力兑现、故意违约和_____。
4. 心理契约的二维结构是指_____心理契约和关系型心理契约。
5. 组织承诺包括情感承诺、持续承诺和_____。
6. 心理契约决定组织承诺的_____和强弱。

四、判断题(正确打"√"，错误打"×")

1. 老员工肯定是组织人。　　　　　　　　　　　　　　　　　　　　（　　）
2. 心理契约是员工和组织互有期望，组织承诺是员工单方面向组织作出承诺。（　　）

五、简答题

1. 简述"一致性匹配"的内容。
2. 简述员工遭到心理契约违背时的行为反应。

六、论述题

1. 论述心理契约违背的预防措施。
2. 论述心理契约和组织承诺关系。

七、案例分析题

S公司总部在北欧某个小镇，分公司遍及130个国家，员工4万多人。随着业务不断发展，总部决定在江苏某市建立分公司(以下指公司)。一方面几乎所有员工都得到了公司的较好承诺，大部分员工还去总部进行了为期6个月的培训。另一方面员工由于和公司达成这种心理预期，还有相关培训，使员工工作满意度和企业认同度都相当高。但是由于项目建设过程中生产设备的安装调试花了很长时间，加上订单量不足等原因，公司开始感到压力。于是公司的开始控制费用，以前承诺的年终奖被取消了，工资涨幅也大大缩减了，由于总部对公司的业绩不满意，管理团队成员陆续离开了公司。员工因收入减少和原先的承诺不愿或不能兑现，在短短一年内就有大约40%的员工选择了离开，留下来的也大多消极怠工，使公司凝聚力和生产效率大大下降。

请分析这个案例，并帮助该公司找到解决办法。

参 考 文 献

[1] 陈加州，凌文辁，方俐洛. 企业员工心理契约的结构维度[J]. 心理学报，2003，35(3)：404-410.

[2] 崔勋. 员工个人特性对组织承诺与离职意愿的影响研究[J]. 南开管理评论，2003(4)：4-11.

[3] 韩翼. 组织承诺对雇员工作绩效的影响研究[J]. 中南财经政法大学学报，2007(3)：53-58.

[4] 胡卫鹏，时勘. 组织承诺研究的进展与展望[J]. 心理科学进展，2004，12(1)：103-110.

[5] 李金波，许百华，张廷燕. 组织承诺对员工行为和工作绩效的影响研究[J]. 人类工效学，2006，12(3)：17-19.

[6] 李景平，张鹏飞，王鑫. 沉静型领导、组织承诺对工作绩效的影响研究[J]. 湖南社会科学，2016(11)：110-114.

[7] 李原，郭德俊. 员工心理契约的结构及其内部关系研究[J]. 社会学研究，2006(5)：151-168.

[8] 凌文辁，张治灿，方俐洛. 影响组织承诺的因素探讨[J]. 心理学报，2001，33(3)：259-263.

[9] 刘永芳. 管理心理学[M]. 2版. 北京：清华大学出版社，2016.

[10] 马凌，王瑜，邢芸. 企业员工工作满意度、组织承诺与工作绩效关系[J]. 企业经济，2013(5)：68-71.

[11] 梅因. 古代法[M]. 沈景一，译.北京：商务印书馆，1959.

[12] 沙莲香. 社会心理学[M]. 4版. 北京：中国人民出版社，2015.

[13] 谭亚莉，廖建桥. 员工社会化理论的研究进展[J]. 人类工效学，2004，10(2)：38-40.

[14] 王明辉，凌文辁. 组织社会化理论及其对人力资源管理的启示[J]. 科技管理研究，2008(1)：172-173.

[15] 魏峰，李炎，张文贤. 国内外心理契约研究的新进展[J]. 管理科学学报，2005，8(5)：82-89.

[16] 袁凌，王烨，陈俊. 组织承诺对员工离职行为影响的实证研究[J]. 湖南大学学报(自然科学版)，2007，34(6)：85-88.

[17] 喻自觉，凌文辁. 员工的组织社会化探析[J]. 经济论坛，2007(23)：92-94.

[18] 张德纯. 组织中的心理契约[J]. 中国人才，1996(1)：53-54.

[19] 张勉，张德，李树茁. IT 企业技术人员离职意图路径模型实证研究[J]. 南开管理评论，2003(4)：12-20.

[20] 张兴国，许百华. 人—组织匹配研究的新进展[J]. 心理科学，2005，28(4)：1004-1006.

[21] 张志宏. 组织行为学[M]. 上海：立信会计出版社，2008.

[22] 赵连元. 审美艺术学[M]. 北京：首都师范大学出版社，2002.

[23] 郑子林. 知识型员工心理契约违背的影响及预防措施探析[J]. 管理世界，2014(1)：1-4.

[24] Argyris C. Understanding organizational behavior[J]. Oxford：Dorsey. 1960.

[25] Becker H S. The concept of organizational commitment [J]. American Journal of Sociology. 1960(66): 32-42.

[26] Buchanan B. Building organizational commitment: The socialization of managers in work organizations[J]. Administrative science quarterly. 1974(19): 533-546.

[27] Chao G T, Oleary A M, Howard S W, et al. Organizational socialization: Its content and consequences[J]. Journal of Applied Psychology. 1994(79): 730-743.

[28] Crant J N. Proactive Behavior in Organizations[J]. Journal of Manaxement. 2000, 26(3)：435-462.

[29] Jones G R. Socialization tactics, self-efficacy, and newcomers adjustments to organizations[J]. Academy of Management Journal. 1986(29): 262-279.

[30] Kotter J P. The psychological contract[J]. California Management Review. 1973, 15(3): 91-99.

[31] Lee C, Tinsley C H. Psychological Normative Contracts of Work Group Member in the U.S. and Hong Kong[R]. Working Paper. 1999.

[32] Levinson H，Price C R，Munden K J，Mandl H J，Solley C M. Men，management，and mental health [M]. Cambridge：Harvaed University Press. 1962.

[33] MacNei l I R. "Relational Contract: What We Do and Do Not Know" [M]. Wisconsin Law Review. 1985.

[34] Meyer J P, Allen N J. A three-component conceptualization of organizational commitment [J]. Human Resource Management Review. 1991, 1(1)：61-89.

[35] Meyer J P, Allen N J. Commiment in the work place: Theory, Research and Application[M]. Thousand Oaks：Sage Publications. 1997.

[36] Michaels C E, Spector P E. Causes of employee turnover: A test of the Mobley, Griffeth, Hand, and Meglino mode[J]. Journal of Applied Psychology. 1982, 62(2)：237-240.

[37] Millward L J, Hopkins L J. Psychological contracts, organizational and job commitment[J]. Journal of Applied Social Psychology. 1998, 28(16)：1530-1556.

[38] Morrison E. W, Robinson S. L. "When Employees Feel Betrayed: A Model of How Psychological Contract Violation Develops" [J]. Academy of Management Review. 1997, 22(2). 226-256.

[39] Mowday R T, Porter L W, Steers R M. The measurement of organizational commitment[J]. Journal of vocational behavior. 1979, 14(2)：224-247.

[40] Ostroff C, Kozlowski S W J. Organizational socialization as a learning process: the role of information acquisition[J]. Personnel Psychology. 1992(45): 849-874.

[41] Robinson S L, Kraatz M S, Rousseau D M. Changing obligations and the psychological contract: A longitudinal study[J]. Academy of Management Journal. 1994(37): 137-152.

[42] Rousseau D M, Parks M J. The contracts of individuals and organizations[A]. In L. L. Cummings, &B. M. Staw (Eds.)[C]. Research in Organizational Behavior[M]. Greenwich, CT: JAI Press. 1993, 1-43.

[43] Rousseau D M, Tijioriwala. Perceived legitimacy &Unilateral Contract Change : It Takes a Good Reason to Change a Psychological Contract[C]. San Diago : Symposium at the SIOP Meetings. (in Chinese). 1996.

[44] Schein E H. Organizational socialization and the profession of management[J]. Industrial Management Review. 1968(9): 1-16.

[45] Schein E H . Organizational Psychology [M]. Englewood Cliffs, NJ: Prentice Hall. 1980.

[46] Steers RM. Antecedents and outcomes of organizational commitment [J]. Administrative Science Ouarterly. 1977. 22(1): 46-56.

[47] Tsui A S, Pearce J L, Porter LW, et al. Alternative approaches to the employee organization relationship : Does investment in employees pay off?[J]. Academy of Management Journal. 1997(40): 1089-1121.

[48] Tumley W H, Feldman D C. "The Impact of Psychological Contract Violations on Exit, Voice, Loyalty and Neglect" [M]. Human Relations. 1990: 895-922.

[49] Van Maanen J , Schein EH. Toward a theory of organizational socialization [A]. S taw BM. Research in organizational behavior (Vol. 1)[C]. Greenwich: JAI Press. 1979, 209-264.

[50] Wiener Y. Commitment in organization. A normative view[J]. Academy of Management Review. 1982, 7(3): 418-428.

第八章 工作态度管理

态度并不能代表一切,但一切都与态度相关。

——《纽约时报》标题/2006 年 8 月 6 日

【学习目标】

- 识记工作态度、组织公民行为、工作满意度等概念。
- 了解工作态度的影响因素及管理对策。
- 理解工作满意度的影响因素、员工不满意的行为表现。

【引例】

> **自己建造的房子**
>
> 有个老木匠告诉他的老板说,准备退休回家与妻儿享受天伦之乐。老板舍不得他走,问他能否帮忙再建一座房子,老木匠说可以。但是大家后来都看得出来,他的心已不在工作上,用的是差料,做的是粗活。房子建好的时候,老板把大门钥匙递给他,说这是你的房子,是我送给你的礼物。老木匠震惊得目瞪口呆,羞愧得无地自容。如果他早知道是在给自己建房子,他怎么会这样呢?现在他只得住在一幢粗制滥造的房子里(完)!
>
> (整理自:自己建造的房子. http://baike.so.com/doc/2192841-2320222.html)

启示:工作不是为老板而是为自己,我们不应该有打工态度。

每个人都有不同的工作轨迹。有人成为单位的骨干,受到领导的赏识和器重;有人自视甚高,牢骚满腹,到头来却两手空空;有人碌碌无为;有人收获满满。众所周知,除了少数天才,大多数人的禀赋相差无几。那么是什么改变了我们、成就了我们?是"工作态度"。

第一节 工作态度

有道是"态度决定一切"。从小的方面说,工作态度决定工作效率高低;往大的方面说,工作态度决定事业成败。站在领导者角度看,他们最看重员工什么?既不是知识经验多寡、能力强弱,更不是学历高低,他们最看重员工的工作态度。什么是工作态度?工作态度的影响因素有哪些?如何改变员工的工作态度?本节打算回答这三个问题。

第八章　工作态度管理

一、工作态度的概念

什么是工作态度？要回答这个问题，须得从"态度"说起。

1918年，社会心理学家托马斯(A. Thomas)等人在研究波兰移民问题时，为了说明社会环境变化对个人行为的影响以及社会与个人之间的关系，假定了态度这个概念。此后，有关态度的定义很多。态度的定义，几乎和社会心理学家的人数一样多。仅从一些名家的定义，就可以看出这一点。孙本文定义：态度是未发生的内在行为，是外在行为的发端与预备，有进行完成的倾向。[①]沙莲香定义：态度是指人们对一定对象相对稳定、内部制约化的心理反应倾向。[②]弗里德曼(Freedman)定义：态度是个体对某一特定事物、观念或他人稳固的(由认知、情感和行为倾向三种成分组成的)心理倾向。[③]弗里德曼的定义为人们广泛认可。

仿照弗里德曼的定义，可以给工作态度下定义：**工作态度**(work attitude)是工作者对工作及其相关因素比较稳固的心理倾向，由工作认知、工作情感和工作行为三种成分构成。

(1) 工作认知。工作认知包括工作公平认知和工作效率认知两个指标。工作公平在于做到"工作适合人"，工作效率在于"工作效率体现工作价值"。公平与效率是矛盾的统一。在经济发展领域，我们国家选择了"效益优先，兼顾公平"原则。但在管理领域，管理的职能首先是维护公平，保障每个员工"机会均等""公平为先，提高效益"。

(2) 工作情感。工作情感是工作行为的源泉和动力。积极主动、任劳任怨、勇于担当的工作情感能激发工作热情、提高工作效率。工作情感包括工作积极性和工作责任心两个指标。工作积极性是指对工作任务产生一种自觉状态，表现为个体对组织目标明确，执行计划和实现目标过程中克服障碍的意志努力。工作责任心是个体对所承担任务应负责任的认识和信念以及与之相应的遵守规范、承担责任和履行义务的自觉态度。

(3) 工作行为。工作行为是工作者对工作认知和工作情感的行为反应，是实现工作目标的基础。工作行为包括工作纪律性、工作协调力两个指标。管理工作只有纪律严明，执行有力，部门内外、员工之间沟通协调，才能有效处理好工作中遇到的各种问题。

态度和工作态度的关系：①态度是社会心理学名词，工作态度是管理心理学名词；②工作态度是态度概念在组织管理中的延伸和具体应用。

二、影响工作态度的因素

影响工作态度的因素很多，这里着重谈两个因素。

(一)组织类型影响工作态度

美国组织学家艾齐奥尼将组织分为三种类型[④]：①强制型——采用强制性的、非理性的权威；②实用型——利用经济刺激等手段影响组织成员；③规范型——利用成员身份、地位、

---

① 孙本文. 社会心理学[M]. 上海：商务印书馆，1946：188.
② 沙莲香. 社会心理学[M]. 4版. 北京：中国人民大学出版社，2015：215.
③ 侯玉波. 社会心理学[M]. 3版. 北京：北京大学出版社，2013：112.
④ 张德纯. 组织中的心理契约[J]. 中国人才，1996(1)：53-54.

内心推崇影响其行为，建立以领导者个人魅力或专长为基础的权威。艾齐奥尼依据心理契约理论，把组织成员的工作态度也分为三种：①疏远型——成员从心理上并未参与到组织之中，而是表面上成为组织成员；②计较型——成员对组织抱着"拿一天工资，干一天活"的态度，与组织保持公平交易关系；③道德型——成员从内心尊重组织的使命和自己的工作，与组织目标一致，认识相同。三种组织类型与三种成员工作态度相结合，得出九种关系形式。其中存在着三种典型的关系形式，从而构成一个矩阵模型，如图8-1所示。

		组织类型		
		强制型	实用型	规范型
成员对组织的态度	疏远型	●		
	计较型		●	
	道德型			●

图 8-1 艾齐奥尼矩阵模型

艾齐奥尼指出，可以说这三种典型的关系形式体现了各自组织与其成员间的行得通的或者"公平的"心理契约。

(二)组织公民行为影响工作态度

1. 组织公民行为的概念

组织公民行为(organizational citizenship behavior)概念由美国印第安大学教授贝特曼和奥尔根(Bateman & Organ, 1983)[1]提出。他们认为，组织公民行为是一种有利于组织的角色外行为和姿态，既非正式角色所强调的，也不是劳动报酬合同所引出的，而是由一系列非正式的合作行为所构成。它是员工与工作有关的自主行为，既与正式奖励制度无任何联系，又非角色内所要求的行为，但从整体上能有效提高组织效率。《简明心理学辞典》："组织公民行为是在领导、同事不知情的情况下，员工从事的有利于组织的行为。"[2]简言之，组织公民行为是一种本职工作以外的行为，即"角色外行为"。

2. 组织公民行为的类型

贝特曼和奥尔根(1983)将组织公民行为分为五种：①利他主义——帮助处理工作中发生或即将发生的问题，鼓励在工作或个人职业发展方面失去信心的同事；②文明礼貌——对别

---

[1] Bateman T S, Organ D W. Job satisfaction and the good soldier: The relationship between affect and employee "citizenship" [J]. Academy of Management Journal. 1983, (26): 587-595.
[2] 黄希庭. 简明心理学辞典[Z]. 合肥：安徽人民出版社，2004. "组织公民行为"词条.

人表示尊重的礼貌举动；③运动员精神——在非理想化的环境中毫无抱怨、坚守岗位的一种意愿行为；④责任意识——严肃认真、尽心尽责地对待工作的态度；⑤公民美德——积极参加和自觉关心组织各项活动的行为。此外，波德卡科夫(Podsakoff, et al., 1998)[①]等人将组织公民行为分成三种：帮助行为、公民美德和运动员精神。

香港科技大学樊景立等人(1998)在北京、上海、深圳和杭州4个城市调查了75家国有、集体、合资、私营等企业，用归纳性分析方法，得出在中国文化背景下的11种组织公民行为。其中五种(积极主动、帮助同事、建议、参与群体活动、树立企业形象)在西方研究中出现过，另外六种(自觉学习、参与公益活动、节约组织资源、保持工作环境整洁、人际和谐、遵守社会规范)是中国组织情境中特有的。[②]

3. 组织公民行为的消极作用

研究者们最初将组织公民行为作为一种积极的对组织运作有利的行为。但是后来的研究发现，组织公民行为是一把双刃剑，它更多地表现为消极作用。说组织公民行为具有积极作用，是基于这样一个基本假设——组织公民行为的动机是无私的或利他的。但是当组织公民行为具有工具性动机时，它就会产生消极作用。

(1) 组织公民行为可能是出于利己动机。有的是通过帮助他人以显示自己乐于助人的品质；有的是通过参加组织公益活动以展现自己的才能；有的是为了给上司留下好印象，"将组织公民行为当作获得升迁的一种手段，他们在组织作出升迁决定前，会展现较多的组织公民行为，这使他们比那些较少展现组织公民行为的员工更容易获得升迁"。[③]

(2) 组织公民行为可能是出于消极工作态度。有的是出于对本职工作不感兴趣或是逃避自己不喜欢做的事情；对工作之外的个人生活不满意也会促使员工愿意加班工作。

(3) 组织公民行为不一定能给组织带来有益的结果。员工将主要精力用于做职责范围之外的事会忽视本职工作；依靠组织公民行为来完成组织工作任务不一定是有效的做法，可能花费的时间长而工作质量不高；可能显示出组织管理中存在问题。

(4) 组织公民行为不一定会使组织成为一个有吸引力的组织。如果员工都争先恐后地、刻意地表现组织公民行为，会出现**组织公民行为升级**(escalating citizenship)现象，员工会感到更大的工作压力和工作负荷；如果员工把很多精力都放在职责范围之外的工作上，他们会感到角色模糊；如果员工把组织公民行为作为一种工具性行为，会增加组织中的"政治行为"，[④]容易引发其他员工的不满和员工之间的冲突。

---

① Podsakoff P M, Ahearne M, Mackenzie S B. Organizational citizenship behavior and the quantity and quality of work group performance[J]. *Journal of Applied Psychology*. 1998(2): 262-270.
② Farh J L, Zhong C B, Organ D W. Organizational Citizenship Behavior in the People's Republic of China[J]. *Organization Science*. 2004, 15(2): 241-253.
③ Hui C, Lam S, law K. Instrumental values of organizational citizenship behavior for promotion: A field quasi-experiment[J]. *Journal of Applied Psychology*, 2000, 85(5): 822-828.
④ 组织政治行为是"那些不是由组织正式角色所要求的，但又影响或试图影响组织中利害分配的活动"(斯蒂芬·P. 罗宾斯，1997)。常见的组织政治行为有：①讨好；②自我宣传；③塑造良好形象；④联盟；⑤利益交换；⑥打击竞争对手(黄忠东，2005)。其特点是：①是实施社会影响的手段；②用来保护或提高自我利益，其实质在于个人或群体以牺牲他人利益而谋取私利；③它至少涉及有明显或潜在利益冲突的双方。

总之，组织公民行为只会对其他员工的工作态度产生消极影响，甚至挫伤其他员工的工作积极性。

三、改变工作态度的方法

态度改变有两层含义：一是方向或性质上的改变，如从反对转变为赞成；二是强弱变化，如从坚决反对转变为不那么坚决反对。以下几种方法，有助于员工改变态度。

(一)宣传

宣传是对员工说明和讲解某种观点，使他们相信并跟着行动。也就是说，宣传的目的是要巩固或改变员工对工作的态度。宣传能否真正起到这种作用，主要与下列因素有关。

1. 宣传者特点

(1) 威信。在员工中有威信，特别是那些德高望重的领导者，其宣传效果更好。这是因为员工不仅会认为他提供的信息可靠，而且会从积极方面去理解、评价他的宣传目的，从而有利于员工改变态度。这就是"威信效应"。

(2) 品行。一个品行端正的领导者，其宣传能够收到良好效果，使员工改变态度。我们不能相信，一个有严重贪腐嫌疑的领导者在员工跟前大讲特讲廉政建设的重要性能够获得良好效果，一个任人唯亲的领导者在员工跟前大讲特讲尊重人才的重要性能够收到良好效果。相反，员工对他只会形成更加厌恶的态度。

(3) 个性。领导者的能力、气质、性格等个性特征对员工态度改变也有影响。比如，领导者宣传时的言语表达能力、信息选择与组织能力、感染能力等都会影响宣传效果。当然，领导者是某方面的内行、专家，传递的信息会更加令人信服，态度也容易改变。

2. 宣传内容的真实性和全面性

提供真实和全面的宣传内容，不是为了使人接受、理解和掌握某种信息，而是为了使人在此基础上形成或改变某种态度。

(1) 内容真实性。这是指向员工提供的信息应实事求是、真实可靠。有人对戒烟宣传做过实验研究，被试分两组：一组为高恐惧组。用电影介绍一个烟民患了肺癌，从手术过程中看到患者胸腔已全部溃烂。另一组为中恐惧组。没有看电影，只是看肺部 X 光片或听旁人口头介绍。实验结果是：改变吸烟态度的人数，高恐惧组为 36.4%，中恐惧组为 68.8%。这一实验说明，宣传内容只有真实可信，才能被人接受，才能起到改变人的态度的作用。反之，如果宣传内容言过其实，甚至危言耸听，反而会引起人的抗拒心理。比如，要使员工接受并支持"减员增效、下岗分流"的观点，就必须向员工提供足以使他们信服的事实，而不是说教。有意夸大改变态度的好处或过分渲染不改变态度的危害，都不会产生效果。

(2) 内容全面性。这是指要向员工提供正反两方面的信息。究竟提供哪种信息好，要视具体情况而定：①当宣传目的与员工原有态度一致时，最好作正面宣传，以使他们巩固原有态度；当宣传目的与员工原有态度不一致或相反时，最好提供正反两方面的信息，并对反面信息作出有说服力的批判，以使他们充分相信正面观点而改变原有态度。②当员工文化水平低、分析能力弱时，提供正面观点效果更好；当员工文化水平高、分析能力强时，就应该提供正反两方面的信息，以使他们在全面了解信息的基础上作出分析，得出正确判断。③如果是急于解决问题，最好只提供正面信息；如果不是急于解决问题而是希望员工牢固树立某种观点，就应提供正反两方面的信息，并作比较分析，以使他们逐步改变原有态度而形成新的态度。

3. 宣传者与听众的关系

领导者与员工的关系是否密切，意味着心理距离的大小，意味着他们对领导者持何种态度以及对宣传内容作何评价，意味着员工能否改变态度和怎样改变态度。

社会心理学家曾经研究过人际关系对态度改变的作用，发现有三个效应。①

(1) 好感效应。员工一旦喜欢你，对你有好感，就容易接受你的观点，这就是"好感效应"。"好感效应"有利于员工改变态度。

(2) 名片效应。在阐述某种观点前，先表明自己在许多问题上与员工有一致的意见。先亮出这种"名片"，使员工对你产生亲切感，然后再因势利导地引出自己的见解。这样，宣传内容就容易被员工接受，这就是"名片效应"。"名片效应"有利于员工改变态度。

(3) 自己人效应。在宣传前，先表明自己在职业、民族、性格、经历等方面与员工有相似之处，以此缩短与员工之间的心理距离。这时员工会把你看成自己人，愿意接受你的观点，进而改变态度，这就是"自己人效应"。在少数民族地区，由少数民族干部进行宣传比汉族干部进行宣传会收到更好的效果；对失足青年进行教育，由经过改造的失足青年现身说法会有更大的教育作用。这些都是"自己人效应"的例子。

(二)活动参与

引导员工积极参与有关活动，有助于他们改变态度。例如，有的员工不赞成"生产成本责任到人"的改革措施，可以让他们到改革已取得成效的企业调查访问，通过耳闻目睹，在事实中受教育，以促使其改变态度。

(三)角色扮演

让医护人员扮演病人，使其亲自体验病人得不到及时医治和护理的痛苦；让企业销售人员、商场售货员、旅店服务员、交通司售人员扮演用户、顾客、旅客、乘客，体验他们的难处。角色扮演对员工转变生产和服务态度很有好处。另外，领导者扮演员工，对于转变对员工的态度、克服官僚主义、消除腐败也有好处。

(四)逐步提出要求

员工原有态度与领导者要求其形成新态度之间的差距，决定态度能否改变及改变速度。差距过大，操之过急，反而会使员工产生抵触情绪；逐步提出要求，不断缩小差距，有利于员工转变态度。

---

① 谭顶良. 高等教育心理学[M]. 南京：河海大学出版社，南京师范大学出版社，2006：13.

(五) 接触了解

员工间通过接触、了解，可以使分歧的意见得以弥合，不协调的人际关系得以改善，不同的态度达成一致。另外，接触了解活动不能只在员工中开展，管理者应走群众路线，与员工广泛接触，倾听意见、建议、呼声，做解释工作，调整和完善决策措施，取得员工的信任，在对待组织目标的态度上使员工与管理者保持一致。

(六) 利用群体规范

通常情况下，群体的规章制度、公约、准则等规范对群体成员有一定约束力。因此，利用这种约束力能够比较有效地改变群体成员的态度。

第二节 工作满意度

工作满意度(job satisfaction)是"员工工作满意度"的简称，又称"员工满意度""工作满足"。工作满意度和工作态度是什么关系？"工作满意度是指个人对其工作的一般态度。一个人的工作满意度水平高，对工作就可能持积极态度；对工作不满意的人，对工作就可能持消极态度。当人们谈论员工的工作态度时，更多的是指工作满意度。事实上，工作态度和工作满意度这两个名词经常交互使用。"[①] "工作满意度是工作态度的一个方面。"[②]

一、工作满意度的概念

这个概念由谁最先提出，学界尚无定论。一说由泰勒(F. Taylor)于1912年最先提出，一说由霍波克(R. Hoppock)于1935年最先提出，一说由洛克(E. A. Locke)于1967年最先提出。

这个概念的内涵是什么，学界争论不休。霍波克(1935)[③]在总结以往研究经验的基础上，认为工作满意度是指员工对工作环境的感受以及生理和心理上的满足。此后出现了很多关于工作满意度的定义，这些定义大致可以分为两类。一类是将工作满意度界定为员工对其工作的情感；另一类是将工作满意度界定为员工对其工作的态度。

我国台湾学者许士军(1977)[④]将工作满意度的定义归纳为三类：①综合性定义。这种定义认为工作满意度是单一概念，不涉及它的影响因素、特征、功能等；②差距性定义。这种定义认为工作满意度由个人实得报酬与应得报酬之间的差距而定。差距越小，满意度越高；③参考架构性定义。这种定义认为影响工作满意度的重要因素是员工对工作特征的主观知觉及解释，这种知觉与解释受个人的自我参考架构影响。

其实，工作满意度是由多种心理成分构成的一个复杂系统，可以从不同角度对其进行

---

① 沙莲香. 社会心理学[M]. 4版. 北京：中国人民大学出版社，2015：232.
② 张小林，威振江. 组织公民行为理论及其应用研究[J]. 心理学动态，2001，9(4)：352-360.
③ 转引自：冯缙，秦启文. 工作满意度研究述评[J]. 心理科学，2009，32(4)：900-902.
④ 许士军. 工作满意、个人特质与组织气候[J]. (台湾)政治大学学报，1977(35)：37-54.

界定。维斯(Weiss，2002)[①]曾提出应当分别从评价、信念和情感三个角度来界定工作满意度。海斯和贾奇(Hies & Judge，2004)[②]进一步厘清了工作满意度概念中评价、信念、情感三者间的关系，认为工作满意度是个体对工作的认知、信念和情感的综合反应。

二、工作满意度的特点和功能

(一)特点

(1) 相对性。工作满意度是相对的，它随着员工心理状态和客观条件的变化而变化。某员工当他的工资是 2000 元时，会觉得加薪 500 元很激动人心，但当他的工资变成 3000 元的时候，反而觉得应该是 4000 元才会满意。原因很简单，基础变了，人的心态也会随之变化。

(2) 稳定性和持久性。工作满意度一经形成，往往具有稳定性和持久性。稳定性是指工作满意度的变化幅度相对较小。某员工当他的工资是 2000 元时，他也不会去指望 4000 元，有 3000 元就满意了。同样，当某人还是科长的时候，他也不会去指望正处，有个副处就满足了。持久性是指工作满意度对员工所起的持续作用的时间相对较长。

(3) 易满足性和可控性。只要组织能够满足或基本满足员工生存、发展与享受的需要，员工就容易感到满足。可见，组织通过各种手段是可以对员工满意度进行调控的。

(二)功能

(1) 评价功能。工作满意度不仅反映了员工满意的程度和状态，也体现了组织所提供的工作或服务能够实际满足员工需求的程度和成效。因此，工作满意度可评价员工实际获得的效用价值，可评价一个组织的管理水平、服务质量、经营绩效或评价一个行业、产业乃至国家宏观经济的整体运行状况。

(2) 诊断功能。通过分析工作满意度的状况，可以使组织发现自身在经营与管理活动中亟待解决的各种问题，尤其是员工最关心、最敏感的热点和难点问题，从而明确组织人力资源管理的优劣，实现内部资源的最优化利用，为组织有针对性地提高服务质量和工作质量、防止员工流失、增强组织竞争力提供依据。

(3) 预测功能。工作满意度高，表明组织的经营与管理是趋于良性的，是有吸引力、影响力、凝聚力和战斗力的。反之，如果员工经常抱怨、投诉甚至流失，就表明组织经营与管理已陷入混乱，出现危机，其市场竞争力必然下降。

(4) 激励功能。较高的工作满意度可以激发员工积极性、主动性和创造性，使其对组织产生高度的责任感和信任感，为组织发展作出更大贡献。

[①] Weiss H M. Deconstructing job satisfaction Separating evaluations, belief s and affective experiences [J]. *Human Resources Management Review*. 2002(12): 173-194.

[②] Ilies R, Judge T A. An experience-sampling measure of job satisfaction and its relationships with affect ivity, mood at work, job belief s, and general job satisfaction[J]. *European Journal of Work and Organizational Psychology*. 2004(13): 367-389.

(5) 互动功能。工作满意度高，会表现出服务质量高、态度好、有亲和力等。这样顾客满意度和忠诚度就高，组织的营利能力与竞争力就强。这样，又会进一步促进员工满意度的提高。于是，员工、顾客、组织三者间就可形成一个良性互动的循环链条。

三、影响工作满意度的因素

(一)工作因素

关于影响工作满意度的工作因素，西方研究者提出了很多观点，有三因素说、四因素说、七因素说，其中以洛克(Locke，1976)[1]提出的分类最为全面(见表 8-1)。

工作因素包括下列具体因素。[2]

(1) 工作环境。①工作空间质量。对工作场所的物理条件、单位所处地区环境的满意程度；②工作作息制度。合理的上下班时间、加班制度等；③资源配备齐全度。工作必需的条件、设备和其他资源配备是否齐全够用；④福利待遇满意度。对薪资、福利、医疗和保险、假期、休假的满意程度。

(2) 工作群体。①合作和谐度。上级信任、支持、指导，同事相互了解和理解，下级领会意图、完成任务情况，得到尊重；②信息开放度。信息渠道畅通，信息传播准确高效。

(3) 工作内容。①兴趣相关度。工作内容与性格、兴趣吻合，符合个人职业发展目标，能最大限度地发挥个人的能力，从工作中获得快乐；②工作强度。个人能否承受和容忍某种工作强度，一方面取决于该工作能否满足个人需要，带来收获和满足，另一方面取决于它是否超出了个人能承受的工作负荷量。

(4) 组织背景。①组织了解程度。对组织的历史、文化、发展战略的理解和认同程度；②组织参与感。意见和建议得到重视，参加决策，组织发展与个人发展得到统一，有成就感和归属感；③组织前景。对组织发展前景看好，充满信心。

表 8-1 评定工作态度的主要因素

类 别	因 素	因素说明
一、事件或条件		
1. 工作	工作本身	兴趣、活动多样、挑战性、学习机会、成功机会、对流程控制等
2. 奖励	报酬	数量、公平性、依据合理性等
	晋升	机会、公平性、依据合理性等
	认可	表扬、赞誉、批评等
3. 工作背景	工作条件	时间长短、休息多少、设备、空间宽敞、气温、通风、厂址等

---

[1] Locke E A. The nature and causes of job satisfaction. In M. D. Dunnett (Ed), The handbook of industrial and organizational psychology(pp. 1297-1349) [M]. New York: Holt, Reinhart & Winston. 1976.

[2] 刘永芳. 管理心理学[M]. 2 版. 北京：清华大学出版社，2016：274-275.

续表

类　别	因　素	因素说明
二、人物		
1. 自己	自己	价值观、技巧、能力等
2. 单位内其他人	领导	管理风格、管理技能、行政能力等
	同事	权力、友好态度、合作互助、技术能力等
3. 单位外其他人	顾客	技术能力、友好态度等
	家人	支持、对职务的理解、对时间的要求等
	其他	按职位划定，如学生、家长、选民等

(二)性格因素

有人研究了性格和工作满意度之间的关系，其结论如下。[①]

1. 内控外控性格与工作满意度之间显著相关

性格越倾向于外控的人，工作满意度越低；性格越倾向于内控的人，工作满意度越高。

内控者倾向于内归因，即将产生结果的原因归结为自己的内部因素，如行为、技能、努力程度等，认为成败主要取决于自己。而外控者更容易将产生结果的原因归结为外部因素，如社会背景、任务难度等，认为成败主要取决于外在环境。

内控者主要依靠自己的能力和努力来体现自身价值，对上司没有依赖感，他们善于正确处理上下级关系，也更容易得到上司的帮助和提携，因而对上司的满意度比外控者更高。

内控者更能有效地将自己的注意力集中在任务本身的特点上，能更多地进行自我调节并表现出处理问题的更高技能。内在控制力强的人，能较积极追求有价值的目标，较多地投身社会活动，求知欲强，更灵活，更有主见。

2. 内控外控性格对职位和工作报酬满意度存在交互作用

在性格内控的被试群体中，低职位员工对工作报酬的满意度高于高职位员工，在性格外控的被试群体中，情况正好相反。

在组织运作中，低职位的员工由于岗位职责相对简单、清晰，工作内容很具体，实现目标的条件相对容易具备，比较容易完成本岗位的工作目标，得到自己的那份薪酬并不难。同时，在低职位群体中，内控者易于正确定位，能够理解薪酬水平高低完全取决于自己的业务水平，由于自己的能力有限，所以对薪酬的期望值较低，也就容易对工作报酬产生较高的满意度。而有内控倾向的高职位者由于自己的能力较强，岗位工作的涵盖面更广，涉及的领域更宽，对工作报酬会有更高的期望，因此对工作报酬的满意度不会太高。

3. 乐观与悲观性格和对同事关系的满意度呈显著正相关

乐观主义与工作满意度没有关系。这是由于乐观主义与工作满意度是两个不同范畴的概念，前者相对泛化，后者相对具体，它们的相关性随着情境的变化会有较大的随机性。

---

① 熊九生. 性格与工作满意度[J]. 职业，2004(4)：37-54.

但是在同事关系的满意度方面,性格悲观的人满意度要低于性格乐观的人。这是由于性格乐观的人有较高的期望值,并愿意付出更多的努力来达成自己的期望,工作积极主动,在处理同事关系方面也有更高的积极性;而性格悲观的人则相反,期望值较低,总是处于被动状态,因此性格悲观的人对同事关系的满意度低于性格乐观的人。

4. 乐观与悲观性格和年龄在对同事关系的满意度上存在交互作用

在悲观被试群体中,高年龄组员工对同事关系满意度高于低年龄组员工;在乐观被试群体中,低年龄组员工对同事关系满意度高于高年龄组员工。这是由于悲观的人期望值低,与同事关系的改善主要通过相处时间的增加而得到更多认可,是被动的。低年龄组员工与同事相处时间较短,得到的认可较少,所以在悲观被试群体中,高年龄组员工对同事关系的满意度高于低年龄组员工。在乐观被试群体中,与同事关系的改善主要得益于积极主动的沟通,在这方面,低年龄组由于年龄原因在与人交往方面比高年龄组更积极主动,更具有活力。因此,在乐观被试群体中,低年龄组的同事关系满意度高于高年龄组的员工。

(三)个人观念

个人观念主要指容易引起员工不合理、不满意的个人观念。

(1) 理想主义和完美主义。对组织各方面情况的理想化期望和完美主义要求,易走极端,一旦遇到困难就变得愤世嫉俗,容易产生不满。

(2) 狭隘主义。过于重视个人利益,一旦群体利益和个人利益相冲突,容易产生不满。

此外,年龄、性别、民族、受教育程度、婚姻状况等人口学变量也会影响工作满意度。比如"女性和少数民族群体比男性和主流群体对工作满意度较低"。[①]

【专栏 8-1】

年龄与工作满意度

不同年龄阶段员工的工作满意度存在差异,且呈现出一定的规律性,即随着年龄增长,满意度水平呈 U 形变化态势。21～30 岁和 41～50 岁年龄段员工的工作满意度比 31～40 岁年龄段员工的工作满意度高。出现这一现象的原因可能是:21～30 岁年龄段的员工刚入职不久,对各方面都抱着谨慎学习态度,正值工作黄金年龄,随着对各方面情况不断熟悉和业务技能不断提升,容易取得工作绩效,因而满意度较高;而 31～40 岁年龄段的员工事业、家庭、子女等方面的压力很大,若没有相应的激励措施,难免有抱怨,因此工作满意度有所下降;而 41～50 岁年龄段的员工心态逐渐趋于平和,希望工作能够更加稳定,他们的重心更多地放在家庭上,与上级、同事等也能更为理性地相处,因此工作满意度反而上升了。

(资料来源:陈建,等. 商业银行信息员工作满意度调查[J]. 上海金融. 2013.6)

---

① 刘永芳. 管理心理学[M]. 2 版. 北京:清华大学出版社,2016:275.

四、员工对工作不满意的反应[1]

员工可以通过各种方式来表达他们的不满意。例如员工可以通过抱怨、反抗、窃取组织的财产、逃避工作中的一部分责任来表达他们的不满,这些做法比辞职更普遍,对组织的潜在威胁更大。图 8-2 提供了两个维度下的四种不同反应。这两个维度是:一是建设性和破坏性;二是积极性和消极性。四种不同反应如下。

(1) **退出**(exit),即离开组织的行为,包括寻找新的职业或者辞职。
(2) **建议**(voice),采取积极性和建设性的态度试图改善目前的环境,包括提出改进建议,与上司讨论所面临的问题和某些形式的工作活动。
(3) **忠诚**(loyalty),消极但是乐观地等待环境的改善,包括面临外部批评时为组织说话,相信组织及其管理层会作出正确的决策。
(4) **忽视**(neglect),消极地听任事态向更糟糕的方向发展,包括缺勤和迟到,降低努力程度,增加错误率等。

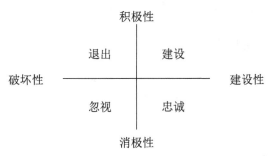

图 8-2 员工对工作不满的反应

五、工作满意度与其他变量的关系

(一)工作满意度与工作效率

在工作满意度与工作效率的关系研究中,人际关系学派曾经根据霍桑实验等研究,提出一个重要假设——高工作满意度导致高工作效率。赫兹伯格(1959)也以职工"满意—不满意"作为工作效率的指标,提出双因素理论。但在研究者们更全面更深入的研究中发现,由于受许多中介变量的影响,工作满意度与工作效率之间的关系比较复杂。

布罗伊菲尔德和克罗克特(Broyfield&Crockett,1955)曾断言:没有什么证据表明通常的士气调查所测得的员工满意度与工作效率之间存在任何简单的、可以觉察的关系。[2]他们采用各种调查方法对工作满意度与工作效率进行了长达 40 年的研究,结果发现:对工作感

---

[1] 参见[美]斯蒂芬•P. 罗宾斯. 组织行为学[M]. 7 版. 孙健敏,李原,等译. 北京:中国人民大学出版社,1997:156.
[2] 刘云. 员工满意度和员工绩效关系实证研究[J]. 重庆工学院学报,2005,19(4):59-62.

到满意的员工,其工作效率可能很高;但对工作持消极态度、感到不满意的员工,工作效率也可能很高。后来的许多研究都表明,工作满意度与工作效率之间并不存在直接的关系。[①]

劳勒和波特(Lawler & Porter,1955)研究了工作满意度和工作效率的关系。他们认为,满意和工作效率之间存在着第三个变量(即奖励)在起作用。他们通过实验证明,高工作效率导致高奖励,而公平的奖励引起高满意度,因此可以认为是高奖励导致了高工作效率,而高工作效率又导致了满意的工作态度。[②]为此,他们得出的结论是:内在奖励(基于工作本身,如对工作性质的认知,对职业的认知)和外在奖励(不仅是奖金)以及对这种奖励是否公平的认知,决定了工作满意度与工作效率的关系。

另有研究指出,工作满意度并不能准确预测工作绩效。[③]为什么?除了报酬外,还与其他因素有关:首先,与个体独特价值观和经历有关。同样对工作不满意,有的人可能减少对工作的投入,有的人可能拼命工作以证明自己。其次,与个人拥有资源有关。尤其在浮躁社会环境下,工作绩效依靠的并不是个人的努力和能力,更多的是依靠资源。最后,与工作满意度后果变量的多样性有关。也就是说,工作满意度的后果并不一定表现为良好的工作行为。比如,组织公民行为会挫伤员工的工作积极性,进而妨碍工作效率的提高。

(二)工作满意度与缺勤率

工作满意度与缺勤率之间存在负相关。也就是说,工作满意度越高,缺勤率越低。这一点很容易理解,没有哪个对工作不满意的员工,会整天盼着去上班。相反,他们只会寻找各种借口来逃避工作。

(三)工作满意度与离职

工作满意度和离职之间存在负相关,而且受其他因素的影响。首先,工作满意度与离职之间的一个重要中介变量是员工的绩效水平。高绩效者更可能待在单位里,因为他们接收到的认可、表扬和其他报酬,为他们留下来提供了更多的理由。其次,一个人对生活的一般态度调节着工作满意度和离职的关系。当两个员工都对工作不满,而且不满意程度大体相当时,那么最有可能离职的人,是在总体上对生活抱乐观态度的人。

六、提高工作满意度的方法

让工作变得更有趣、让员工从事感兴趣的工作,本来是提高工作满意度的最佳办法,但在实际工作中却很难做到。因为许多工作不仅无趣而且乏味,每个人都去从事感兴趣的工作,有些工作势必没人去干,因此提高工作满意度只能从改善组织环境入手。

---

① 惠调艳,杨乃定. 工作满意度与绩效关系研究[J]. 软科学,2006,20(4):61-65.
② 陈光潮,邵红梅. 波特—劳勒综合激励模型及其改进[J]. 学术研究,2004(12):41-46.
③ 黄春生. 工作满意度、组织承诺与离职倾向相关研究[D]. 博士学位论文. 厦门:厦门大学,2004.

(一)创造公平竞争的组织环境

员工最需要的就是公平竞争的环境。只有在公平竞争环境中才能展现自己的才能,才能肯定自己。公平竞争的组织环境可使员工满意度提高,并促使员工专心工作。

(二)创造关爱员工的组织氛围

自身发展进步已经成为员工衡量自己工作生活质量的一个重要指标,一个关爱员工的组织必将使员工满意度上升。一个关爱员工的组织表现在:给予员工更多的培训机会,使其不断成长;给予员工良好的工作环境,使其安心工作;善于鼓舞员工的士气,当员工取得工作业绩时及时给予表扬;重视员工身心健康,缓解员工工作压力。

(三)创造追求进步的组织氛围

自由开放的系统能给予员工足够的支持与信任,给予员工丰富的工作生活内容,员工能在组织中自由平等地沟通。要想提高员工满意度,必须给予员工足够的信任与授权,让他们自主完成工作任务,放开手脚,尽情地把工作才能发挥出来。自由开放的组织应当拥有一个开放的沟通系统,以促进员工间的关系,增强员工的参与意识,促进上下级之间的意见交流,促进工作任务更有效地传达。在通用电气公司,从公司最高领导者到各级中层领导者都实行"门户开放"政策,欢迎职工随时进入他们的办公室反映情况,对于职工的来信来访妥善处理。公司最高首脑和公司全体员工每年至少举办一次生动活泼的"自由讨论"。通用公司努力使自己更像一个和睦、奋进的大家庭,从上到下直呼其名,无尊卑之分,互相尊重,彼此信赖,人与人之间的关系融洽、亲切。

关 键 术 语

(1) 工作态度(work attitude)是工作者对工作及其相关因素比较稳固的心理倾向,由工作认知、工作情感和工作行为三种成分构成。

(2) 组织公民行为(organizational citizenship behavior)是在领导、同事不知情的情况下,员工所从事的有利于组织的行为。

(3) 工作满意度(job satisfaction)是"员工工作满意度"的简称,又称"员工满意度""工作满足",是个体对工作的认知、信念和情感的综合反应。

本 章 要 点

(1) 影响工作态度的因素很多,其中有两个重要因素:一是组织类型;二是组织公民行为。组织公民行为是一把双刃剑,它对工作态度既有积极作用,又有消极影响。

(2) 改变工作态度的方法包括宣传、活动参与、角色扮演、逐步提出要求、接触了解、利用群体规范。

(3) 工作满意度具有相对性、稳定性和持久性、易满足性和可控性等特点。工作满意度具有评价、诊断、预测、激励、互动等功能。

(4) 员工对工作不满意的反应是：退出；建议；忠诚；忽视。

(5) 工作满意度与工作效率之间并不存在直接的关系；工作满意度与缺勤率之间存在负相关；工作满意度与离职之间存在负相关。

(6) 提高工作满意度的方法：创造公平竞争的组织环境；营造关爱员工的组织氛围；追求进步的组织氛围。

练习与思考

一、名词解释题

工作态度、组织公民行为、工作满意度

二、单项选择题

1. "拿一天工资，干一天活"是指员工对组织的哪种态度？( )
   A. 疏远型　　　B. 计较型　　　C. 道德型　　　D. 实用型

2. 在阐述某种观点前，先表明自己在许多问题上与员工有一致的意见，使员工对你产生亲切感，从而使员工改变态度。这种效应是( )。
   A. 威信效应　　B. 名片效应　　C. 好感效应　　D. 自己人效应

3. 消极但是乐观地等待环境的改善，包括面临外部批评时为组织说话，相信组织及其管理层会作出正确的决策。员工这种反应是( )。
   A. 退出　　　　B. 建议　　　　C. 忠诚　　　　D. 忽视

4. 艾齐奥尼提出的组织类型不包括( )。
   A. 强制型　　　B. 实用型　　　C. 规范型　　　D. 道德型

5. 组织利用成员身份、地位、内心推崇影响其行为，建立以领导者个人魅力或专长为基础的权威。这种组织类型指的是( )。
   A. 强制型　　　B. 实用型　　　C. 规范型　　　D. 道德型

三、填空题

1. 工作态度包括_____工作情感和工作行为三种成分。
2. 员工对工作不满意的反应包括退出、建议、_____和忽视。
3. 工作满意度和缺勤率之间存在_____相关，和离职之间存在_____相关。

四、判断并说明理由

1. 工作满意度能够准确预测工作绩效。
2. 组织公民行为对工作态度肯定具有积极作用。

五、简答题

1. 简述影响工作态度的因素。
2. 简述影响工作满意度的工作因素。
3. 请谈谈组织公民行为的消极作用。

六、论述题

1. 论述提高工作满意度的方法。
2. 论述性格与工作态度的关系。

参 考 文 献

[1] 陈光潮, 邵红梅. 波特—劳勒综合激励模型及其改进[J]. 学术研究, 2004(12): 41-46.

[2] 冯缙, 秦启文. 工作满意度研究述评[J]. 心理科学, 2009, 32(4): 900-902.

[3] 侯玉波. 社会心理学[M]. 3版. 北京: 北京大学出版社, 2013.

[4] 惠调艳, 杨乃定. 工作满意度与绩效关系研究[J]. 软科学, 2006, 20(4): 61-65.

[5] 黄春生. 工作满意度、组织承诺与离职倾向相关研究[D]. 博士学位论文. 厦门: 厦门大学, 2004.

[6] 黄忠东. 员工的组织政治知觉、组织政治行为与员工绩效的关系研究[D]. 博士论文. 徐州: 中国矿业大学, 2005.

[7] 刘云. 员工满意度和员工绩效关系实证研究[J]. 重庆工学院学报, 2005, 19(4): 59-62.

[8] 刘永芳. 管理心理学[M]. 2版. 北京: 清华大学出版社, 2016.

[9] 沙莲香. 社会心理学[M]. 4版. 北京: 中国人民大学出版社, 2015.

[10] 孙本文. 社会心理学[M]. 上海: 商务印书馆, 1946.

[11] 斯蒂芬·P. 罗宾斯著. 孙健敏, 李原, 等译. 组织行为学[M]. 7版. 北京: 中国人民大学出版, 1997.

[12] 谭顶良. 高等教育心理学[M]. 南京: 河海大学出版社, 南京师范大学出版社, 2006.

[13] 熊九生. 性格与工作满意度[J]. 职业, 2004(4): 37-54.

[14] 许士军. 工作满意、个人特质与组织气候[J]. (台湾)政治大学学报, 1977(35): 37-54.

[15] 张德纯. 组织中的心理契约[J]. 中国人才, 1996(1): 53-54.

[16] 张小林, 戚振江. 组织公民行为理论及其应用研究[J]. 心理学动态. 2001, 9(4): 352-360.

[17] Bateman T S, Organ D W. Job satisfaction and the good soldier: The relationship between affect and employee "citizenship" [J]. Academy of Management Journal. 1983(26): 587-595.

[18] Farh J L, Zhong C B, Organ D W. Organizational Citizenship Behavior in the People's Republic of China[J]. Organization Science. 2004, 15(2): 241-253.

[19] Hui C, Lam S, law K. Instrumental values of organizational citizenship behavior for promotion: A field quasi-experiment[J]. Journal of Applied Psychology. 2000, 85(5): 822-828.

[20] Ilies R, Judge T A. An experience-sampling measure of job satisfaction and its relationships with affectivity, mood at work, job belief s, and general job satisfaction[J]. European Journal of Work and Organizational Psychology. 2004(13):367 -389.

[21] Locke E A. The nature and causes of job satisfaction. In M. D. Dunnett (Ed), The handbook of industrial and organizational psychology(pp. 1297-1349)[M]. New York: HoIt, Reinhart & Winston. 1976.

[22] Podsakoff P M, Ahearne M, Mackenzie S B. Organizational citizenship behavior and the quantity and quality of work group performance[J]. Journal of Applied Psychology. 1998(2): 262-270.

[23] Weiss H M. Deconstructing job satisfaction Separating evaluations, belief s and affective experiences [J]. Human Resources Management Review. 2002(12): 173-194.

第三篇 群体心理管理

第九章 群体心理

谁若脱离群体,谁的命运就会悲哀。

——奥斯特洛夫斯基

【学习目标】

- 识记群体、非正式群体、冲突管理等概念。
- 了解群体的分类、功能以及研究群体心理的意义。
- 理解群体规模与结构、群体冲突管理。
- 掌握塔克曼群体发展五阶段模型的管理启示;非正式群体的管理方法。

【引例】

从霍桑实验说起

还记得第二章曾经介绍过的"霍桑实验"吗?梅奥等人安排了一个电话交换机布线小组进行实验。这个小组有14名男工,对小组试行"计件工资制",但却不是按个人的产量计酬,而是按小组的总产量计酬;报酬由厂方直接发放给个人,而不是交由小组重新分配。

研究者经过半年隐蔽观察发现,这个小组的日产量总是低于管理层规定的标准,但又不会低得太多。这个日产量标准是小组成员"自定"的,因而他们会自觉遵守。他们为什么要这么做?因为他们认为,如果日产量高于管理层规定的标准,厂方或者会因此提高产量标准,或者会因此裁减人员。但是,如果日产量低于管理层规定的标准,又会损害小组成员的利益。

进一步调查发现,小组成员还有自己的"规范":不准向管理者告密,违者将受到惩罚。总之,这个小组有自己的"规范",并用这种"规范"来保护其成员的利益。

引例中说到的"小组成员"就是群体。群体有独特的心理现象,群体心理现象林林总总,引例中说到的"规范"仅是其中之一种。为什么要研究群体心理?主要是基于两点考虑:第一,管理心理学的逻辑假设是:组织由群体组成,群体由个体组成,即群体介于组织和个体之间。前面我们花了五章的篇幅来讨论个体心理管理,现在该轮到讨论群体心理管理了;第二,群体心理受群体所处宏观环境和微观人际关系的制约,反过来又对提高群体活动效率起着巨大的促进作用。组织管理的终极目标是提高组织活动效率。要提高组织活动效率,不仅要提高个体活动效率,更要提高群体活动效率。可见,研究群体心理是管理心理学的重要课题之一。作为本篇开篇第一章,本章拟探讨群体心理的相关问题。

第一节 群体概述

一、群体的概念

何谓群体？在回答这个问题之前，有两点需要说明：第一，作为一个学术用语，不同文化语境对它有不同的称谓。西方心理学文献将它称为"团体"；苏联心理学文献将它称为"群体"，并认为群体发展的最高阶段是"集体"。第二，社会心理学和管理心理学虽都研究群体，但两者的侧重点却不同。前者侧重于研究**社会群体**(social group)，后者侧重于研究**工作群体**(work group)。群体虽有团体、社会群体、工作群体等不同称谓，但它们的内涵却是一致的，是一体而异名。据此，可将"群体"界定如下：**群体**(group)又称"团体"，是由相互依赖、相互影响的人为了某种共同目标，按照一定方式结合在一起的集合体。[①]

群体不同于偶然聚合体。偶然聚合体是指因某种因素偶然聚集在一起的一群人。超市里的购物群、电影院里的观众群、马路边上的围观人群，都是偶然聚合体。偶然聚合体没有共同目标，没有组织结构，彼此之间互不依赖、互不影响，因而不是群体。当然，偶然聚合体也可能转化为群体。例如，火车上的乘客群本来是一个偶然聚合体，但是如果有人在火车上突发疾病，那么这些人为了抢救病人，分工合作，相互作用，就形成了群体。

群体不同于统计集合。统计集合是指一些具有某种共同特征或类似特征的人群类别，如按年龄区分的少年和青年，按性别区分的男性和女性，按职业区分的工人和农民等。统计集合中的人并不发生具有共同意义的相互作用，也没有共同的隶属感，没有明显的社会结构，可能彼此并不认识，因此也不是群体。

根据群体的定义，要成为群体，必须具备以下五个条件。

(1) 有一定数量的成员。群体必须由两个或两个以上的人组成，单个人不是群体。

(2) 有共同目标。没有共同目标，就是一盘散沙，就会各吹各的号、各拉各的调。有了共同目标，各成员才有可能心往一处想、劲往一处使，其行为才有可能高度一致。

(3) 有组织结构。群体是按照一定方式建立起来的，这就意味着群体具有组织结构。组织结构意味着成员的角色分化，即每个成员都在群体中充当一定的角色。

(4) 有行为规范。共同目标和组织结构必须以行为规范作保证。群体的纪律、规章制度以及传统、习惯等，都是群体的行为规范。对行为规范，每个成员都必须遵守。

(5) 成员之间相互依赖、相互影响。一是成员之间在行为上相互依赖。如在生活、学习、工作方面相互帮助、团结协作。二是成员之间在心理上相互影响。如成员之间会形成人际关系以及暗示、从众、模仿、感染等一系列社会心理现象。

【专栏 9-1】

群体

"物以类聚，人以群分"，人总是在群体中生活和工作的。上学时归属于某个学校的

[①] 郑雪. 社会心理学[M]. 广州：暨南大学出版社，2004：202.

某个班级,工作时归属于某个单位的某个部门。这里所说的"班级""部门"就是群体。可以说,群体生活是人类最基本的生活方式。群体由个体组成,但群体绝不是个体的简单相加,它是个体的有机结合,具有独特的结构、功能与特点,也有自己的形成和发展规律。

二、群体的分类

依据不同的标准,可将群体分为很多种类,这里主要介绍五种分类。

(一)初级群体和次级群体

依据群体成员的亲密程度,可将群体划分为初级群体和次级群体。

初级群体(primary group)又叫"首属群体",是指个人直接生活在其中,由面对面互动形成的、具有亲密人际关系的群体。家庭成员是一种最典型的初级群体。初级群体不仅能满足成员的情感需求,而且对个体的社会化起着重要作用。其特点:①其形成过程一般是一个自然的过程;②通常没有严格的行为规范;③成员间的互动是经常的、直接的、面对面的,彼此间是情感关系,而不是社会角色关系;④成员之间具有不可代替性。

次级群体(secondary group)是指有目的、有计划、有明确组织结构,按照一定方式建立起来的群体。学校中的班级、工厂中的车间、政府机关中的科室等是最常见的次级群体。其特点:①其形成源于一定的社会需要;②有严格的组织结构和角色分工;③成员间的关系以社会分工为基础,主要是角色关系。

(二)假设群体和真实群体

依据群体是否实际存在,可将群体分为假设群体和真实群体。

假设群体(hypothetic group)又称"名义群体""统计集合",是指实际上并不存在,只是为了某种需要而设想的群体。如全国人口普查按照年龄、性别、职业、婚姻状况、民族等进行统计而得出的各类人群数字,表达的就是一些假设群体。

真实群体(real group)是指实际存在,成员间有直接接触并有共同目标的群体。如学校中的班级、工厂中的车间、政府机关中的科室等。

(三)大群体和小群体

划分大群体和小群体的依据是群体成员的数量。依据成员数量来划分群体大小虽然简便,但不能揭示群体的本质特征,较难形成科学概念。为此,社会心理学提出以成员是否有直接接触作为划分大群体和小群体的依据。

凡是成员间不能直接接触,只能通过群体目标和组织结构发生间接联系的群体称为**大群体**(large group)。数万人的工厂、大学都是大群体。大群体的成员之间不一定直接接触和交往,它主要通过群体目标、规章制度、文化传统、舆论、价值观等来调节成员的行为。

凡是成员间有直接接触的群体称为**小群体**(small group)。小群体成员少,成员间彼此交往、相互作用,会形成人际关系以及暗示、从众、模仿、感染等一系列社会心理现象。

(四)正式群体和非正式群体

依据群体是否按照官方明文规定而组成，可将群体分为正式群体和非正式群体。

正式群体(formal group)是按照官方明文规定建立起来的群体。特点：①有领导者或领导班子，有比较固定的人员编制，成员有明确的权利和义务，有严格的职责分工。②全体成员在履行群体职能时，依据个人责任大小，都在群体中占有一定位置。这些位置的总和，就构成按等级划分的群体结构。③在任何组织中，正式群体都占主导地位，起主导作用。

正式群体又可分为两种类型：①命令型群体。它由直接向某个主管报告工作的下属人员组成。如一个主管会计和他下属的五名会计就是一个命令型群体。②任务型群体。它由完成某项工作任务而在一起工作的人组成。如技改攻关小组、课题组、职称评审委员会等都是任务型群体。所有命令型群体都是任务型群体，都有命令关系。但任务型群体不一定有命令关系，因为它的成员可能来自不同部门、不同单位。

非正式群体(informal group)由梅奥在霍桑实验中提出，是由一些志趣相投、信念一致、感情相近、关系密切的个体在工作和生活中自然结合而成的群体。如同乡会，班级中的朋友群等。其特点：①"领袖"是自然涌现的；②行为规范大多是自然形成的；③没有明确的组织结构；④成员的权利、义务不甚明确，成员间的关系比较模糊。

(五)隶属群体和参照群体

依据群体对其成员是否具有价值定向作用，可将群体分为隶属群体和参照群体。

隶属群体(membership group)是成员均有隶属关系的群体。人们生活、学习、工作在其中的群体均属隶属群体。

参照群体(reference group)又称"榜样群体"，是个体以其信念、态度及价值观作为评价、规范自身及他人行为标准的群体。它是个体心目中"向往"的群体。红旗班组、先进车间常常是那些希望成为先进的员工的参照群体。

三、群体的功能

群体功能(group norm)是指群体对组织和个人所起的社会作用。群体尤其是正式群体，由于有共同目标，有组织结构和行为规范，因而能凝聚人心，鼓舞士气，使成员团体协作，创造出比个人力量机械相加大得多的整体力量，从而对组织和个人产生重要作用。

(一)群体对组织的功能

群体对组织的功能，集中体现在群体能够促成组织目标的实现。任何组织都有自己的目标，而组织目标又体现为各项具体的工作任务。任何组织都是依靠各个群体的力量来动员全体成员共同努力，通过完成一个个具体的工作任务，以保证组织目标的实现。群体在实现组织目标过程中具有如下作用：①在组织目标指引下，群体能够制订出各自的目标以及实现目标的计划，并要求每个成员也制订出各自的目标以及实现目标的计划。这样，组织目标就得以逐级分解、逐级落实，这为实现组织目标创造了基本条件。②群体能够形式多样地宣传、鼓动其成员，使他们认识到实现组织目标的重要性，激发热情，坚定信心，增强责任感。同时，群体能够运用自身的行为规范和舆论来约束成员的思想、行为。这就在思想认识、行为导向等方面为实现组织目标创造了保证条件。③群体通过协调成员关系，倡导团结协作精神，使成员在完成各自工作任务的同时互相支持和帮助。每个成员个人任务的完成，即意味着群体目标的实现，每个群体目标的实现，即标志着组织目标的实现。

(二)群体对个体的功能

1. 满足需要

(1) 群体能满足个体的物质需要。个体劳动虽然也能满足其物质需要，但在现代社会，纯粹个体意义上的劳动是不存在的，差不多都是在群体中劳动。个体正是在群体中通过付出而获得报酬，从而满足其物质需要。

(2) 群体能满足个体的精神需要。只有当个体归属于某个群体时，方能减少孤独和恐惧，获得心理上的安全感；只有当个体归属于某个群体时，方能找准自己的位置，获得心理上的归属感；只有当个体归属于某个群体时，方能在尊重他人的同时获得他人的尊重，满足其自尊需要；在群体中，成员之间能进行广泛交往，相互关心，相互信任，从而满足其交往需要；一个对成员具有吸引力的群体，往往能够使成员干自己想干的工作，充分发挥自己的才能，充分展现自我，从而满足其自我实现需要。

2. 发展心智，完善人格

群体成员在实现共同目标的活动中，扩大了知识，提高了能力，从而发展了心智水平。群体成员在实现共同目标的活动中，一旦发现自己在能力、贡献等方面和别人存在差距，会及时调整自己的目标或行为。通过比较和鉴别，改造和完善自己的人格。每个成员都必须依据自己的角色定位行事，严于律己。当个体的思想、行为符合群体规范时，群体就加以赞许和鼓励，否则就予以拒绝和排斥。改造和完善自己的人格，并得到群体的社会性支持，是个体完善人格的重要条件。

四、研究群体心理的意义

组织领导者所面对的并不是一个个具体的下属和员工，而是一个个各具特色的群体。也就是说，领导者管理的对象是群体而不是个体。研究群体心理的意义如下。

(1) 有助于领导者了解群体对组织的作用，充分发挥各个职能部门、车间、班组、领导班子等群体的作用，提高领导效果。

(2) 有助于领导者掌握先进群体的评价标准，了解群体对个体心理和行为的影响，以及个体在群体中特有的心理状态、行为表现，提高群体评价和思想教育的科学性。

(3) 有助于领导者运用群体心理特征及规律，使群体发展成为集体。

(4) 有助于领导者加强角色意识，有效地控制群体的心理和行为。

(5) 领导者在组织管理中可以利用群体动力改变个体的不良行为，克服组织变革的阻力。

总之，研究群体心理对领导者具有重要意义。

第二节　群体形成与发展

一、群体形成

我们知道，群体特别是正式群体是按照官方明文规定建立起来的。但是，按照官方的一纸文件、一道命令把一群人聚合在一起，并不意味着这群人就是一个群体。美国奥克拉荷马大学社会心理学家穆扎菲·谢里夫(M. Sherif, 1961)[①]采用自然实验法(又称"罗伯斯山洞实验")，研究了群体的形成过程，并揭示了群体形成应具备的基本条件。研究者邀请22名互不相识的男孩在奥克拉荷马州的 Robbers Cave 公园参加为期三周的夏令营活动。整个研究过程分为以下三个阶段。

第一阶段：建立两个互不相关的人群。把22名男孩分为两组，两个组均不知道对方的存在。分别安排两组进行一系列活动，如郊游、野餐、整理营地的游泳池等。通过活动和交往，两个组形成了各自的规范，有了非正式领导者，每个人有了各自的角色，其角色相对固定下来。所有这些表现，都意味着两个组各自形成了群体。

第二阶段：开展两个群体之间的竞赛活动。安排两个群体相遇，并组织橄榄球、垒球等各种比赛活动。这些活动必然导致一方胜利而另一方失败，于是双方时有纠纷，攻击言行明显增多，互有敌意。两个群体形成了明显的"我们"意识，以与"他们"区分。这一阶段结束时，研究者让每个人在两个群体中选择朋友，结果绝大数人都选择本群体成员作为朋友，比例分别为92.5%和93.6%，说明这一阶段群体内成员关系友好，但群体间的关系紧张。

第三阶段：开展两个群体间的合作。研究者创造机会，使双方增多直接接触和交往的机会，安排他们一起活动，如共同劳动、看电影、进餐等。开始时，两个群体常有对立情绪，冲突时有发生。后来，研究者安排了一些必须由双方成员分工合作、齐心协力才能完成的活动。如营地的游泳池坏了，必须由双方投入人力进行修复；卡车陷入泥淖，必须由双方投入人力去拉；看电影钱不够，必须把双方成员的零花钱凑起来等。经过一系列合作后，两个群体成员间的对立情绪明显减少。第三阶段结束时，研究者再次要求他们选择朋友，结果表明，选择对方成员作为朋友的比例高达1/3。

这一实验表明，成员间直接交往、共同活动、目标一致是群体形成的重要条件。

二、群体发展

苏联心理学和西方心理学划分群体发展的依据各不相同。苏联心理学以 A. B. 彼得洛夫

---

① Sherif M, Harvey et al.. Intergroup conflict and cooperation[M]. Norman, OK: University of Oklahoma Book Exchange. 1961.

斯基(1977)创立的"人际关系活动中介理论"[①]为依据。该理论认为，人际关系好坏决定着群体的发展水平，而人际关系好坏又取决于成员共同活动的内容、目的和意义。据此，彼得洛夫斯基等人提出了群体发展的三阶段模型。西方心理学划分群体发展的依据是：群体存在的时间，群体成员之间支配与被支配关系。据此，塔克曼提出了群体发展的五阶段模型。

(一)彼得洛夫斯基的群体发展三阶段模型

1978年，苏联社会心理学家A. B. 彼得洛夫斯基和B. B. 施巴林斯基在《集体的社会心理学》[②]一书中，将群体发展水平分为松散群体、合作群体和集体三个阶段。此外，20世纪80年代江苏省无锡市教育局教科所"班集体理论与实践建设"课题组[③]还提出一个"本位群体"概念，认为本位群体介于合作群体与集体之间，如图9-1所示。

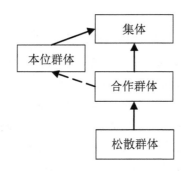

图9-1　群体发展路线

1. 松散群体

松散群体(diffusing group)是处于低级水平的群体。它有两种情况：一种是正式群体的低级阶段，其特点是没有被成员认同的统一的价值目标与行为规范，人际关系是情绪性的，不以共同活动的内容、目的、意义为中介，成员意识差、聚合力差，但内部分工已开始，在成员有了一定心理适应的基础上，会向高一级水平发展。如新组织起来的教学班就是松散群体。另一种是在活动和交往中形成的非正式群体，没有规章制度的约束，合则聚，不合则散。

2. 合作群体

合作群体(cooperative group)又称"联合群体"，由松散群体发展而来。其特点是：①具有自己的目标及行为规范，并已部分地内化为其成员的动机；②群体结构初步形成；③群体的共同活动有其整体意义；④开始出现群体中心责任依存关系，群体凝聚力增强。

---

① [苏]A. B. 彼得洛夫斯基. 新阶段的群体与集体理论[J]. 心理学问题，1977(5).
② [苏]A. B. 彼得洛夫斯基，B. B. 施巴林斯基. 集体的社会心理学[M]. 卢盛忠，龚浩然，张世臣，译. 北京：人民教育出版社，1984：53-75.(原著出版时间：1978)
③ 1983年，江苏省无锡市一批教育科学研究者在中小学开展班集体建设专题研究。1987年，《江苏教育》发表《无锡市中学班集体建设经验专辑》，在全国范围产生了积极影响。同时，由无锡市教科所副所长唐迅主持的《班集体科学理论研究》课题被列为全国教育科学"七五"规划重点项目。

3. 本位群体

本位群体(selfish group)是指成员具有相近的价值观，追求相似的目的，并为本群体利益能比较一致地、协调地进行工作的群体。其特点是：①小集体意识比较浓厚；②本位主义思想比较严重；③当本群体的利益与社会利益相矛盾时，总是从自身利益出发作出反应。因此，要通过教育、引导，使其向集体方向发展。

4. 集体

集体(collective)是力求实现符合人民利益的共同目标，按照特定行为方式行事，相互促进，使工作效率不断提高和各成员不断社会化的有组织的群体。[1]彼得洛夫斯基认为：①集体是群体发展的最高阶段；②只有社会主义国家才有集体，而且并非社会主义制度下的所有群体都是集体；③只有大多数成员都具有集体主义精神时，才能称之为集体。

【专栏9-2】

集体应具备的条件和功能

集体始于20世纪中叶苏联马卡连柯、苏霍姆林斯基的研究，尤其是20世纪70年代彼得洛夫斯基的研究，成为苏联心理学独特的研究领域。一是条件：①具有与社会目标一致、成为集体成员行动指南的目标，并由此而形成正确、统一的舆论；②以具有社会价值的共同活动为中介，把成员联结在一起，人际关系平等；③具有较完善的管理与自我管理机构；④成员的个性和才能得到充分发展。二是功能：①正确的导向功能，由于与社会价值取向一致，能正确引导成员共同活动的方向；②巨大的参照功能，由于大多数成员的榜样作用而成为培养人、教育人的熔炉；③高度的整合功能，由于结构稳定、彼此团结，成员的社会心理与社会行为一致，能抵制各种侵蚀，高效地完成共同活动任务；④教育与个性发展功能，人际关系平等而有着巨大的教育功能，能充分发挥人的聪明才智，培养人的能力，使人的个性得到充分发展。

(资料来源：林崇德，等．心理学大辞典[Z]．上海：上海教育出版社，2003．"集体"词条)

(二)塔克曼的群体发展五阶段模型

美国社会心理学家布鲁斯·塔克曼(B. Tuckman，1965)在《小群体的发展次序》[2]一文中指出，群体发展需要经历形成、动荡、规范和执行四个阶段。1977年塔克曼与詹森合著《小群体发展阶段再访》一文。[3]该文在前述四个阶段基础上又增加了一个"中止"阶段，从而形成著名的群体发展五阶段模型。

1. 形成阶段

形成(forming)阶段又称"组建阶段"，其主要特征是成员之间具有相互依赖性。成员依

---

[1] 黄希庭．简明心理学辞典[Z]．合肥：安徽人民出版社，2004．"集体"词条．
[2] Tuckman, B. W. developmental sequence in small[J]. Psychological Bulletin. 1965, 63(6): 384-399.
[3] Tuckman, B. W., Jensen, M. A. C. stages of small-group developmental revisited[J]. Group and Qrganization Studies. 1977(2):19-427.

靠安全的、模式化的行为，并期望群体领导者给予指示和指导；成员渴望被群体接纳，渴望知道群体是安全的；成员开始搜集他们之间类似或差异的信息；避免争议，避免严肃的话题，尽量不暴露自己的情绪；群体的目标、结构、规范等都尚未确定。

2. 震荡阶段

震荡(storming)阶段又称"动荡阶段"，其主要特征是成员之间具有竞争性和冲突性。随着成员逐渐被工作任务组织起来，导致成员之间具有私人关系；个体不得不屈从或塑造自己的情感、态度和信仰以适应群体；成员关心的问题是：谁将对什么负责，目标是什么，评价标准是什么，报酬系统是什么等；对群体规范开始出现分化，有的抵制，有的沉默，有的支持；成员的行为可能存在一定程度的摇摆；尽管竞争和冲突不一定暴露群体的问题，但由于害怕曝光，群体领导者产生了净化组织结构或增加承诺的欲望。

3. 规范阶段

规范(norm)阶段的主要特征是凝聚力增强。成员承认其他成员的贡献，建立和维持共同体，解决群体存在的问题；基于其他成员提供的事实，成员愿意改变他们原先的观点和行为；领导阶层被分享，派系解散；成员之间开始形成亲密关系，产生了强烈的群体身份感和友谊关系，对正确的行为已达成共识。这一阶段结束时，组织结构已经稳定。此外还有两个特征：一是成员开始害怕群体解体；二是成员可能抵制任何形式的变革。

4. 执行阶段

执行(Performing)阶段又称"履行阶段"，其主要特征是群体成员被工作任务高度导向。这个阶段，群体士气高昂，成员忠诚度高，组织结构充分发挥作用，成员间的个人关系相互依赖，成员的注意力已从相互理解转移到完成手头的工作任务。

5. 中止阶段

中止(adjourning)阶段又称"终止阶段"。对于长期性的工作群体而言，执行阶段是群体发展的最后阶段，但对暂时性的工作团队、任务小组等工作群体而言，还有一个"中止"阶段。中止阶段的主要特征是任务行为的终止和成员关系的改变。这个阶段，群体开始准备解散，领导者的注意力转到群体的收尾工作上来。这时，群体成员的反应差异很大。有的乐观，沉浸在工作成就中；有的惋惜甚至悲观，比如为未能把工作做得更好而感到惋惜。

群体发展五阶段模型揭示了群体由不成熟到成熟的发展过程，但并非任何群体总是向前发展的。比如，或换了一个不称职的领导者，或领导者疏忽某阶段的关键问题，或某阶段群体内部冲突发展到不可收拾的程度，都会使群体发展出现倒退现象。

(三)塔克曼群体发展五阶段模型的管理启示

塔克曼的群体发展五阶段模型为群体领导者在各个阶段应充当的角色和承担的主要任务指明了方向(见表9-1)，为群体管理提供了许多有益的启示。

表 9-1　塔克曼群体发展五阶段模型要点

发展阶段	特点	群体领导者	
		角色	任务
形成阶段	成员之间具有相互依赖性	发起人	阐述群体目标
震荡阶段	成员之间具有竞争性和冲突性	调停者	调解矛盾冲突
规范阶段	凝聚力强	促进者	形成群体规范
执行阶段	群体成员被工作任务高度导向	指导者	对人际关系提供指导和支持
中止阶段	任务终止，关系改变	善后者	评估工作绩效，宣布群体解散

(1) 形成阶段。领导者的主要角色是发起人，主要任务是向群体成员阐述群体目标。此外还应当向群体成员交代清楚以下问题：每个成员各自的角色和职责；怎样评价群体工作绩效；怎样支付报酬等。

(2) 动荡阶段。领导者的主要角色是调停者，主要任务是调解成员之间的矛盾冲突。这一阶段，由于成员之间互不了解，加上是初次共事，互不信任，办事风格相互不适应等，因而成员间的冲突不可避免。为此，领导者应尽可能地缩短群体的动荡期，通过创造一种相互了解和增进友谊的环境，如组织娱乐活动或开展其他群体性活动等，使成员增进了解，培养友谊，提高群体凝聚力。这样，群体就会从动荡阶段很快过渡到规范阶段。

(3) 规范阶段。领导者的主要角色是促进者，主要任务是促进群体规范的形成，并将群体规范导向群体目标。

(4) 执行阶段。领导者的主要角色是指导者，主要任务是在人际关系方面提供指导。因为在这个阶段，有关问题的各种不同观点和意见都会暴露出来，这时成员在人际关系方面会出现小的波动。

(5) 中止阶段。领导者的主要角色是善后者，主要任务是完成群体工作绩效评估和解散群体。随着任务的完成，工作群体已经完成了它的使命，因此群体的善后工作也很重要。在这个阶段，领导者要对群体绩效和成员的个人绩效进行评估，并根据绩效决定报酬；要对悲观者适当抚慰；宣布群体解散，并通过口头或宴会的形式向全体成员表示感谢。

第三节　群体规模与结构

一、群体规模

群体规模以多大为宜，这是管理心理学必须回答的问题。因为群体规模是否最佳化，不仅与群体工作效率有直接关系，而且涉及群体的问题解决过程。研究群体规模，主要涉及以下三个问题。

(一)关于群体规模的上限和下限问题

关于群体的下限是两人还是三人，社会学家和社会心理学家曾有过分歧。赞同两人的认为："最小的可能性群体包括两个人，叫作'两人组合'。两个人能够建立起来的纽带是独特的：两人组合能够产生一种在许多更大群体中所找不到的一致性和亲密感。"[①]中国古代典籍《周易》也有"二人同心，其利断金"的说法。社会学家齐美尔(G. Simmel，1858—1918)则主张群体的下限应是三人。他认为，两个人无法构成群体，因为"两人组合"只能构成一种纯粹的情感关系，任何一方退出都会导致关系破裂。而且两人之间如果发生意见分歧或冲突，也必须依靠第三者仲裁。三人组合则不同，三个人无须总是保持一致。正所谓"两人为伴，三人为群"。[②]中国民间也有"三人成群，五人成党"的说法。

群体的下限究竟是两人好还是三人好？《周易》说："三人行则损一人，一人行则得其友。"意思是说一人孤单、两人合作、三人复杂。事实上，"两人组合"既可能对峙破裂，也可能亲密无间、密切配合，就看是一分为二、一刀两断，还是合二为一。

至于群体的上限以多少人为宜，意见分歧更大。群体上限究竟多少人数才是最佳，要看群体目标是什么。若群体目标是为了完成工作任务，则12人以下小群体的速度比大群体快；若群体目标是为了解决问题，则12人以上大群体更善于吸收多种不同观点，有利于问题解决。事实上，当群体人数超过12人时，将不可避免地带来一些弊端，诸如少数人占据统治地位，形成非正式群体，禁止某些人参与决策，决策过程拖延时间等。

(二)关于群体人数的奇数和偶数问题

群体人数是奇数还是偶数，研究者也有不同意见。主张奇数者认为，当群体成员发生意见分歧时，可以通过投票、举手表决等方式使问题得以迅速解决，避免无休止的争论。主张偶数者认为，单靠投票、举手表决等方式来解决问题，会影响人际关系。当发生意见分歧时，应进一步协商，这样既可在深入讨论基础上使问题得到解决，又可避免人际关系紧张。

综上可得出两点结论：①群体人数的最低下限为两人，最高上限为12人；当群体人数为奇数时，有利于问题的快速解决而不是最佳解决。②应根据工作任务的性质来确定群体规模，以确保工作效率达到最佳。群体规模低于某个下限，成员会因工作负担太重而产生抱怨，无法完成工作任务；群体规模超过某个上限，可能因人浮于事而降低工作效率。

二、群体结构

(一)群体结构的含义

群体结构(group structure)是指群体成员的构成情况。从成员组成看，有年龄结构、知识结构、能力结构、个性结构等；从成员特点看，有同质结构和异质结构；从成员人际关系看，有心理相容结构和心理排斥结构等。管理心理学主要关注同质结构和异质结构。由在年龄、知识、能力、个性等方面都相同或相近的成员构成的群体称为**同质群体**(homogeneous group)；反之，则为**异质群体**(heterogeneous group)。研究群体结构具有重要意义，因为它直

---

① [美]戴维·波普诺. 社会学(上册)[M]. 刘云德，王戈，译. 沈阳：辽宁人民出版社，1987：288.
② [美]约翰逊. 社会学理论[M]. 南开大学社会学系，译. 北京：国际文化出版公司，1988：344.

接关系到群体的工作效率。一个简单的事实是，群体成员搭配得当，会使群体协调一致，紧密团结，提高工作效率；搭配不当，会使群体涣散，冲突不断，降低工作效率。

(二)群体结构与工作效率

群体结构与工作效率的关系很复杂。因为群体结构与任务复杂程度有关。完成简单任务时，同质群体易于协调，效率较高；完成复杂任务时，异质群体易于取长补短，效率较高。一般来说，企业中的生产班组具有同质结构比较适当；而一个领导班子具有异质结构比较适当，因为领导班子承担的任务较为复杂，需要有不同能力、性格、年龄、知识的人互相配合，取长补短，共同努力，才能顺利地履行领导职能。此外，还要考虑下列变量。

1. 工作任务的同质性

企业中的技改攻关小组，科研院所的课题组，尽管它们面对的工作任务非常复杂，但由于只需解决某个或某方面的难题，因而具有同质结构比较适当；而医院的疑难病症会诊小组最好具有异质结构，因为这个小组可能会遇到多个未知领域的难题，需要有不同医学背景如内科、外科、中医、西医的医生通力协作，才能准确诊断病情。

2. 群体成员的观点、信念

无论完成简单的任务还是复杂的任务，无论面临一个难题还是多个难题，在对待重大问题上，成员的观点和信念一致或基本一致，便于统一意见，有利于提高问题解决效率。否则，哪怕是面对一个简单的工作任务，也会陷入无休止的争论之中，从而影响问题解决效率。

3. 群体成员的文化多样性

成员来自不同民族的群体叫作"文化异质群体"，反之则为"文化同质群体"。文化异质群体的成员有一个相互适应的过程，如需要一定的时间来学习如何相处，如何对待不同意见，如何对待不同的问题解决方式。因此，在文化异质群体形成初期，会遇到很多困难，工作效率可能不高。不过，这种现象会随着时间的推移而消失。尤其在完成需要多种观点的工作任务时，文化异质群体由于拥有多方面的信息，有解决问题的多角度视野，因而工作效率较高。

(三)群体人口统计学与离职率

群体人口统计学(group demography)是指群体成员具有的共同的统计特征的程度，如年龄、性别、民族、教育水平和在组织内的服务年限等。这些特征对员工离职率有很大影响，因而是管理心理学近年来关注得比较多的课题。

1. 成员的年龄

同年龄阶段的人，大多有着相同或相似的经历。一个群体的所有成员，不可能都是相同或相似经历者，必然由不同经历者构成。在这种群体中，成员间沟通比较困难，冲突一旦开始，往往难以控制。随着冲突愈演愈烈，群体吸引力会越来越小，成员离职的可能性就越来越大。尤其是权力、利益之争中的失败者，更容易自动离职或被迫离职。

2. 成员在组织内的服务年限

服务年限也可以帮助领导者预测员工的离职率。一个群体的成员中如果大部分人是同一时段加入这个群体的，那么这些同类者之外的成员离职率较高。至于那些同类者的情况则比较复杂，由于他们联系多，对群体持相似的看法和态度，因此要么大多离职，要么大多留下。当然，如果他们之间的隔阂较深，则另当别论。

3. 成员的差异性

一个群体除非过于自我封闭，成员之间有地域、性别、教育水平、社会背景等方面的差异，是保证群体始终充满活力所必需的。成员间的差异也许不能预测成员离职率的高低，但如果差异太大，可能会给某些成员造成压力，从而导致其离职。

第四节　非正式群体及其管理

任何正式群体中都不可避免地存在着各式各样的非正式群体。对非正式群体管理得好，它对正式群体会发挥积极作用；管理得不好或放任不管，它对正式群体会造成极大危害。

一、非正式群体的类型

道尔顿(M. Dalton，1957)[①]和塞利斯(L. Sayles，1958)[②]等人曾分别依据各自的标准对非正式群体进行过分类，这些分类未必符合我国的实际情况。国内管理心理学研究者通常按照非正式群体的社会性质将其分为以下四种类型。

(一)积极型

积极型非正式群体的价值取向、活动目标与正式群体的价值取向、活动目标完全一致或基本一致。如几个人自发地结合在一起对某个科研难题进行研究，他们怕攻关不克，于是不声不响地进行活动，而形成"非正式群体"。

(二)中间型

中间型非正式群体的价值取向、活动目标与正式群体的价值取向、活动目标有时一致，有时不一致；或在一些问题上一致，在另一些问题上不一致。它们对正式群体既有积极作用，又有消极作用。由于它们所起的作用既无害处也无益处，因而又叫"无害型群体"。

---

① M. Dalton. Men Who Wanage: Fusion of Feeling and Theory in A dministraion. 1957: 57-65.
② Sayles L. Behavior of Industrial Work Group[J]. Prediction and Control. 1958: 7-39. //Miner J B. *Industrial-Organizational Psychology*[M]. 1992: 179.

(三)消极型

消极型非正式群体的价值取向、活动目标与正式群体的价值取向、活动目标是不一致的,它们所起的作用是消极的。它们经常与正式群体发生摩擦,妨碍领导者的工作,影响正式群体的工作效率。虽然它们的作用是消极的,但其活动尚未超出群体规范许可的范围。

(四)破坏型

社会心理学所指的破坏型非正式群体,是指具有反社会倾向或其活动已超出法律许可范围的带有黑社会性质的组织。如流氓团伙、卖淫团伙、拐卖妇女儿童团伙、盗窃团伙、传销组织等。管理心理学所指的破坏型非正式群体,是指在工作中结成的对正式群体具有破坏性的非正式群体。其价值取向与正式群体的价值取向相悖,其活动对正式群体起破坏作用,表现为时时处处都与正式群体唱反调、对着干,群体领导者说白它说黑,群体领导者指东它朝西。

二、非正式群体形成的原因、条件及特点

(一)非正式群体形成的原因

非正式群体的形成原因非常复杂,大致可归纳为以下五个方面。

1. 经济发展水平不高

非正式群体的形成与经济发展水平密切相关。目前,我国劳动者的劳动仍然是谋生的手段;劳动者还没有得到真正的全面发展,社会分工还带有强制性。一方面人们不得不工作,另一方面工作又带有强制性,这使人们对自己所扮演的角色持有不同态度,产生不同的心态和需求标准。这样,具有相同或相似态度、心态和需要的人们之间,产生了相同或相似的思想、情感和需求,而且希望得到同类者或相似者的支持,从而形成非正式群体。

2. 管理方面存在问题

但凡凝聚力强的正式群体,都没有或少有非正式群体。当一个正式群体中存在多个非正式群体时,多半是管理上出现了较为严重的问题,如制度不健全、政策不合理、分配不公,领导者亲疏有别、厚此薄彼等。事实上,当正式群体目标与成员的要求不一致,正式群体不能发挥正常功能,凝聚力下降时,非正式群体更容易形成。

3. 物质利益相互联系

正式群体维系着员工的根本利益,但却不能全面照顾每个人的具体利益。每个员工既有与正式群体一致的共同利益,又有独立于正式群体利益的个人利益。个人利益的获得,有的要靠正式群体和组织,有的必须靠自己谋取。这样,员工之间就产生了利益上的联系。某些人在某方面需要另一些人帮助,另一些人在其他方面需要这些人帮助,这就逐步形成了以利益为纽带的非正式群体。

4. 兴趣爱好彼此趋同

许多非正式群体是以员工的兴趣爱好为纽带而形成的。俞文钊(1989)[①]对12个不同类型企业的调查表明，每个企业中都存在着不同类型的非正式群体。这些非正式群体，都是一些与企业生产无直接关系的以闲情逸致、业余爱好为轴心而建立起来的，正是这种彼此趋同的兴趣爱好，加深了相互了解，增进了感情，形成了各自的向心力，进而形成非正式群体。

5. 各种关系催生形成

一个单位的员工之间除上下级关系、同事关系和工作关系外，还有下列关系：①亲缘关系。有些员工或是亲戚，或是家族，他们彼此亲近、关系密切。②地缘关系。有些员工或是老乡，或是邻居，他们之间有事先知、有难先助。③师徒、师生、旧交关系。有些员工或是师徒，或是师生，或是老同事，或是前辈要好、互有恩德，他们彼此照顾、关爱有加。④同学、战友关系。有些员工或师出同门，或是有过生死之交的战友，他们相互维护、彼此照应。正是这些关系，对各种非正式群体的形成起到了催化剂作用。

(二)非正式群体形成的条件

有了前述五个原因，还必须具备以下三个条件，才能形成非正式群体。

1. 心理上有共同点

成员在心理上的共同点或相似性，是形成非正式群体的心理条件。成员之间情趣相投，说话投机，兴趣爱好一致，为人处世态度相似，个性相近或互补，行为方式相同，从而产生心理共鸣，更愿意经常聚集在一起。

2. 时空上相互接触

同一单位的员工，由于有共同的工作时间和自由支配时间，有相互接触的空间，这种时空上的相互接触，为非正式群体的形成提供了便利条件。

3. 存在领袖人物

要形成非正式群体必须有领袖人物的存在。这个领袖人物的特点是有能力、有水平、有影响力，虽然不在其位，但由于处事得当，当员工的利益受到损害时能仗义执言等。总之，这个领袖人物是深孚众望的，尽管不是他本人刻意追求的，但人们愿意团结在他的周围，乐于与他相处，听从他的调遣。久而久之，在他身边便自然而然地形成了非正式群体。

(三)非正式群体的特点

1. 形成过程的自发性和渐进性

非正式群体是由一些志趣相投、信念一致、感情相近、关系密切的个体在工作和生活

---

① 俞文钊. 管理心理学[M]. 2版. 兰州：甘肃人民出版社，1989：380.

中自发形成的。它的成员是自发聚集在一起的,它的行为规范大多是自然形成的;它的"领袖"也是自然涌现的。非正式群体的形成过程是渐进的,成员先是在工作上的交往,逐步发展到生活、娱乐等方面的交往。

2. 成员关系的模糊性

在许多非正式群体中,成员的角色、地位、权利、义务等都不甚明确,成员间的关系比较模糊,有时甚至连领袖人物是谁都不是很明确。

3. 结构的重叠性与不稳定性

一个非正式群体的成员可以同时是一个或几个其他非正式群体的成员。如企业某职工,可能是技改小组的成员,也可能是业余球队、业余演唱团的成员。可见,重叠性是非正式群体的特点。另外,非正式群体往往不定型、多变。成员的某种利益、目的一旦实现,某种活动一旦完成,他们可能就此散伙,而且脱离关系比较容易,无须履行任何手续,这说明非正式群体具有不稳定性。

4. 行为规范的强制性

对于非正式群体的规范,成员必须遵守,否则就会受到冷遇、孤立、排斥,甚至被驱逐出群体。由于非正式群体的行为规范带有强制性,因此它对成员的影响很大,成员的从众行为和行为标准化倾向非常强烈,信念和行为有高度一致性,甚至达到模式化的程度。

5. 作用的两重性

非正式群体可能是正式群体开展工作的生力军,也可能是害群之马。俞文钊(1989)[①]指出,非正式群体是正式群体的孪生兄弟,而不是正式群体身上的毒瘤。在某种程度上是正式群体的补充,带有"群众自助"色彩。对它不应轻率地扣以小集团、宗派主义、小圈子等帽子加以否定。事实上,多数情况下,正式群体和非正式群体之间没有根本的利害冲突,它们在功能、作用上能够互为补充。

三、非正式群体的作用

(一)对其成员的作用

1. 弥补作用

正式群体是一种工作群体,成员的行为是导向工作目标的,加之群体工作难免单调、机械甚至缺少人情味,这就决定了成员间的关系主要是工作关系。我们知道,人之所以工作,除了维持生计外,也要从中获得愉悦,获得归属需要、交往需要和自我实现需要的满足。而正式群体的上述特点,注定它不可能完全满足成员的心理需要,要满足成员的心理需要只能更多地依靠非正式群体。可见,非正式群体在满足成员心理需要方面起着弥补作用。当然,这种弥补作用是积极的还是消极的,要依据弥补的具体内容而定。以满足交往

---

① 俞文钊. 管理心理学[M]. 2版. 兰州:甘肃人民出版社,1989:383.

需要为例，如果纯粹是为了结交朋友甚至酒肉朋友，其弥补作用是消极的；如果通过结交朋友激发了工作热情和干劲，那么这种弥补作用是积极的。

2. 控制作用

非正式群体通过其行为规范控制着成员的言行。比如，对单位的某种纪律，要么都执行，要么都不执行，即所谓"法不责众"。同样，这种控制作用是积极的还是消极的，要依据控制的具体内容而定。对于单位制定的以保证工作秩序和工作效率的纪律，要求成员都执行，其控制作用是积极的；要求成员都不执行，其控制作用就是消极的。

3. 改造作用

非正式群体在经过一段时间运作后，成员在各方面的差异越来越小，共同成分越来越多。比如，共同语言越来越多，行为方式越来越一致，情感越来越融洽，信念、态度和价值观更加趋于一致等。这就是非正式群体对成员改造的结果。这种改造作用，有的是通过群体压力实现的，更多的是在潜移默化中完成的。非正式群体可以把许多信念和价值观传递给成员，成员又愿意接受。比如，某个成员犯了错误，正式群体多次批评教育就是不改，而非正式群体成员的几句话就使他愿意改正。当然，这种改造作用是积极的还是消极的，要依据改造的方向和性质而定。以成员言行为例，如果成员的言行与正式群体规范一致或趋于一致，其改造作用是积极的；反之，成员的言行与正式群体更加离心离德，其改造作用就是消极的。

4. 激励作用

对于某项工作任务，正式群体尽管大会号召，小会动员，私下里苦口婆心地做思想工作，有的人就是不予理睬，而非正式群体一声令下，就立刻行动，这就是非正式群体对成员行为的激励作用。非正式群体对成员行为的激励，既不是物质激励，也不是精神激励，而是以默许或否定的方式来激励。它默许某种行为，意味着它激励行为主体，即成员本人。当然，这种激励作用是积极的还是消极的，要就事而论。否定损公肥私、损人利己的行为，其激励作用是积极的；默许损公肥私、损人利己的行为，其激励作用是消极的。

(二)对正式群体的作用

1. 积极作用

(1) 警示作用。非正式群体给群体领导者敲响了警钟。在正式群体中，如果非正式群体很多，且活动很频繁，说明正式群体在满足员工心理需要方面存在很多问题；如果多数非正式群体与正式群体产生对立情绪，说明正式群体内部出现了严重问题，如领导者滥用权力、以权谋私、分配不公等；如果非正式群体对领导者敬而远之，说明领导者在人品、学识、作风、管理水平和领导艺术等方面有问题。总之，非正式群体可从不同侧面暴露出正式群体存在的问题。作为群体领导者，应从上述几个方面来反思自己，警示自己。

(2) 辅助作用。非正式群体的辅助作用表现在：当非正式群体的目标与正式群体的目标一致，且非正式群体凝聚力较强时，它可以维持正式群体的内部安定；当非正式群体充分理解并积极支持正式群体时，它可以行使部分管理职能，使管理者无须事必躬亲；当正式群体在管理上遇到困难时，非正式群体的领袖还能够为群体领导者排忧解难。

2. 消极作用[1]

(1) 抵制变革。正式群体为了更好地生存和发展，必须不断变革。变革必然危及部分人的权力、利益，从而遭到这些人的抵制，而且抵制者往往不是单枪匹马地干，而是采取结群行为，这就出现了以阻扰变革为目的的非正式群体。当然，阻扰变革并不仅仅是出于直接利益，还涉及文化传统继承、技术革新，尤其是人事变动。海勒斯(W. W. Haynes, 1969)等人认为，当变革威胁到非正式群体的生存时，非正式群体必然作顽强的抵抗。[2]

(2) 传播谣言。由于非正式群体的成员相互信任，认同感强，所以谣言在非正式群体中传播极快。尤其当正式群体内部存在不稳定情绪、成员缺乏安全感时，如果非正式群体以讹传讹，会使许多人信以为真，从而影响和谐与士气，甚至使正式群体遭到破坏。

(3) 结群谋私。单个人谋私，只能瞒天过海，偷偷摸摸地进行，而合伙谋私，则可能冠冕堂皇地进行。这就出现了以徇私枉法、相互勾结、中饱私囊为目的的非正式群体。这种非正式群体对正式群体、组织乃至整个社会的危害性极大。

四、非正式群体管理

对于非正式群体，既不能视而不见，也不能置之不理，对它必须加强管理。[3]

(一)摸清情况

摸清情况就是弄清楚非正式群体的数量、成员人数、成员结构、形成原因、思想倾向、领袖人物、群体目标、活动方式等情况，做到心中有数，为做好非正式群体管理铺路。

(二)区别对待

对不同类型的非正式群体，应区别对待。积极型非正式群体对正式群体的成长发展有利，对工作开展有利，是一支积极力量，对它应当予以支持和保护；中间型非正式群体对正式群体既无害也无益，对它不应排斥和冷落，而要争取和引导；消极型非正式群体对正式群体的成长发展时常起干扰作用，制造一些麻烦，对这种非正式群体要加强教育，同时采取措施对其进行改造；破坏型非正式群体以其违纪违法活动危害组织危害社会，不能给它留有生存空间，应当采取果断措施予以限制甚至取缔。

(三)方法正确

1. 注意目标引导

要使非正式群体的目标与正式群体的目标互相配合，取得一致。首先，应关心它的目

---

[1] 熊川武. 学校管理心理学[M]. 上海：华东师范大学出版社，1996：200-201.
[2] Haynes W W and Massie J L. Managemnt: Analyses[M]. Concepts and Cases. 1969: 94.
[3] 夏国新，张培德. 新编实用管理心理学[M]. 北京：中央民族大学出版社，1999：269-271.

标制定，使它的活动一开始就纳入正式群体的目标轨道。其次，应尽可能使正式群体的工作目标反映非正式群体成员的利益，反映其合理需求，以吸引他们的注意力。最后要引导非正式群体成员向正式群体提合理化建议，组织他们参加各项改革活动，调动其积极性，发挥其创造性，让他们从实践中进一步体会到本群体目标与正式群体目标相一致，因而是正确的。

2. 注意联络感情

感情联络是非正式群体形成的重要条件，也是管理非正式群体的一条重要途径。只有与其成员联络感情，真诚相待，密切关系，加深了解，消除隔阂，建立友谊，才谈得上对他们进行管理。为此，要经常深入到他们当中，与其谈心拉家常，听取他们的批评意见和建议，参加他们开展的各种健康有益的活动，并从精神上、物质上支持这些活动，以此拉近感情距离，密切关系，为做好管理工作铺平道路。

3. 做好领袖人物工作

非正式群体的领袖人物威信高，说话管用，对成员影响力大。做好领袖人物的工作可以影响一大批人。对待非正式群体的领袖人物应当以朋友式的平等态度关怀他们，信任他们；了解他们的思想情感、兴趣爱好、个性特点；有意识地做教育工作；调动他们的工作积极性，发挥他们的创造性；与他们发生分歧时，要尊重，要耐心等待，不要强加于人；对破坏型非正式群体的领袖人物要加强管控，加强法纪教育和前途教育。总之，做好非正式群体领袖人物的工作，是做好非正式群体管理工作的重要一环。

4. 分类施管

对非正式群体的管理，方法上应根据非正式群体的不同类型确定不同做法，不搞一锅煮，不用同一种模式进行管理，以求实效。所谓分类管理是指：对积极型要支持、保护；对中间型要争取、引导；对消极型要教育、改造；对破坏型要限制、取缔。

总之，领导者必须重视非正式群体。认识上要承认非正式群体存在的必然性，方法上要摸清情况，区别对待，方法正确。

第五节　群体冲突及其管理

群体之间总会因各种问题而发生冲突，这是一种普遍现象。只要冲突不发展到势不两立的地步，也是正常的。关键是要对群体冲突进行有效管理，不让它造成危害。

一、群体冲突的概念

社会心理学和管理心理学都对**群体冲突**(intergroup conflict)有所研究，但两者所指之群体冲突在含义、程度、性质上均有所不同。

含义上的区别：社会心理学所指的群体冲突，是指群体之间在追求某种目标或价值观念过程中，知觉到来自对方的阻扰或将要出现阻扰，从而产生对立的社会行为，形成群体与群体之间相互压制、破坏甚至消灭对方的方式与过程。管理心理学中所指的群体冲突，是指群体成员之间或群体之间的冲突。如群体成员之间或群体之间对人对事在认识上发生分歧，或者因利益问题而发生矛盾。

程度和性质上的区别：社会心理学所指的群体冲突，在程度上可能发展为武装冲突，在性质上可能演化为敌我矛盾。而管理心理学所指的群体冲突，在程度上表现为意见上的分歧或利益上的纷争，在性质上则属于人民内部矛盾。

二、群体冲突的性质

研究者对群体冲突性质的认识，是一个逐步深化的过程，曾先后出现过下列三种观点。

(一)冲突有害观

"冲突有害观"认为，所有冲突都是不良的、消极的、有害的，是应该避免的，它常常作为暴乱、破坏、非理性的同义词。这种观点在20世纪30年代至40年代比较盛行。这种观点认为，冲突是组织功能失调的表现。其产生原因是：沟通不畅，群体成员之间缺乏坦诚和信任，管理者对员工的需要和抱负不敏感。冲突有害观为管理者解决冲突提供了一种简便办法：时时提防冲突，处处避免冲突，仔细分析冲突产生的原因；经常小心翼翼地着手纠正组织可能出现的功能失调。这种观点尽管已被大量强有力的证据所驳斥，但时至今日"我们中的很多人依然在使用这种老掉牙的标准来评估冲突情境"。[①]

(二)冲突不可避免观

随着人际关系学派的兴起，"冲突不可避免观"在20世纪40年代至70年代中叶逐渐占据统治地位。这种观点认为：①人与人之间存在各种差异，必然产生分歧，分歧发展到一定程度就会导致冲突；②组织内部的冲突表现为个人与个人、个人与群体、群体与群体之间的冲突；③冲突是一种客观存在，无法避免，不可能被彻底排除，唯一的办法是接纳它，使它的存在合理化，使其效果达到最优化。

(三)冲突双重作用观

自20世纪70年代中叶以后，"冲突双重作用观"越来越受到管理心理学界的广泛认可。这种观点认为，冲突并非都是坏事。按性质分，冲突可分为两类：一类是双方因目标不同而产生冲突，叫作"破坏性冲突"；另一类是双方目标一致但因手段不同而产生冲突，叫作"建设性冲突"。最早提出冲突具有建设性观点的是美国社会学家路易斯·科塞(L. Coser)，他吸收了德国社会学家乔治·梅西尔(G. Simmel)的观点，认为群体冲突有如下益处：[②]①群体内部的分歧和对抗，能够造成一个各部门相互支持的社会系统；②让冲突暴露出来，犹如提供一个出气口，使冲突双方采取合适的方式发泄心中怨气，否则，让怨气压抑反而会

---

① 周菲. 管理心理学[M]. 北京：清华大学出版社，北京交通大学出版社，2005：152.
② 俞文钊. 管理心理学(修订本)[M]. 兰州：甘肃人民出版社，1989：327.

酿成极端的反应；③群体冲突会增加群体之间的凝聚力，例如，每当一个国家遇到外敌入侵时，各民族、各社会阶层往往能团结一致，共同抵御外辱；④两大集团的冲突表明它们的实力相当，并最后达到权力的平衡，以防止无休止的斗争，可见，一定程度的冲突反而可以减少冲突，以求得长期稳定；⑤冲突可以促使联合，例如，企业可以为了共同利益结成联合体。

三、群体冲突的过程

冲突过程(conflict process)是指冲突从酝酿到结束的全过程。它分为五个阶段①：①潜在的对立或不一致。冲突双方对某些问题的看法、观点、意见出现分歧或不一致，但这种分歧或不一致甚至连自己都未必觉察。②认知个性化。冲突双方对某些问题的看法、观点、意见逐渐分化，变得越来越独立。③行为意向。冲突双方有一种压制、破坏、仇视对方的意图或目的。④行为。冲突双方表现为压制、破坏、仇视对方的直接活动。⑤结果。冲突结束，一方或双方作出让步使冲突得以平息，或各不相让酿成严重后果。

以群体成员间冲突为例，最初可能只是人际关系不协调。如不及时调适，就会发展到**人际排斥**(interpersonal exclusion)，即成员间在认识、情感和行为等方面极不融洽，缺乏吸引力，相互关系紧张。后来，表现为比较隐蔽的**人际内耗**(interpersonal consumption)，即成员间表面上和和气气，实际上在心理上互不相容、相互排斥、钩心斗角，在行为上相互斗争、相互拆台。既损害彼此的共同利益，又消耗彼此的精力。再后来，可能发展为人际决裂，即成员间的关系、情感破裂，或老死不相往来，或反唇相讥，或撕破脸皮破口大骂。群体成员冲突的最终结果，将导致群体解体。当然，这是群体成员冲突的极端情况。

四、群体冲突的原因

(一)群体成员间冲突的原因

1. 由认知差异引起

群体成员之间由于认知水平不同，对人对事的看法也不同，评价标准自然也不同，因而容易引起冲突。尤其是不同年龄段的人，由于处世经验、态度不同，更容易引起冲突。例如，年长者往往认为年轻人"嘴上无毛，办事不牢"，对年轻人往往持不信任态度；而年轻人又认为年长者因循守旧、固执，听不进他人意见。倘若沟通不畅，彼此就容易疏远，互不信任，互不理解，造成工作不协调，从而产生矛盾，引发冲突。

2. 由角色差异引起

群体是一个分工协作的整体，每个成员虽然职责不同，扮演的角色不同，但又必须在各负其责的同时，相互支持与配合，才能共同完成群体的工作任务。然而，由于强调各自工作的重要性，甚至无视他人工作的重要性，就容易引起冲突。尤其是有的成员过于自私，

---

① 黄希庭. 简明心理学辞典[Z]. 合肥：安徽人民出版社，2004. "冲突过程"词条.

本位主义思想严重，过分强调个人角色的重要性，就难免产生矛盾，引起冲突。

3. 由个性差异引起

群体成员间存在个性差异是客观事实。这种个性上的差异，如果沟通不畅，既不能相互理解和相容，又不能自我克制，就很可能产生矛盾，引起冲突。例如，脾气暴躁、不能接受批评意见的人，自高自大、瞧不起他人的人，嫉妒心强、难以容人也难以被人容纳的人，狡诈多变、自私自利的人，都容易与人发生冲突。又如，既重名誉又重实惠的人，在处理具体问题时也会因价值判断不同而产生矛盾，引起冲突。

4. 由奖惩问题引起

我国现行的分配制度是"以按劳分配为主体，多种分配方式并存"。其中"按劳分配为主体"反映了劳动要素是各种生产要素中最受重视的部分。因奖惩问题引起的冲突可能有四种情况：①领导者没有认真执行这一分配制度，没有真正做到奖勤罚懒，从而引起勤者与懒者之间的冲突；②领导者认真执行这一分配制度，意味着报酬必然拉开档次，但思想工作未能跟上，吃惯"大锅饭"的人会因不理解而出现冲突；③劳动定额标准不准确、不公平或者在难以做到公平、准确的情况下，容易发生冲突；④领导者在对待晋职晋级等涉及群体成员切身利益问题上处理不公、不当，也容易引起成员间的矛盾冲突。总之，因奖惩问题而引起的种种冲突，与领导者廉政公道方面存在问题有关，与群体成员思想观念不健康有关，也与奖惩机制还不够科学完善有关。

(二)群体间冲突的原因

1. 由资源竞争引起

针对某个共同目标，群体之间无时不在进行着资源竞争，以实现自身的利益。对于多数组织而言，它所拥有的人力资源、物质资源(资金、设备、材料)、信息资源、时间资源、空间资源的数量往往是有限的。组织资源的有限性与各群体需要的多样性就构成了一对矛盾，组织在资源分配方面难免顾此失彼。在供需存在矛盾的情况下，如果群体有小团体思想，都想自己多得，或者领导者偏袒某个群体，就会引发群体冲突。

2. 由工作任务引起

一个组织要做的工作很多。以企业为例，有生产的、销售的、研发的、管理的等。这些工作均被分解到各个群体身上，由各个群体来完成。也就是说，在完成组织分配的工作任务方面，各个群体扮演着不同的角色。由于对自己或其他群体的角色认知存在差异，就会引起群体冲突。比如，在目标设置方面，生产部门乐于接受定型的生产任务，而销售部门则希望产品多样化；在行为规划方面，计划部门会从长远利益要求出发设计、投放一种有待开发的产品，销售部门则更多地考虑如何满足当前市场需要等。所有这些，都难免引发冲突。

3. 由群体认知引起

群体认知(cognitive groups)是整合群体各个成员认知的结果，是群体文化的体现。正因为群体中各成员经历了认知的整合过程,所以众多成员才有可能采取相似的认知方式,得到相同的认知结果,呈现出"万众一心"的景象。群体认知不同,对事物的理解不同,看问题的出发点不同,对群体的价值和利益认识不同;本位主义的群体认知有可能导致价值和利益判断上的利己主义;位于组织中不同层次的群体,对于信息的拥有程度和与之相关的理解不同。所有这些,都是引发群体冲突的根源。

4. 由组织因素引起

组织自身的许多因素都是引起群体冲突的原因:①权力分配。任何群体都试图使自己处于组织中的权力地位,这关系到群体的生存力量和对其他群体的影响力。②组织变革。发生在组织中的任何变革都会引发群体冲突,因为变革意味着利益重新分配,意味着阵痛,甚至会导致有的群体解体。③组织结构。组织结构设计不合理,如重叠、交叉、命令层过多等,就可能相互推诿、扯皮,责任不清;或者是"政出多门",使执行部门难以适从。④组织气氛与组织文化。不和谐的组织气氛和组织文化,无疑是引发群体冲突的重要原因。

五、群体冲突管理

冲突管理(conflict management)是指运用冲突解决技术和冲突激发技术,使冲突的效果或作用达到最佳水平。①这说明,一方面一旦有了群体冲突,就应妥善解决,切不可视而不见,任其发展,否则会使冲突进一步激化。另一方面,由于融洽、和平、安宁、合作的群体气氛容易对组织变革表现出静止、冷漠和迟钝,因此,当群体之间没有冲突的时候,又要想办法激起一定程度的冲突。

(一)冲突解决技术②

1. 协商解决

在我国,群体冲突在性质上属于人民内部矛盾,因此可以在维护共同利益的前提下通过协商的办法加以解决。协商双方应本着顾全大局、求大同存小异、互谅互让、多做自我批评等原则,通过摆事实、讲道理的方式,在沟通辩论中达到认识一致,使冲突得以解决。

2. 仲裁解决

若协商无果,则可以请第三者出面调停,通过仲裁方式加以解决。仲裁者要有权威,应是冲突双方都认可和接受的人物。仲裁者提出的解决方案要公道,才有利于冲突解决。

3. 权威解决

在上述两种办法都无济于事时,可由领导者或主管部门作出裁决,以"下级服从上级"的原则,强迫冲突双方执行命令。严重者,可将责任人调离工作岗位,甚至解散冲突双方的领导班子。不过,作出决定之后,还要做耐心细致的思想工作,使冲突双方真正提高认

---

① 黄希庭. 简明心理学辞典[Z]. 合肥:安徽人民出版社,2004. "冲突管理"词条.
② 夏国新,张培德. 新编实用管理心理学[M]. 北京:中央民族大学出版社,2001:300.

识，才是解决冲突的根本办法。

4. 暂缓解决

有些冲突的危害性虽然比较大，但又一时难以判断是非对错，在这种情况下，不妨放一放，暂缓解决。这样做，有时矛盾反倒容易解决。即使冲突平息不了，也会使是非对错明朗化，为"对症下药"地解决冲突创造条件。

(二) 冲突激发技术①

如果群体成员间或群体间没有冲突，意味着组织内部毫无生气，犹如一潭死水，这种情况也不利于组织的生存和发展，因此管理者就要设法激起一定程度的冲突。

(1) 运用沟通。利用模棱两可的信息或具有威胁性的信息可以提高冲突水平。

(2) 引进外人。在群体中补充一些在背景、价值观、态度或管理风格等方面均与当前群体成员不同的个体。

(3) 重新组建群体。调整工作群体，改变规章制度，提高相互依赖性以及其他类似的结构变革，以打破现状。

(4) 任命一名吹毛求疵者或批评家。这个人总是有意地与群体中多数人的观点不一致。

【专栏 9-3】

鲶鱼效应

挪威人爱吃沙丁鱼，尤其是活鱼。挪威人在海上捕得沙丁鱼后，如果能让它们活着抵港，卖价就会比死鱼高出好几倍。但是，由于沙丁鱼生性懒惰，不爱游动，加上返航路途遥远，因此捕捞到的沙丁鱼往往一回到码头就死了，即使有些活的，也是奄奄一息。只有一位渔民的沙丁鱼总是活的，而且很生猛，所以他赚的钱也比别人多。该渔民严守成功秘诀，直到他死后，人们打开他的鱼槽，才发现只不过是多了一条鲶鱼。原来鲶鱼以鱼为主要食物，装入鱼槽后，由于环境陌生，就会四处游动，而沙丁鱼发现这一异己分子后，也会紧张起来，加速游动，如此一来，沙丁鱼便活着回到港口。这就是"鲶鱼效应"。

群体成员之间(或群体之间)没有冲突，意味着毫无生气，犹如一潭死水，这种情况也不利于群体的生存和发展，因此管理者要设法激起一定程度的冲突。"群体激发技术"就是在群体中引入竞争机制，使其产生鲶鱼效应。

关 键 术 语

(1) 群体(group)又称"团体"，是由相互依赖、相互影响的人为了某种共同目标，按照一定方式结合在一起的集合体。

(2) 非正式群体(informal group)是由一些志趣相投、信念一致、感情相近、关系密切的个体在工作和生活中自然结合而成的群体。

---

① 周菲. 管理心理学[M]. 北京：清华大学出版社，北京交通大学出版社，2005：156.

(3) 冲突管理(conflict management)是指运用冲突解决技术和冲突激发技术，使冲突的效果或作用达到最佳水平。

本 章 要 点

(1) 群体可分为初级群体和次级群体、假设群体和真实群体、大群体和小群体、正式群体和非正式群体、隶属群体和参照群体。除初级群体、假设群体和大群体外，其余所有群体均属管理心理学研究的范畴。

(2) 群体对组织和个人都有重要作用。群体能够促成组织目标的实现。群体能够满足个人的物质需要和精神需要，能够使人发展心智、完善人格。

(3) 按照官方的一纸文件、一道命令把一群人聚合在一起，并不意味着这群人就是一个群体。事实上，群体形成有它自身的规律性。研究表明，成员间直接交往、共同活动、目标一致是群体形成的重要条件。

(4) 苏联心理学和西方心理学划分群体发展的依据各不相同。依据各自的标准，苏联心理学家彼得洛夫斯基认为，群体发展需经历松散群体、合作群体和集体三个阶段；美国管理心理学家塔克曼认为，群体发展需经历形成、震荡、规范、执行、中止五个阶段。

(5) 小群体的最低下限为两人，最高上限为12人；当群体人数为奇数时，有利于问题快速解决而不是最佳解决；应根据工作任务来确定群体规模，以确保工作效率达到最佳。

(6) 群体结构与群体工作效率关系密切。群体人口统计学变量与离职率有一定的关系。

(7) 依据社会性质，可将非正式群体分为积极型、中间型、消极型、破坏型四种类型。对积极型非正式群体要支持、保护；对中间型非正式群体要争取、引导；对消极型非正式群体要教育、改造；对破坏型非正式群体要限制、取缔。

(8) 群体冲突可分为破坏性冲突和建设性冲突两种。对前者应尽量避免，对后者应加强管理。冲突管理是指运用冲突解决技术和冲突激发技术，使冲突的效果或作用达到最佳水平。冲突解决技术包括：协商解决；仲裁解决；权威解决；暂缓解决；冲突激发技术包括：运用沟通；引进外人；重新组建群体；任命一名吹毛求疵者或批评家。

练习与思考

一、名词解释题

群体、非正式群体、冲突管理

二、单项选择题

1. 红旗班组、先进车间常常是那些希望成为先进的员工的（　　）。
　　A. 假设群体　　B. 真实群体　　C. 隶属群体　　D. 参照群体
2. 心理学家谢里夫关于群体形成的自然实验，又叫作（　　）。
　　A. 罗伯斯山洞实验　　　　　B. 游动错觉实验

C. 模仿学习实验　　　　　　　　D. 鼓励合作实验
3. 江苏省无锡市教育局教科所"班集体理论与实践建设"课题组提出的群体是(　　)。
A. 松散群体　　B. 合作群体　　C. 本位群体　　D. 集体

三、填空题

1. 正式群体又分为_____型群体和任务型群体。
2. 冲突管理是指运用冲突_____和冲突_____，使冲突效果或作用达到最佳水平。

四、判断题(正确打"√"，错误打"×")

1. 对正式群体而言，非正式群体所起的作用都是消极的。　　　　　　　(　　)
2. 群体冲突是有害的，我们应想方设法避免群体冲突。　　　　　　　　(　　)
3. 只有社会主义国家才有集体，而且并非社会主义制度下的所有群体都是集体。(　　)

五、简答题

1. 简述构成群体的条件。
2. 简述正式群体形成的特点。
3. 简述非正式群体形成的原因。
4. 简述非正式群体的特点。
5. 简述群体冲突的解决技术和激发技术。

六、论述题

结合塔克曼的群体发展五阶段模型，谈谈领导者在各阶段的主要角色和主要任务。

七、案例分析题

从大三暑期开始，以马越为首的几个同学为了考研，就一直相聚在一起，他们吃住在考研教室，有问题共同探讨，遇到难题一起去请教老师，形影不离。他们不上街，甚至把手机都关掉。功夫不负有心人，经过坚持不懈的努力，他们都考上了国内知名大学的硕士研究生。但是他们的许多行为也曾遭到非议，由于他们吃住在考研教室，宿管阿姨说他们夜不归宿；由于他们不参加班级活动，班干部说他们影响了班级士气等。

问题：1. 他们是不是非正式群体？如果是的话，属于哪种类型？
　　　2. 对这种类型的非正式群体，在管理上要注意哪些问题？

参 考 文 献

[1] 彼得洛夫斯基. 新阶段的群体与集体理论[J]. 心理学问题，1977(5).

[2] 彼得洛夫斯基，施巴林斯基. 集体的社会心理学[M]. 卢盛忠，龚浩然，张世臣，译. 北京：人民教育出版社，1984.

[3] 戴维·波普诺. 社会学(上册)[M]. 刘云德，王戈，译. 沈阳：辽宁人民出版社，1987.

[4] 夏国新，张培德. 新编实用管理心理学[M]. 北京：中央民族大学出版社，1999.

第九章 群体心理

[5] 俞文钊. 管理心理学(修订本)[M]. 兰州：甘肃人民出版社，1989.

[6] 约翰逊. 社会学理论[M]. 南开大学社会学系，译. 北京：国际文化出版公司，1988.

[7] 熊川武. 学校管理心理学[M]. 上海：华东师范大学出版社，1996.

[8] 郑雪. 社会心理学[M]. 广州：暨南大学出版社，2004.

[9] 周菲. 管理心理学[M]. 北京：清华大学出版社，北京交通大学出版社，2005.

[10] Haynes W W and Massie J L. Managemnt: Analyses[M]. Concepts and Cases. 1969.

[11] M. Dalton. Men Who Wanage: Fusion of Feeling and Theory in A dministraion. 1957: 57-65.

[12] Sherif M, Harvey et al. Intergroup conflict and cooperation[M]. Norman, OK: University of Oklahoma Book Exchange. 1961.

[13] Sayles L. Behavior of Industrial Work Group[J]. Prediction and Control. 1958: 7-39. //Miner J B. Industrial-Organizational Psychology[M]. 1992: 179.

[14] Tuckman，B. W. developmental sequence in small[J]. Psychological Bulletin. 1965, 63(6): 384-399.

[15] Tuckman，B. W., Jensen，M. A. C. stages of small-group developmental revisited[J]. Group and Qrganization Studies. 1977(2): 419-427.

第十章 群体动力

个人一旦进入群体中,他的个性就淹没了。群体思想占据统治地位,个体对群体的行为表现为无异议、情绪化和低智商。

——古斯塔夫·勒庞《乌合之众》

【学习目标】

- 识记群体规范、群体压力、从众、社会助长、社会惰怠、群体凝聚力等概念。
- 了解群体规范与群体舆论的关系。
- 理解社会助长与社会惰怠的关系;增强群体凝聚力的措施。
- 掌握群体压力与从众以及社会惰怠相关理论在管理实践中的应用。

【引例】

> **羊群效应**
>
> 心理学家曾做过这样一个实验:用一块木板挡在羊栏前面,每当羊群出栏,第一只羊会纵身一跃跨越挡板。然后研究者悄悄地把挡板拿掉,结果发现,后面的羊也会跟着前面的羊纵身一跃,而不管这块挡板是否存在。
>
> 羊群本来就是很散乱的群体,平时在一起也是盲目地左冲右撞,但只要有一只头羊动起来,其他的羊也会跟着一哄而上,全然不顾前面是青草还是狼。
>
> 美国耶鲁大学经济学家罗伯特·席勒(R. Shiller)把这种现象称为"羊群效应"。
>
> 羊群效应就是社会心理学中所说的"从众"或"随大流"。

乔治·梅奥(G. Mayo)领导的霍桑实验发现了一个重要事实——在正式群体中存在着非正式群体,这为研究群体开辟了广阔的前景。在霍桑实验的基础上,梅奥创立了一个研究群体的大流派,这个流派主要研究群体内部的人际关系。

库尔特·勒温(K. Lewin)创立的群体动力学则是研究群体"最'心理学'的一派"[①]。该学派认为,群体虽然由个体构成,但个体之间无时无刻不在相互影响、相互作用,从而构成一个整体,这个整体具有各个个体所不具有的动力特征。所谓"群体动力",说白了,就是群体行为大于个体行为之总和。群体规范与群体舆论、群体压力与从众、社会助长与社会惰怠、去个性化、群体气氛、群体决策、群体凝聚力等,就是一些典型的群体动力。

---

① [苏]安德烈耶娃. 社会心理学[M]. 蒋春丽,等译. 天津:南开大学出版社,1986:212.

第十章　群体动力

本章打算介绍一些与组织管理密切相关的群体动力，愿这些知识能够对你成功管理群体提供帮助，同时也愿这些知识对你如何参与群体活动有所裨益。

第一节　群体规范与群体舆论

一、群体规范

(一)群体规范的含义

《孟子·离娄上》："不以规矩，不成方圆。"这里的"规矩"就是规范。**群体规范**(group norm)是群体成员认同并共同遵守的行为准则。具体来说，群体规范是为了统一群体成员的信念、价值观和行为方式而建立起来的用以约束群体成员的行为准则。

所有群体都有自己的规范。正是由于群体规范的存在，群体成员的行为才表现出高度一致性。群体规范可能是由群体领导者根据群体的具体情况制定的，也可能是群体成员在工作、生活和学习中自然而然形成的；它可能与主流文化的要求一致，也可能有所差别。

(二)群体规范的作用

群体规范的作用既有积极的一面，也有消极的一面。其基本作用包括四个方面。[①]

1. 维系群体的作用

群体之所以存在，在于它具有整体性，而这种整体性恰恰表现在群体成员的认知、情感和行为的一致性上。群体规范一方面从外部约束着成员的认知、情感和行为方式，另一方面又从内部为成员提供了彼此认同的依据，从而使群体保持一致性。可以说，没有群体规范，群体就会失去其整体性，而群体失去其整体性，群体便不复存在。

2. 认知标准化的作用

群体规范如同一把标尺，而成为群体成员认知事物的共同参照系。群体规范一旦形成，它就会制约每个成员的认识，约束每个成员的判断，使每个成员的认知活动趋于统一。这种统一成员认知活动的功能，就是群体规范的认知标准化作用。

3. 行为定向的作用

群体规范不仅制约着成员的认知活动，而且约束着他们的行为方式，使他们表现出符合群体规范的行为方式。群体规范对行为的定向作用，主要是为成员划定了活动范围，规定了日常行为方式。如哪些事该做和不该做，哪些话可说和不可以说等。

4. 惰性作用

这是群体规范的消极作用。群体规范是多数成员的意见而非所有成员的看法。这意味

---

① 周晓红. 现代社会心理学[M]. 上海：上海人民出版社，1997：338-340.

着它只能照顾多数,不能兼顾个别,甚至会打压个别。例如梅奥在霍桑实验中发现,小组成员的"规范"使每个人的产量既不能高出也不能低于管理层规定的标准,违者将受到惩罚。从这个意义上说,群体规范限制了群体成员的积极性和创造性。

(三)群体规范的类型

群体规范可分为正式规范和非正式规范。正式规范是在群体中明文规定的行为准则,由群体领导者或其他成员监督执行,如各种规章制度,完成工作任务的数量、质量和时间要求等。非正式规范是群体成员约定俗成的,如风俗、传统、习惯等。

有时候,非正式规范的约束作用比正式规范的约束作用还要大。正式群体的非正式规范大致可分为下列四种类型。

1. 与社会期望有关的非正式规范

符合社会期望的行为是规范的行为,否则就被视为不规范的行为。例如,领导者在台上作报告,我们总不可能在下面打瞌睡、闲聊、喧哗、四处闲逛。道理很简单,这些行为不符合社会期望。又如,在参加求职面试时,当主考官问你为什么要离开原单位时,有些事情就不该说,如同事关系紧张、收入低等。反过来,有些事情说起来就比较恰当,如在原单位缺乏发展机会、原单位的工作对我来说意义不大等。这是因为,前面的回答不符合主考官的期望,后面的回答更符合主考官的期望。

2. 与成员形象有关的非正式规范

这类规范包括如何着装,如何谈吐,何时应该忙碌,何时可以忙里偷闲,如何对群体或组织表现出忠诚等。个人对群体或组织表现出忠诚是很重要的。员工尤其是高级专业技术人才和高层管理者公开表示要"跳槽",这在许多单位都被看作是不合适的。

3. 与成员礼仪有关的非正式规范

这类规范主要与社交礼仪有关。例如:老板没有跟你握手的意向,你却主动去跟他握手;老板给你敬酒,你却坐着不动;别人和你交谈,你却心不在焉,等等。这些行为都是不符合社交礼仪规范的。

4. 与资源分配有关的非正式规范

这类规范主要与报酬分配、工作任务安排等有关。例如:对并不明显的分配不公,不应斤斤计较;在分配工作任务时,要礼让长者;在面对困难任务时,要勇于挑重担。

(四)群体规范的形成

在管理实践中,群体规范的形成其实很简单。群体成员的明确要求、群体工作中的关键事件、群体活动中的私人交谊等,都会形成群体规范。

1. 群体成员的明确要求

群体领导者或有威望的成员如果明确要求,必须按时上下班,上班时不得在计算机上玩游戏,高空作业必须有防护措施,教师上课必须关闭手机,师生不得在校园内"抽游烟"

等。只要这些要求有利于提高工作效率、有利于人身安全、有利于维护组织形象,而且是合理的,就会成为群体的规范。

2. 群体工作中的关键事件

群体工作中的关键事件通常是形成某种群体规范的重要起因。例如,在工作中由于某个旁观者离机器太近而受了伤,从此以后,群体就有了这样的规范:非操作人员不得靠近机器。很多重要的工作场所都有"闲人免进"之类的规范。

3. 群体生活中的私人交谊

群体生活中出现的第一个行为模式,常常为其他成员以后的行为定下了基调。例如头一两次开会,如果某个员工坐了某个座位,那么以后开会,别人就会认为那个座位是他的而不去"侵犯",这就是群体生活中的私人交谊形成的群体规范。

二、群体舆论

群体舆论(groups of public opinion)是指在群体中占优势的意见和言论。[①]人们常说"舆论先行",群体舆论一方面对群体规范的形成起到了"催化剂"作用,另一方面,群体也常常利用自己的规范对其成员形成舆论压力。这就表明,群体舆论具有两种功能:一是对成员的约束功能。群体舆论多以评价、议论、褒贬等形式肯定或否定某种行为,从而引起群体成员的思考和情绪体验,促使他们调节自己的言行。因为群体舆论代表了多数成员的意见和态度,会对群体中的个别成员形成一种心理压力,从而作为一种控制力量去约束每个成员的言行,使其言行与群体的步调基本一致,以防止脱离群体的行为发生。二是群体的个性化功能。正确的群体舆论,可以帮助群体成员有效地抵制来自外部群体的错误观念和社会舆论的影响,以保证群体的纯洁性和个性化,并使群体具有鲜明的特色,从而对群体成员产生巨大的凝聚力和吸引力。

群体舆论是一把双刃剑。它既可以引导群体成员的行为方式,以有利于群体生存和发展,也可能在群体中产生误导作用,松懈纪律,颓废意志,进而危害群体利益。

第二节 群体压力与从众

一、群体压力

(一)群体压力的含义

群体压力(group pressure)是群体利用群体规范对其成员产生的一种影响力,表现为心理上的压迫感和行为上的约束力。群体压力有如下特点。

(1) 从性质上看,群体压力是一种心理压力。在群体内部,个人对问题的看法、态度

---

① 谭顶良. 高等教育心理学[M]. 南京:河海大学出版社;南京师范大学出版社,2006:211.

必须与多数人一致，否则就会感到心理紧张，进而产生一种无形压力。

(2) 从来源看，群体压力来自群体内部。权威命令是以强制的方式自上而下地对人产生影响。与权威命令不同，群体压力来自群体内部，是成员之间的一种平行影响。

(3) 从表现形式看，群体压力是以群体舆论的形式影响个别成员。常言道："唾沫星子淹死人。"个别成员在群体舆论面前总有一种难以抗拒之感。

(4) 从类型上看，群体压力可分为信息压力和规范压力。每个人都可通过别人而获得外界信息。通常，人们宁可相信多数人的意见，也不相信自己的感知和判断，这就是信息压力。群体规范一旦形成，就不允许成员违反。否则，就为群体规范所不容，这就是规范压力。

(5) 从反应方式看，有主动反应和被动反应。当个人将群体规范内化为自己的观念和行为方式之后，就很少或不遭受群体压力，这是一种主动反应。在群体生活中一向中规中矩的人不会有压力感，就是这个原因。相反，有的人由于害怕遭受群体舆论谴责而屈服于群体压力，则是一种被动反应。"规矩是给不守规矩的人制定的"就是这个意思。

(二)群体压力的形成过程

美国管理心理学家哈罗德·莱维特(H. Leavitt)将群体压力的形成过程分为四个阶段。[①]

1. 合理辩论阶段

在这个阶段，群体成员可以自由发表意见，并耐心地听取别人的意见。慢慢地，人们就会自然而然地形成两派，即多数派和少数派。这时，群体气氛还是比较融洽的。

2. 劝说阶段

在这个阶段，多数派对少数派好言相劝，希望他们放弃自己的主张，接受大家的意见，并说这对自己和别人都有好处。在这一阶段，多数派的态度已由听取意见转为规劝拉拢，少数派已经感到有压力，有的人便放弃自己的主张，顺从多数人的意见。这时，少数派已经被"挤压成"个别人。

3. 攻击阶段

通过劝说，如果个别人仍然坚持己见，不肯妥协，那么多数人就开始攻击他"执迷不悟"，破坏合作，对群体缺乏忠心。这时，个别人已感到压力极大，再也无法坚持下去。不过出于面子上的考虑，内心虽然已经打算放弃，但在表面上却不愿意屈服。

4. 心理隔离阶段

如果个别人仍然不改初衷，那么大家便开始与他断绝交往，使他处于完全孤立状态。这时，个别人深深感到被群体遗弃，一种无助、无奈的感受使他难以忍受。这种情况下，要么屈服于群体压力，要么在巨大的群体压力下脱离群体。

---

① 林秉贤. 社会心理学[M]. 北京：群众出版社，1985：480-481.

二、从众

(一)何谓从众

从众(conformity)是指在群体压力下,个人放弃或改变自己的观念、行为,而在观念、行为上表现出与多数人相符的现象。在特定情境中对占优势的行为方式的采纳,如助人情境中跟随大家旁观,暴乱情境中跟随大家一起破坏;开会形成决议前的举手表决,少数人由于多数人举手的压力而跟着举手;对长期性占优势的观念与行为方式的接受,如顺应风俗、传统、习惯等,都是从众的表现形式。人云亦云、随大流就是从众的形象说法。

(二)从众的类型

根据外显行为是否从众以及行为与自己的内心观念是否一致,可将从众分为三类。

1. 真从众

真从众即"表里如一"从众。这种从众不仅在外显行为上与群体保持一致,而且内心看法也与群体一致。沙特朗(Chartrand,1999)等人指出,真从众不引起个人心理上的任何冲突,此时的从众更像是一种无意识的自动化行为,是个体认知资源的最优分配。①

2. 权宜从众

在有些情况下,个人虽然在行为上与群体保持一致,但在内心却怀疑群体的选择是错误的,只是迫于群体压力,暂时在行为上与群体保持一致。这种从众,就是权宜从众。在实际生活中,权宜从众是从众的一种主要类型。由于种种利害关系,个人不管内心看法如何,必须和群体在行为上保持一致,否则将由于群体的制裁而使个人付出极大的代价。

在权宜从众情况下,个体由于外显行为和内心观点不一致,从而处于**认知失调**(cognitive dissonance)状态。为了使认知系统处于协调状态,个体要做的是:要么改变自身的态度,与群体取得意见上的一致;要么将自己的行为"合理化",找出新的理由,来弥合观点与行为之间的距离。一个人成为群体成员一段时间后,之所以最终观点与群体取得了一致,原因正是如此。

3. 不从众

不从众有两种情况:一种情况是心理上虽与群体一致,但由于某种特殊需要,行为上不能表现出来。如在群情激奋时,群体领导者在情感上虽然同情群体,但行为上却需要保持理智,不能用自己的行动去鼓励群体的破坏性行为,这是表里不一的假不从众。另一种情况是心理上不从众,行为上也不从众,这是表里如一的真不从众。只有在群体对个体缺乏吸引力,而个体在行动时不需要考虑与群体保持一致时,真不从众才出现。

---

① Chartrand T L.,Bargh J A. The chameleon effect: The perception-behavior link and social interaction[J]. Journal of personality and Social Psychology. 1999, 76(6): 893-910.

(三)从众的产生——群体压力

从众源于群体压力。谢里夫的"游动错觉"实验和阿希的"线段判断"实验,从不同角度证明了这一点。

1. 谢里夫的"游动错觉"实验

社会心理学家穆扎菲·谢里夫(M. Sherif,1935)[①]做了一项经典实验。实验时,被试坐在一间暗室里,实验者在距离被试 15 英尺的前方屏幕上呈现一个光点。随着光点的明灭,原本固定不变的光点看起来好像在移动。这就是著名的**游动错觉**(autokinetic illusion)。被试的任务是估计光点移动的距离。在单独估计时,被试的个体差异很大,估计距离从几英寸到数十英寸不等。如果把被试分成三人一组,将他们安排在同一间暗室里一起观察,同样让每个人报告自己的估计距离。结果是,他们会很快发生相互影响,每个人的估计距离将逐渐趋于一致。实验结果表明,从众的原因是人们之间的相互模仿和暗示。

【专栏 10-1】

> **游动错觉**
>
> 游动错觉又称"自运动现象"。它产生的原因是背景上无任何参照物,无法确定其空间位置。它的产生机制尚未得到很好解释。游动错觉在日常生活中也比较常见。在漆黑的夜晚,当我们仰视天空,有时会觉得有一个细小而发亮的东西在夜空中游动。在暗室内,如果我们点燃一支熏香或烟头,并注视着这个光点,会觉得这个光点似乎在移动。

2. 阿希的"线段判断"实验

所罗门·阿希(Solomon. Asch,1907—1996)是波兰裔美国社会心理学家,他一直致力于从众和印象形成研究。20 世纪四五十年代,更是发表了有关从众的一系列研究成果。

谢里夫的"游动错觉"实验是在一种模糊情境中进行的,由于没有任何参照物,从众是难免的。那么在情境很明确的时候,人们会不会从众呢?阿希(1955)[②]在其著名的"线段判断"实验中发现,聪明人也会说"白慌",即聪明人迫于群体压力也会在表面上与他人保持一致。阿希将大学生被试分为 7 人一组,请他们参加所谓的知觉判断实验,而实验的真实目的是考察他们是否从众。7 名被试中,只有编号为 6 的被试是真被试,其他 6 人均为阿希的助手(假被试)。真被试和假被试都围着桌子坐下后,实验者依次呈现 50 套两张一组的卡片。两张卡片上,一张画有标准线段(图 10-1 左边),另一张画有比较线段(图 10-1 右边),其中一条同标准线段一样长。要求被试在每呈现一套卡片时,判断 A、B、C 这三条比较线段中哪一条线段和标准线段一样长。

前 6 次呈现时大家都作出正确判断,但从第 7 次开始,假被试故意作出错误判断。由于真被试并不知道其他 6 人是假被试,而且被安排在倒数二个回答,因此他必须先听前 5 个人的判断,这时他面临着是相信自己的判断还是跟随大家一起做错误判断的两难选择。

[①] Sherif,M. A study of some social factors in perception[J]. Archiues of Psychology. 1935(22): 187.

[②] Asch,S E. Opinions and social persssure [J]. Scientific American. 1955, 31-35.

实验结果表明，数十名自己独立判断时正确率超过 99%的被试，跟随大家一起做错误判断的次数占总反应次数的 37%，而且 75%的被试至少有一次屈从于群体压力，作出从众判断。

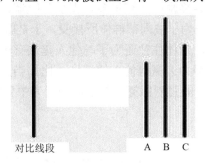

图 10-1 从众实验图例

实验结束后，阿希询问真被试为什么会发生错误判断。从他们的回答中发现有三种类型的错误：有的说，是由于以别人的判断作参照而引起视觉差错，例如把两条非等长的线段看成等长；有的说，相信多数人的判断不会错，而附和他人的判断；更多的人说，明知他人的判断是错的，但由于不愿与他人不一致，因而跟着作出错误判断。

(四)从众的原因[①]

1. 行为参照——定向需要

在许多情境中，人由于缺乏有关适当行为的知识，又不愿意在判断或行为上出现错误，就需要从其他途径来获得行为引导。根据社会比较理论，在情境不确定的时候，其他人的行为最具参照价值。而从众由于指向多数人的行为，自然就成了最可靠的参照系统。

在通常情况下，人在遇到不明确的情境时，多数人的行为值得信任。在不了解更多信息的情况下，人愿意到人多的商店去购物，到人多的地方去旅游。人会自然地假定，这么多人的出现自有他们的理由，而在这些理由中，自己行为的合理性也包括在其中。跟随多数人的行为有可能获得更大的利益，跟随少数人有可能不会获益。不法商人雇用"托儿"进行不正当销售能够奏效，正是利用了人的这种从众心理。

2. 对偏离群体的恐惧

群体动力学认为，任何群体都有维持群体一致性的显著倾向和执行机制。对和群体保持一致者，群体的反应是喜欢、接纳和优待；对偏离群体者，群体的反应则是厌恶、拒绝和惩罚。因此，出于自我保护目的，在一些情境中，人从众是出于对偏离群体的恐惧。

在日常生活中，许多人已经养成了一种尽可能不偏离群体的习惯。个人的从众性越大，偏离群体所产生的焦虑也越强。从文化特性上说，东方文化倾向于鼓励人的从众行为，因而也更容易使人产生偏离群体的恐惧。

---

① 章志光，寇彧. 社会心理学[M]. 3 版. 北京：人民教育出版社，2015：415-417.

3. 与群体融合的需要

一个群体对于从众的社会奖励可能有很多。青少年吸烟、女性纹身、奇装异服，不是为了顺应"主流"文化，而是为了被同辈群体所接受，于是就无意识地模仿。

除了无意识的行为模仿，个体往往还为了与他人建立有价值的社会关系并从中获得自尊的提升，而有意识地作出努力去赢得他人的赞许。比如当人们被排除在游戏之外时，会表现出更低的自尊和归属群体的强烈愿望，在以后的行为中更倾向于从众。

(五) 影响从众的因素

并非任何人在任何情况下都会从众，是否从众，依赖于群体状况和个人因素。

1. 群体状况

(1) 群体凝聚力。群体成员彼此喜欢、关系密切、意见一致，群体凝聚力就越强，群体成员的从众倾向也越强。这种从众倾向来源于对越轨行为的厌恶。个体的越轨行为可能引发群体的拒绝和遗弃。个体越是看重群体，越是希望被群体接纳，就越不敢有异议。相反，倘若群体意见不一致，凝聚力就小，成员不再喜欢这个群体，或者认为最坏也不过被驱逐。这时，群体压力将大大减轻，个体就越容易表现出特异行为。

(2) 群体一致性。产生从众行为的一个重要条件是群体一致性。群体内部意见不一致，从众行为将大幅度减少，哪怕有一个人与群体意见不一致，也会使从众行为减少很多。群体意见不一致，即使反对者的意见不一定正确，也会产生从众行为。如果群体内还有其他人出来附和反对，就会增加反对者的自信心和判断力，造成群体内部从众意识的降低。

(3) 群体规模。假如群体只有两个成员，不存在从众问题。要么意见一致，要么观点相左。从众存在于三人以上的群体中。阿希在一系列实验中发现，三个人造成的压力比两个人大，四个人造成的压力明显大于三个人。但是，当群体人数超过四人时，并不增加从众量，至少到16人时是如此。他认为，从众的适宜群体人数是3~4人。

2. 个人因素

(1) 个人心理品质。个性高度依赖、缺乏决断能力的人，容易从众；缺乏自信的人，容易从众；在人际关系中过于重视他人并依赖他人的人，容易接受别人的暗示而放弃自己的意见；社会赞誉需要强烈的人，特别看重他人的评价，渴望得到他人赞许，一般比较循规蹈矩，容易从众；情绪不稳定、焦虑的人，对群体压力的抗拒力低，容易从众。

(2) 个体在群体中的地位。个体在群体中地位越高，越有权威性，越不容易从众。反之，地位较低的成员则容易从众。一个简单的事实是：群体新成员，对群体规范还不是很了解，也不了解群体内一些事情的缘由，为了获得群体成员的好感，被多数人接纳，以便在群体中站住脚，一般会有从众表现；倘若发觉群体意见与自己的看法不一致，也不会急于表态，而是采取为多数人认可的方式行事。

(3) 性别差异。人们一直认为女性比男性更容易从众，但是20世纪70年代后的研究发现，男女之间并不存在显著的从众差异。

三、管理启示

(一)群体压力理论的管理启示

1. 个体如何看待群体压力

群体压力必然导致个人内心冲突。个人必须在坚持己见与屈从于群体压力之间作出抉择。屈从压力，意味着放弃主张而与大众融合；抗拒压力，则意味着坚持己见而被大众疏远。不论哪种选择，都是对个性的抹杀。有时候，真理的确掌握在少数人手里，抗拒压力、坚持己见可能是英雄。如何看待抹杀个性和成为英雄这一对矛盾呢？作为个体，应站在群体的立场上思考问题：①群体要想完成工作任务，必须依靠全体成员的配合与支持。如果实在做不到这一点，也只能寄希望于多数成员的力量。要知道，离了谁，地球照样转；②有的工作任务必须在有限时间内统一意见。这种情况下，群体只能照顾多数而无法兼顾个别；③我们是为了满足某种需要而加入群体的。既然如此，其行为必然要受到某种限制，只要限制的度和量是多数人都能够接受的，那么就不应将屈从群体压力视为对个性的抹杀。相反，只有在群体中我们的才能才得以发挥。总之，只要是为了工作，屈从群体压力是必要的。至于真理是不是掌握在自己手里，自己是不是英雄，只好留给时间。时间老人会证明一切。

2. 领导者如何利用群体压力

首先，领导者在处理一些敏感问题时，如年终考核、评先进、奖酬分配等，不必让每个人都公开表态、举手表决。这样做，给人造成压力不说，还会使人难堪。正确的做法是在充分摆事实、讲道理的基础上，通过无记名投票、个别交换意见等方式来解决。其次，在管理工作中恰当利用群体压力，对促进后进员工的转化也有一定的作用，不过它的作用也不是万能的，还必须动之以情，晓之以理，做好思想工作。

(二)从众理论的管理启示

从众的有关理论，对管理工作具有启示意义，可以从以下两个方面作简要分析。

(1) 在管理实践中，员工从众或不从众，不应一概而论，而应具体情况具体分析。首先，从众或不从众都有积极和消极意义，主要应看其方向和客观效果是否正确，是否有利于群体利益。其次，应该看到从众者既可能是无主见地随大流者，也可能是识大体、顾大局的人；不从众者可能是执拗、偏见者，也可能是不受传统观念束缚的有主见的人。从众广泛地存在于员工的工作和生活之中。管理者要善于分析，区别对待，给予正确引导。

(2) 领导者应看到，下属中某人或少数人表现出不从众，不能一概认为是消极的，要分析其本质。任何新生事物的出现都带有反传统性质。对此，只能保护，不能扼杀。在技术革新和学术见解方面，更是不能以"意见一致"的简单办法来加以处理。

第三节　社会助长与社会懈怠

一、何谓社会助长与社会懈怠

(一)社会助长

社会助长(social facilitation)是指由于别人在场或与别人一起活动而带来活动效率提高的现象。社会助长又称"社会助长效应"。

马克思曾经说过："在大多数生产劳动中，单是社会接触，就能引起竞争心和特有的精神振奋，从而提高每个人的个人工作效率。"[①]但最早以科学方法揭示社会助长效应的则是心理学家诺曼·特里普利特(N. Triplett, 1897)。[②]他在研究中发现，别人在场或与别人一起活动会提高人的活动效率。他让被试在三种情况下骑自行车，里程是25英里：①单独骑；②骑行时有人跑步伴随；③与其他人骑车比赛。结果表明：单独骑行时，平均速度为24英里/时；有人跑步伴随时，平均速度为31英里/时；与其他人骑车比赛时，平均速度为32.5英里/时。特里普利特在实验条件下，让被试完成计数、跳跃等活动，也发现了同样的社会助长效应。此后，实验心理学创始人弗罗德·奥尔波特(F. H. Allport, 1920)[③]以及心理学家罗伯特·扎伊翁茨(R. B. Zajonc, 1965)等人[④][⑤]在一系列研究中均发现社会助长效应。

【专栏 10-2】

男女搭配，干活不累

美国科学家曾发现一个有趣的现象：在太空飞行中，60.6%的宇航员都会出现头痛、失眠、恶心、情绪低落等症状。经心理学家分析，这是因为宇宙飞船上都是清一色男性。之后，有关部门采纳了心理学家的建议，在执行太空飞行任务时挑选一位女性加入，结果发现，宇航员先前的不适症状消失了，还大大提高了工作效率。这就是典型的男女搭配干活不累的"性别助长"在起作用。20世纪，国内许多研究都证实"性别助长"的存在。性别助长又称"异性效应"，如今有个新词儿叫作"工作配偶"或"工作夫妻"。

---

① 中共中央马克思恩格斯列宁斯大林著作编译局. 马克思恩格斯全集(第23卷)[M]. 北京：人民出版社，1972：362-363.

② Triplett, N. The dynamogenic factors in pacemaking and competition[J]. American Journal of Psychology. 1897(3): 507-533.

③ Allport, F. H. The influence of the group upon association and thought [J]. Journal of Experimental Psychology. 1920(3): 159-182.

④ Zajonc, R. B. Social facilitation [J]. Science. 1965(149): 269-274.

⑤ Zajonc, R. B. & Sales, S. M. Social facilitation of dominant and subordinate responses [J]. Journal of Experimental Social Psychology. 1966(2): 160-168.

(二)社会懈怠

社会懈怠(social loafing)又称"社会惰化""社会干扰",是指由于别人在场或与别人一起活动而造成活动效率下降的现象。社会懈怠又称"社会懈怠效应"。

心理学家达谢尔(J. F. Dashiell, 1930)[①]发现,随着共同完成一项活动的人数增加,每个人的努力程度也会逐渐下降。达谢尔曾用实验方法测量参加拔河比赛中每个人的用力水平。结果发现,若两人对抗拔河,则每人平均贡献的拉力可达 63 千克;若是多人一起拔河,则随着参加人数的增多,每个人所贡献的平均拉力也越小。达谢尔在实验中发现,2 人一边,每个人平均贡献拉力下降到了 59 千克;3 人一边,每个人平均贡献拉力下降到了 53.3 千克;8 人一边时,每个人平均贡献拉力仅为 31 千克。

二、社会助长和社会懈怠的影响因素

在群体活动中,对个人来说究竟是产生社会助长效应还是产生社会懈怠效应,主要受制于以下几个因素。

(一)活动性质

如果是从事文体活动,如打篮球、唱歌、文艺表演等,那么有别人在场或与别人一起活动,会提高活动效率,即出现社会助长效应。尤其当观众越多的时候,越容易产生"观众效应"。相反,如果是从事脑力活动,如写作业、备课、科研等,那么有别人在场或与别人一起活动,则会降低活动效率,即出现社会懈怠效应。

(二)个人优势

即使活动性质很复杂、活动难度也很大,但是如果所从事的活动恰恰是活动者的优势领域,那么就会出现相反的情况。即有人在场,会提高活动效率;无人在场,则会降低活动效率。"个人优势效应"的典型例子是老师授课,听众少,会降低活动效率;反之则可提高活动效率。

(三)被评价意识

在群体活动中,如果个体意识到自己的活动将被评价,那么无论从事简单活动还是复杂活动、无论是否有人在场,都会提高活动效率,即出现社会助长效应。相反,如果个体没有意识到自己的活动将被评价,则会降低活动效率,即出现社会懈怠效应。

(四)责任意识

在群体活动中,如果每个人的努力程度是可以检验和鉴别的,就会增强责任意识,从

---

① 谭顶良. 高等教育心理学[M]. 南京:河海大学出版社;南京师范大学出版社,2006:204.

而提高活动效率，即出现社会助长效应。相反，如果每个人的努力程度无法检验和鉴别，就会降低责任意识，谁也不愿多出力，即出现社会懈怠效应。这就是典型的"一个和尚挑水吃，两个和尚抬水吃，三个和尚没水吃"的现象。

在群体活动中，最常见、最典型的社会懈怠现象是**搭便车**(free-rider problem)。搭便车又叫"免费搭车"或"坐享其成"，是指一个人在群体活动中没有或很少付出努力，而是免费从其他人的努力中受益。

第四节 群 体 决 策

通俗地说，决策就是出主意、想办法、作决定的过程。决策有个人决策和群体决策之分。群体决策在方法、速度和效果等方面都有别于个人决策，从而产生许多特有的心理效应。

一、群体决策概述

群体决策(group decision)是指群体成员为了解决某个特定问题，借助一定的科学方法，经过详尽的分析和讨论，从两个以上的备选方案中，选择最优方案并付诸实施的过程。

(一) 群体决策的利与弊

1. 群体决策的优点

(1) 信息的广泛性。群体决策可以就某个需要解决的问题，号召各成员广泛搜集信息，交换信息和分享信息；各成员具有从多渠道获得信息的能力，具有甄别信息有用性的能力。总之，群体决策可以综合各成员的资源，在充分占有信息的基础上，为正确决策创造有利条件。这个优点是个人决策所不能比拟的。

(2) 观点的多样性。群体决策能够利用各成员的智慧，对所获得的信息进行多方面的分析，能形成多种不同的方法或方案，以供择优选取。由于综合了多种观点和意见，使群体作出的决策准确性比较高。

(3) 提高了决策的可接受性。许多决策在作出之后，因为不为人们接受而无法贯彻执行。但是，那些将要执行决策的人如果参与了决策过程，他们就更愿意接受决策，并鼓励别人也接受决策。这样，决策就够获得更多支持者，执行决策的成员的满意度也会提高。

(4) 增加决策的合法性。群体决策体现了更多的民主性，因此，群体决策往往被认为比个人决策更具有合法性。如果决策者在决策之前没有征求其他人的意见，哪怕这一决策是正确的，也很可能被看成是独断专行。

2. 群体决策的缺点

(1) 浪费时间。由于各成员的理想、信念、价值观、态度、观点不一样，看问题的角度不一样，即使都出于公心，也很难统一意见。特别是在成员间发生意见分歧而导致争论不休时，往往会出现议而不决的现象。

(2) 从众行为。群体压力会导致从众行为发生。成员希望被群体接纳和重视群体的愿望，可能导致不同意见被压制。在这种表面一致的情况下，群体决策很有可能是不恰当的或错误的。

(3) 少数人控制。群体决策的过程可能被少数人所控制。如果这种控制是由低水平的成员所致，群体决策就会受到不利影响。

(4) 责任不清。个人决策的结果，自然由决策者负责或指定某人负责，因此在决策过程中很少考虑一些人为因素。群体决策则不同，如果成员抱着"反正不由我负责"的心态参与决策，势必影响决策的有效性，出现决策后果责任不清的问题。

我们可以将上述研究结果，放在速度、正确性、创造性和风险性四个维度上作一个简单比较，即可知道个人决策与群体决策孰优孰劣(见表10-1)。

表10-1 个人决策与群体决策比较

四个维度	个人决策	群体决策
速度	快	慢
正确性	较差	较好
创造性	较大，适于工作结构不明确、需要创新的工作	较小，适于任务结构明确、有固定程序的工作
风险性	视个人气质、经历而异	若群体成员富于冒险性，则更趋于冒险；若群体成员较为保守，则更趋于保守

尽管当前总的趋势是越来越重视群体决策，但个人决策的作用也不能忽视。因此，有关群体决策与个人决策的比较研究仍然是管理心理学研究的重要课题。

(二)影响群体决策有效性的因素

群体决策的有效性既受情境、时间要求、问题难度和信息清晰度等物理因素的影响，也受群体各成员的理想、信念、价值观、态度、期望等心理因素的影响。除这些因素影响群体决策的有效性外，至少还有以下三个因素。

(1) 参与程度。群体成员在参与决策时，是局部参与还是全面参与，是很少参与还是全程参与，是表面参与还是充分参与，不同的参与程度对群体决策的有效性有很大影响。

(2) 决策内容。决策内容通常包括管理、日常人事、工作本身和工作条件四个方面。通常，决策管理、人事问题与决策工作本身、工作条件相比，参与者的心态往往不同，因而会影响决策的有效性。

(3) 决策范围。决策范围可分为大范围和小范围。前者如职工代表大会就整个组织的重大问题进行决策，后者如车间、班组员工对工作中遇到的问题进行决策。这两种范围的决策，参与者的心态完全不同，因而也会影响决策的有效性。

二、群体决策的三种倾向

(一)冒险偏移

1. 何谓冒险偏移

冒险偏移(risk shift)是指群体决策比个人决策更具有冒险性的现象。

人们通常认为，群体比个体更谨慎，这是真的吗？詹姆斯·斯托纳(J. Stoner，1968)[1]将这个问题作为自己硕士论文的研究课题。他在研究中假设，有一个企业准备扩大生产规模，该企业有两种选择：一种选择是在本国另建工厂，投产后只能缓慢地收回成本，但效益不大；另一种选择是在国外(C国)建厂，因为当地劳动力廉价，接近原材料产地，能够很快收回成本，而且投资回报率高。但是，C国政局不稳定，该国少数派领导人实行国有化，即接管所有的外资企业。考虑到C国政局继续稳定的几种可能性，设想你对该企业提出建议，你认为该企业在C国建厂最低的政局稳定的机会是多少？

C国政局稳定的机会分别是：1/10、2/10、3/10、4/10、5/10、6/10、7/10、8/10、9/10、10/10，其中10/10表示C国的政局一定稳定。

斯托纳研究表明，群体决策比个人决策冒险性更大。此后，有研究者以美国、加拿大、德国、英国、以色列等国家的被试为研究对象，发现不同群体中都存在着冒险偏移现象。

2. 冒险偏移的原因

综合有关研究结果，发现冒险偏移的原因主要有三个方面。

(1) 个人认为群体鼓励表达富有冒险性的见解。群体决策的情境为评价性情境，个人需要提出一个为群体成员所赞赏的意见。如果提出的意见显得过于谨慎，个人担心自己会被群体成员视为胆小、保守、缺乏气魄，于是每个人都倾向于提出有"气魄"的意见，这就增加了群体决策的冒险性。

(2) 责任分散。在群体决策时，如果每个人都抱着"事不关己"的心态参与决策，而且都倾向于提出有"气魄"的意见，这就势必增加群体决策的冒险性。

(3) 文化价值取向。在日常生活中，斗牛、赛马、探险、空中飞人、高空走钢丝等冒险行为，都会赢得人们的赞赏，吸引人们羡慕的眼光，视表演者为英雄。受人类文化价值取向鼓励高冒险的影响，群体决策比个人决策更具冒险性。

(二)群体极化

1. 何谓群体极化

群体极化(group polarization)是指群体决策有一种比个人决策更加极端化的倾向。也就是说，群体极化是这样一种现象：如果群体成员原先的意见是保守的，那么经过群体讨论后的意见将更加趋于保守；如果群体成员原先的意见是倾向于冒险的，那么经过群体讨论后的意见将更加趋于冒险，如图10-2所示。

莫斯科维奇(S. Moscovici，1969)[2]研究发现，经过群体讨论，使那些原先支持法国总理的人更加支持。相反，经过群体讨论，使那些原先对美国人持消极态度的人更加鄙夷美国人。

2. 群体极化的原因

(1) 信息互动。当群体中的一种观点获得最强有力的支持时，某些成员被说服，因而

---

[1] Stoner, J. A. Risky and Cautions Shift, in Group Decisions : The Influence of widely Held Values[J]. Journal of Experimental Social Psychology. 1968(4): 442-459.

[2] 转引自：章志光，寇彧. 社会心理学[M]. 3版. 北京：人民教育出版社，2015：459.

改变原来的观点，转向支持这种"有说服力"的观点，从而使该观点在群体中出现极化。

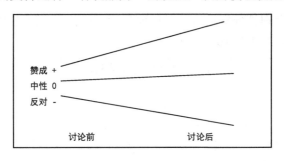

图 10-2　群体极化

(资料来源：Myers D，1990. pp. 288)

(2) 社会比较。每个成员都把别人的意见或态度作为自己表达意见或态度的参照点，因此个人的判断总是依赖于别人的判断，结果在不知不觉中造成了群体决策的极端化倾向。

(3) 群体领导者。如果领导者具有极端态度或意见的话，那么就会影响参与决策的成员，最终使群体决策倾向于极端。

(4) 文化背景。在推崇冒险行为的文化中，群体决策更容易向冒险方向偏移；在推崇谨慎行为的文化中，群体决策更容易向保守方向偏移。

(三)群体思维

1. 何谓群体思维

群体思维(group thinking)又称"群体沉思"，是指在群体决策过程中片面或过分追求一致性而忽视决策的质量，或者在表面一致现象下强行通过不正确决策的倾向。群体思维常常发生在那些凝聚力强、很少受外界不同意见干扰、领导者喜欢用自己的想法来指导决策参与者的决策小组中，因而难以对不寻常的、少数人的或不受欢迎的观点作出客观评价。

美国社会心理学家、耶鲁大学教授欧文·詹尼斯(Irving L. Janis，1972)[1]最先注意到这种倾向。他在研究美国政府关于珍珠港事件[2]、猪湾事件[3]、越南战争[4]等决策资料中发现，在处理这些事件的群体决策中，都存在着群体思维的倾向。

---

[1] Janis, I. L. Victims of Groupthink[M]. Houghton Mifflin. 1972.
[2] 日本偷袭美国在太平洋地区的主要海空军基地珍珠港的事件。1941 年 12 月 7 日(星期日)凌晨，日本未经宣战，以海空军突然袭击珍珠港，击毁击伤美主要舰只 10 余艘、飞机 180 架，美军伤亡 3400 余人，美太平洋舰队遭到惨重损失。次日，美对日宣战，太平洋战争爆发。
[3] 1961 年古巴抗击美国雇佣军入侵的战斗。1961 年 4 月 17 日，由千余名古巴流亡分子组成的雇佣军，在美国战舰和飞机的掩护下，于古巴南部的科奇诺斯(Cochinos，意译"猪湾")附近的吉隆滩登陆。古巴军民奋起抗击，经过 72 小时的激战，于 4 月 19 日全歼入侵者。美国重新控制古巴的计划被粉碎。
[4] 越南人民抗击美国侵略的民族解放战争。1961 年 5 月美国破坏《日内瓦协议》，扶持西贡政权，在越南南方发动"特种战争"；1964 年 8 月，美国又将战火扩大到越南北方；1965 年 3 月，美军大规模参战，侵越战争升级为以美军为主的"局部战争"。在各国人民大力协助下，越南军民粉碎了美军在南方的攻势和对北方的轰炸。1968 年初，越南南方人民武装发动"新春攻势"，扭转战局，迫使美国与越南进行和平谈判。1973 年 1 月《巴黎协定》签订，美军被迫撤出越南南方。1975 年春越南军民对西贡政权发动总攻，于 4 月 30 日解放西贡，5 月 1 日解放整个南方。

2. 群体思维的理论分析模型

詹尼斯提出了一个理论分析模型，概括地分析了群体思维产生的条件、群体思维的表现以及决策失误的标志，如图 10-3 所示。

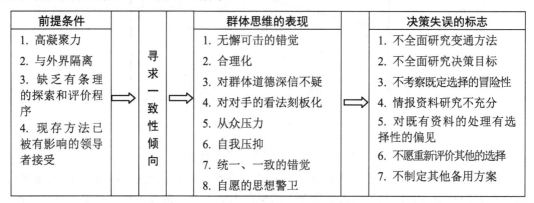

图 10-3　群体思维理论分析模型

(资料来源：章志光，寇彧，2015)

3. 防止群体思维的方法

詹尼斯还提出了防止群体思维发生的 10 种方法。

(1) 使群体成员懂得群体思维的现象、成因及后果。

(2) 领导者应保持公正，不要偏向任何立场。

(3) 领导者应引导每一位成员对提出的意见进行批判性评价，鼓励提出反对意见和怀疑。

(4) 应指定一位或多位成员充当反对者角色，专门提出反对意见。

(5) 将群体成员分成小组，并让他们分别聚会拟议，然后全体成员聚会交流分歧。

(6) 如果问题涉及与对手群体的关系，则应花时间充分研究一切警告性信息。

(7) 形成预案后，应召开"第二次机会"会议，并要求每个成员提出自己的疑问。

(8) 在决议达成前，请群体之外的专家参加会议并对群体意见提出挑战。

(9) 每个成员应向可以信赖的有关人士就群体意见交换看法，并将其反应反馈给群体。

(10) 用几个不同的独立小组，分别就有关问题同时进行表决。

三、群体决策技术[①]

(一)互动群体法

互动群体法(interacting groups)即大家坐在一起相互讨论和协商。这是一种传统的群体决策方法。如前所述，这种方法容易导致群体思维和群体极化。为了更有效地进行群体决策，

---

① [美]斯蒂芬·P.罗宾斯，蒂莫西·A.贾奇. 组织行为学.[M]. 14 版. 孙健敏，李原，黄小勇，译. 北京：中国人民大学出版社，2012：253-254.

人们又发展出一些行之有效的新方法。

(二)头脑风暴法

头脑风暴法(brainstorming technique)又称"脑力激荡法",是指在群体讨论过程中,通过对个人提出的设想和方案暂缓作出判断和评价,以鼓励个人对同一问题作出多种解答的方法,由美国心理学家奥斯本(A. F. Osborn,1957)提出。它一般遵循四条原则:①禁止批评。即使对明显离奇甚至荒谬的想法也不批评。②追求数量。即对方案的质量暂不予以考虑。③自由奔放。鼓励与会者进行广泛联想,不强求与实践相符。④融合改善。欢迎进行综合归纳和提出修改意见,以互相补充,相得益彰。运用此法有利于避免过早集中于某一方案而忽略更好设想的提出。它适用于9～12人的群体规模。

(三)名义群体法

名义群体法(nominal group technique)又称"命名小组法"。是指在决策过程中对成员的讨论或人际沟通加以限制。就像召开传统会议一样,成员都出席,但成员首先进行个人决策。它一般依据四个步骤:①成员聚集在一起,每个人写下自己的看法或观点;②每个人都须表明自己的观点,逐个进行,将所有观点都记录下来;③开始讨论,进一步澄清和评价每一种观点;④每个人对这些观点独自进行排序,排序最靠前、最集中的那个观点,即为群体决策。其优点在于不像互动群体法那样限制个人的思维自由。

(四)德尔菲法

德尔菲法(Delphi technique)是通过集中许多专家的意见来预测未来事件的方法,得名于古希腊德尔菲神庙的神谕。其缺点:拖延时间,不能快速形成决策。其优点:被征询意见的专家处于相对独立的状态,排除了权威效应、人际关系等消极因素的影响,保证个人信息的真实性。例如,索尼公司曾用此法让在东京、布鲁塞尔、巴黎等地的分公司经理出谋划策,以决定公司产品在世界范围内的销售价格,这样节约了把分公司经理集中起来的巨额费用。

(五)电子会议法

电子会议法(electronic meetings)是与会成员围坐在马蹄形的桌子旁,每人一台计算机,将要讨论的问题通过大屏幕呈现给与会成员,每个成员把自己的意见输入计算机,每个成员的意见和投票都显示在大屏幕上,且都是匿名的。其优点是,匿名、可靠、迅速,每个成员都可真实地表达自己的意见而不会有任何压力。

(六)阶梯技术

阶梯技术(stepladder technique)由罗吉伯格(S. G. Rogeberg,1992)提出。采用此法时,成员逐个地加入,比如一个由5人组成的群体在决策时,先由两人讨论,等他们达成一致意见后,第三人加入。加入后先由他向前两人讲述自己的观点,听取他们的意见后三个人一起讨论，直至达成一致意见。第四人、第五人也以同样的方式参与讨论，直到最后达成共识。其优点：每个成员都有充分发表意见的机会；其缺点：比较费时。

各种群体决策技术的效果评价，如表 10-2 所示。

表 10-2 各种群体决策方法的效果评价

效果标准	方 法				
	互动群体法	头脑风暴法	名义群体法	德尔菲法	电子会议法
观点的数量	低	中等	高	高	低
观点的质量	低	中等	高	高	高
群体压力	高	低	中等	低	低
财务成本	低	低	低	低	高
决策速度	中等	中等	中等	低	高
任务导向	低	高	高	高	高
潜在人际冲突	高	低	中等	低	低
成就感	从高到低	高	高	中等	高
对决策结果的承诺	高	不适用	中等	低	中等
群体凝聚力	高	高	中等	低	低

(资料来源：[美]斯蒂芬·P. 罗宾斯，等. 组织行为学[M]. 孙建敏，等译. 北京：中国人民大学出版社，2012)

【专栏 10-3】

三个臭皮匠赛过诸葛亮吗？

多个人的智慧不一定胜过一个人。事实上，研究证据总体上证实，当进行"头脑风暴"时，个体的表现要胜过群体。群体中最优秀的个体所作出的决策要优于整个群体作出的决策。不过，群体决策确实要优于普通群体成员所作出的决策。

(资料来源：[美]斯蒂芬·P. 罗宾斯，等. 组织行为学[M]. 孙建敏，等译. 北京：中国人民大学出版社，2012. pp. 250)

第五节 群体凝聚力

一、群体凝聚力概述

(一)群体凝聚力的含义

何谓"群体凝聚力"？美国心理学家利昂·费斯廷格(L. Festinger, 1950)等人在《非正式团体的社会压力》一书中最早对它下定义：群体凝聚力是"作用于群体成员使其留在群体内部的各种因素的合力"。此后，国内外学者的定义很多：沙莲香(2014)：群体凝聚力又称"内聚力",是指"多数群体成员凝聚为一体,合力于群体或组织目标活动的心理结合力"。①章志光和寇彧(2015):群体凝聚力是指"群体对其成员的吸引力水平"。②罗宾斯和贾奇(S. P. Robbins & T. A. Judge):群体内聚力是指"成员之间相互吸引以及愿意留在该群体中的程度"③。《心理学大辞典》:群体凝聚力是"群体聚集其成员的力量……可分为内聚力、吸引力、向心力和亲和力四个层次。内聚力即核心分子的团结、互相支持与互相依靠,是群体的关键。有了这种内聚力才能顺利开展工作,吸引群体成员。同时,群体成员也会产生向心力,团结在核心周围,并且相互吸引,形成一种亲和力"。④

从上述定义中可得出两点印象:第一,沙莲香以及罗宾斯等认为,群体凝聚力即群体内聚力,但在《心理学大辞典》编撰者看来,群体凝聚力却包含群体内聚力;第二,罗宾斯等人的定义更加接近费斯廷格的定义。因此我们赞同费斯廷格的定义:**群体凝聚力**(group cohesiveness)是指群体吸引其成员并使其愿意留在群体中的各种因素的合力。

(二)群体凝聚力的作用

1. 群体凝聚力对群体的作用

(1) 它是群体存在的必要条件。群体一旦丧失凝聚力,就是一盘散沙,难以维系。即使名义上还存在,也只能是名存实亡,缺乏战斗力,群体作用无法发挥。

(2) 它是群体发展的重要标志。群体凝聚力越高,群体对成员的吸引力越大,群体就越稳定。

(3) 它是群体功能发挥的重要因素。一个高凝聚力的群体,能充分调动成员的积极性,成员能自觉遵守群体规范,从而使群体活动效率得以提高,群体功能得以很好发挥。

2. 群体凝聚力对个体的作用

(1) 在高凝聚力群体中,个体具有安全感和归属感,表现出高自尊和低焦虑。
(2) 成员能从群体和其他成员那里获得更多的社会性支持。

(三)高凝聚力群体的五个特征

(1) 群体领导者精明干练,与成员关系融洽,办事效率高。
(2) 成员之间沟通快,信息交流频繁,相互了解较为深入,民主气氛浓,关系和谐。
(3) 成员归属感强,心向群体,自觉参加群体活动,愿意更多地承担群体任务。
(4) 成员关心并积极维护群体的利益和荣誉。
(5) 群体能帮助成员实现理想和目标。

---

① 沙莲香. 社会心理学[M]. 4版. 北京:中国人民大学出版社,2014:273.
② 章志光,寇彧. 社会心理学[M]. 3版. 北京:人民教育出版社,2015:417.
③ [美]斯蒂芬·P. 罗宾斯,蒂莫西·A. 贾奇. 组织行为学[M]. 14版. 孙健敏,李原,黄小勇,译.北京:中国人民大学出版社,2012:248.
④ 林崇德,杨治良,黄希庭. 心理学大辞典[Z]. 上海:上海教育出版社,2003. "群体凝聚力"词条.

(四)高凝聚力群体的七条标准

(1) 群体能代表成员的利益并在为成员谋利益中逐步实现群体目标。
(2) 群体对待成员是否公平,成员的机会是否均等。即群体能否使每个成员都各尽所能,心情舒畅地为群体工作并获得回报。
(3) 群体内有无良好的人际关系和心理气氛。
(4) 群体是否具有稳定的社会地位。
(5) 成员的价值目标与群体价值目标是否一致。
(6) 成员是否对群体有肯定评价。
(7) 成员在群体中是否有稳定的角色和地位。

(五)群体凝聚力测量

要衡量一个群体凝聚力的高低,不仅可以依据前述五个特征和七条标准进行定性分析,而且还可以对其进行数量化测量。

我们在第二章曾经提到过美国心理学家雅古布·莫里诺(J. Moreno,1943)创立的社会测量法:先让某个成员提出一个愿意在一起完成某项工作任务的其他人的姓名,这些人当中只有一部分是本群体的成员,还有一些人属于其他群体的成员。凝聚力的指标是选择群体内部成员在总的选择中所占的比例,如果大部分成员都选择了其他群体的人,说明该群体的凝聚力低。根据此法,心理学家多伊齐等人(M. Deutsch & R. M. Keauss,1960)[1]曾提出一个计算群体凝聚力的公式

$$群体凝聚力 = \frac{成员间相互选择的数目}{群体中可能相互选择的总数目}$$

即群体凝聚力指数为

$$C_0 = \frac{\sum(i \leftrightarrow j)}{\frac{1}{2}n(n-1)}$$

式中:$\sum(i \leftrightarrow j)$ 为群体成员相互选择数目之和;$\frac{1}{2}n(n-1)$ 为成员相互选择的所有可能数目之和;n 为群体成员数。

二、影响群体凝聚力的因素

(一)内部因素

1. 群体规模

群体规模太大或太小都会影响群体凝聚力。群体规模太大,一是成员平均参与群体活

---

[1] Deutsch,M & Krauss,R. M. The effect of threat upon individual bargaining [J]. Journal of Abnormal and Social Psychology. 1960(61): 181–189.

动的次数相对较少；二是成员在机会上可能不均等；三是成员间的差异可能很大，从而导致人际关系难以协调，群体规范和群体目标难以发挥作用；四是成员间沟通和交往相对较少，会导致熟悉感和亲密感下降。这些都将直接导致群体凝聚力的降低。反之，规模太小，会因缺乏协调力量而使内部矛盾难以解决，也会降低群体凝聚力。研究表明，7人左右是群体的最佳规模，超过此人数，随着群体规模增大，凝聚力会减小。①

2. 群体目标

群体目标对群体凝聚力的影响，可从两个方面来看。一是群体目标与个人目标的一致性。两者一致，个人会感到既是在为群体也是为自己而工作，由于群体目标与个人目标的捆绑关系而增强群体对个人的吸引力；反之，两者差距很大或毫无关系，群体对个体的吸引力就会降低。二是群体目标能否实现。如果群体目标经过努力能顺利实现，会提高成员的群体荣誉感、归属感、自豪感和责任心，从而增强群体凝聚力；反之，会降低群体凝聚力。

3. 奖励方式

奖励方式不同，对群体凝聚力的影响不同。只提倡个人成功，实行个人奖励，虽然对调动个人积极性有好处，但会增加成员间的矛盾，对提倡团结协作和集体精神有害，因而对提高和巩固群体凝聚力不利。只奖励集体不奖励个人，会削弱优秀分子的积极性，失去群体的中坚力量，同样会削弱群体凝聚力。将个人奖励与集体奖励结合起来，可以较好地避开前述两种奖励方式的弊端，有利于提高群体凝聚力。

4. 群体成员的同质性

如果成员之间在民族、文化背景、兴趣爱好、需要、动机、价值观及人格特质等方面越是相同或相似，群体凝聚力就越高；反之，则越低。

5. 成员需要满足对群体的依赖性

一个人参加某个群体，总是希望群体能够为满足其在工作、学习、生活等方面的需要发挥一定作用。这种作用越大，群体对个人的吸引力就越大，个体对群体的依赖性就越强，因而有利于提高群体凝聚力。

6. 群体领导者及领导作风

群体领导者的素质、作风等会影响群体凝聚力。领导者素质高、能力强、班子团结，作风正派，对成员关心体贴，群体对成员就会有吸引力。领导者作风民主，成员之间交往多，友爱，思想活跃，凝聚力强；反之，领导者搞一言堂，成员人心涣散，士气低落，活动受阻，凝聚力必然低。

(二) 外部因素

1. 群体间竞争

群体间竞争会给群体带来压力，这种压力会使成员增强群体归属感、责任感和义务感，

---

① [美]斯蒂芬·P. 罗宾斯, 蒂莫西·A. 贾奇. 组织行为学[M]. 14版. 孙健敏, 李原, 黄小勇, 译. 北京: 中国人民大学出版社, 2012: 247.

齐心协力地对付竞争对手，这在无形中可为增强群体凝聚力创造机会。

2. 群体社会地位

群体的社会地位是否稳定对群体凝聚力有一定影响。这种影响往往表现在两个极端上：一是群体的社会地位高，如群体获得先进单位或模范集体称号，凝聚力会因此提高；二是群体的社会地位低，也会出现一致排外的高凝聚力，如一些落后群体，因损害组织利益而受到其他群体的鄙视、冷落，也会因此而产生强烈的抱团思想，这时的群体凝聚力也很高。

3. 群体所属文化

美国属于个人主义文化，而中国香港则属于集体主义文化。研究人员以美国和中国香港银行工作群体为研究对象，对其群体凝聚力进行研究。结果表明，无论哪种文化中的群体，通过给他们安排更复杂的工作任务并且给他们更多的自由来完成工作任务，都会导致一个更具凝聚力的群体，而且群体工作绩效也会提高。但是，与来自集体主义文化的群体相比，来自个人主义文化的群体对提高工作复杂性和自主性的反应更强烈，变得更团结、更忠诚，因而主管给他们的评价更高。集体主义文化中的群体成员对合作者的心境变化更敏感，所以一个群体成员的积极性和积极心境会增加其他人的积极性和积极心境。①

为什么有这样的文化差异？这是因为集体主义文化中的人天生就有一种在一起工作的强烈倾向，因而没有太大的必要去增强群体的合作精神。另有研究表明，当进行群体工作时，集体主义者比个人主义者发生社会惰化的可能性要低。②我们从中学到了什么？在个人主义文化下，管理者要付出更多努力来增强群体凝聚力。而增强群体凝聚力，其中一种方式是给群体提供具有挑战性的任务和更大的独立性。③

三、群体凝聚力与工作效率

有关研究一致表明，群体凝聚力与工作效率的关系取决于群体对工作效率的绩效规范。④如果这些绩效规范要求很高（如高产出、高工作质量、与群体外的人保持良好协作关系），那

---

① Llies, R., Wagner, D. T., & Morgeson, F. P. Explaining Affective Linkages in Teams: Individual Differences in Susceptibility to Contagion and Individualism-Collectivism [J]. Journal of Applied Psychology. 92(12): 1140-1148;Stark, E. M;Shaw, J. D. & Duffy, M. K. (2007). Preference for Group Work, Winning Orientation, and Social Loafing Behavior in Groups [J]. Group and Organization Management. 2007, 32(6): 699-723.

② Man, D. &Lam, S. S. K. The Effects of Job Complexity and Autonomy on Cohesiveness in Collectivist nd Individualistic Work Groups: A Cross Cultural Analysis [J]. Journal of Organizational Behavior. 2003(12): 979-1001.

③ [美]斯蒂芬•P. 罗宾斯，蒂莫西•A. 贾奇. 组织行为学[M]. 14 版. 孙健敏，李原，黄小勇，译. 北京：中国人民大学出版社，2012：249.

④ Mullen, B. &Cooper, C. The Relation Between Group Cohesiveness and Performance: An Integration[J]. Psychological Bulletin. (3): 210-227;Podsakoff, P. M; MacKenzie, S. B. &Ahearne, M. (1997). Moderating Effects of Goal and Acceptance on the Relationship Between Group Cohesiveness and Productivity[J]. Journal of Applied Psychology. (12): 974-983; Beal, D. J;Cohen, R. R;Burke, M. J&Mclendon, C. L. (2003). Cohesion and Performance in Groups: A Meta-analytic Clarification of Construct Relations[J]. Journal of Applied Psychology. 1994(12): 989-1004.

么高凝聚力群体的工作效率就会高于低凝聚力群体；但是如果群体凝聚力很高而绩效规范要求很低，工作效率就会下降。如果群体凝聚力低，而绩效规范要求很高，则群体工作效率也会较高，但不如群体凝聚力高且绩效规范要求也高的群体；如果群体凝聚力低，而且绩效规范要求也低，则工作效率更可能处于中低水平。如图10-4概括了这些结论。

图 10-4　群体凝聚力、绩效规范与工作效率的关系

四、增强群体凝聚力的措施

为了增强群体凝聚力，可以遵循以下几点建议。
(1) 缩小群体规模。
(2) 鼓励对群体目标的认同。
(3) 增加群体成员在一起的时间。
(4) 提高群体地位，并让人觉得能够成为该群体的成员并不容易。
(5) 鼓励与其他群体的竞争。
(6) 奖励群体而不是群体中的个体。
(7) 使该群体具有单独的物理空间。

关 键 术 语

(1) 群体规范(group norm)是群体成员认同并共同遵守的行为准则。
(2) 群体舆论(groups of public opinion)是指在群体中占优势的意见和言论。
(3) 群体压力(group pressure)是群体利用群体规范对其成员产生的一种影响力，表现为心理上的压迫感和行为上的约束力。
(4) 从众(conformity)是指在群体压力下，个人放弃或改变自己的观念、行为，而在观念、行为上表现出与多数人相符的现象。
(5) 社会助长(social facilitation)又称"社会助长效应"，是指由于别人在场或与别人一起活动而带来活动效率提高的现象。
(6) 社会懈怠(social loafing)又称"社会惰化""社会干扰"或"社会懈怠效应"，是指如果别人在场或与别人一起活动而造成活动效率下降的现象。
(7) 群体决策(group decision)是指群体成员为了解决某个特定问题，借助一定的科学方法，经过详尽的分析和讨论，从两个以上的备选方案中，选择最优方案并付诸实施的过程。
(8) 群体凝聚力(group cohesiveness)是指群体吸引其成员并使其愿意留在群体中的各种因素的合力。

本 章 要 点

(1) 群体规范与群体舆论的关系：一方面群体舆论对群体规范的形成起"催化剂"作用，另一方面，群体也常常利用自己的规范对其成员形成舆论压力。

(2) 群体压力与从众的关系：从众源于群体压力。谢里夫的"游动错觉"实验和阿希的"线段判断"实验从不同角度证明了这一点。

(3) 在群体活动中，最常见、最典型的社会懈怠现象是"搭便车"。搭便车又叫"免费搭车"或"坐享其成"，是指一个人在群体活动中没有或很少付出努力，而是免费从其他人的努力中受益。

(4) 在群体决策中，具有冒险偏移、群体极化、群体思维三种倾向：①冒险偏移是指群体决策比个人决策更具有冒险性的现象；②群体极化是指群体决策有一种比个人决策更加极端化的倾向；③群体思维又称"群体沉思"，是指在群体决策过程中片面或过分追求一致性而忽视决策的质量，或者在表面一致现象下强行通过不正确决策的倾向。

(5) 群体凝聚力与工作效率之间的关系，取决于群体中与工作效率有关的绩效规范。

练习与思考

一、名词解释题

群体规范、群体舆论、群体压力、从众、社会助长、社会懈怠、冒险偏移、群体极化、群体思维、群体凝聚力

二、单项选择题

1. "一个和尚挑水吃，两个和尚抬水吃，三个和尚没水吃"是一种的典型(　　)。
　　A. 社会助长　　B. 社会懈怠　　C. 观众效应　　D. 共作效应

2. 如果群体成员原先的意见是保守的，那么经过群体讨论后的意见将更加趋于保守；如果群体成员原先的意见是倾向于冒险的，那么经过群体讨论后的意见将更加趋于冒险。这种现象叫作(　　)。
　　A. 冒险偏移　　B. 群体极化　　C. 群体思维

3. 在有些情况下，个人虽然在行为上与群体保持一致，但在内心却怀疑群体的选择是错的，只是迫于群体压力，暂时在行为上与群体保持一致。这种从众叫作(　　)。
　　A. 真从众　　B. 权宜从众　　C. 不从众

4. 群体凝聚力与工作效率的关系是(　　)。
　　A. 正相关　　B. 负相关　　C. 无关　　D. 取决于群体的绩效规范

5. 不法商人雇用"托儿"进行不正当销售之所以能够奏效，正是利用了人们的(　　)。
　　A. 行为参照——需要定向　　B. 对偏离群体的恐惧
　　C. 与群体融合的需要

三、填空题

1. 从众源于群体压力。谢里夫的"游动错觉"实验和阿希的＿＿＿＿＿＿实验，从不同角度证明了这一点。
2. 群体成员的明确要求、群体工作中的关键事件、群体生活中的＿＿＿＿＿＿，都会形成群体规范。

四、判断题(正确打"√"，错误打"×")

1. 女性比男性更容易从众。　　　　　　　　　　　　　　　　　　（　）
2. 聪明人不会从众。　　　　　　　　　　　　　　　　　　　　　（　）
3. 群体决策的效果肯定优于个人决策的效果。　　　　　　　　　　（　）
4. 集体主义文化中的人天生就有一种在一起工作的强烈愿望，因此管理者没有必要花精力来增强其群体凝聚力。　　　　　　　　　　　　　　　　　　　　　（　）

五、简答题

1. 简述群体规范的形成过程。
2. 简述增强群体凝聚力的措施。

六、论述题

1. 请分析冒险偏移、群体极化、群体思维三者间的异同。
2. 简要分析从众理论的管理启示。
3. 作为个体，你将如何看待群体压力。

七、案例分析题

得知高等数学期末考试成绩后，502寝室四个男生可以说是既意外又高兴。为什么呢？因为对于文科生而言，高等数学难学，任课老师要求又严，他们担心自己过不了关，没想到都还考得很好，其他三人分别考了78分、80分和82分，张磊考了85分。班主任老师深知其他三人平时学习不上心，没想到这次还考得可以，为此还表扬了他们。其他三人倒是高兴，可张磊却闷闷不乐。张磊比其他三人都考得好，按说应该高兴才是，可怎么就高兴不起来呢？原来张磊平时学习刻苦，从不旷课，上课认真做笔记，认真完成作业，而其他三个人则经常逃课，即使去听课也心不在焉，平时作业和课堂笔记基本上都是抄张磊的，就连考试前也是背张磊整理好了的复习资料。让张磊没想到的是，四人的考试成绩却不相上下，而且都受到了班主任老师的表扬。

问题： 1. 案例中所说的"其他三人"的行为是一种什么行为？
　　　 2. 在群体活动中应如何克服这种行为？

参 考 文 献

[1] 安德烈耶娃. 社会心理学[M]. 蒋春丽，等译. 天津：南开大学出版社，1986.
[2] 彼得洛夫斯基，施巴林斯基. 集体的社会心理学[M]. 卢盛忠，龚浩然，张世臣，译.北京：人民教育出版社，1984.

[3] 戴维·波普诺. 社会学(上册)[M]. 刘云德，王戈，译. 沈阳：辽宁人民出版社，1987.

[4] 林秉贤. 社会心理学[M]. 北京：群众出版社，1985.

[5] 刘敬孝，杨晓莹，连铃丽. 外国群体凝聚力研究评介[J]. 外国经济与管理，2006，28(3)：45-50.

[6] 沙莲香. 社会心理学[M]. 4版. 北京：中国人民大学出版社，2014.

[7] 斯蒂芬·P. 罗宾斯，蒂莫西·A. 贾奇. 组织行为学[M]. 14版. 孙健敏，李原，黄小勇，译. 北京：中国人民大学出版社，2012.

[8] 宋官东. 对从众行为的新认识[J]. 心理科学，1997，20(1)：88-90.

[9] 孙本文. 社会心理学[M]. 上海：商务印书馆，1946.

[10] 谭顶良. 高等教育心理学[M]. 南京：河海大学出版社；南京师范大学出版社，2006.

[11] 夏国新，张培德. 新编实用管理心理学[M]. 北京：中央民族大学出版社，1999.

[12] 杨绒，韩平. 群体动力下的羊群效应[J]. 中国管理信息化，2010，13(9)：108-109.

[13] 约翰逊. 社会学理论[M]. 南开大学社会学系，译. 北京：国际文化出版公司，1988.

[14] 章志光，寇彧. 社会心理学[M]. 3版. 北京：人民教育出版社，2015.

[15] 郑雪. 社会心理学[M]. 广州：暨南大学出版社，2004.

[16] 中共中央马克思恩格斯列宁斯大林著作编译局. 马克思恩格斯全集(第23卷)[M]. 北京：人民出版社，1972.

[17] 周晓红. 现代社会心理学[M]. 上海：上海人民出版社，1997.

[18] Allport, F. H. The influence of the group upon association and thought [J]. Journal of Experimental Psychology. 1920(3): 159-182.

[19] Asch, S E. Forming impressions of personality[J]. Journal of Abnormal and Social Psychology. 1946(41): 258-290.

[20] Asch, S E. Effects of group pressure on the modification and distortion of judgements. In H. Guetzkow (eds.)[M]. Groups, Leadership, and Men, Pittsburgh: Garnegie Press. 1951.

[21] Asch, S E. Opinions and social persssure [J]. Scientific American. 1955. 31-35.

[22] Beal, D. J;Cohen, R. R;Burke, M. J & Mclendon, C. L. Cohesion and Performance in Groups: A Meta-analytic Clarification of Construct Relations[J]. Journal of Applied Psychology. 2003(12): 989-1004.

[23] Chartrand T L., Bargh J A. The chameleon effect: The perception-behavior link and social interaction[J]. Journal of personality and Social Psychology. 1999, 76(6): 893-910.

[24] Deutsch, M & Krauss, R. M. The effect of threat upon individual bargaining [J]. Journal of Abnormal and Social Psychology. 1960(61): 181-189.

[25] Gibson, J. L., Ivancevich, J. M., & Donnelly, H. Organizations, 8th ed. (Burr Ridge, IL: Irwin). 1994: 323.

[26] Janis, I. L. Victims of Groupthink[M]. Houghton Mifflin. 1972.

[27] Llies, R., Wagner, D. T., & Morgeson, F. P. Explaining Affective Linkages in Teams: Individual Differences in Susceptibility to Contagion and Individualism-Collectivism [J]. Journal of Applied Psychology. 2007, 92(12): 1140-1148.

[28] Man, D. & Lam, S. S. K. The Effects of Job Complexity and Autonomy on Cohesiveness in Collectivist and Individualistic Work Groups: A Cross Cultural Analysis [J]. Journal of Organizational Behavior, 2003. (12): 979-1001.

[29] Mullen, B. & Cooper, C. The Relation Between Group Cohesiveness and Performance: An Integration[J]. Psychological Bulletin. 1994(3): 210-227.

[30] Myers D. Social Psychology(3ed ed.). McGraw-Hill, Inc. 1990.

[31] Podsakoff, P. M;MacKenzie, S. B. & Ahearne, M. Moderating Effects of Goal and Acceptance on the Relationship Between Group Cohesiveness and Productivity[J]. Journal of Applied Psychology. 1997(12): 974-983.

[32] Sherif, M. A study of some social factors in perception[J]. Archiues of Psychology. 1935(22): 187.

[33] Stark, E. M;Shaw, J. D. & Duffy, M. K. Preference for Group Work, Winning Orientation , and Social Loafing Behavior in Groups [J]. Group and Organization Management. 2007, 32(6): 699-723.

[34] Stoner , J. A. Risky and Cautions Shift , in Group Decisions : The Influence of widely Held Values[J]. Journal of Experimental Social Psychology. 1968(4): 442-459.

[35] Triplett, N. The dynamogenic factors in pacemaking and competition[J]. American Journal of Psychology. 1897(3): 507-533.

[36] Zajonc, R. B. Social facilitation [J]. Science. 1965(149): 269-274.

[37] Zajonc, R. B. & Sales, S. M. Social facilitation of dominant and subordinate responses[J]. Journal of Experimental Social Psychology. 1966(2): 160-168.

第十一章 团队建设

将合适的人请上车，不合适的人请下车。

——詹姆斯·柯林斯

【学习目标】

- 识记团队、团队精神等概念。
- 了解团队与群体的区别；团队发展的阶段。
- 理解四种不同类型的团队。
- 掌握影响高效团队的因素。

【引例】

"蚁球"法则

"蚁球"是指洪水到来时，密密匝匝紧紧抱在一起的一窝蚂蚁。大的可有篮球大，小的也有足球大。当洪水到来时，蚁球随波漂流，其间不断有小团蚂蚁被浪头打开，但如果能够靠岸，蚂蚁便得救了。此时，蚁球便一层层散开，像打开的登陆艇，蚁群迅速而井然有序的一排排冲上江堤，胜利登陆。当然，岸边的水中也会留下不小的一团蚁球，那是最底层的英勇牺牲者，它们再也爬不上来了，但它们的尸体仍会紧紧地抱在一起。

同样令人惊讶的场面也在南美洲的草原上演：酷热的天气，山坡上的草丛突然起火，无数蚂蚁被熊熊大火逼得节节后退，火的包围圈越来越小，渐渐地，蚂蚁似乎已无路可走。然而就在这时，出人意料的事发生了：蚂蚁们迅速聚拢起来，紧紧地抱成一团，很快就滚成一个黑乎乎的大蚁球，蚁球滚动着冲向大火，尽管蚁球很快就被烧成了火球，并不断发出噼啪响声，但更多的蚂蚁却得以绝处逢生。

(资料来源：牧之，张震. 管理要读心理学[M]. 北京：新世界出版社，2007: 166)

"蚁球"法则揭示了成功组织"抱团打天下"的秘诀：个人的力量无论多么弱小，只要依靠某种凝聚力能够组建成一个团队，就可以发挥出神奇的力量。

第十一章 团队建设

第一节 团队概述

一、团队概念的由来

在我国，"团队"既是一个新概念又是一个高频词。说它是新概念，是因为朱智贤1989年主编《心理学大词典》和1999年版《辞海》都没有将它作为一个词条。说它是高频词，是因为以"团队"为主题词检索中国知网，结果显示，仅CSSCI源刊就有1万余条。

但在西方，团队并不是什么新概念，其英语单词"team"原本指体育运动项目中的一组队员。例如NBA(美国国家篮球联盟)的球迷常常怀念迈克尔·乔丹率领的芝加哥公牛队，因为在球迷们看来，那支球队的队员既保持了自己的鲜明个性，又具有顽强的合作精神，并最终以骄人的战绩出色地完成了球队任务。

有学者认为，团队概念被引入管理领域是受到了日本经济奇迹的启发。20世纪六七十年代，日本从战争废墟中迅速恢复和崛起，一跃成为世界经济强国。对此，美国朝野大为震惊，一时间，研究日本"经济奇迹"成为美国管理学界的时尚。有人在研究过程中曾经把日本最优秀的员工和美国最优秀的员工放在一起进行比较，结果发现：若是个体之间一对一的比赛，日本员工多半不能取胜；但若以班组或部门为单位进行比赛，日本员工往往能够在对抗中取胜。研究者们由此对日本企业培育的文化产生了浓厚兴趣。他们通过对美日两国企业文化的比较研究发现：日本独特的民族文化影响了日本的企业文化，当时日本企业普遍采用的终身雇佣制、年功序列制和企业内部的工会制度，有效地将员工的命运与企业的兴衰紧密联系起来，使员工对企业产生强烈的归属感，因而员工不仅独自工作时兢兢业业、勤奋认真，而且还能在需要合作的时候结成团队，成员间精诚团结、协同作战，发挥团队的力量，从而创造出"1+1>2"的业绩，并最终使日本企业获得强大的竞争力。

其实，运用**团队管理**(team management)方式并非日本企业独创，一些有远见的欧美企业早就尝到了团队管理的甜头。早在20世纪60年代，美国宝洁公司就开始运用团队管理方式进行管理，但当时并未引起媒体的关注。宝洁公司一直视团队管理为加强其竞争优势的管理"法宝"，因此在整个60年代都在试图隐瞒这个"商业秘密"，为此宝洁公司总裁甚至要求其顾问和员工签订保密协议以控制机密外传。[①]

如今，团队管理早已不再是什么"商业秘密"。正如斯蒂芬·P. 罗宾斯(S. Robbins)等人所指出的那样：几十年前，当戈尔、沃尔沃、通用食品(General Foods)等公司把团队引入它们的产生过程中时，成为轰动一时的新闻热点，因为当时没有几家公司这样做。如今的情况却截然相反，不采用团队管理方式的企业反倒成为新闻热点了。工作团队可谓随处可见。[②]

---

① 许芳. 组织行为学原理与实务[M]. 2版. 北京：清华大学出版社，2014：184.
② [美]斯蒂芬·P. 罗宾斯，蒂莫西·A. 贾奇. 组织行为学[M]. 14版. 孙健敏，李原，黄小勇，译. 北京：中国人民大学出版社，2012：265.

【专栏 11-1】

团队为何如此盛行

团队为何如此盛行？①当组织为了更加有效地开展竞争而进行结构重组时，它们将团队当作利用员工才能的一种更好的方式；②在多变的环境中，团队比传统的部门结构更为灵活，反应也更迅速。团队能够被快速地组合、配置、重新聚焦和解散；③团队能够更好地促进员工参与决策；④团队是增强组织中民主气氛、提高员工积极性的有效手段。

(资料来源：罗宾斯，等. 组织行为学[M]. 孙健敏，等译. 北京：中国人民大学出版社，2012：265)

二、团队的定义和特征

(一)团队的定义

如果要追索团队的定义，不同的人会有不同的理解：有人一想到团队就想起团队精神，如同甘共苦、通力合作和相互帮助；有人认为团队是一种不同于以往的组织形式；有人认为在一起工作的一群人就是团队；有人把一个旅游团也称作团队；甚至有人把婚姻关系和伙伴关系中的两人搭档也看作是团队。

为了避免理解过宽或过窄，管理心理学通常将团队限定为组织中的"工作团队"。即使作这样的限定，研究者们对团队的界说也是见仁见智，迄今没有一个公认的定义。罗宾斯(S. Robbins)等人认为，团队"通过成员的共同努力能够产生积极的协同作用"；①《心理学大辞典》认为，"团队是成员的共同努力能够产生积极协同作用的工作群体"；②许芳等人(2014)认为，"团队是为了实现灵活管理或完成特定任务，在组织内部建立起来的一种特殊的、正式的工作群体，这种群体中的成员具有不同的个性、能力甚至价值观，他们在完成任务过程中相互依存、相互补充、责任互担，发挥协同作用，产生出超越个体能力总和的效能"。③按说，许芳等人的定义已经把团队各个方面的特征都概括得比较全面了，但唯一不足之处在于它强调团队是"在组织内部建立起来的"。事实上，许多团队的成员并非来自同一个组织。

本书定义：**团队**(team)又称**工作团队**(work team)，是为了完成组织所赋予的某项工作任务而由技能互补、责任互担、通力合作的少数成员组成的一个特殊的工作群体。

(二)团队的特征

本书第九章曾经指出，工作群体有五个特征：一定数量的成员；组织结构；共同目标；行为规范；成员之间相互依赖、相互影响。既然团队是一种工作群体，那么工作群体所具

---

① [美]斯蒂芬·P. 罗宾斯，蒂莫西·A. 贾奇. 组织行为学[M]. 14版. 孙健敏，李原，黄小勇，译. 北京：中国人民大学出版社，2012：266.
② 林崇德，杨治良，黄希庭. 心理学大辞典[Z]. 上海：上海教育出版社，2003. "团队"词条.
③ 许芳. 组织行为学原理与实务[M]. 2版. 北京：清华大学出版社，2014：184.

有的特征理所当然的都是团队的特征。但是,团队又不是一般意义上的工作群体,而是一种特殊的工作群体。团队的特殊性恰恰在于各成员必须"技能互补""责任互担"且"通力合作",这就决定了团队具有以下特征。

1. 弹性结构

团队由少数成员组成。所谓"少数",是指团队成员从 2 人到 15 人不等,其规模大小以适合于工作任务的需要为原则,这说明团队的结构是弹性的。事实上,当团队成员超过 15 人时,会产生难以克服的技术问题和沟通障碍,也无法形成真正意义上的工作团队。

2. 任务特殊

团队肩负着组织所赋予的特殊工作任务,或制造产品,或提供服务,或进行谈判,或技术攻关,或产品研发,或经营销售等。团队存在的唯一理由是工作任务。团队因工作任务而组建,因工作任务完成而解散。团队存在多久,团队成员就在一起工作多久。

3. 技能互补

有关机构调查表明,团队成员应具备 14 种技能,其中适应能力占 47%;批判性思维能力占 41%;领导能力占 37%;职业道德占 37%;团队工作占 35%;创造力占 31%;协作能力占 26%;道德占 24%;自我引导能力占 24%;演讲能力占 24%;民事义务占 11%;企业家精神占 10%;外语能力占 8%;数学能力占 7%。[①]事实上,团队成员不仅要具备相关技能,而且这些技能还要能够相互补充,方能完成组织所赋予的特殊工作任务。

4. 责任互担

团队中的每个成员既要承担各自成败的责任,也要承担他人成败的责任,全体成员共同承担团队成败的责任。这意味着,团队成功绝非一人之功,团队失败也绝非一人之过。

5. 通力合作

罗宾斯有句名言:"没有什么侮辱比'你不是一名团队选手'更让人伤心了。"[②]管理学者詹姆斯·柯林斯也有一句名言:"将合适的人请上车,不合适的人请下车。"[③]前者说明工作群体中的人都希望加入某个团队,后者说明并不是工作群体中的所有人都能成为团队成员。能不能成为团队成员,关键看是否有合作意识。团队成员只有通力合作,才能产生合力效应。通力合作,表明成员间相互信任和相互赏识,即每个人对其他人的技能都确信不疑,都赏识其他人的才干,而不是嫉妒;通力合作,表明成员间沟通顺畅,信息交流充分;通力合作,表明成员间互有承诺,即每个人都承诺对其他人的成败负责;通力合作的前提是:明确分工,主动求教,协助参与,反省他人的评价。

---

① Based on *Critical Skills Needs and Resources for the Changing Workforce(Alexandria, VA: Society for Hurman Resource Management)*. 2008.

② [美]斯蒂芬·P. 罗宾斯,蒂莫西·A. 贾奇. 组织行为学[M]. 14 版. 孙健敏,李原,黄小勇,译. 北京:中国人民大学出版社,2012:265.

③ 360 搜索. http://wenda.so.com/q/1496058662218363?src=140.

三、团队与群体的区别

组建团队不是变戏法,仅仅把工作群体换个名称,改叫工作团队,并不能完成组织所赋予的特殊工作任务。不少研究者都曾经探讨过工作团队与工作群体的区别。[1]这里,我们着重介绍三个方面的研究成果。

(一)罗宾斯等人的四维度区分法

罗宾斯等人在《组织行为学》[2]一书中从目标、协同效应、责任、技能四个维度来区分工作团队和工作群体之间的区别(见表11-1)。

表11-1 工作团队与工作群体的区别

工作群体	区分维度	工作团队
共享信息	目标	集体绩效
中性的(有时消极的)	协同效应	积极的
个人责任	责任	个体责任和共同责任
随机的和不同的	技能	相互补充的

(二)许芳等人的六维度区分法

许芳等人(2014)[3]从领导、目标、协同配合、责任、技能、结果六个维度来区分工作团队和工作群体之间的区别(见表11-2)。

表11-2 工作团队与工作群体的区别

工作群体	区分维度	工作团队
明确的领导	领导	分担领导权
组织的目标	目标	自己形成的目标
中性的(有时消极的)	协同配合	积极的
只承担个人成败责任	责任	个体的和共同的
个性化的	技能	互补的
个人的	结果	整体的

---

[1] Katzenbach, J R & Smith, D K. The Wisdom of Teams[M]Cambridge, MA: Harvard University Press. 1993: 21, 45, 85;Kinlaw, D C. Developing Superior Work Teams[M]. Lexington, MA: Lexington Books. 1991: 3-21.

[2] [美]斯蒂芬·P.罗宾斯,蒂莫西·A.贾奇.组织行为学[M].14版.孙健敏,李原,黄小勇,译.北京:中国人民大学出版社,2012:266-267.

[3] 许芳.组织行为学原理与实务[M].2版.北京:清华大学出版社,2014:185.

(三)陈玉娟的九维度区分法

我国台湾学者陈玉娟(2002)[①]从九个维度来区分工作团队和工作群体之间的区别(见表 11-3)。

表 11-3　工作团队与工作群体的区别

工作群体	区分维度	工作团队
有一位正式而强有力的领导者,强调领导者权威	领导者作用	领导者的角色由成员共同分担,不是不要领导者,而是更强调民主
群体目标与组织目标必须保持一致	目标	被组织赋予一个特殊的目标
成员的技能可能相同,也可能不相同	技能	成员的技能必须相关且相互补充
只承担个人成败责任	责任	同时承担个人成败责任与团队成败责任
注重个人绩效,群体绩效等于个人绩效之和	绩效	注重整体绩效,团队绩效大于个人绩效之和
交互性可能是中等程度的	交互性	高度交互性,是一种齐心协力的气氛
以个人绩效为评价依据	评价依据	以整体绩效为评价依据
会议主持人主宰会议的进程	会议	参与讨论,充分沟通,并在一起解决问题
讨论,决策,授权	决策过程	讨论,决策,各成员共同执行

陈玉娟还重点强调了工作团队和工作群体在以下四个方面的区别:①群体比较注重科层体制,集权化,领导者享有绝对权威;而团队成员则平等化、分权化,共享领导权。②群体重视分工,侧重个人的工作成果,强调个人的工作责任;而团队强调个人和团队的责任并重,侧重整体工作成果;群体成员可以长时间地独自工作,团队成员之间必须经常密切地协调工作。③群体强调群体目标,各成员的工作目的与群体的工作任务是相同的;而团队则肩负着组织所赋予的特殊工作任务和目标。④群体经常利用开会的方式解决问题,群体领导者主导整个会议的进程;而团队则以公开讨论的方式解决问题。对会议的决议,群体由领导者授权他人执行,而团队则由各成员一起执行。

工作群体不一定是工作团队,但工作团队一定是工作群体。

【专栏 11-2】

何者为群体?何者为团队?

在 2008 年第 29 届北京奥运会上,中国体育代表团的目标是奖牌总数进入前三名,而它的某个运动队(如乒乓球队、跳水队)的目标则是拿到团体冠军,可见两者的目标并不是一致的;在这个运动队中,教练扮演着领导者角色,但他(她)并不享有绝对权威,因为如何排兵布阵需由大家讨论决定甚至由抽签决定;一个运动队注重的是整体表现,评价一个运动队的好坏也是看它的整体表现;每个队员都必须具有相关的技能与专长,一个世界排名第一的选手和几个末流的选手组队是不可能拿世界冠军的;即使每个队员都非常优秀,也不

[①] 陈玉娟. 你们真的是团队吗——论群体与团队的意涵及其区别[J]. 中等教育,2002,53(4):150-160.

能保证拿到冠军，唯有上场的所有人都密切配合，加上教练指挥得当，才能拿到冠军。

——中国体育代表团是工作群体，而中国乒乓球队和跳水队则是团队。

你是否注意到，前述三项研究结论中都提到一个共同问题——"协调效应""协调配合"和"交互性"，这就是本书定义中所说的"通力合作"。通力合作是决定团队成败的关键。

【专栏 11-3】

通力合作的重要性

话说有三只老鼠一同去偷油，到了油缸边一看，油缸里的油只剩一点点在缸底，而且缸身高大，谁也喝不着。于是它们想出办法：一个咬着另一个的尾巴，吊下去喝，第一只喝饱了，上来，再吊第二只下去喝……

第一只老鼠最先吊下去喝，它在下面想："油只有这么一点点，今天总算我幸运，可以喝个饱。"第二只老鼠在中间想："缸里的油是有限的，假如让它喝完了，我还有什么可喝的呢？还是放了它，自己跳下去喝吧！"第三只老鼠在上面想："油很少，等它俩喝饱，还有我的份吗？不如早点放了它俩，自己跳下去喝吧！"

于是，第二只老鼠放了第一只的尾巴，第三只老鼠放了第二只的尾巴，都只管自己抢先跳下去。于是它们都落在油缸里，由于永远都逃不出来，结果都饿死了。

(资料来源：李改伟.如何为团队树立共享目标.人力资源开发.2006年第4期)

三只老鼠的目标虽然是一致的——都是为了喝油；也有喝油的技能——一只咬着另一只的尾巴，吊下去喝；但是它们缺乏合作诚意，甚至各怀鬼胎，这样的团队，失败是迟早的事。

第二节　团队发展与类型

一、团队发展

章义伍(2004)[①]认为，团队由群体发展而来。从群体发展成高效团队需要一个过程，这个过程可分为以下四个阶段，如图 11-1 所示。

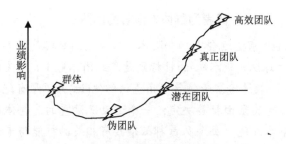

图 11-1　群体向团队的过渡

---

① 章义伍.如何打造高绩效团队[M].北京：北京大学出版社，2006：8.

第一阶段：群体→伪团队(pseudo team)。例如刚组建的团队，也许每个成员都是某个方面的行家里手，但由于缺乏磨合，还没有形成一种整体合力，因而只能是一个伪团队。伪团队的绩效反而比工作群体的绩效差。

第二阶段：伪团队→潜在团队(potential team)。这时已经具备了团队的雏形。

第三阶段：潜在团队→真正团队。只有当每个成员都意识到自己的行为将会影响其他成员时，真正的团队才会形成。

第四阶段：真正团队→高效团队。真正的团队距离高效的团队还比较遥远。高效团队是一种能自行变革、高效率地朝着目标运转的团队。

将团队发展过程分为上述四个阶段，直观、明了，无疑为建设一支高效团队指明了方向。但是，认为团队是由群体发展而来的，却不敢苟同。因为团队成员既可能来自某个群体，也可能来自组织中的各个群体，还可以是组织中不同职责和不同层次的人，甚至可能来自本组织之外。总之，团队不一定由群体发展而来。

二、团队类型

团队可以制造产品、提供服务、进行谈判、协调项目、提出建议、制定决策。根据团队存在的目的和拥有自主权的大小，可将团队分为下列四种类型，如图 11-2 所示。

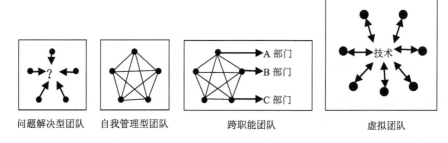

图 11-2　四种团队类型

(一)问题解决型团队

问题解决型团队(problem-solving teams)一般由来自同一部门的 5~12 名员工组成，他们每周花几个小时的时间开会讨论如何改进产品质量、提高生产效率、改善工作环境等问题，成员可以就这些问题互相交换看法或提出建议，但几乎没有权利单方面实施他们所提出的任何建议。[1]例如美林证券组建了问题解决团队，专门负责解决如何缩短开设现金管理账户的时间问题。该团队建议把处理流程由 46 个步骤精简到 36 个，这样就可以把平均所需的时间由 15 天减少到 8 天。[2]

---

[1] Shonk, J. H. (1992). Team-Based Organizations[M]. Homewood, IL: Business One Irwin; Verespej, M. A. "When Workers Get New Roles" [J]. Industry Week. 1992, 3(2): 11.

[2] Bodinson, G. &Bunch, R. AQP's National Team Excellence Award: Its Purpose, Value and Process[J]. The Journal for Quality and Participation. 2003(1): 37-42.

20世纪80年代,应用最广泛的一种问题解决团队是"质量圈"。它由职责范围部分重叠的员工及管理人员组成,人数一般为8～10人,他们定期相聚,以讨论面临的质量问题,调查问题产生的原因,提出问题解决的建议,并采取有效的行动。如图11-3所示是一个"质量圈",它由六个部分构成:"问题确认"即分析质量方面存在的问题;"问题选择"是在众多问题中选择某些必须马上解决的问题;"问题评估"即确定问题的等级,并指出如果不解决这些问题可能会带来什么样的损失;"推荐方案"指出解决问题采取什么方案比较好;"评估方案",评估方案是否可行,它的成本花费是多少?"决策"即最终决定是否实施。其中,"问题确认"由管理层来实施,团队成员没有权利来确定问题的性质,只是提出意见和建议。从"问题选择"到"推荐方案"由质量圈的成员操作。"评估方案"和"决策"由管理层和质量圈的成员共同把握。可见,团队成员无权处理质量圈中的所有问题。

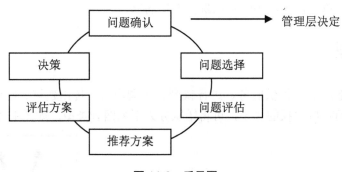

图 11-3 质量圈

(二)自我管理型团队

问题解决团队虽然行之有效,但在调动员工参与决策和全身心投入工作方面尚显不足。这种不足导致企业开始尝试建立真正独立自主的团队——自我管理型团队。

自我管理型团队(self-managed work teams)通常由10～15人组成,他们从事息息相关或相辅相成的工作。[①]一般来说,自我管理型团队的职责范围包括:计划和安排工作日程;给各成员分配工作任务;制定一线的工作决策;对出现的问题采取措施;与供应商和顾客打交道。完全的自我管理型团队甚至可以自主挑选成员以及让成员相互进行绩效评估。因此,主管的重要性明显下降,有时甚至可以取消主管这个职位。

自我管理型团队不仅要解决问题,还要实施解决问题的方案,并对工作结果承担全部责任,但这种团队并不一定会带来积极效果。[②]它通常不能很好地处理冲突。当出现争议时,

---

① Efez, A., Lepine, J. A. & Elms, H. Effects of Rotated Leadership and Peer Evaluation on the Functioning and Effectiveness of Self-Managed Teams: A Quasi-experiment[J]. Personnel Psychology. 2002(11): 929-948.

② Cook, R. A. & Goff, J. L. Coming of Age with Self-Managed Teams: Dealing with a Problem Employee [J]. Journal of Business and Psychology. (1): 485-496; Langfred, W. (2004). Too Much of a Good Thing? Negative Effects of High Trust and Individual Autonomy in Self-Managed Teams[J]. Academy of Management Journal. 2002(6): 385-399.

成员们会停止合作，冲突也会随之而来，从而导致绩效降低。[1]另外，尽管在这种团队中成员的满意度要高于非团队员工，但他们的缺勤率和离职率有时会提高。

(三)跨职能团队

跨职能团队(cross-functional teams)由组织层级相近但来自不同工作领域的人员组成，他们为了完成组织所赋予的某项特殊任务而共同工作。波音公司组建了一个由来自生产、计划、质量控制、加工、工程设计和信息系统等部门的人员组成的团队，由该团队负责解决本公司 C-17 项目中的薄垫片自动化问题。该团队提出的建议极大地减少了周期时间及成本，并且提高了产品质量。[2]波音公司的例子诠释了跨职能团队的特点。

跨职能团队最早产生于 20 世纪 60 年代。例如当时的 IBM 公司为了开发卓有成效的 360 系统，组织了一个大型的任务攻坚队，其成员来自公司的多个部门。但跨职能团队的兴盛则是在 20 世纪 80 年代。当时，几乎所有的主要汽车制造公司——包括丰田、尼桑、本田、宝马、通用汽车、福特、克莱斯勒等都采用跨职能团队来协调完成复杂的项目。[3]美国南加州大学高效率组织中心研究发现，在 1987—1993 年，美国排名前 1000 名的大型企业中，有跨职能团队的比例从 27%升至 68%，同时尚在方兴未艾中。[4]

跨职能团队能使组织内(甚至组织之间)不同领域的员工之间交换信息，产生新的观点，解决面临的问题，协调复杂的项目，在实现隐性知识共享过程中起着重要作用，但它在形成的早期阶段需要耗费大量的时间，因为团队成员需要学会处理复杂多样的工作任务。在成员之间，尤其是那些背景、经历和观点不同的成员之间，建立起信任并能真正合作也需要一定的时间。为此，确保跨职能团队成功的关键在于：合适人员的选拔；明确的团队目标；团队成员对目标的认同；团队内部的有效交往；团队的绩效。

(四)虚拟团队

前面三种团队都是成员面对面地开展工作。**虚拟团队**(virtual teams)是利用计算机技术把分散在不同地方的成员联系起来以完成组织赋予的某项特殊工作任务的团队。在虚拟团队中，无论成员之间只有一墙之隔，还是远了隔千山万水，都可以通过宽带网、可视电话、电子邮件、QQ、微信等方式进行联络，在"线上"进行合作。现在，技术如此进步，虚拟团队如此普及，以至于再称它们为"虚拟团队"可能有点不太合适了。

尽管虚拟团队非常普遍，但它仍然面临一些特殊挑战。虚拟团队常常因为成员间缺乏紧密的社会关系和直接交流而出现诸多不利：它无法复制出面对面沟通中的说听互动过程；尤其当成员并不相互见面时，虚拟团队更可能是以任务为导向的，成员间相互交流的信息

---

[1] Langfred, C. W. The Downside of Self-Managed Teams: A Longitudinal Study of the Effects of Conflict on Trust, Autonomy, and Task Interdependence in Self-Managed Teams [J]. Academy of Management Journal. 2007, 50(4): 885-900.

[2] Bodinson and Bunch. AQP's National Team Excellence Award.

[3] Brunelli, M. How Harley-Davidson Uses Cross-Functional Teams, Purchasing Online, November 4. 1999, www. purchasing. com/article/CA147865. html.

[4] Sandstorm, E., & Associates (Eds.). Supporting work team effectiveness. San Francisco, CA: Jossey-Bass. 1999.

也很少含有"社会情感"的内容。因此，与面对面交流的团队相比，虚拟团队的成员对本团队的互动过程的满意度更低。为了使虚拟团队变得有效，管理者需要确保：①成员之间建立信任(某个团队成员的电子邮件中的一些过激言论可能会严重破坏团队信任)；②密切监控团队的工作进展(这样，团队就不会迷失目标，团队成员也不会"隐身")；③在整个组织内宣传该团队的努力和成果(这样，该团队就不会在组织内变得隐身)。[①]

第三节　打造高效团队

打造高效团队需要克服若干技术问题。影响高效团队的关键因素有哪些？这是一个仁者见仁智者见智的问题。这里用一个简化的模型(见图 11-4)来概括我们的思路。

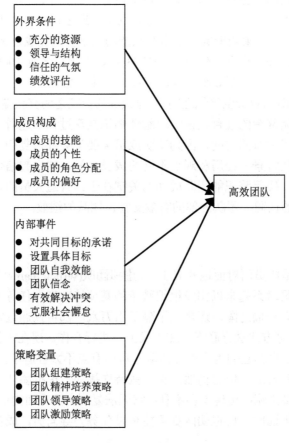

图 11-4　高效团队模型

---

① Malhotra，A., Majchrzak，A. &Rosen, B. Leading Virtual Teams[J]. Academy of Management Perspectives. (2): 60-70;Wilson，J. M., Straus，S. S., &McEvily，B. (2006). All in Due Time: The Development of Trust in Computer Mediated and Face-to-Face Teams[J]. Organizational Behavior and Human Decision Processes. 2007(19): 16-33.

我们可以把影响高效团队的关键因素分为四类：第一类是外界条件及资源；第二类是团队成员的构成情况；第三类是影响团队效果的内部事件；第四类是影响团队效果的策略变量。一个团队是否高效，应通过三个方面的指标来衡量：团队工作效率的客观评价；管理者对团队绩效的评估；团队成员满意度的总体感受。需要说明的是，这些指标是很难做到量化的。

一、外界条件

一般而言，影响高效团队的外界条件有以下四个。

(一)充分的资源

团队是组织系统的一部分，每个团队都需要依靠本团队之外的资源来维持。资源的缺乏可直接削弱团队有效开展工作和完成目标的能力。高效团队必须从组织那里得到支持，这些支持包括及时的信息、合适的设备、足够的人员、必要的鼓励和社会支持。

(二)领导与结构

谁做什么？如何保证所有成员承担相同的工作负荷？如何安排工作日程？需要开发什么技能？如何解决冲突？如何作出决策和修改决策？怎样才能使工作任务与成员的技能水平匹配？传统意义上，这些事情都是由管理人员来完成的。但在团队中却是由成员扮演探索者、推动者、总结者、联络者等角色来完成的，即需要团队的领导和结构发挥作用。

(三)信任的气氛

团队成员之间需要彼此信任，而且他们还要表现出对其领导者的信任。团队成员之间相互信任可促进了合作，减少监督彼此的行为。当团队成员认为自己可以相信其他成员时，他们更可能承担风险，更可能表露自信。信任是领导的基础。只有在整个组织系统中形成信任的气氛，团队才更愿意接受和认同领导者的目标和决策。

(四)绩效评估

为了使团队成员在团队层面和个人层面上都具有责任心，高效团队除了要考虑个人绩效评估外，还要考虑以团队为基础的绩效评估，唯其如此，方能强化团队绩效的相互承诺。

二、成员构成

没有优秀成员，就不可能有优秀团队。优秀的成员可能会使团队失败，但没有他们团队将永远不会成功。即便所有成员都是优秀的，也有一个磨合过程。在组建团队时若能充分考虑下列五个因素，团队成员之间的磨合期将会大大缩短，从而提高团队绩效。

(一)成员的技能

由一些三流队员组成的一支篮球队,由于训练到位、意志坚定,加上教练指挥有方,有可能会打败一支一流篮球队。如果真有这样的事情发生,那也仅仅是个案。一支高效团队需要具备三种类型的技能,或者说需要三类成员:①具有技术专长的成员;②具有解决问题和决策技能的成员。他们能够发现问题,提出问题解决方案,并权衡各种备选方案,最后作出有效选择;③具有良好人际关系技能的成员。他们善于聆听意见、提供反馈和解决冲突。

如果一个团队不具备以上三类成员,就不可能充分发挥其绩效潜能。这三类成员的合理搭配至关重要。一种类型的人过多,另外两种类型的人自然会减少,团队绩效就会降低。在团队组建之初,可能并不需要这三类成员都全部具备。但在团队缺乏某种技能时,派一个或多个成员去专门学习以补充团队所缺乏的技能,则是很多高效团队的惯常做法。

(二)成员的个性

我们知道,美国心理学家 R. R. 麦克雷和科斯塔(1987)提出的**大五人格理论**(the big five personality theory)认为,人格包括外向性、宜人性、责任感、神经质和开放性五大因素。有人在一篇综述性文章中指出,团队绩效与团队成员的宜人性、责任感和开放性三个维度直接相关。具体地说,在责任感和开放性两个维度上平均得分更高的团队表现得更好;如果一个或多个成员的随和性(即"宜人性")非常差,则整个团队会受到负面影响,可谓"一粒老鼠屎坏了一锅汤"。[①]有责任感的成员在团队中具有非常重要的价值,因为他们善于"支持"其他成员,而且他们也善于觉察什么时候真正需要提供支持。思维开放的成员能更好地沟通,并激发出更多的创意,促使由这类成员组成的团队更具创造性和创新性。[②]

【专栏 11-4】

个性是团队的天敌吗?

在许多人看来,《西游记》中唐僧师徒不是一个合格的团队。因为它的成员要么个性鲜明,优点或缺点过于突出,实在难以管理;要么缺乏主见,默默无闻,过于平庸。但就是这么一群对团队精神一窍不通的"乌合之众"组合在一起,克服了常人难以想象的种种困难,最终完成任务取回了真经,真是让人大跌眼镜!

其实,换个角度看,"个性"也许并没有那么可怕:作为团队领导者的唐僧,虽然处事缺乏果断和精明,但对团队目标始终抱有坚定信念,在取经途中以博爱和仁慈之心不断地教诲和感化着三位徒弟。明星队员孙悟空是一个极不稳定的因素,能力超强,交际广泛,嫉恶如仇,桀骜不驯,喜欢单打独斗,最重要的一点是他对团队成员有着难以割舍的深厚情感,同时有着不屈不挠的坚强意志,为实现取经目标不惜付出任何代价。也许不少人有

---

① Bell,S. T. Deep-Level Composition Variables as Predictors of Team Performance: A Meta-analysis [J]. Journal of Applied Psychology. 2007, 92(3): 595-615.
② Porter,C. O. L. H.,Hollenbeck, J. R.,& Ilgen, D. R. Backing Up Behaviors in The Role of Personality and Legitimacy of Need [J]. Journal of Applied Psychology. 2003, 88(3): 391-403.

点讨厌猪八戒，其实他在团队中起着承上启下的重要作用，是唐僧和孙悟空这对固执师徒之间的"润滑剂"和沟通桥梁，虽然好吃懒做的性格经常成为挨骂的对象，但他从不会因此心怀怨恨。至于沙僧，每个团队都不能缺少这样的成员，脏活累活全包，任劳任怨，从不争功，是领导者的忠实追随者，起着保持团队稳定的基石作用。

每个团队成员都会有个性，这是无法也无须改变的。团队领导的艺术就在于如何挖掘和组织每个成员的优缺点，根据其个性和特长合理安排工作岗位，使其达到互补的效果。

如果仔细研究那些成功的团队，我们会发现这些团队成员无一例外都具有鲜明的个性和独立的人格，他们各自发挥自己的才华，从而使团队不断走向辉煌。

(三) 成员的角色分配

不同团队有不同的需求。团队在挑选队员时，应确保所有必须的角色都得到补充。成功的团队会根据成员的技能和特长来安排他们扮演 9 种角色。[①]

(1) 创造者：产生创新思想。一般来说，这种人富有想象力，善于提出新观点或新观念。他们独立性较强，喜欢自己安排工作时间，按照自己的方式和节奏进行工作。

(2) 推动者：拥护和支持新思想。他们乐意接受、支持新思想，在创造者提出新思想之后，他们擅长找出资源来支持新思想。这种人的主要弱点是，不一定总是有耐心和控制力来使别人追随新思想。

(3) 评估者：分析决策方案。他们有很强的分析技能。在决策前，如果让他们去评估、分析几种不同方案的优劣，是再适合不过了。

(4) 组织者：提供结构。他们喜欢制定操作程序，以使新思想成为现实。他们会设定目标、制订计划、组织人力、建立各种制度，以保证按时完成任务。

(5) 产生者：提供指令并坚持到底。和组织者相似，他们也关心工作任务，但他们的着眼点主要在于：坚持必须按时完成任务，保证所有的承诺都能兑现。他们引以为荣的事情是：自己产生的产品合乎标准。

(6) 控制者：考察细节并实施规则。这种人最关心的是规章制度的建立和贯彻执行，他们善于核实细节，并保证避免出现任何差错。他们希望核查所有事实和数据，希望保证不出一点纰漏。

(7) 维护者：处理内部冲突和矛盾。这种人对做事的行为方式有强烈的信念，他们在支持团队内部成员的同时，会积极保护团队不受外来者的侵害。他们对团队而言非常重要，因为他们能够增强团队的稳定性。

(8) 建议者：寻求全面的信息。他们是很好的听众，而且不愿意把自己的观点强加于人，他们愿意在作出决策之前得到全面的信息而不是匆忙作出决策方面，起着非常重要的作用。

(9) 联络者：综合协调。他们倾向于了解所有人的想法，是协调者，是调查研究者。他们不喜欢走极端，而是尽力在团队成员之间建立起合作关系。尽管他们认识到成员之间

---

① Margerison，C & McCann，D. Team Management: Practical New Approaches [M]. London: Mercury Books. 1990.

可能存在差异，但他们会努力把人和工作整合在一起。

根据团队成员的 9 种角色，管理者有必要了解个体能够给团队带来贡献的个人优势，并据此来遴选团队成员。

(四)成员的偏好

如果让工作群体中的每个员工自由选择，不少员工可能会选择不加入团队。那些更喜欢独立工作的员工，如果被要求加入团队，会对团队的士气和成员满意度产生直接的威胁。[①] 在选择团队成员时，除了考虑技能和个性特征外，也应考虑员工的个人偏好。高效团队应该由那些希望成为团队成员的员工组成，而不要"拉郎配"。

三、内部事件

相对于外界条件、成员构成两大因素而言，团队成员对共同目标的承诺、设置具体目标、团队自我效能、团队信念、有效解决冲突、克服社会懈怠这些内部事件，对于打造一个高效团队则显得尤为重要。

(一)对共同目标的承诺

高效团队首先要设置一个共同目标来实现该团队的使命。为了这个共同目标，团队成员通常会用大量时间和精力来讨论、制定和完善一个在团队层面和个人层面上都被认可的目标。这种目标一旦为团队成员所接受，那么它在任何情况下都具有指引方向的作用。首先是目标必须正确。目标错误，如同在海上行驶的船只，将偏离正确目标越来越远。其次要能够表现出**反思性**(reflexivity)，一个团队需要根据自身的具体情况来反思和调整自己的目标。

(二)设置具体目标

高效团队会把自己的共同目标转化为具体的、可以衡量的、现实可行的绩效目标。具体目标会使个人提高绩效水平，也能使团队充满活力；具体目标可以促进沟通，有助于团队把自己的精力放在达成有效的结果上。

(三)团队自我效能

团队自我效能(team self efficacy)是指那些具有自信、相信自己能够成功的团队。成功的团队会增强成功的自信心，而这种自信心反过来又可激励团队成员更加努力工作。管理层可以做些什么来提高团队自我效能呢？有两种选择方案：帮助团队实现较小的成功来树立该团队的自信心；通过一些培训来提高团队成员的技术技能和人际技能。团队成员的技能

[①] Kiffin-Peterson, S. A. & Cordery, J. L. Trust, Individualism, and Job Characteristics of Employee Preference for Teamwork[J]. International Journal of Human Resource Management. 2003(2): 93-116.

越强,团队就越有可能树立起成功的自信心。

(四)团队信念

高效团队往往具有一种关于如何完成工作任务的坚定的、确信无疑的价值取向——**团队信念**(team belief)。如果团队成员的价值取向是错误的(在巨大压力下的团队特别容易发生这种情况),团队绩效就会受到严重影响;团队成员价值取向的相似性也很重要。如果团队成员对如何做事具有截然不同的看法,那么他们会因此产生冲突,而忽略团队的工作目标。

(五)有效解决冲突

团队中的冲突未必是坏事。在团队中,一般不存在因目标各异的破坏性冲突,但目标相同而因手段、方法不同的建设性冲突却并不少见。建设性冲突可以激发成员之间的讨论,促进对问题和备选方案的批判性评估,并能够带来最佳的团队决策。

解决冲突的方式是区分有效团队和无效团队的重要标志。有人对37个工作团队的研究表明,有效团队通过直截了当的讨论具体问题来解决冲突,无效团队则无视冲突的存在或者任其成员充分表达个性。[1]

【专栏11-5】

如何化解团队冲突

索尼公司创造的"五房间熄火法"是一种饶有趣味的化解冲突之法。当员工之间发生矛盾时,闹矛盾的员工需要先后进入五个房间。

房间一:"哈哈镜室"。满脸怒容的员工进入后,先照哈哈镜,看到哈哈镜中扭曲变形而又怪模怪样的自己,他会忍不住发笑。一笑解千愁,这一笑,怒气自然消了许多。

房间二:"傲慢像室"。里面有一个橡皮塑料像傲慢地看着你。这时,工作人员让闹意见的员工拿橡皮榔头去打那个傲慢像,尽情宣泄还未消尽的怨气,以达到心理平衡。

房间三:"弹力球室"。墙上绑着一个球体,连着橡皮筋。先让闹意见者使劲拉开球后再放开,球打在墙上马上弹回来,冲击着闹意见者的身体,旁边工作人员会问:你痛不痛?""为什么不痛?"然后告诉闹意见者,这叫作"牛顿定律",有作用力和反作用力,你去惹人家,人家就会报复你。让员工冷静想一想这其中的道理。

房间四:"劳资—劳工关系展览室"。让闹意见者认真看过去资方怎样关心员工以及员工之间怎样互相友爱的实际例子,以加强对闹意见者心理的触动,引导他们反思自己的言行。经过上述四个房间后,经理在第五个房间等候。

房间五:"思想恳谈室"。经理征求闹矛盾双方的意见,看矛盾如何解决。经历了四个房间的员工,这时大多已冷静下来,一般情况下双方会主动解决矛盾,心平气和地接受批评和作自我批评。妥善解决了员工之间的矛盾后,经理还要勉励一番,并给予物质奖励。

---

[1] Behfar, K. J., Peterson, R. S., Mannix, E. A. & Trochim, W. M. K. The Critical Role of Conflict Resolution in Teams: A Close Look at the Links Between Conflict Type, Conflict Management Strategies, and Team Outcomes [J]. Journal of Applied Psychology. 2008, 93(1): 170-188.

> "五房间熄火法"无非是创造团队的"人和"环境，化解各种矛盾冲突，让每个成员的力量得到有效发挥，凝聚所有人的力量，使工作团队始终保持高昂的战斗力。
>
> (资料来源：牧之，张震．管理要读心理学[M]．北京：新世界出版社，2007：177-178)

(六)克服社会懈怠

本书第十章曾经指出，"搭便车"是群体活动中最常见、最典型的社会懈怠现象。造成"搭便车"的原因是无法准确衡量每个成员的具体贡献。高效团队如何克服"搭便车"行为？最有效的办法是让成员在团队和个体两个层面上对团队目标、工作任务和行为方式承担责任。如果成员们很清楚哪些是自己的责任，哪些是大家的共同责任，那么就能削弱社会懈怠。

四、策略变量

尽管很多组织都采用团队管理方式，但实际上不同团队的有效性却存在着明显区别，要想打造一支高效团队，管理者需要灵活运用以下策略。[①]

(一)团队组建策略

组建高效团队，选人比育人更为重要。组建一个新团队，在选对人的前提下，既要控制团队规模，也要注意团队结构。

研究者们对团队成员的最佳人数虽然没有达成共识，但经过长期观察发现：高效团队的规模一般都比较小。一般认为，如果成员人数超过 12 人，团队就很难顺利开展工作。当然，团队规模还受到管理情境的影响：当期待团队行动时，团队规模不宜过大；当团队任务是作出高质量的复杂决策时，最好由 7～12 人组成；当团队任务是解决矛盾冲突并取得协议时，最好由 3～5 人组成；当团队既要取得协议又要作出高质量决策时，最好由 5～7 人组成；当团队要迅速作出决策并采取行动时，团队成员人数最好是奇数而不是偶数。

团队成员的多样性和差异性既是团队活力之源，也是团队冲突之源。同质性的团队成员可以提高团队凝聚力，但同时也可能丧失团队的创造性和协同作用；异质性的团队成员可以激发团队创新能力，但同时可能牺牲团队的稳定性，这是管理者在组建团队时必须面对的一对矛盾。管理者应当根据团队任务的性质和难度来调整团队成员的结构，在团队创造性和稳定性之间找到恰当的平衡点。

(二)团队精神培养策略

团队精神(teamwork)是团队成员为了团队目标相互协作、互为补充、共同奋斗、共担责任的精神品质。这种精神品质是其他团队难以模仿的为该团队特有的品质。尽管团队精神很难用语言来表述，但该团队的每一个成员都能够切身体会到由这种精神传递出来的令人

---

① 许芳．组织行为学原理与实务[M]．2 版．北京：清华大学出版社，2014：192-194．

振奋的力量。一般认为，团队精神主要包括三个层面：团队凝聚力、团队互信合作意识和团队士气。凝聚力是团队的基础，凝聚力可使不同的团队成员对团队产生共同的归属感、自豪感和责任感，并乐意成为团队一员与其他成员合作；团队互信合作意识是团队精神的核心，相互信任、相互依赖可使团队成员主动调整个人需要和团队目标的关系，进而与其他成员建立亲密无间的合作关系；团队士气则是团队精神的外在表现，突出体现在团队成员一致认同团队目标，并且渴望通过协作为实现团队目标而努力。

团队精神不是天生的，后天的经历和培养可以造就成员的团队精神。在这层意义上，组织领导者也是教育者，负有传授团队价值观、互信合作意识和合作技能的责任。问题在于团队精神易于体会却难以言传，传统教学手段(如课堂教学、讲座等)难以发挥作用。好在当代管理培训实践已经创造出很多可以用于进行团队精神培养的培训技术，如小组互动讨论法、案例分析法、行动学习法、管理游戏法、敏感性训练法以及深受欢迎的户外拓展训练等，都为培养团队精神提供了便利。

(三)团队领导策略

不管哪种类型的团队，团队成员间都是平等互助的关系，不存在明显的权力等级和命令指挥关系。因此，团队领导权实际上是相互分担的，即团队成员各有分工、各司其职，他们在自己的工作岗位上都有权决定如何配置资源、如何推进工作进程，工作结束后每个成员也都准备为自己和其他成员的工作结果承担责任。也就是说，团队内每个成员都是领导者，都具有影响他人的权力，同时他们也都是被领导者，在工作中不可避免地受到其他人的影响。

每个人都是领导者——实际上对团队内和团队外的领导活动都提出了很高的要求。在团队外部，团队的上级领导者应当充分授权(包括决策权、日常管理权，甚至部分人事权、财务权)，使团队拥有充分权力和自由度以应对管理环境的变化；在团队内部，团队成员在一起分享权力，分担责任，因此也应当具有与自我管理匹配的权力，团队成员的成熟度应当优于其他普通员工，每个成员都必须懂得应当在什么时候运用自己的权力、如何充分发挥自己的影响力以及如何对其他成员进行激励。

(四)团队激励策略

团队成员主要是一种异质性群体，他们在需要和行事风格方面存在明显差异。因此，管理者应根据不同团队成员的需要和行事风格选择不同的激励方式。

根据激励理论，对那些办事效率高、主动性强、目标明确的效率型团队成员，管理者应当给他们安排具有挑战性的工作，支持他们的工作，肯定并赞扬他们的绩效，让他们感到工作有自主权；对那些善于理解和同情他人、合作意识强、特别在意他人评价的关系型团队成员，管理者应当想办法使他们感到受尊重，给他们以人际关系和心理上的安全感，适当对他们承诺负责任以增强其荣誉感，给他们安排工作时要强调工作的重要性，并指出如果不能完成工作任务将会对他人产生的影响，以使他们为了和谐的关系而努力拼搏；对那些掌握核心技术、坚持维护专业标准的技术专家型团队成员，管理者应当坦诚沟通，重视他们的工作成果，对他们的工作给予充分支持，在试图说服他们时要注重事实、数据和科学依据，避免直接批评，但可以提醒他们不要过分追求完美；对那些现实、崇尚努力、计划性强、自制力强、纪律性强、对团队高度忠诚的实干型团队成员，管理者应当充分信任他们，给他们相应的报酬，以奖励他们的勤勉。

关 键 术 语

(1) 团队(team)又称工作团队(work team)，是为了完成组织所赋予的某项工作任务，而由技能互补、责任互担、通力合作的少数成员组成的一个特殊的工作群体。

(2) 团队精神(teamwork)是团队成员为了团队目标相互协作、互为补充、共同奋斗、共担责任的精神品质。

本 章 要 点

(1) 团队具有弹性结构、任务特殊、技能互补、责任互担、通力合作五大特征。

(2) 工作团队和工作群体在领导者作用、目标、技能、责任、绩效、交互性、评价依据、会议、决策过程等9个方面都存在着明显的区别。

(3) 团队发展需要经历伪团队、潜在团队、真正团队、高效团队四个阶段。

(4) 常见的团队有四种类型：问题解决团队、自我管理型团队、跨职能团队和虚拟团队，每种类型都有其优缺点。

(5) 打造高效团队主要应考虑四种因素：外界条件(充分的资源、领导与结构、信任的气氛、绩效评估)；成员构成(成员的技能、成员的个性、成员的角色分配、成员的偏好)；内部事件(对共同目标的承诺、设置具体目标、团队自我效能、团队信念、有效解决冲突、克服社会懈怠)；策略变量(团队组建策略、团队精神培养策略、团队领导策略、团队奖励策略)。

练习与思考

一、名词解释题

团队、团队精神

二、单项选择题

1. 团队最主要的特征是(　　)。

　　A. 任务特殊　　　B. 技能互补　　　C. 责任互担　　　D. 通力合作

2. (　　)一般由来自同一部门的5~12名员工组成，他们每周花几个小时的时间开会讨论如何改进产品质量、提高生产效率、改善工作环境等问题，成员可以就这些问题互相交换看法或提供建议，但几乎没有权力单方面实施他们所提出的任何建议。

　　A. 问题解决团队　　　　　　　　B. 自我管理型团队

第十一章 团队建设

  C. 跨职能团队　　　　　　　　D. 虚拟团队

3. 成员之间唯一不能面对面工作的团队是(　　)。

  A. 问题解决团队　　　　　　　B. 自我管理型团队
  C. 跨职能团队　　　　　　　　D. 虚拟团队

4. 当团队既要迅速作出决策又要采取行动时，团队成员人数最好是(　　)。

  A. 3～5人　　　B. 5～7人　　　C. 奇数　　　D. 偶数

5. (　　)是指那些具有自信、相信自己能够成功的团队。

  A. 团队自我效能　　　　　　　B. 团队信念
  C. 团队冲突　　　　　　　　　D. 团队反思

三、填空题

1. 团队精神主要包括团队凝聚力、团队_____和团队士气三个层面。
2. 团队发展需要经历_____潜在团队、真正团队、高效团队四个阶段。
3. 解决_____的方式是区分有效团队和无效团队的重要标志。

四、简答、论述题

1. 简述团队的特征。
2. 请说明怎样才能使虚拟团队变得更加有效。
3. 结合实例，谈谈团队的奖励策略。

五、辩论题

正方：团队需要有个性的成员。
反方：团队不需要有个性的成员。

六、课堂小游戏——团队拍手训练

1. 首先将本班学生分成3～4组，所有学生在游戏过程中都必须闭上眼睛。
2. 由第一组开始，第一组全部学生开始拍手，通过倾听使第一组拍手的节奏逐步一致。
3. 第一组的拍手节奏保持一致后，第二组全部学生开始拍手，第二组拍手必须在第一组两次拍手之间拍2下，直到第二组的拍手节奏一致。
4. 第二组的拍手节奏保持一致后，第三组全部学生开始拍手，第三组拍手必须在第二组两次拍手之间拍4下，直到第三组的拍手节奏一致。
5. 以此类推，第四组拍6下……

讨论：如果要想使所有的节奏保持一致，需要团队具备什么条件才可以实现？

参 考 文 献

[1] 陈玉娟. 你们真的是团队吗——论群体与团队的意涵及其区别[J]. (台湾)中等教育，2002，53(4)：150-160.
[2] 李改伟. 如何为团队树立共享目标[J]. 人力资源开发[J]，2006(4)：89.

[3] 麦克金·麦金. 团队合作24策略[M]. 王成，译. 北京：中信出版社，2005.

[4] 牧之，张震. 管理要读心理学[M]. 北京：新世界出版社，2007.

[5] 斯蒂芬·P. 罗宾斯，蒂莫西·A. 贾奇. 组织行为学[M]. 14版. 孙健敏，李原，黄小勇，译. 北京：中国人民大学出版社，2012.

[6] 许芳. 组织行为学原理与实务[M]. 2版. 北京：清华大学出版社，2014.

[7] 章义伍. 如何打造高绩效团队[M]. 北京：北京大学出版社，2006.

[8] Behfar, K. J. , Peterson, R. S. , Mannix, E. A. & Trochim, W. M. K. The Critical Role of Conflict Resolution in Teams: A Close Look at the Links Between Conflict Type, Conflict Management Strategies, and Team Outcomes [J]. Journal of Applied Psychology. 2008, 93(1): 170-188.

[9] Bell, S. T. Deep-Level Composition Variables as Predictors of Team Performance: A Meta-analysis [J]. Journal of Applied Psychology. 2007, 92(3): 595-615.

[10] Bodinson, G. & Bunch, R. AQP's National Team Excellence Award: Its Purpose, Value and Process[J]. The Journal for Quality and Participation. 2003(1): 37-42.

[11] Cook, R. A. & Goff, J. L. Coming of Age with Self-Managed Teams: Dealing with a Problem Employee [J]. Journal of Business and Psychology. 2002(1): 485-496.

[12] Efez, A. , Lepine, J. A. & Elms, H. Effects of Rotated Leadership and Peer Evaluation on the Functioning and Effectiveness of Self-Managed Teams: A Quasi-experiment[J]. Personnel Psychology. 2002(11): 929-948.

[13] Katzenbach, J R & Smith, D K. The Wisdom of Teams[M]Cambridge, MA: Harvard University Press. 1993: 21, 45, 85.

[14] Kiffin-Peterson, S. A. & Cordery, J. L. Trust, Individualism, and Job Characteristics of Employee Preference for Teamwork[J]. International Journal of Human Resource Management. 2003(2): 93-116.

[15] Kinlaw, D C. Developing Superior Work Teams[M]. Lexington, MA: Lexington Books. 1991: 3-21.

[16] Langfred, W. Too Much of a Good Thing? Negative Effects of High Trust and Individual Autonomy in Self-Managed Teams[J]. Academy of Management Journal. 2004(6): 385-399.

[17] Langfred, C. W. The Downside of Self-Managed Teams: A Longitudinal Study of the Effects of Conflict on Trust, Autonomy, and Task Interdependence in Self-Managed Teams [J]. Academy of Management Journal. 2007, 50(4): 885-900.

[18] Malhotra, A., Majchrzak, A. & Rosen, B. Leading Virtual Teams[J]. Academy of Management Perspectives. 2007(2): 60-70.

[19] Margerison, C & McCann, D. Team Management: Practical New Approaches [M]. London: Mercury Books. 1990.

[20] Meredith Belbin. 管理团队成败启示录[M]. 海涛，译. 北京：机械工业出版社，2001.

[21] Porter, C. O. L. H. , Hollenbeck, J. R., & Ilgen, D. R. Backing Up Behaviors in The Role of Personality and Legitimacy of Need [J]. Journal of Applied Psychology. 2003, 88(3): 391-403.

[22] Sandstorm, E. , & Associates (Eds.). Supporting work team effectiveness. San Francisco, CA: Jossey-Bass. 1999.

[23] Shonk, J. H. Team-Based Organizations[M]. Homewood, IL: Business One Irwin. 1992.

[24] Verespej, M. A. "When Workers Get New Roles"[J]. Industry Week. 1992, 3(2): 11.

[25] Wilson, J. M., Straus, S. S., & McEvily, B. All in Due Time: The Development of Trust in Computer Mediated and Face-to-Face Teams[J]. Organizational Behavior and Human Decision Processes. 2006(19): 16-33.

第四篇　领导者心理管理

第十二章　领导者心理

正确路线确定之后，干部是决定的因素。

——毛泽东

【学习目标】

- 识记领导、领导者、影响力、领导艺术等概念。
- 了解领导者和管理者的区别。
- 理解五种权力类型的适用条件及其结果。
- 掌握权力性影响力和非权力性影响力的构成要素及其心理效应。

【引例】

什么样的人能当领导

领导人既不是天才，也不是刻意选拔和培养出来的。真正的领导人只有一个来源，那就是自行"脱颖而出"。但并不是所有人都能够"脱颖"，要"脱颖"就得有点真本事，不然，即使借助外力得到了那个位置，也不过是个"官"，而非真正的领导。现实中往往有这种人，自以为是领导而实际上不过是占据了官位而已。

"脱颖而出"的基本要求是：有勇气，坚韧，认真，敢于面对挫折，尤其是具有高度的责任心，善于用人，善于决断。至于能力、知识、技术之类的，倒在其次。刘邦尽管有许多毛病，但在得天下之前，他善于用人，不怕打败仗，是比较出色的。要说刘邦的成功无非是能用人、不服输。而项羽的失败，恰恰也在不能用范增、输不起上。

当然，那种有"素质"没教养、有"能力"没胸怀、有"技巧"没肚量、有"水平"没人品的人也有可能出头，但即使他们能"脱颖"，也不过是长出的一根芒刺。

(资料来源：刘文瑞. 什么样的人能当领导[J]. 经营管理者，2008.4)

一般认为，领导者作为个体，其心理活动可以纳入个体心理的研究范畴，领导班子作为群体，其心理活动可以纳入群体心理的研究范畴，因此没有必要对领导者心理进行专门研究。我们认为，领导者在管理活动中居于独特的地位，发挥着独特的作用，是管理活动成败的关键因素，因此本书将"领导者心理"单独列为一篇，用两章的篇幅来加以介绍。领导者心理是一门复杂学问，这门学问叫作**领导心理学**(psychology of leadership)。这门学问涉及的内容很多，本章主要回答什么是领导者以及领导者权力和影响力、领导者素质、领导者角色、领导艺术等问题。愿这些知识能够成为你了解领导者心理的一个窗口。

第一节 领导者概述

一、领导者的概念

何谓领导者?为了准确把握这个概念,我们必须首先搞清楚什么是领导。什么是领导呢?目前已有的定义不下数十种。出现这种情况的原因,除各自的研究视角不同外,就是把"领导"和"领导者"两个概念混淆起来使用造成的。在英语中,**领导者**(leader)是"职位占有者";**领导**(head)是"带领、引导"的意思,指的是一种行为或活动;领导又有**强制性领导**(headship)和**凝聚性领导**(leadership)之分;含义各不相同,不容易混淆。在汉语中,"领导"有名词和动词之分。作为名词的领导,指的是领导者,即具有一定职权的个人或集体;作为动词的领导,与"head"的含义相同。就是说,领导是领导者表现出来的行为,领导者是领导行为的主体,这是两个不同概念。

在弄清上述问题之后,再来给"领导"下定义就比较容易理解了。**领导**(leadership)是对个人和群体施加心理影响,在一定条件下实现组织目标的过程。其中:施加"心理影响"的人称为领导者;接受"心理影响"的人称为被领导者;使个人和群体实现组织目标的过程就是领导行为;"一定条件"是指领导行为所处的情境。①

从这个定义可知:领导(或领导行为)是领导者、被领导者和情境三个因素相互作用的结果,用公式表示为

$$领导 = f(领导者 \cdot 被领导者 \cdot 情境)$$

从领导的定义中我们知道,**领导者**(leader)是对一个组织内的个人和群体施加心理影响以实现组织目标的人,包括领导者个人和领导集体。

英语中的"leader"一词源于"小径、道路、海上船只的航行路线"的词根,其原始含义是"指明方向的人"或"引路人"。在陆地上,他走在前面引路,起带头作用;在海上,他是领航员和舵手。他把大家组织起来,并团结在一起,通过榜样力量和鼓舞性语言来激励队伍中的每个人,不管遇到多少艰难困苦都义无反顾,勇往直前;保持成员之间的联系,始终关注每个成员的需要,并与他人一起分担困苦与风险;指引和影响大家实现目标。

二、领导者的类型

根据领导者是否拥有组织结构中的正式职位、权力和地位,可以把领导者分为正式领导者和非正式领导者,这两种领导者在组织中的作用是各不相同的。②

(一)正式领导者

正式领导者是组织结构中拥有正式职位、权力和地位的个人或集体。其作用是领导员

---

① 郑雪. 社会心理学[M]. 广州:暨南大学出版社,2004:230.
② 苏东水. 管理心理学[M]. 4版. 上海:复旦大学出版社,2002:303-304.

工实现组织目标,包括:①制订和执行组织的计划、方针和政策;②提供情报知识与技巧;③授权下级分担任务;④对员工实行奖惩;⑤代表组织对外交涉;⑥控制组织内部关系,沟通组织内部意见。正式领导者的作用是职位、权力和地位赋予的,其作用能发挥到何种程度,要看领导者的能力以及领导者本人是否为其下属所接受而定。

(二)非正式领导者

非正式领导者是自发产生的,他们虽然没有组织结构中的正式职位、权力和地位,但因个人条件比较优越,如经验丰富、能力强、善于关心别人或具有某种优良人格品质等,令员工佩服,因而对员工具有实际影响力。非正式领导者的主要作用是满足员工需要,包括:①协助员工解决私人问题;②倾听员工意见,安抚员工情绪;③协调与仲裁员工间的关系;④提供各种资料情报;⑤替员工承担某些责任;⑥引导员工的思想、信仰及价值判断。非正式领导者因其对员工具有实际影响力,因此,如果他赞成组织目标,则可能带动员工执行组织的任务;如果他不赞成组织目标,就可能引导员工阻挠组织任务的执行。

【专栏12-1】

谁是真正的领导者

在班里,班长是理所当然的领导者,但另外一位成绩好的普通同学却比班长更有号召力,这个人虽然没有当班干部,但却是事实上的领导者。在一个企业里,经理的话不一定比某个员工的话管用,这个员工虽然不在其位,但他却以自己的人格魅力影响着其他人。

(资料来源:刘元春,刘世刚. 管理学[M].北京:高等教育出版社,2015: 159)

当然,一个真正有作为的领导者,应同时具有正式领导者和非正式领导者的作用,既能带领广大员工实现组织目标,又能满足员工需要。需要指出的是,领导者虽然有正式领导者和非正式领导者之分,但管理心理学则主要研究正式领导者。

三、领导者与被领导者

(一)被领导者

从领导的定义中可知,**被领导者**(been a leader)是接受心理影响的人,包括一个组织中的个人和群体。被领导者就是人们常说的**下属**(subordinate),西方心理学文献将其称为**追随者**(follower)。其实,下属和追随者是两个不同的概念。

1. 下属与追随者

下属不等于追随者。下属在领导者的手下工作,追随者不一定在领导者的手下工作,也可能在别的单位工作。用时髦的网络语言说,下属不一定是领导者的 fans,而追随者肯定是领导者的 fans。但是,当下属具有 fans 的心理和行为特征时,下属和追随者就具有相同的含义,因此在管理心理学文献中常常将"被领导者""下属"和"追随者"这三个词语不加区分地混合使用。

2. 有效追随者和无效追随者[①]

有效追随者的行为特点：①在没有监督的情况下，能保质保量地按时完成任务；②与他人建立合作、信任和支持的工作关系，营造和谐的工作氛围；③行为规范符合组织要求；④公开提供信息，开放式沟通，对不合理的决策提出异议；⑤以自信的、情绪化的方式影响领导者的决策；⑥迅速而准确地领会领导者的意图；⑦在需要时能迅速出现在领导者跟前；⑧能够成功地同组织外部进行资源交换；⑨能设置与组织目标一致的个人目标，能区分领导者和自己的任务；⑩积极主动，承担责任，对自己负责。

有效追随者是自尊自信的，是能够实现个人成长和成熟的，是未来的领导者。

无效追随者的行为特点：①对领导者进行讽刺和批评或者压制自己的观点，唯唯诺诺；②完全依附于领导者，常常是领导者代替自己作决策；③被动，没有指示就不动；④把领导者的错误决策坚决执行到底；⑤事不关己，高高挂起，漠视组织中一切不正常现象；⑥自己不参加培训，对组织提供的培训机会被动无奈，动力不足；⑦有时会用"不给他干了！"之类的话来泄愤。

当某个下属具有无效追随者的行为特点时，离下岗的日子也就不远了。

(二)领导者和被领导者的关系

领导者因为有下属而存在；下属成就领导者，并赋予领导者的领导权力；领导者对下属的影响力远大于下属对领导者的影响力；优秀的领导者培养优秀的下属，优秀的下属造就优秀的领导者。

许多管理心理学文献都是提"领导心理"，领导作为一种行为、活动，哪来的心理活动？只有领导者和被领导者才有心理活动。由于领导者在组织中居于主导和支配地位，因此管理心理学主要是研究领导者心理。

四、领导者与管理者

(一)管理者

管理者(Manager)是管理活动的主体，一般由拥有相应权力和责任、具有一定管理能力且从事具体管理的人或人群组成。管理者及其管理技能在组织管理中起决定性作用。管理者可分为一线管理者、中层管理者和高层管理者。

(1) 一线管理者，主要是管理那些从事生产产品、提供服务的员工，又称主管。

(2) 中级管理者，管理一线管理者的工作，通常有区域经理、项目经理、策划经理等。

(3) 高级管理者，从事组织结构中的高级管理活动。他们的主要职能是计划、协调和控制，使管理活动实现预期目标。他们经常被人们称作执行副总裁、总裁、总经理等。

[①] 吴维库. 领导学[M]. 北京：高等教育出版社，2006：10-11.

(二)领导者与管理者的关系

联系：从行为方式上看，两者都是在组织内部通过影响他人的协调活动，实现组织目标的过程；从权力构成看，两者都与组织层级的岗位设置有关。

区别：主要表现在6个方面。

(1) 产生方式不同。管理者是由领导者任命的，而领导者的产生方式通常有三种：由外部机构任命；由员工选举产生；在活动中自发产生(即非正式领导者)。

(2) 范围不同。领导者是法定的个别人，管理者则包括领导者和所有管理人员。

(3) 影响力不同。管理者运用手中权力实行奖惩以影响他人；领导者并非全靠法定权力来影响他人。事实上，一个没有职位和法定权力的人，同样能够影响别人。

(4) 作用不同：①领导者引领变革，管理者维持变革秩序。②领导者走在队伍的前边，起示范作用；管理者分布在队伍中间，起保证与控制作用。③领导者的任务是把梯子架在正确的地方，管理者的任务则是负责提供爬梯子的技术。

(5) 工作程序不同。管理者的工作程序：①制订计划和提出预算；②组织安排和人员配备；③控制局面和解决问题。领导者的工作程序：①确立方向；②对外争取支持；③对内调动和激发人的积极性。

(6) 行事方式不同。①管理者把组织目标看成别人的，领导者把组织目标看成自己的。②管理者重视过程，按部就班；领导者寻求冒险，当机遇来临时尤其如此。③管理者关心人的行为，并根据自己扮演的角色与他人发生联系；领导者关心人的思想，以一种直觉化和移情的方式与他人发生联系。④管理者追求稳定和有序；领导者致力于促进变革，为组织确立新的方向，寻求新的机遇。

曾经担任过辛辛那提大学校长的沃伦·本尼斯(W.Bennis, 2003)在《论成为领导人》(On Becoming a Leader)修订版中，简洁明了地阐述了两者间的一系列区别。①

管理者管理；领导者创新。

管理者维持；领导者发展。

管理者关注系统和结构；领导者关心人员。

管理者依靠控制；领导者激发信任。

管理者紧盯账务表；领导者展望未来。

管理者正确地做事；领导者做正确的事。

有时候，我们很难对领导者和管理者作严格区分。一个成功领导者同时也应该是管理者，当领导者在确定组织目标并激发下属的成就动机时，就扮演着领导者角色；当领导者在管理日常事务，如完善规章制度、分配资源、协调关系时，就扮演着管理者角色。

---

① Warren Bennis. *On Becoming a Leader: The Leadership Classic-Updated and Expanded*[M]. Cambridge, MA: Perseus. 2003: 39-40.

第二节　领导者的权力与影响力

一、领导者的权力

(一)权力的意义

《现代汉语词典》：权力是职责范围内的支配力量。权力是组织存在的必要条件。任何一个正式组织都是建立在合法权力基础上的。一个组织要对它的成员产生种种约束力，没有合法权力作为基础和纽带是很难想象的。

领导者是权力拥有者。领导者凭借权力，既可招聘人员，给予员工升迁、奖赏等，也可解聘、开除员工，给员工各种惩罚，剥夺员工的某种权利和需要等。领导者没有合法权力，在组织管理中就不能发挥正常作用。组织成员要统一目标、统一意志、贯彻组织意图，就必须以权力作保证。但是要使每个组织成员都做到这一点，既要使每个成员的个人意志起作用，又不至于造成组织涣散，领导者就需要运用手中的合法权力，如奖惩措施等。

某个领导者通过行使权力，可以使组织发挥重要作用，正确处理、调节组织内的各种冲突，使职工的生产积极性得到很好发挥。而另一个领导者同样坐在这个位置上，尽管组织的环境、条件、人员并没有发生变化，但他所能够达到的领导效果却大大逊色于前任。造成这种差异的原因也许是多方面的，而后者不善于运用权力则往往是造成这种差异最根本的原因。由此可见，正确行驶权力是领导者必须具备的一门重要领导艺术。

(二)权力的类型

弗兰奇和雷温(French & Raven，1959)[1]将权力分为五种类型。

1. 奖赏权力(reward power)

奖赏权力是建立在"确信"基础上的，即领导者确信自己拥有对下属进行奖赏的权力，包括物质上的奖励(如提薪、加奖金、增报酬等)和精神上的奖赏(如提职、授权、表扬、对工作给予肯定等)。

2. 强制权力(coercive power)

强制权力也是建立在"确信"基础之上的，即领导者确信自己拥有对下属进行惩罚的权力，包括物质上的处罚(如降工资、扣奖金、减报酬等)和精神上的惩罚(如降级、降职、引起痛苦、不让其满足某种需要等)。

3. 参照权力(referent power)

参照权力是建立在"认同"基础之上的。即下属对拥有理想资源或个人特质的领导者的认同而形成的权力。

---

[1] 俞文钊. 管理心理学(简编)[M]. 大连：东北财经大学出版社，2000：256-257.

4. 合法权力(legitimate power)

合法权力是建立在"信仰"基础之上的。领导者只要有了合法权力，就无需借助威胁、许诺或操纵等手段，而是通过下属对于权力的价值体系的信仰来接受领导者的权威。

5. 专长权力(expert power)

专长权力也是建立在"确信"基础之上的，即下属确信领导者是某个方面的专家。

领导者在行驶这五种权力时，会引起员工的不同反应，如服从、反抗和承担义务(如表 12-1 所示)。这表明，行使权力的类型不同、条件不同，其结果存在显著差异。

表 12-1　行驶各种权力的结果[①]

权力类型	三方面结果		
	承担义务	服从	反抗
合法权力	可能 条件：以温和与非常得当的方式提出请求	很可能 条件：看起来请求或命令是合法的	可能 条件：以傲慢的方式提出要求，或以不恰当的方式提出要求
奖赏权力	可能 条件：以一种微妙的、具有个人特点的方式使用	很可能 条件：以一种呆板的、非个人的方式使用	可能 条件：以一种操纵性的、傲慢的方式使用
强制权利	不可能	可能 条件：以傲慢的方式提出要求，或以不恰当的方式提出要求	很可能 条件：以一种不友好或操纵性的方式使用
专长权力	很可能 条件：请求是有说服力的，下级分享上级目的	可能 条件：请求是有说服力的，但下级对上级的目的不关心	可能 条件：领导者傲慢又无理，或下级反对上级的目的
参照权力	很可能 条件：相信请求对领导者来说是很重要的	可能 条件：认为请求对领导者来说并不重要	可能 条件：有可能给领导者带来危险的请求

【专栏 12-2】

权力既是好东西又是王八蛋

权力可以把人的优点扩大化。有了权，用得好，可以使你在更大范围内和更高位置上为国家、为人民办更多更大的事。权力可以把人的缺点放大。不当领导，不掌权，个人有点缺点、毛病之类的影响更多的是自己，群众意见不大。一朝权在手，原有的缺点就会膨胀，影响的是事业，为群众所不容。权力还会把人推向反面。贿随权来，有权招鬼。如果世界观、人生观、价值观发生了可怕的变化，把党和人民赋予的权力作为谋取私利的工具，就会走向反面，身败名裂。因此一旦掌权，必须时刻自重、自省、自警、自励、自强。

---

① 俞文钊. 管理心理学(简编)[M]. 大连：东北财经大学出版社，2000：257-258.

二、领导者的影响力

影响力(power of influence)是一个人在与他人交往中所表现出来的影响和改变他人心理和行为的能力。[①]顾名思义，领导者的影响力是领导者在领导活动中，影响和改变下属心理与行为的能力。影响力是领导能力的标志。领导者能够把下属的心理和行为引导到自己所期望的方向上来，说明影响力大；反之，说话无人听，令不行，禁不止，说明影响力小。

(一)影响力的构成

1. 权力性影响力

权力性影响力是组织赋予的在职位范围内可强行控制下属的力量。权力是职位的象征。只要占据一定职位的人就拥有相应权力，也就拥有相应的权力性影响力。可见，职位是权力性影响力形成的基础。其特点：仅为占据一定职位的领导者所拥有，与领导者个人特质无关；带有强迫性和不可抗拒性；以外部压力的形式发生作用；给下属造成的影响是被迫服从，因而其影响是有限的。其构成：由传统、职位、资历三个因素构成。

(1) 传统因素。"民敬官长，比之父母"是中国传统文化的糟粕。[②]民间甚至有"官打不羞、父母打不羞、先生打不羞"的说法。千百年来的社会生活使人们逐步形成了这样的传统观念，下级服从上级已成为人们普遍接受和承认的社会规范，人们认为服从领导者是每个下属应尽的职责和义务。无论是官还是民都有这种传统观念并彼此强化，使这一传统观念越来越根深蒂固。由于受这种传统观念的影响，人们就会对领导者产生服从感。

(2) 职位因素。在组织中居于领导职位的人，可以凭借权力影响甚至左右下属的行为、处境以及一切利害关系，可以实施奖惩，使人对领导者产生敬畏感。

(3) 资历因素。资历因素包括领导者的资格和经历，它反映了一个领导者的生活阅历和经验。资历较深的领导者容易使下属产生敬重感，其言行容易对下属产生影响。

2. 非权力性影响力

非权力性影响力是由领导者的心理品质产生的影响他人的力量。其特点：与权力、身份、地位没有直接关系；不是通过法定程序获得的；不带有强制性，但在实际上却具有权力的性质，且常常发挥着权力性影响力所不能发挥的约束力；在它的作用下，下属往往能主动、积极地接受其影响，在行为上表现为顺从和依赖，而不是被迫服从，其影响力的持续时间更长；存在于领导行为的实施过程中。其构成：由品格、能力、知识、情感四个因素构成。

(1) 品格因素。品格主要是指领导者的道德、品行、人格、作风等，它反映在领导者的一切言行之中。良好的品格，如以身作则、廉洁奉公、真诚谦虚等，会使下属产生敬爱感，产生较大的影响力。如果没有良好品格，即使领导行为正确也难以被下属接受。

---

① 黄希庭. 简明心理学辞典[Z]. 合肥：安徽人民出版社，2004. "影响力"词条.
② 冉苒. 腐败滋生的文化心理根源[J]. 社会心理科学，2015，30(5):45-52.

(2) 能力因素。领导者的能力是实现有效领导的关键。只有给组织带来成功的领导者，才是有能力的领导者。这样的领导者能使下属产生敬佩感，吸引人们自觉接受其影响。

(3) 知识因素。知识反映了领导者对自身和客观世界认识的程度，它和能力一样，已成为领导者影响力不可缺少的条件。知识经验丰富的领导者，能使下属增强信任感和依赖感，从而对下属产生巨大的影响力。

(4) 情感因素。领导者与下属的关系密切，容易使下属产生亲切感和亲密感，从而增强彼此之间的吸引力。吸引力越大，影响力也越大，人们会心悦诚服地接受一个自己所喜欢的人的影响，而对一个自己不喜欢的人则会产生抗拒感。

权力性影响力和非权力性影响力对下属会产生不同的心理效应，如表 12-2 所示。

表 12-2 领导者影响力构成及其心理效应

影响力类型	构成要素	心理效应
权力性影响力 (强制性影响力)	传统因素	服从感
	职位因素	敬畏感
	资历因素	敬重感
非权力性影响力 (自然性影响力)	品格因素	敬爱感
	能力因素	敬佩感
	知识因素	信任感
	情感因素	亲切感

权力性影响力和非权力性影响力是相互独立的。一个有权力性影响力的人可能没有非权力性影响力，而一个没有权力性影响力的人却可能有非权力性影响力。在领导者的整体影响力中，非权力性影响力是决定性的，起主导作用。不过两种影响力又是密切联系的，非权力性影响力可以增强权力性影响力，而权力性影响力也可以增强非权力性影响力。一个优秀领导者，要善于运用这两种影响力并使之相互协调、相互增强，从而提高领导有效性。

(二)领导者影响力的提高

1. 努力提高非权力性影响力

非权力性影响力能使下属产生敬爱感、敬佩感、信任感和亲切感，其影响作用是广泛而持久的。提高领导者的影响力，关键是要提高非权力性影响力。提高非权力性影响力的方法和途径很多，重要的是四个方面：①加强品格修养。做到严于律己、团结同志、联系群众、品德高尚、作风正派、办事公道、谦虚谨慎；②加强学习。使自己的知识结构趋于合理，政治觉悟和科学知识水平不断提高；③勇于探索创新，努力提高领导能力和领导艺术；④惜人用人。一方面要爱护员工，重视他们的思想和工作，关心他们的疾苦，满足他们的合理需要，以便融洽干群关系；另一方面要善于用人，用人之长，避人之短，力戒亲疏好恶。

2. 合理使用权力性影响力

领导者必须清楚，权力性影响力只能使下属产生服从感、敬畏感和敬重感，其影响作用有时虽然是巨大的，但却是短暂的。如何运用权力性影响力，不仅涉及领导有效性，而且关乎是否较为长久地拥有权力。为此必须做到：慎用而不滥用；秉公自律，清正廉明，赏罚不避亲仇；善于授权，不独断专横；虚心听取意见，自觉接受组织和群众的监督。

3. 营造有利于影响力发挥的环境

领导者影响力高低不仅取决于权力性影响力与非权力性影响力的有效结合，也取决于有无支持影响力发挥的良好环境。比如干群关系、下属的精神状态和心理素质、人际关系、组织内部的风气、沟通渠道是否畅通等诸多因素，都会制约领导者影响力的发挥。可见，领导者要有效发挥影响力，改善和创造组织的内外环境条件也是非常必要的。

第三节 领导者的素质

领导者素质(leadership qualities)是指领导者先天具有和后天习得的足以影响下属的一系列特点与品质的综合。领导者素质分为领导者个人素质和领导集体素质。

一、领导者的个人素质

一般认为，领导者个人应具备下列五大素质。[①]

(一)政治思想素质

政治思想素质是统帅、是灵魂，是领导者必备的个人素质。政治思想素质包括政治素质和思想素质两个方面。

政治素质包括政治立场、政治观点、政治态度和政治品质。政治素质是领导者必备的基本素质，领导者合格的政治素质主要指：坚持四项基本原则，坚持改革开放；坚持全心全意为人民服务的宗旨；有高度的政治觉悟，有高尚和远大的理想；有敏锐的政治洞察力和判断力；有较高的政策水平，能深刻领会党的路线、方针、政策并真正贯彻执行；正确对待权力，坚持民主集中制；胸怀祖国、放眼世界、面向未来，为建设社会主义现代化强国而奋斗。

思想素质是思想方法、思想作风、思想观念、思想情感和理论修养等方面的总和。领导者合格的思想素质主要指：坚持解放思想、实事求是、与时俱进，一切从实际出发，注重调查研究，理论联系实际，具体问题具体分析，"不唯上，不唯书"，反对官僚主义、主观主义、教条主义和形式主义；把握时代发展脉搏，紧跟时代发展趋势，反对故步自封，具有时代精神；走群众路线，尊重和吸收群众意见，反对霸道专制作风，具有民主精神；崇尚科学，以人为本，具有科学理念和人文关怀的情怀；坚持改革观、开放观和发展观，

---

① 朱永新. 管理心理学[M]. 2版. 北京：高等教育出版社，2006：179-184.

具有高度的使命感和责任感,积极能动,开拓进取;坚持真理,修正错误。

(二)道德法律素质

道德是人的内在行为准则,法律是人必须遵守的外在行为准则。前者的作用是自觉而广泛的,后者的作用带有强制和针对性。领导者的道德素质直接决定他的内在人格和生命价值,决定领导作用发挥的程度和范围,甚至影响整个组织及其员工的命运。领导者的法律素质在维护社会秩序和公正,维护国家和组织的利益,提高工作成效,保障领导者个人及其组织的健康发展等方面具有重要意义。违反道德,将受到社会舆论和良心的谴责;违反法律,将受到行政和法律的处罚。因此,道德法律素质是领导者必备的重要素质。

道德包括家庭美德、职业道德和社会公德。领导者除了在家庭美德和社会公德方面要做员工的表率外,更要注重职业道德。领导者应具备的职业道德素质是:自觉遵守社会规范,心存社会良知,恪守领导活动的职业道德。其具体要求是:爱国爱民,乐于奉献;励精图治,自强不息;顾全大局,任劳任怨;恪尽职守,勇担责任;勤政廉政,谦虚谨慎;是非分明,处事公道;胸襟宽广,光明磊落;真诚善良,团结协作;宠辱不惊,矢志不渝。

领导者应具备的法律素质是:学法懂法,依法用法。具体地说,在领导活动中要树立法制观念,遵守国家各项法律、制度,遵守行业的技术规范和社会规范,并懂得通过建立各种规章制度来提高领导有效性,还要懂得运用法律武器维护自身及组织的合法权益。

(三)科学文化素质

领导工作是一项脑力劳动,特别是全球化、信息化、知识经济时代的到来,对领导者的科学文化素质提出了更高要求。例如:学习和掌握多方面的知识和技能,培养多方面的能力;掌握学习新知识、获取新信息、开发自己潜能的方法;注意在实践中运用科学知识并善于创新,及时总结经验教训;尊重科学,相信科学,运用科学,提高决策的科学性;懂得使用"外脑",建立专家智囊团,以弥补自己知识结构的不足;懂得通过多种渠道获取知识、信息和资讯;重视组织内部管理人员和员工的再教育和再培训,提高他们的科学文化素质。

(四)身心素质

身心素质是领导者的健康保证。领导工作是压力大、难度大、头绪多、节奏快的工作。领导者有忙不完的工作,必须具备良好的身体素质。否则,累垮身体、疾病缠身,哪怕志向高远、道德崇高、能力再强、智慧非凡,也都派不上用场。领导者为了保证有一个良好的身体素质,必须做到:讲究合理膳食,注意食品卫生;重视体育锻炼,坚持体育运动;劳逸结合,起居规律,保证睡眠;禁烟限酒;遵守交通规则,避免交通事故;强调预防为主,定期参加健康体检,有病及时治疗。领导者应具备的心理素质主要包括:认知正常,情感深刻;意志坚强,积极能动;成就动机强,追求卓越;自信、律己、勤奋、忠诚;高超的言语能力和社交能力;掌握应对挫折、调节心理的知识和方法。

(五)管理素质

管理素质是领导者业务工作的关键。现代领导者是通专合一、软硬合一的"T"形人才,但本质上还是通才,专才只是其立足的一个支点。领导者的管理素质高,才能真正成为群众的主心骨和领头雁;管理素质低,就会被认为无能、不称职,给工作直接造成损失。领导者的管理素质要求是:高瞻远瞩,描绘远景;科学决策,制定战略;统筹安排,用人授权;财税运筹,资源配置;沟通协调,善于激励;有效交往,建立团队;统驭权力,指挥有方;刚柔相济,控制得当;双赢导向,谈判有术;勇于变革,创新发展。

二、领导集体的素质

实现领导有效性,虽然领导者的个人素质很重要,但关键取决于领导集体的素质。随着领导工作日益复杂,领导集体越来越需要一个合理的结构素质。领导集体合理的素质结构,关键体现在"四个互补"。

(一)人格互补

人格(personality)是一个有着多种含义的心理学术语。一般认为,人格主要包括气质和性格。作为领导集体,最起码的要求是在理想、信念和价值观方面要一致,只有这样,才能形成共同的愿景,同心同德地干事业。我们常常发现,领导班子成员之间虽然在理想、信念和价值观方面是一致的,但因秉性不同、性格各异而产生矛盾冲突。这就要求领导班子成员在气质、性格上应合理搭配,至少要做到心理认同和心理相容。即认同别人人格上的优点和长处,容纳别人人格上的缺点和短处。唯其如此,才能减少矛盾冲突,提高领导有效性。

(二)能力互补

能力(ability)是顺利地完成某种活动所必需的并直接影响活动效率的心理特征,包括实际能力和潜在能力两个方面。每个人都有自己的优势和劣势,没有全能型人才,这就要求领导班子成员能够能力互补,取长补短。据美国通用电气公司、杜邦财团等四家大企业的调查,以董事长为核心的领导集体主要由四种人构成:[①]善于思维的人——从事深谋远虑的战略构想;善于活动的人——从事各种难题的调解;善于出头露面的人——从事开拓新局面、打头阵的工作;善于分析的人——从事综合分析工作。一个优化的领导班子,既要有深谋远虑的思想家,也要有开拓创新的实干家,还要有调节各种关系的社会活动家等,这才是领导班子的最佳能力结构。只有这样的能力结构,才能发挥领导班子的最佳功能。

---

① 龚胤晖,陆符铭. 新编实用管理心理学[M]. 北京:经济管理出版社,1996:328.

(三)知识(专业)互补

自 19 世纪末以来,有一个**专家政治**(technocracy)或"技术统治"的说法。通俗地说,专家政治就是统治集团的成员都由各方面的技术专家组成。现代的领导集体成员,总体上都具备较高的知识水平,但要注意各类专业人才的合理搭配,注意不同知识背景、专业背景的交叉渗透,达到知识与专业互补。在一个领导集体中,自然科学技术方面的人才,人文社会科学方面的人才,学术型人才,管理型人才等,都是不可或缺的。只有这种立体式的人才结构,才能更好地适应日益复杂的领导工作。

(四)年龄互补

在领导班子的年龄构成中,应该是老、中、青三结合,使三者构成一个合理的比例。在领导班子成员中,既有"老马识途"的年长者,又有"中流砥柱"的中年骨干,也有"奋发有为"的年轻梯队,这种年龄结构,既可使领导班子成员的人格、能力和知识经验相互补充、扬长避短,又可使领导班子处于一个不断发展的动态平衡之中。

在领导班子的年龄构成中,特别要注意年轻化。因为新知识、新技术不断涌现,青年人在吸收新知识和创新精神方面具有很大优势。从领导班子建设角度看,老中青三结合的领导班子,能在很大程度上避免"一届班子,一套人马,一种做法"的弊端,有利于保证领导班子正确路线、方针、政策的连续性。

第四节 领导者的角色

一、领导角色理论

作为社会心理学术语,**角色**(role)是指个人在社会关系中的特定位置和与之相关联的行为模式,它反映了社会赋予个人的身份和责任。当一个人获得了领导者的身份、权力和地位之后,应如何扮演领导者角色才能成为一个成功的领导者呢?对这个问题的回答就形成了**领导角色理论**(leadership role theory)。

(一)管理职能理论

管理职能理论(management functions theory)由法国社会学家亨利·法约尔(H.Fayol,1916)在《工业管理和一般管理》[①]一书中提出。该理论认为,所有领导者都履行着五种管理职能:计划、组织、指挥、协调和控制。1955 年,美国加利福尼亚大学洛杉矶分校(UCLA)两位教授哈罗德·孔茨和西里尔·奥唐奈(H.Koontz & C.Donnell)出版《管理学原理》[②]一书,书中采用计划、组织、指挥、协调和控制五种职能作为其内容框架,在此后 20 年中,该书

---

① Fayol, H. General industrial management[M].*London:Pitman*. 1949.
② 郭咸纲. 西方管理学说史[M]. 北京:中国经济出版社,2003.

一直是最畅销的管理教科书。直到 1977 年，美国管理学家亨利·西斯克(H. L. Sisk)在《管理学》一书中，将五种管理职能精简为四种基本职能：计划、组织、领导和控制(见图 12-1)[①]，这种情况才有所改变。1984 年，美国管理学家斯蒂芬·P.罗宾斯所著《管理学》一书也采用计划、组织、领导和控制四种职能。

| 计划
确定目标，制定战略，开发分计划以协调活动 | 组织
确定做什么，怎么做，由谁来做，建立管理体系 | 领导
指导和激励所有参与者，解决冲突 | 控制
对活动进行控制以确保按计划完成 | ⇨ | 实现组织宣称的目标 |

图 12-1 管理职能

1. 计划职能(planning)

如果领导者头脑中没有任何目的地，那么任何道路都可以选择。由于组织的存在是为了实现某些目标，因此就得有人来规定组织要实现的目标和实现的方法，这就是领导者的计划职能。计划职能包含了规定组织目标，制定整体战略以实现这些目标以及将计划逐层展开，以便协调和将各种活动一体化。

2. 组织职能(organizing)

领导者还要承担设计组织结构的职责，这就是组织职能。组织职能包括决定组织要完成的任务是什么；谁去完成这些任务；这些任务怎样分类组合；谁向谁报告以及各种决策应在哪一级制定。

3. 领导职能(leading)

每一个组织都是由人组成的，领导者的任务就是指导和协调组织中的人，这就是领导职能。当领导者激励下属，指导他们的活动，选择最有效的沟通渠道，解决组织成员间的冲突时，他就是在履行领导职能。

4. 控制职能(controlling)

当设定了目标之后，就开始制订计划，向各部门分派任务，雇用人员，对人员进行培训和激励。尽管如此，有些事情还可能出岔子。为了保证事情按照既定的计划进行，领导者必须监控组织的绩效，必须将实际的表现与预先设定的目标进行比较。如果出现任何显著的偏差，领导者的任务就是使组织行为回到正确的轨道。这种监控、比较和纠正活动，就是领导者的控制职能。

管理职能理论之所以广泛沿用，是由于它简单明了。遵循职能方法，很容易回答领导者在做什么的问题，他们在计划、组织、领导和控制。但是所有的领导者都是这样吗？法约尔最初提出的理论框架，并非来自对成百个组织的上千个领导者的仔细调查，这些观点仅仅代表了他本人在法国煤炭工业管理经验基础上的观察结果。[②]

---

① [美]西斯克. 管理学[M]. 段文燕,等译. 北京：中国社会科学出版社，1985.
② [美]斯蒂芬·P.罗宾斯. 管理学[M]. 4 版. 黄卫伟，等译. 北京：中国人民大学出版社，1997：8.

(二)经理角色理论

经理角色理论(managerial role theory)由加拿大麦吉尔大学管理学教授亨利·明兹伯格(H.Mintzberg,1973)在《经理工作的本质》[①]一书中提出。明兹伯格对五位总经理的工作进行了仔细研究,发现总经理们往往陷入大量变化的、无一定模式的和短期的活动中,他们几乎没有时间静下心来思考,因为他们的工作经常被打断。有半数以上的总经理的活动持续时间少于 9 分钟。在大量观察的基础上,明兹伯格提出了一个总经理究竟在做什么的分类纲要。他的结论是:总经理扮演着 10 种不同的但却是高度相关的角色,如表 12-3 所示。这 10 种角色可以进一步组合成三个方面:人际关系;信息传递;决策制定。

表 12-3 明兹伯格的经理角色理论[②]

角色	描述	活动特征
人际关系方面		
1.挂名首脑	象征性的首脑,必须履行许多法律性的或社会性的例行义务	迎来送往,签署法律性文件
2.管理者	负责动员和激励下属,承担人员配备、培训和交往的职责	实际上从事所有的有下级参与的活动
3.联络者	维护自行发展起来的外部接触和联系网络,向人们提供恩惠和信息	发感谢信,从事外部委员会工作,从事其他有外部人员参与的活动
信息传递方面		
4.监听者	寻求和获取各种特定的信息(其中许多信息是即时的),以便透彻地了解组织和环境;作为组织内部与外部的神经中枢	阅读期刊和报告,保持私人接触
5.传播者	将从外部人员和下级人员那里获得的信息传达给组织的其他人员——有些是关于事实的信息,有些是解释和综合组织中有影响人物的各种价值观点	举行信息交流会,用打电话的方式传达信息
6.发言人	向外界发布组织的有关计划、政策、行动、结果等信息;作为组织所在行业方面的专家	举行董事会,向媒体发布信息
决策制定方面		
7.企业家	寻求组织和环境中的机会,制订"改进方案"以发起变革,监督某些方案的策划	制定战略,检查会议决议执行情况,开发新项目
8.混乱驾驭者	当组织面临重大的或意外的混乱时,负责采取补救行动	制定战略,检查陷入混乱和危机的时期
9.资源分配者	负责分配组织的各种资源——事实上是批准所有重要的组织决策	调度、询问、授权,从事涉及预算的各项活动,安排下级的工作
10.谈判者	在主要的谈判中作为组织的代表	参与工会的合同谈判工作

---

① [加拿大]亨利·明兹伯格. 管理工作的本质[M]. 方海萍, 译. 北京:中国人民大学出版社,2007.
② [美]斯蒂芬·P. 罗宾斯. 管理学[M]. 4 版. 黄卫伟,等译. 北京:中国人民大学出版社,1997:9.

1. 人际关系方面的角色

人际角色(interpersonal roles)是指领导者要履行礼仪性和象征性的义务。这类角色又分为三种：①挂名首脑。领导者时常要接待重要的访客、与重要客户共进午餐、参加某些职员的婚礼、给某些分公司剪彩等，这些事情虽然仅仅是挂个名，但却非常重要，不能被忽视。②管理者。管理者角色包括雇用、培训、激励、惩戒雇员，以某种方式使员工的个人需求与组织需要达到和谐。③联络者。领导者要同组织以外的人和事保持联络关系，如参加外部的各种会议、公益活动等。这种角色可能是私人性质的，但却非常必要。

2. 信息传递方面的角色

信息角色(information roles)是指领导者要从组织内部或外部接受和搜集信息。这类角色又分为三种：①监控者。领导者需要通过阅读杂志和与其他人交谈来了解公众趣味的变化，了解竞争对手可能正打算做什么；通过董事会的意见或者社会机构的质询等来了解企业运作情况。②信息传播者。领导者需要将本组织的信息向外界传递，包括同行、股东、新闻媒体，同时也经常将外部信息传递给组织内部。③发言人角色。当领导者代表组织向外界表态时，他们就在扮演着发言人的角色。

3. 决策制定方面的角色

明兹伯格将领导者的**决策角色**(decision roles)分为四种：①作为企业家，他们需要发起和监督那些有助于提高绩效的新项目；②作为混乱驾驭者，他们需要采取纠正行动以应付那些始料未及的问题；③作为资源分配者，他们负有分配人力、物质和金融资源的责任；④作为谈判者，为了本组织利益，他们需要与其他组织议价和商定成交条件。

许多后续研究发现，高层领导者更多地扮演着信息传播者、挂名首脑、谈判者、联络者和发言人的角色，而中低层领导者则更多地扮演着管理者、混乱驾驭者和资源分配者等角色。

二、领导者的十种角色

在前述两个理论中，第一个理论所指领导者显得比较笼统和抽象，第二个理论则是针对总经理而言的，作为一个企事业单位的领导者，一般应该扮演下列10种角色。

(1) 向导者。领导者的角色在于能够"带领下属走到他们从未到过的地方"。这里有三个关键词：一是"带领下属"，如果不能带领下属而只能保证自己，就不算领导者；二是"走到"，即必须到达，不能半途而废；三是"从未到过的地方"，这个地方一定是理想的地方、新的境地。

(2) 凝聚者。领导者要带领下属，就必须具有很强的凝聚力，以保证下属愿意跟着你走，彼此同心同德而不是离心离德。

(3) 号手。领导者既是下令者，也是司号员。在领导者号角的鼓舞下，没有也不允许有人后退；在领导者号角的提示下，不允许各干各的，必须统一行动。

(4) 教师。领导者的意愿关键要能够为下属认可，成为组织的意志。《孙子兵法》云："上下同欲者，胜。"如果不能"同欲"怎么办？领导者就要扮演"传道、授业、解惑"

的角色。

(5) 督导者。领导者的作用首先是监督，而后是指导。要做到执行中有监督，监督中有指导，只监督不指导就不能很好地执行。

(6) 服务者。好的领导者一定是好的服务者。服务什么？一是善于为下属排忧解难，尽力满足下属的需求；二是在实现组织目标的同时，要善于帮助下属实现个人目标。

(7) 朋友。领导者不应是高高在上的"大人"，而应是下属的朋友。只有朋友才能心心相印、心心相惜，才能一起干事业，并共同分享其中的苦与乐。

(8) 榜样。领导者要成为下属的榜样，在员工中起示范和表率作用。

(9) 出气筒。领导者不仅不要拿下属出气，而且要成为下属的"出气筒"，成为下属发泄愤懑情绪的对象。

(10) 整合者。整合不是凑合、拼合、混合，不是各种资源的简单相加，而是各种资源的优势互补。通过整合，以达到"1＋1＞2"效应。

在领导活动中，领导者究竟应该扮演什么角色才能够实现领导有效性，这是一个见仁见智的问题。对于领导者的角色，不应该也不可能有某种所谓的正确答案。

【专栏 12-3】

领导者既是队长，也是队员

现代企业越来越像一支大球队。在这支球队里，领导者是队长，队长是球队的灵魂。有人这样评价球星马拉多纳：一支二流球队加上马拉多纳，等于一支一流球队。在比赛中，如果你不知道应该如何处理自己脚下的球，那么就把它传给马拉多纳，他一定知道怎么办。在激烈的竞争条件下，领导者就像一个志在必得的运动员，他尝试各种战略与战术协助其他人去完成一个个的战略组合，目标只有一个——那就是赢得胜利。

领导者同时也是队员。在这支球队里，每个人都在踢球，没有绝对权威，强制性权力越来越小，领导者只是一种影响力；每个队员都是决策者，他必须自己决定把球踢到哪里去，而不是交给他的主管处理；队员之间最讲究的是配合与默契；球队的目标是明确的——进球，但是实现目标的过程却越来越模糊，没有人能够把进球这个目标分解成踢几脚球、奔跑多少步之类的具体任务。传统领导的基础是"权力"，企业领导更多的是强调"威信"，领导者依靠自己的威信来引导和动员员工的行为或思想以实现组织目标。

是谁带领一支球队问鼎世界冠军？是老板？是教练？还是马拉多纳式的队长？老板是观众，教练有功劳，但主要是队长和他的队员。

(整理自：胡劲松 领导者是"队长" [J].中外管理，2000，(4):72-73)

第五节 领导艺术

一、何谓领导艺术

领导艺术(leadership skill)又称领导技能、领导技巧。我国理论界对领导艺术的界说可谓众说纷纭：领导艺术是领导者在实施领导活动过程中所表现出来的学识、胆识、技能和创造性思维的总和。①领导艺术是在一定知识和经验基础上形成的一种领导技能。②领导艺术是领导者在其工作岗位上凭借直觉思维而产生的富有创造性的领导方式和方法。③领导艺术是领导者在领导过程中所表现出来的非模式化的富有创造性的才能或技巧，它是由领导者的阅历、学识、智能、意志、气质等熔铸而成的一种出色的才能，是领导者素质和能力的高度体现。④另外有人认为领导艺术是一种只可意会不能言传的个人智慧和谋略，它存在于领导者的头脑里，不是一般常人所能掌握的。

领导艺术的最大特点是**非模式化**(schema-less)。所谓非模式化，是指领导过程中，领导者开创性地灵活运用模式化领导方法所形成的非规范化、非程序化的技巧和方法，或者称之为非模式化的领导方法。它是领导者对模式化领导方法得心应手、出神入化地运用。

探讨领导艺术的含义不是目的，目的是要搞清楚领导者的员工管理艺术。

二、员工管理艺术⑤

(一)员工管理首先要尊重员工

许多人认为，自己是领导者，员工是下属，理应受到员工的尊重，哪有领导者尊重员工之理？持这种观点的人，十有八九是得不到员工拥护的。然而优秀的企业家则不然。士光敏夫就任东芝董事长时已是68岁，可是他不辞辛劳，遍访东芝各地工厂和营业所，同许许多多的员工交谈，乐此不疲。一次，他到了东芝川崎分厂，厂里的职工说：历任社长从未来过，如今士光社长一来，职工的干劲倍增。他的总部办公室向员工开放，欢迎员工前来讨论问题。刚开始时，员工们不踊跃，但他耐心等待，半年之后就变得门庭若市。士光敏夫认为，管理的责任是为员工提供一种良好的工作环境，让每个人发挥所长。根据这种想法，他在公司实行"自己申报"与"内部招募"人事制度，即如果员工自己认为在哪里最能发挥所长，可以自行申报；同时，公司某个部门需要某一类人才时，先行在公司内部员工中招募，以鼓励员工在公司内部充分流动。这种充分尊重员工的做法收到了极好的管理效果，工人们干劲十足，公司业务蒸蒸日上，赢得了全球的赞誉。

(二)员工管理重在授权

凡人都有自我表现的欲望。员工到一家企业干活，并不仅仅是为了得到工资，而是有着发挥自己专长、成就事业的追求。领导者若能满足员工这方面的需求，员工自然会干劲倍增，乐于听命。因此，优秀的领导者对员工委以重任，大胆使用，才能充分发挥其聪明才智。在中国民族工业发展史上，有两位曾经做出过杰出贡献的实业家，被誉为"南吴北

---

① 许俊平，李南熏. 中国现代领导学[M]. 武汉：武汉大学出版社，1998：433.
② 陈天生. 领导科学教程[M]. 北京：气象出版社，1984：42.
③ 陈跃鹏，叶曙光. 现代领导科学概论[M]. 北京：海军出版社，1989：163.
④ 张传烈. 领导艺术：特点及表现形式[J]. 政治学研究，2001(1)：74-80.
⑤ 王志，梁敏俐. 管理员工的领导艺术[J]. 中外管理，2000(9)：55-56.

范"，其中"北范"即指在天津创办永利化学工业公司而出名的范旭东。范旭东深受永利员工的拥护和爱戴，许多人追随他二三十年，条件再艰苦也不离开。因为他们在范旭东这里能被委以重任，获得了拓展自己事业的机会。当范旭东得知留学英国的王季同熟悉碱业时，就千方百计争取他加入永利，并破格免除他应缴的发起人股金而被作为发起人之一，委以主管技术重任。范旭东还派才华横溢的有为青年陈调浦去美国招揽人才，陈调浦在美国认识了有理想、有技术的爱国青年侯德榜，当陈调浦向侯德榜介绍国内急需用碱，范旭东待人以诚、求贤若渴等情况后，侯德榜十分感慨，欣然接受了范旭东的聘请，到永利肩负重担。范旭东对员工在工作上十分信任，在生活上多方照顾。他放手让员工工作，出了问题则自己承担。由于范旭东给了员工发展自己的机会，员工感到在永利有奔头，自然而然地将自己与永利的命运融为一体。

(三)员工管理关键在优化价值观

有人认为领导艺术的最高境界是"无为而治"，即通过对员工的内在控制来激发其工作热情。的确，规章制度对员工来说只是一种外在控制，效果难以维持，而当员工的内在精神被某种东西控制之后，他就会自觉地全身心投入到工作之中。但凡优秀的企业家都深谙此道，从不对员工实行管制，而是从改善员工精神状态入手来对其加以引导。松下成功的一个重要原因，就在于他十分重视对员工价值观的训练和优化。松下的价值观可概括为"十精神"，即：工业报国精神，实事求是精神，改革发展精神，友好合作精神，光明正大精神，团结一致精神，奋发向上精神，礼貌谦让精神，自觉守纪精神，服务奉献精神。这些价值观被经常灌输到员工头脑中，每天上午8点，松下遍布全国的8.7万名员工都背诵他的价值观，放声高唱公司之歌。松下是日本第一家有价值观和公司之歌的企业。他在解释价值观时有一句名言：如果你犯了一个诚实的错误，公司是会饶恕你的。然而你背离公司的原则就会受到严厉的批评，甚至解雇。可见，价值观在松下公司有着至高无上的地位。松下正是通过价值观的训练，实现了对员工内部状态的控制，从而使员工迸发出源源不断的工作热情与干劲。

(四)员工管理要创造竞争环境

人总是有惰性的，如果老是处在轻松安逸的环境里，就会滋生贪图享乐之心，不思进取，因此领导者应想方设法给员工制造压力。日本环球时装公司坐落在神户人工岛上，高大的办公楼别致新颖，颇具现代色彩。该公司的利润率连日本最大企业丰田汽车也被它抛在后面。它成功的秘诀何在？一个重要原因是它通过奖勤罚懒，为员工创造了一个竞争环境。这种竞争环境给员工以压力，使员工不得不努力。公司的具体做法是，奖金一年三次，员工收入差距靠奖金拉开，从而造成竞争局面。公司从三个方面来衡量员工：第一是干劲。没干劲的人，即使有知识有能力，也不予重视。因为这种人不仅不会给公司作贡献，反而会毒害公司的气氛。第二是智慧。员工只要努力工作，即使工作中出了差错也不要紧。若漫不经心就要受罚，而吸取教训改正者，就能受到鼓励。第三是人品。无论多么能干，如果人品不好，缺乏谦虚又难以与人合作相处的人，事业上是不会有多大成就的，其本人也不会有长进。

关 键 术 语

(1) 领导(leadership)是对个人、群体和组织施加心理影响,在一定条件下实现组织目标的过程。

(2) 领导者(leader)是对一个组织内的个人和群体施加心理影响以实现组织目标的人,包括领导者个人和领导集体。

(3) 影响力(power of influence)是一个人在与他人交往中所表现出来的影响和改变他人心理和行为的能力。

(4) 领导者素质(leadership qualities)是指领导者先天具有和后天习得的足以影响下属的一系列特点与品质的综合。

(5) 领导艺术(leadership skill)是领导者在领导过程中所表现出来的非模式化的富有创造性的才能,它是由领导者的阅历、学识、智能、意志、气质等熔铸而成的一种出色的才能,是领导者素质和能力的高度体现。

本 章 要 点

(1) 领导和领导者是两个不同的概念。领导是一种行为,领导者是领导行为的主体。

(2) 领导者和管理者的区别主要表现在6个方面:产生方式不同;范围不同;影响力不同;作用不同;工作程序不同;行事方式不同。

(3) 领导者权力分为奖赏权力、强制权力、参照权力、合法权力和专长权力,领导者在不同条件下行驶这5种权力时,会引起员工产生服从、反抗和承担义务等不同反应。

(4) 权力性影响力由传统因素、职位因素、资历因素构成,它们给下属造成的心理效应分别是服从感、敬畏感和敬重感;非权力性影响力由品格因素、能力因素、知识因素、情感因素构成,它们给下属造成的心理效应分别是敬爱感、敬佩感、信任感和亲切感。

(5) 管理职能理论认为,领导者扮演着计划、组织、领导和控制四种角色;经理角色理论认为,领导者扮演着人际关系、信息传递和决策制定三个方面的10种角色。对于领导者究竟应该扮演什么角色,不应该也不可能有某种所谓的正确答案。

(6) 领导者素质分为领导者个人素质和领导集体素质。领导者个人应具备思想政治素质、道德法律素质、科学文化素质、身心健康素质和管理素质;领导集体素质应具备"四个互补",即人格互补、能力互补、知识(专业)互补和年龄互补。

(7) 尊重员工、授权、优化价值观、创造竞争环境是重要的员工管理艺术。

练 习 与 思 考

一、名词解释题

领导、领导者、影响力

二、单项选择题

1. 领导者确信自己拥有对下属进行惩罚的权力，包括物质上的处罚和精神上的惩罚，指的是(   )。
    A. 奖赏权力　　　B. 强制权利　　　C. 合法权力　　　D. 参照权力
2. 如果领导者有良好的品格，那么就会使员工产生(   )。
    A. 敬畏感　　　　B. 敬重感　　　　C. 敬佩感　　　　D. 敬爱感
3. 提高领导者影响力，关键是要提高(   )。
    A. 权力性影响力　　　　　　　　　B. 非权力性影响力
    C. 强制权力　　　　　　　　　　　D. 专长权力
4. "民敬官长，比之父母"指的是权力性影响力构成因素中的(   )。
    A. 传统因素　　　B. 职位因素　　　C. 资历因素　　　D. 能力因素

三、填空题

1. 正式领导者的作用是领导员工实现_____，非正式领导者的作用是满足员工需要。
2. 根据沃伦·本尼斯的观点，管理者_____；领导者_____。
3. 领导艺术的最大特点是_____。

四、简答题

1. 简述无效追随者的行为特点。
2. 根据沃伦·本尼斯的观点，简述领导者和管理者的区别。
3. 简述领导集体素质的"四个互补"。
4. 简述员工管理艺术。

五、论述题

1. 结合我国企事业管理实际，谈谈领导者应如何尊重员工。
2. 结合我国企事业管理实际，谈谈领导者如何给员工创造竞争环境。

六、案例分析题

一位高级经理在年度股东大会上发布公司一年来的财务绩效：销售额下降30%，利润下降50%。一位股东问：什么原因造成效益大幅度下降？这种状况已经扭转了吗？这位经理心里清楚，造成效益下降的主要原因是公司高层在过去几年中所做的一系列糟糕的决策，而且她本人也知道这种下降趋势还在继续，但公司高层并不希望她把情况如实说出来。

问题：1. 这位发言人该不该撒谎？撒谎是不道德的，还是在某种情况下是可以接受的？
　　　2. 如果存在后一种可能，这种情况是什么？你是怎么认为的？

参 考 文 献

[1] 陈天生. 领导科学教程[M]. 北京：气象出版社，1984.

[2] 陈跃鹏，叶曙光. 现代领导科学概论[M]. 北京：海军出版社，1989.

[3] 龚胤晖，陆符铭. 新编实用管理心理学[M]. 北京：经济管理出版社，1996.

[4] 郭咸纲. 西方管理学说史[M]. 北京：中国经济出版社，2003.

[5] 亨利·明兹伯格. 管理工作的本质[M]. 方海萍，译. 北京：中国人民大学出版社，2007.

[6] 胡劲松. 领导者是"队长"[J]. 中外管理，2000(4):72-73.

[7] 刘澜. 下属和上司[J]. 决策，2009(9):49.

[8] 刘文瑞. 什么样的人能当领导[J]. 经营管理者，2008(4):57.

[9] 刘元春，刘世刚. 管理学[M]. 北京：高等教育出版社，2015.

[10] 冉苒. 腐败滋生的文化心理根源[J]. 社会心理科学，2015，30(5):45-52.

[11] 斯蒂芬·P. 罗宾斯. 管理学[M]. 4版. 黄卫伟，等译. 北京：中国人民大学出版社，1997.

[12] 苏东水. 管理心理学[M]. 4版. 上海：复旦大学出版社，2002.

[13] 王志，梁敏俐. 管理员工的领导艺术[J]. 中外管理，2000(9):55-56.

[14] 吴维库. 领导学[M]. 北京：高等教育出版社，2006.

[15] 夏国新，张培德. 新编实用管理心理学[M]. 北京：中央民族大学出版社，1999.

[16] 西斯克. 管理学[M]. 段文燕，等译. 北京：中国社会科学出版社，1985.

[17] 许俊平，李南熏. 中国现代领导学[M]. 武汉：武汉大学出版社，1998.

[18] 俞文钊. 管理心理学[M]. 大连：东北财经大学出版社，2000.

[19] 张传烈. 领导艺术：特点及表现形式[J]. 政治学研究，2001(8):74-80.

[20] 郑雪. 社会心理学[M]. 广州：暨南大学出版社，2004.

[21] 朱永新. 管理心理学[M]. 2版. 北京：高等教育出版社，2006.

[22] Fayol, H. General industrial management[M]. London:Pitman. 1949.

[23] Warren Bennis. On Becoming a Leader: The Leadership Classic-Updated and Expanded[M]. Cambridge，MA:Perseus. 2003, 39-40.

第十三章　领导有效性理论

> 我害怕的是一头狮子领导的一群羊，而不是一只羊领导的一群狮子。
>
> ——夏尔·莫里斯·塔列朗

【学习目标】

- 识记领导特质理论、领导行为理论、领导情境理论等概念。
- 了解领导特质理论的主要观点及其局限性。
- 理解领导行为理论、领导情境理论和当代领导有效性理论的主要观点。
- 掌握四分图理论和菲德勒模型的主要观点及具体内容。

【引例】

领导者的追求

追求成功是每一个领导者的期望和行动方向。然而对于一个领导者来说，要持久地真正保证组织目标的顺利实现，绝不能仅仅满足于领导取得成功，还应当追求有效领导，极力提高领导有效性。领导有效性不是一个单一概念，而是一个结构性概念，它是由影响领导有效性的各种因素在相互联系、相互作用、相互促进的过程中形成的系统。领导有效性既要求领导者具有并全面提高优良的领导特质，又要求领导者选择和坚持正确的领导行为，还要求领导者适应环境、调整行为、创新领导方式和领导方法。

(整理自：蔡凌. 现代领导者的新追求[J]. 中共成都市委党校学报，2004. 11(1): 79)

领导有效性(effectiveness of leadership)又称"领导效果"。心理学研究中一般用属下的工作业绩、组织成员的行为表现(人际关系、满意度)等指标来衡量领导有效性。[1]怎样提高领导有效性？这是一个永远都不可能有正确答案的问题。这不，不同研究者从各自的研究范式出发，对这个问题进行回答，从而形成了三大理论：领导特质理论；领导行为理论；领导情境理论。鉴于这些理论在回答如何提高领导有效性方面都不是很成功，因此从 20 世纪 80 年代起又出现了许多新理论。

---

[1] 林崇德，杨治良，黄希庭. 心理学大辞典[Z]. 上海：上海教育出版社，2003. "领导有效性"词条.

第一节 领导特质理论

何谓**特质**(trait)？有人认为专指人格特质，有人认为应包括能力、气质、性格，有人认为还应包括体魄、仪表。总之，**领导特质**(leadership traits)是领导者展现在人们面前的对领导有效性起重要作用的个人特点或品质。因此，特质理论又称"品质理论"。**领导特质理论**(trait theories of leadership)认为，领导有效性取决于领导者是否具备领导特质。至于领导特质是怎样形成的？又有两种观点：一种观点认为领导特质是先天具有的，一种观点认为领导特质是后天形成的，这就形成了两派理论——传统特质理论和现代特质理论。

一、传统特质理论

传统特质理论(traditional trait theory)又称**伟人理论**(great man approach)。该理论认为，领导特质是天生的，具备领导特质的人是天才领导者，不具备领导特质的人只能是被领导者。这种思想由来已久。古希腊哲学家亚里士多德曾说过，人从出生之日起，就注定了他的命运，是治人还是治于人。[1]苏格兰哲学家托马斯·卡莱尔(T. Carlyle, 1841)[2]在其名著《论英雄、英雄崇拜和历史上的英雄事迹》中有一句名言："世界历史只不过是伟人的传记而已。"正是受这种观念的影响，传统特质理论至20世纪30年代尤为盛行。"在20世纪开头的30年，对领导特质的研究大体上可归结为两条途径：一条途径是采用人格测验和智力测验比较领导者和非领导者、成功领导者和不成功领导者，试图分离出天才领导者所具有的特质……另一条途径是试图找出'伟大人物'的天生魅力，即领导者特有的一组人格特质。"[3]

传统特质理论在20世纪中期受到质疑。一些心理学家、社会学家、历史学家认为，是时势造就英雄而不是英雄的"天生特质"。比如美国俄亥俄州立大学心理学家拉尔夫·斯托格狄尔(R. M. Stogdill, 1948)在《与领导者有关的个人因素：一项文献调查》[4]一文指出：领导者与非领导者在特质方面的差异，在各种场合并不是固定不变的。一个具备领导特质的人，在某种场合可能成为领导者，在另一种场合却未必是领导者。例如有人在战争中成为领导者，而和平时期却不行。斯托格狄尔(1974)在《领导手册》[5]一书中，在分析1970年以前约300项研究结果时发现，研究者们在领导特质上很少有一致性意见。其原因是：①不同组织在性质和工作内容上各异，对领导特质的要求也不可能一样；②领导概念及其度量是极其复杂的，因人而异，难以统一；③人格特质的描述、测定指标和方法尚不完善；④领导有效性受环境因素的影响比受领导者个人因素的影响更大。

---

[1] 俞文钊. 管理心理学[M]. 大连：东北财经大学出版社，2000：265.
[2] 殷企平. 卡莱尔"英雄"观的积极意义[J]. 杭州师范大学学报(社会科学版)，2009(6)：86-90.
[3] 朱智贤. 心理学大词典[Z]. 北京：北京师范大学出版社，1989. "领导特质理论"词条.
[4] Stogdill R M. Personal factors associated with leadership: A survey of the literature[J]. *The Journal of Psychology: Interdisciplinary and Applied*. 1948, 25(1): 35-71.
[5] Stogdill R M. Handbook of leadership: A survey of theory and research[M]. *New York: Free Press*. 1974.

对于社会历史的发展，历史唯物主义在肯定人民群众的重大贡献的同时，也承认伟人的决定性作用。马克思主义认为"每一个社会时代都需要有自己的伟大人物，如果没有这样的人物，它就要创造出这样的人物"。①至于谁能成为伟人以及伟人何时出现，常常具有偶然性，但伟人的出现则是必然的。"恰巧某个伟大人物在一定时间出现于某一国家，这当然纯粹是一种偶然现象。但是如果我们把这个人物剔除掉，那就需要有另外一个人来代替，并且这个代替者是会出现的——或好或坏，但随着时间的推移总是会出现的。"②

由此可见，承认伟人的社会作用是符合历史唯物论观点的，是科学的。这充分说明，传统特质论的反对者们并不是反对伟人的社会历史作用，而是反对"伟人天生论"。

二、现代特质理论

现代特质理论(modern trait theory)认为领导特质不是先天具有的，而是后天形成的。现代特质论者对领导特质的研究有两种取向：一是对领导特质作一般性描述；二是对领导特质作分类研究。

(一)领导特质的一般性描述

斯托格狄尔(1948，1974)在批判传统特质论的基础上指出，领导者应具备5种特质：③①能力(包括智力、警觉性、口头表达技巧、独创性、判断力)；②成绩(包括学业成绩、知识、体育运动成绩)；③责任心(包括可信赖、积极、坚韧、进取心、自信、有使自己出类拔萃的愿望)；④参与(包括主动性、善交际、合作精神、适应能力、幽默)；⑤地位(包括社会经济地位、威望)。

另一位心理学家吉伯(C. A. Gibb，1969)认为领导者应具备7种特质：④①善言辞；②外表英俊潇洒；③智力过人；④具有自信心；⑤心理健康；⑥有支配他人的倾向；⑦外向而敏感。

此后，关于领导特质一般性描述方面的研究成果非常之多，这里仅列举几例。

威廉·鲍莫尔(William J. Baumol)⑤认为领导者应具备10种特质：①合作精神；②决策能力；③组织能力；④授权能力；⑤应变能力；⑥创新能力；⑦勇于负责；⑧敢担风险；⑨尊重他人；⑩品德高尚。

柯克帕特里克和洛克(Kirkpatrick &Locke，1991)⑥认为领导者应具备6种特质：①驾驭

---

① 中共中央马克思恩格斯列宁斯大林著作编译局. 马克思恩格斯选集(第 1 卷)[M]. 北京：人民出版社，1995：450.
② 中共中央马克思恩格斯列宁斯大林著作编译局. 马克思恩格斯选集(第 4 卷)[M]. 北京：人民出版社，1995：506-507.
③ [德]罗森斯蒂尔，默尔特，吕廷格尔. 组织心理学[M]. 虞积生，黄金风，译. 北京：解放军国防大学出版社，1986：138.
④ 俞文钊. 管理心理学[M]. 大连：东北财经大学出版社，2000：265-266.
⑤ 杨晓辉. 企业领导科学[M]. 兰州：兰州大学出版社，1993：368.
⑥ Kirkpatrick S A, Locke E A. Direct and Indirect Affects of Three Core Charismatic Leadership Components on Performance and Attitudes[J]. Journal of Applied Psychology. 1991(81): 36-51.

力(包括有成就动机、有野心、有能量、有韧性和主动性)；②领导动机(有权欲和渴望当领导者)；③诚实坦荡；④自信；⑤认知能力；⑥工商管理知识。他们认为，只有比较少的证据证明个人魅力、创造性和灵活性是领导者成功的必备要素。

《世界经理人文摘》2002年组织世界经理人网站用户评选出中国企业领导人的10大特质[①]：①建立愿景；②信息决策；③配置资源；④有效沟通；⑤激励他人；⑥人才培养；⑦承担责任；⑧诚实守信；⑨事业导向；⑩快速学习。

沃尔·本尼斯(W. Bennis, 2003)[②]对美国90位杰出领导者进行研究后发现，杰出领导者具有四种特质：①有令人折服的远见和目标意识；②能够清晰地表述目标，使下属明确理解；③对目标的追求表现出一致性和全身心投入；④了解自己的实力并以此作为资本。

日本企业界认为领导者应具备10种品德和10种才能。10种品德包括：①使命感；②责任感；③依赖性；④积极性；⑤进取心；⑥公平；⑦热情；⑧勇气；⑨忠诚老实；⑩忍耐性。10种能力包括：①判断能力；②创造能力；③思维能力；④规划能力；⑤洞察能力；⑥劝说能力；⑦对人理解能力；⑧解决问题能力；⑨培养下级能力；⑩调动积极性能力。

斯蒂芬·罗宾斯(S. Robbins, 1984)[③]对于包罗万象的领导特质非常不满意，他总结归纳了6种关键的领导特质(见表13-1)。

表13-1 罗宾斯的六种关键领导特质

6种关键特质	描 述
1. 进取心	拥有较高的成就渴望，进取心强，精力充沛，对自己所从事的活动坚持不懈，并有高度的主动精神
2. 领导愿望	有强烈的愿望去影响和领导别人，他们表现为乐于承担责任
3. 诚实与正值	通过真诚无欺的言行而与下属之间建立相互依赖的关系
4. 自信	为使下属相信他的目标和决策的正确性，必须表现出高度的自信
5. 智慧	需要具备足够的智慧来收集、整理和解释大量信息，并能够确立目标、解决问题和作出正确决策
6. 与工作相关的知识	对于公司、行业和技术事项拥有较高的知识水平。广博的知识能够使他们作出富有远见的决策，并能理解这种决策的意义

(二)领导特质的分类研究

在领导特质的一般性描述中，并没有指出哪些特质是重要的，哪些特质并不那么重要，吉塞利(E. F. Ghiselli, 1971)对这个问题给予了明确回答。他以美国90个不同企业中年龄在26~42岁的306名中层管理者作为研究对象，把领导特质分为三类共13个因子。[④]

第一类能力：管理能力；智力；创造力。

第二类个性品质：自信；决策；成熟度；亲和力；男性刚强/女性温柔。

第三类激励：职业成就需要；自我实现需要；行驶权力需要；高金钱奖励需要；工作

---

① 晁玉方，王清刚. 领导特质理论的历史与发展[J]. 山东轻工业学院学报，2012，26(3): 77-82.
② Warren Bennis. On Becoming a Leader: The Leadership Classic-Updated and Expanded[M]. Cambridge, MA: Perseus. 2003: 39-40.
③ [美]斯蒂芬·P. 罗宾斯. 管理学[M]. 4版. 黄卫伟，等译. 北京：中国人民大学出版社，1997：413.
④ 俞文钊. 管理心理学(简编)[M]. 大连：东北财经大学出版社，2000：267-268.

安全需要。

吉赛利采用因子分析法对 13 个因子的重要性进行了排序(见表 13-2)。

表 13-2 吉赛利 13 个因子的相对重要性

重要程度	重要性价值	13 个因子
重要	100	管理能力
	76	职业成就需要
	64	智力
	63	自我实现需要
	62	自信
	61	决策
次重要	54	工作安全需要
	47	亲和力
	34	创造力
	20	高金钱奖励需要
	10	行驶权力需要
	5	成熟度
不重要	0	男性刚强/女性温柔

从表 13-2 可知，13 个因子的重要性不是等价的，而是有区别的。对领导有效性起重要作用的特质有 6 个，依次是：管理能力，职业成就需要，智力，自我实现需要，自信，决策能力；起次要作用的特质也有 6 个，依次是：工作安全需要，亲和力，创造力，金钱需要，权力需要，成熟度；性别对领导有效性不起作用。吉赛利发现，领导者智力极高或极低都会削弱领导有效性。换言之，领导者的智力水平同下属的智力水平不应过于悬殊。

简评：特质理论在解释领导有效性方面基本上是失败的，主要表现在四个方面：①忽视下属的需要；②忽视情境因素；③没有对因果关系进行区分，例如究竟是领导者的自信导致了成功，还是领导者的成功导致了自信；④领导特质包罗万象，研究领导特质的初衷在于找出领导者共有的特质，并用以选拔优秀领导者，由于研究结果得出的领导特质包罗万象，不具备可操作性，因而并没有达到预期目的。

第二节 领导行为理论

特质理论的失败促使研究者们转向另一个方向。他们试图了解领导有效性是否与领导者的领导行为或工作作风有关，从而形成了**领导行为理论**(behavioral theories of leadership)。特质研究为甄选合适领导者提供了一种基础。与此相反，行为研究则表明可以把人培养成领导者。很多人认为领导行为理论要优于领导特质理论。

行为理论学者一般都从两个维度来描述领导者的行为模式：①领导者重视目标的实现；②领导者关怀下属。利克特的"四种领导风格理论"、俄亥俄学派的"领导行为四分图理论"、德克隆斯大学布莱克和莫顿的"管理方格图理论"、日本三隅二不二的 PM 理论，均属领导行为的二维度理论，其中以俄亥俄学派的"领导行为四分图理论"的影响最大。

一、利克特的四种领导风格理论

美国密歇根大学教授伦西斯·利克特(R. Likert)从 1947 年开始从事领导风格研究，[①]其代表作《管理新模式》(1961)和《人群组织：其管理和价值》(1967)就是对自己多年研究成果的全面总结。利克特发现，领导风格、下属心理和工作效率三者间有着内在的、微妙的、密不可分的联系。领导风格是原因变量，下属心理是媒介变量，工作效率是结果变量，从而提出"领导风格影响下属心理，下属心理影响工作效率"这一著名论断。

利克特把领导者的领导风格分为"生产取向"和"员工取向"两个维度。生产取向即以工作为中心，员工取向即以员工为中心。据此，他把领导者的领导风格分为四种类型(见表 13-3)。

表 13-3　利克特的四种领导风格

四种领导风格	描　述
专制型领导	决策权集中在领导者手中，下级没有发言权，只有执行权，上下级之间缺乏交往，领导者对下级缺乏信任，下级对上级存有戒备和恐惧心理
温和专制型领导	决策权控制在领导者手中，但授予下级部分权力，领导者对下级态度较谦和，有所信任，下级对上级也有戒备和恐惧心理
协商型领导	重要的决策权控制在领导者手中，中下层有较低层次的决策权，领导者对下级有一定程度的信任，上下级之间有双向的信息沟通
参与型领导	下级参与管理，上下级之间彼此平等、信任，有双向的信息沟通和平行沟通，共同制定目标，协商讨论问题，领导者最后决策

利克特认为"参与型领导"是最理想的领导风格。因此，有人将利克特的四种领导风格理论翻译成"参与领导理论"。[②]

利克特还提出了著名的参与领导三原则：①相互支持原则；②群体决策原则；③高标准原则。

利克特还专门对专制型领导和参与型领导的两种领导风格作了比较(见表 13-4)。[③]

---

① 许芳. 组织行为学原理与实务[M]. 北京：清华大学出版社，2014：282.
② 廖括. 利克特及其"参与领导论"[J]. 经营与管理，1992(5)：34-34.
③ 韩经纶. 你认为哪种类型的领导好？——美国伦西斯·利克特管理思想摘译[J]. 经营与管理，1983(3)：62-64.

表 13-4　专制型领导与参与型领导比较

专制型领导	参与型领导
1. 威胁下属：完成任务，否则将处以罚款、降级、调动工作或绳之以纪律	1. 鼓励下属：实现目标，你们将会得到某种形式的奖励
2. 言必称我，目无他人：我会实现目标	2. 言必称人，想着他人：我们要实现目标
3. 功劳归于自己：因为我的努力，难题才得以解决	3. 功劳归下属：成绩的取得，是大家共同努力的结果，因此，你们应该受到奖励
4. 过错归咎于下属：你们这些人应对问题负责，如果听我的，照我说的去做，你们本应成功	4. 自己承担失败的责任：我应该负全部责任，我若管理得当，你们也不至于失败
5. 工作搞得单调乏味：我知道这项工作挺烦的，但你们是受命去做，那就去做吧	5. 工作搞得活跃有趣：让我们从这项工作中获得乐趣。如果大家努力投入工作，就会感到其乐无穷
6. 个人决定所有工作及工作方法：这项工作你应该去做，而且必须这样去做	6. 协商式决定工作与工作方法：你觉得你做什么最好？你打算如何去做
7. 自命万事皆通：我的办法最高明，所以我是领导，我知道如何去做	7. 征询下属意见：你有何建议？有更简便、更有效的方法实现目标吗
8. 依靠个人权威：组织结构图上标明，我是领导，因此你们必须与我合作	8. 依靠业已证明的能力：我以前曾经实现过同样的目标，这次有你们的共同努力，相信一定能实现目标

二、领导行为四分图理论

领导行为四分图理论(leadership behavior diagram theory in four)简称"四分图理论"，由俄亥俄学派的斯托格狄尔教授领导的研究组提出。[①]该研究组在20世纪40年代末开始从事领导行为研究，通过对搜集的1000余条描述领导行为的信息进行分析和筛选，留下150条信息，并编制成"领导者行为描述问卷"，问卷用9个指标来考察领导行为，结果发现，几乎所有领导者的行为都包含"结构"和"体贴"两个维度。

结构维度(initiative structure)是指领导者为了实现组织目标而对自己与下属的角色进行界定和建构的维度。该维度表现为领导者重视工作的计划与组织，确立下属的职责，规定工作程序和方法，监督检查工作任务的实施情况等。简言之，结构维度就是"关心工作"。

关怀维度(consideration)是指领导者表现为理解下属，与下属建立相互信任的关系，关心下属需要，尊重下属意见等。简言之，关怀维度就是"关心人"。

两个维度各由15个指标来测查，通过组织成员对他们的领导者就问卷上的每个指标进

---

① Stogdill，R. M. & Coons, A. E. (eds.). Leader Behavior: Its Description and Measurement[M]. *Columbus: Ohio State University, Bureau of Business Research*, 1951: 88; Schriesheim, C. A. Cogliser, C. C. & Neider, L. L. Is It "Trustworthy"? A Multiple-Levels-of-Analysis Reexamination of an Ohio State Leadership Study, with Implications for Future Research[J] *Leadership Quarterly*, 1995(5): 111-145; Judge, T. A. Piccolo, R. F. & Ilies, R. The Forgotten Ones? The Validity of Consideration and Initiating Structure in Leadership Research [J]. *Journal of Applied Psychology*. 2004(2): 36-51.

行分数评定,来判断领导者是以工作为中心还是以人为中心。结果发现,两种行为在每个领导者身上都有不同程度的表现。有的更关心工作,有的更关心人,有的既关心工作又关心人,有的既不关心工作也不关心人。研究组认为,可用"关心工作"和"关心人"两个维度来评定、鉴别领导行为。两个维度的不同组合可产生四种典型的领导行为,即领导行为可用"四分图"来表示,如图13-1所示。

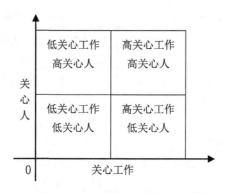

图 13-1　领导行为四分图

从图 13-1 可知:①"低关心工作低关心人"的领导者对工作和人都不关心,其领导效果最差;②"高关心工作低关心人"的领导者只关心工作不关心人,其领导效果较差;③"高关心工作高关心人"的领导者既关心工作也关心人,其领导效果最好;④"低关心工作高关心人"的领导者不关心工作只关心人,其领导效果较差。

【专栏 13-1】

考察领导者行为的 9 个指标

①主动:指领导者提出新的构想或创意,以激励、助长或抵制新观念和新措施的行为次数。②成员身份:指领导者与群体成员的非正式交往以及互相服务的次数。③代表:指领导者维护群体免受外来攻击,推动群体共同兴趣及代表本群体的次数。④整合:指领导者控制成员的行为,鼓励愉快的群体气氛,消除成员间的冲突,或协助个别成员适应群体等行为的次数。⑤组织:指领导者给自己和成员规定并分配工作任务。⑥管辖:指领导者约束或限制群体成员的行为。⑦信息沟通:指领导者提供信息给下属,并从他们那里获得信息,推动成员间的信息交流。⑧认可:指领导者同意或不同意群体成员的行为。⑨生产:指领导者设定成就标准或努力标准,或者鼓励下属努力提高成就标准。

(资料来源:何江涛,凌文辁. 领导理论的回顾与简评[J]. 党政干部学刊, 2002. (10): 31-32.)

三、管理方格图理论

管理方格图理论(managerial grid theory)由美国德克斯隆大学心理学教授罗伯特·布莱克和简·莫顿(R. Blake & J. Mouton, 1964)共同提出。[①]他们把领导行为四分图中的横坐标(关

---

① Blake R,Mouton J. The managerial grid[M]. *Houston, TX: Gulf*. 1964.

心生产或"关心工作")和纵坐标(关心人)均分成 9 等分，从而构成一个方格图，这样，在理论上就出现了 81 种领导行为，其中典型的领导行为有 5 种，如图 13-2 所示。

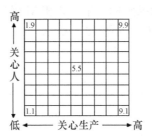

图 13-2　管理方格

(1.1)型，又称平庸型领导。这种领导者对生产和人都不关心，工作效率低，士气低落。

(9.1)型，又称任务型领导。这种领导者只关心生产，不关心人，工作效率高，但士气低落。

(9.9)型，又称团队型领导。这种领导者既关心生产，也关心人，工作效率和士气都高。

(1.9)型，又称俱乐部型领导。这种领导者不关心生产，只关心人，虽然人际关系好，但工作效率差。

(5.5)型，又称中庸型领导。这种领导者对生产和人的关心都处于中等程度，工作效率和士气也都达到中等水平。

可见，9.9 型(即团队型领导)的领导效果最佳，其次是 9.1 型(即任务型领导)，再次是 5.5 型(即中庸型领导)和 1.9 型(即俱乐部型领导)，最差是 1.1 型(即平庸型领导)。

四、PM 理论和 CPM 理论

(一)PM 理论

PM 理论(PM theory)由日本大阪大学心理学教授三隅二不二(1964)[①]提出。该理论认为，任何一个群体都具有两种职能：一是**达成群体目标** P(performance)，二是**维持群体人际关系** M(maintenance)，领导者的作用在于执行群体的这两种功能。因此，领导者的行为包括 P 和 M 两个因素。[②]前者简称 P 型领导者，后者简称 M 型领导者。

P 型领导者是以执行任务为主的领导方式，其行为特征是将每个成员的注意力都引向工作目标，使问题明确化，因而要求领导者具有较强的计划能力和组织能力；M 型领导者是以维持群体关系为主的领导方式，其行为特征是维持和睦的人际关系，缓和工作中可能产生的对立和抗争，这就要求领导者能经常关怀体贴下属，给下属创造表达意见的机会，满足下属的需求，以促进员工的自觉性和自主性，增进成员之间的相互了解和交流。[③]

PM 理论认为，一个领导者无论他的 P 因素多么强，总包含着某种强度的 M 因素；同

---

① 卢存岳,宋寅. 来自异国的同道——介绍三隅二不二先生和他的PM理论[J]. 领导科学, 1986(11): 14-16.
② 林崇德, 杨治良, 黄希庭. 心理学大辞典[Z]. 上海：上海教育出版社, 2003. "PM 理论"词条.
③ 徐联仓, 陈龙, 王登, 等. 心理学为提高企业素质服务[J]. 心理学报, 1985(4): 339-345.

样,无论他的 M 因素多么强,也总包含着某种强度的 P 因素。此外,P 和 M 两方面都强或都弱的情况也存在。

如果以 P 为横坐标,以 M 为纵坐标,并在 P 和 M 坐标中点各画一条平行线,就可区分出 PM、P、M、PM 四种领导行为,如图 13-3 所示。

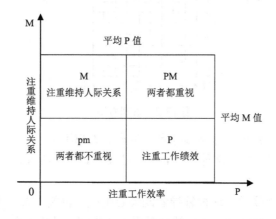

图 13-3 PM 领导行为模型

三隅二不二还对四种领导行为进行了大量的现场实证研究和实验室研究,发现四种领导行为的领导效果存在差异性,其中 PM 型领导行为(既注重工作绩效,也注重维持群体人际关系)的效果最佳,pm 型领导行为(既不注重工作绩效,也不注重维持群体人际关系)的效果最差,而 P 型和 M 型领导行为(即只注重某一个方面)的效果居中。不同领导行为的领导效果,如表 13-5 所示。

表 13-5 不同领导行为的领导效果

领导行为	工作效率	员工对组织的信赖度	组织凝聚力
PM	最高	最好	最好
P	中	较好	一般
M	中	一般	较好
pm	最低	最差	最差

(二)CPM 理论

我国心理学家凌文辁等人(1987)[①]在研究领导行为时发现,由于国情和文化背景不同,国外的领导理论并不完全适用于中国,于是着手建构适合中国的领导行为评价量表。通过反复预测、修订和检验,在因素分析、聚类分析和相关分析的基础上,获得一个理想的三维领导行为评价量表并提出三因素假说。该假说中有两个维度与西方模式一致,第三个维度是西方没有的。他们借用三隅二不二的 PM 概念,将中国的领导行为模式称为 CPM 模式。C(character and morals)指领导者的品德,P(performance)指工作绩效,M(maintenance)指维系人际关系。他们通过在近百个企业、科研院所、政府机构上万人次的测试和检验,发现 C 因素是领导者最重要的行为维度。他们由此指出,任何领导行为都不可能与社会文化背景

---

① 凌文辁,陈龙,王登. COM 领导行为评价量表的建构[J]. 心理学报,1987(2):199-207.

脱离。在不同文化背景的领导行为模式中，既有相同的成分，也有不同成分。前者反映了领导行为的共性，后者反映了领导行为的文化特性。

简评：领导行为理论主要是从关心工作和关心人两个维度以及上级控制和下属参与的角度对领导行为进行分类，这些理论在确定领导行为类型与下属工作绩效之间的一致性关系上取得了有限的成功，主要原因是对影响领导有效性的情境因素缺乏考虑。

第三节　领导情境理论

领导情境理论(contingency theory of leadership)又称"领导权变理论"，该理论认为，不存在一种绝对的最佳领导行为，而要根据具体情境而定。其基本思想是：领导有效性是领导者、被领导者和情境三个因素相互作用的函数。其著名公式是：领导有效性=f(领导者·被领导者·情境)。由于领导行为理论均从两个维度(领导者重视目标达成；领导者关怀下属)来解释领导有效性，显得过于简单，有时甚至难以自圆其说。因此，至20世纪70年代，领导情境理论逐渐成为解释领导有效性的主流理论。领导情境理论主要包括5个理论：菲德勒模型，路径—目标理论、领导—参与模型、领导生命周期理论、领导行为连续带理论，其中以菲德勒权变模型的影响最大。

一、菲德勒权变模型

菲德勒权变模型(Fiedler contingency model)由美国西雅图华盛顿大学心理学和管理学教授弗雷德·菲德勒(Fred E. Fiedler，1964)[①]提出，一说于1962年提出，[②]其全称是**有效领导权变模型**(contingency model of leadership effectiveness)，简称**菲德勒模型**(Fiedler model)。在许多研究者仍然为究竟哪一种领导行为更为有效而争论不休的时候，菲德勒在大量研究基础上提出了有效领导权变模型，他认为任何领导行为均可能有效，其有效性完全取决于组织所处的情境是否适合领导者。

菲德勒认为，领导有效性取决于三个维度上的条件：领导者与被领导者的关系、任务结构和领导者职权。如果这三个维度上的条件都好，那么情境对领导者是有利的。具体来说，如果领导者被下属接受和尊敬(第一个维度)，任务是高度结构化的，即每件事情都可以描述和有程式化的运作方式(第二个维度)，领导者的职权非常正式化且稳固(第三个维度)，那么这个情境对领导者是有利的。反之，如果三个维度都低，那么这样的情境对领导者而言就是非常不利的。菲德勒通过实证研究表明，情境有利和领导类型共同决定了领导有效性。

(一)确定领导类型

菲德勒相信，影响领导有效性的一个关键因素是领导者的领导类型，因此他首先试图

---

① Fiedles, F. E. Acontingency modal of leadership effectiveness[J]. *Advances in experimental social Psychology*. 1964.
② 郑晓明. 领导权变理论述评[J]. 应用心理学，1990, 5(1)：19-24.

了解领导者的领导类型。为达此目的，菲德勒(1967)[①]设计了**最难共事者**(least preferred co-worker, LPC)调查问卷，用以调查领导者个体是"任务取向型"还是"关系取向型"。LPC 调查问卷由 16 组对照形容词构成(如愉快—不愉快、友好—不友好、热情—冷淡等)。菲德勒在 1200 个群体中做问卷调查，让回答者回答自己现在的同事和曾经共事过的同事，并找出一个最难共事者，在 16 组形容词中按 1～8 等级对其进行评估。菲德勒认为，通过回答 LPC 调查问卷，可以判断出领导者最基本的领导类型。如果回答者以相对积极的词汇来描述最难共事者(即 LPC 得分≥64 分)，表明回答者乐于与同事形成友好的人际关系，是"关系取向型"领导者；如果回答者以相对消极的词汇来描述最难共事者(即 LPC 得分≤57 分)，表明回答者不善于与同事形成友好的人际关系，而是以工作为中心，是"任务取向型"领导者。另外，大约有 16%的回答者的得分处于中间状态，很难被划入任务取向型或关系取向型中进行预测，因而下面的讨论都是针对其余 84%的人进行的，他们在 LPC 上的得分不是高就是低。菲德勒认为，一个人的领导类型是固定不变的，如果情境要求任务取向型的领导者，而在此领导岗位上的领导者却是关系取向型的，那么要想达到最佳领导效果只有两种办法：一是改变领导者以适应情境；二是改变情境以适应领导者。

(二)确定领导情境

菲德勒分离了三种情境因素：①领导者与被领导者的关系。即双方互信，下属对领导者的尊重和追随程度；②任务结构。即工作任务的程序化程度，如工作任务是常规性的还是非常规性的、工作规范是明确的还是含糊的；③领导者职权。即领导者是否拥有权力、对下属能否直接控制以及获得上级支持的程度。

对上述三个变量的评估结果，就是领导者所处的情境状态。一个有利的情境是：领导者和被领导者的关系良好、任务结构明确、领导职位权力强，这样的情境对领导者是有利的。在相反情境下，对领导者则是不利的。菲德勒对三个情境变量综合分析后，得到了 8 种情境状况，每个领导者都处于 8 种情境状况之一之中，如图 13-4 所示。

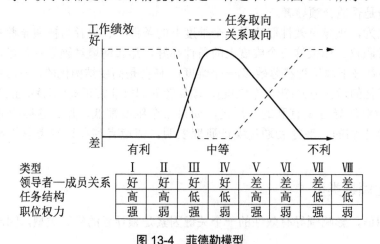

图 13-4　菲德勒模型

---

① Fiedler F E. A theory of leadership effectiveness[M]. *NY: McGraw-Hill*. 1967.

(三)领导类型与情境的匹配

在确定了领导者的领导类型和对领导情境进行评估后,利用菲德勒建立的匹配模型,可以得知和预测领导有效性。菲德勒的结论是:在非常有利和非常不利的情境下,"任务取向"领导类型比"关系取向"领导类型其领导有效性更有效;而"关系取向"领导类型在中等有利的情境中其领导有效性会更好。

菲德勒(1972)[①]进一步用表格形式对菲德勒模型图进行解释(见表13-6)。

表13-6 领导类型与情境变量之间的关系

情境状况	领导者与下属的关系	任务结构	领导者职权	领导类型	对领导者的有利程度
1	良好	明确	强	任务导向型	有利
2	良好	明确	弱	任务导向型	
3	良好	不明确	强	任务导向型	
4	良好	不明确	弱	关系导向型	中间状态
5	不良	明确	强	关系导向型	
6	不良	明确	弱	无资料	
7	不良	不明确	强	无资料	
8	不良	不明确	弱	任务导向型	不利

由表13-6可知:情境状况1最有利于领导者,因为领导者与下属的关系良好,任务结构明确,领导者职权强;情境状况8最不利于领导者,因为领导者与下属的关系差,任务结构不明确,领导者职权弱;其余6种情境状况,对领导者的有利性程度则介于"最有利"和"不利"两者之间。

菲德勒模型也存在缺陷。如一些研究者对LPC调查问卷的使用方法提出质疑,而三个情境因素在实践中的评估也过于复杂,即领导者与被领导者的关系、任务结构化、领导者究竟有多大的权力等问题都很难确定。

【专栏13-2】

最难共事者(LPC)调查问卷

想一想和你一起共事最难把工作做好的那个人吧。他可以是现在和你一起工作的人,也可以是你过去的同事。他未必一定是你最不喜欢的人,可他却是和你一起最难把事情办成的人。请你描述一下对你来说,他是什么样子的。请利用下列16对意义截然相反的形容词来描述他。每对形容词间分成八个等级,除了由这对形容词所代表的两种极端情况外,还有一些中间状态。请圈出最能代表你所描述的那个人的真实情况的等级数。

---

① Fiedlier F. E. The Effect of Leadership Training and Experience: AContingency Model Interpretaion [J]. *In: Administrative Science Quarterly* (17): 455. permission of Administrative Science Quarterly. 1972.

令人愉快的	8	7	6	5	4	3	2	1	令人不愉快的
友好的	8	7	6	5	4	3	2	1	不友好的
随和的	8	7	6	5	4	3	2	1	不随和的
乐于助人的	8	7	6	5	4	3	2	1	使人泄气的
热情的	8	7	6	5	4	3	2	1	冷淡的
轻松的	8	7	6	5	4	3	2	1	紧张的
密切的	8	7	6	5	4	3	2	1	疏远的
温暖人心的	8	7	6	5	4	3	2	1	冷若冰霜的
易合作的	8	7	6	5	4	3	2	1	不好合作的
支持的	8	7	6	5	4	3	2	1	敌意的
有趣的	8	7	6	5	4	3	2	1	讨厌的
和谐的	8	7	6	5	4	3	2	1	爱争执的
自信的	8	7	6	5	4	3	2	1	优柔寡断的
效率高的	8	7	6	5	4	3	2	1	效率低的
兴高采烈的	8	7	6	5	4	3	2	1	低沉阴郁的
开诚布公的	8	7	6	5	4	3	2	1	怀有戒心的

结果：若你的 LPC 得分是 64 分或更高，你就是一位把人际关系放在首位的领导者；若你的 LPC 得分是 57 分或更少，你就是一位把工作任务放在首位的领导者。

(资料来源：许芳.组织行为学原理与实务[M].2版.北京：清华大学出版社，2014：286)

二、路径—目标模型

路径—目标模型(Path-target model)由加拿大多伦多大学伊迈斯(M. G. Evans，1968)提出构想，并由他的同事罗伯特·豪斯(R. J. Houes，1971)在《行政管理科学季刊》发表《领导有效性的"路径—目标"理论》一文而正式确立。[1]这一模型将激励**期望理论**(expectancy theory)和领导行为四分图理论的"关心组织"和"关心人"两个维度相结合，认为领导者的主要任务是给下属提供必要的支持和指导，以帮助他们实现目标，并确保他们的目标与群体目标或组织目标相互配合、协调一致。所谓"路径—目标"，意味着领导者要为下属实现目标铺设道路，扫清实现目标过程中的各种路障和危险，使下属的工作更为顺利。

根据路径—目标模型，领导行为被下属接受的程度，取决于下属是将这种行为视为获得当前满足的源泉，还是作为未来满足的手段。领导者行为的激励作用在于：一是使下属需要的满足取决于他们想要的工作绩效；二是为他们想要的工作绩效提供必要的支持、指导和鼓励。为了解释这些陈述，豪斯确定了四种领导行为：①指导型领导(关心组织维度)——让下属明了对他的期望以及完成工作任务的方法、程序和时间要求等；②支持型领导(关心

---

[1] 盛宇华.豪斯的"通路—目标"模型述评[J].南京师大学报(社会科学版)，1988(1)：22-26.

人维度)——对下属亲切友善,关心他们的需求;③参与型领导——与下属协商,在决策前充分考虑他们的意见和建议;④成就型领导——为下属设置富有挑战性的目标,鼓励下属充分体现自己的最佳水平。

菲德勒模型认为,领导者的领导类型是固定不变的,领导类型的效果好坏取决于领导者与成员的关系、任务结构、职责权力。与菲德勒模型所不同的是,豪斯认为领导者是弹性的,同一领导者可以根据不同的情境表现出任何一种领导行为。领导行为由两类情境因素决定(见图13-5):①下属不能控制的环境权变因素,如任务结构、权力系统、工作群体等,它们决定了领导者将采用哪种领导行为;②下属能够控制的权变因素,如经验、能力、内控型还是外控型个性特征等,它们决定了情境因素与领导行为的相互作用,当领导行为与下属特点相适应时,领导效果最佳。

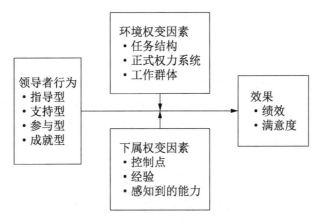

图 13-5 "路径—目标"模型

路径—目标模型的逻辑得到许多研究的证实,即领导者若能弥补下属个人特征和工作情境中所缺乏的东西,下属的工作绩效和工作满意感会大大提高。但是,若工作结构化、工作任务明确,而下属也有能力和经验时,则不必进行指导,否则下属就会认为领导者的指导不仅多余,而且是对下属的干扰和侵犯。

下面我们用表13-7来归纳总结路径—目标模型。

表13-7 "路径—目标"模型归纳总结

提出者	罗伯特·豪斯	
理论基础	激励的期望理论、俄亥俄学派四分图理论的两个维度(关心组织和关心人)	
主要观点	(1)假定领导行为具有变通性。 (2)认为领导者的主要任务是帮助下属实现他们的目标,并提供必要的指导和支持,以确保下属的目标与群体目标或组织目标相互配合、协调一致。 (3)领导者的激励作用在于:①使绩效的实现和下属需要的满足相结合;②领导者为下属实现绩效提供必要的指导、支持、帮助,并给予奖励	
领导行为	指导型	让下属明了领导者的期望以及完成工作任务的方法、程序和时间要求等
	支持型	对下属亲切友善,关心他们的需求

续表

领导行为	参与型	与下属协商，在决策前充分考虑他们的意见和建议
	成就指导型	为下属设置富有挑战性的目标，鼓励下属体现自己的最佳水平
情境因素		(1)下属不能控制的环境因素：任务结构、正式权力系统、工作群体。 (2)下属能够控制的个人因素：经验、能力、内外控制点
理论逻辑		如果领导者能够补偿下属或工作情境中缺乏的东西，那么领导者的指导会促进下属工作绩效和工作满意感。否则，领导者的指导会被下属视为多余
结论		(1)若下属的工作任务是结构化的，则支持型领导会带来高的绩效和满意感。 (2)对于能力强或经验丰富的下属，指导型领导可能被视为多余。 (3)内控型下属对参与型领导更满意，外控型下属对指导型领导更满意

三、领导—参与模型

领导—参与模型(leader-participation model)由弗罗姆和耶顿(V. Vroom & P. Yetton，1973)[1]提出。该模型将领导行为和下属参与决策联系起来，认为领导者应根据具体情况，让下属不同程度地参与决策，领导有效性取决于下属参与决策的程度。

领导—参与模型与菲德勒模型的区别在于：菲德勒模型将领导者的行为特点看成是固定不变的，主张根据不同情境选择不同的领导行为。而领导—参与模型则认为，领导行为不是机械不变的，而应根据情境的具体要求，需要随时变动。

领导—参与模型认为，领导者在进行决策时，会有各种选择的可能性，有效领导者应根据不同的情境，让成员不同程度地参与决策。决策时有 5 种方式可供选择：①领导者独断决策；②听取下属意见，领导者决策；③吸收个别下属意见，由领导者作出决策；④广泛听取群众意见后，由领导者作出决策；⑤由群体作出决策。至于采用何种决策方式，可视面临的问题情境而定。他们认为，领导者在决策时，无论采用前述 5 种方式中的哪一种方式，都可能会遇到(见图 13-6)中 A-H 这 8 种问题情境，领导者分析自己所面临的情境，可以在"决策树"上选择一种最有效的方式。

弗罗姆和亚瑟·加哥(A. Jago, 1974)[2]对该模型进行了修订。新模型依然保留了 5 种领导行为备选方案，但增加了一系列问题类型，并将情境因素扩展为 12 个。虽然新修订的模型在有效性方面得分更高，但由于新模型过于复杂，以致一般领导者很难在实践中使用它。

---

[1] Vroom V H，Yetton P W. Leadership and decision-making [M]. Pittsburgh, Pa: University of Pittsburgh Press. 1973.

[2] Vroom V H, Jago A G. Decision making as a social process: Normative and descriptive models of leader behavior [J]. Decision Sciences. 1974, 5(4): 743-769.

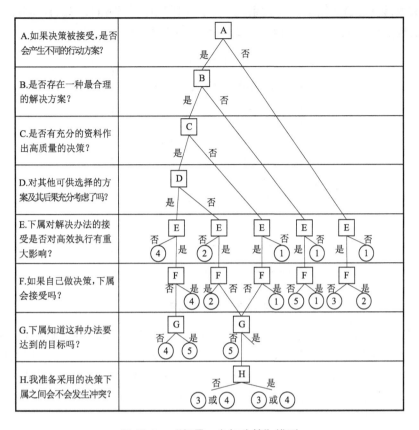

图 13-6　"领导—参与决策"模型

四、领导生命周期理论

领导生命周期理论(life cycle theory of leadership)由美国俄亥俄州立大学管理心理学家卡曼(A. K. Karman, 1966)[①]首先提出,后由保罗·赫塞和肯尼斯·布兰查德(P. Hersey & K. Blanchard, 1977)在《组织行为管理》[②]一书中发展而成。该理论以俄亥俄学派领导四分图理论中的"关心工作"和"关心人"两个维度为基础,结合克瑞斯·阿吉里斯(C. Argyris, 1960)[③]提出的"不成熟—成熟"理论,从而形成一个由工作行为、关系行为和下属成熟度组成的三维结构,如图 13-7 所示。[④]

领导生命周期理论认为,有效的领导方式与下属的成熟度之间是一种钟形曲线关系,当下属由不成熟趋于成熟,有效的领导方式应按照下列顺序变化:高工作低关系(命令式)→

---

① Korman A K. "Consideration" "initiating structure" and organizational criteria-A review[J]. *Personnel Psychology*. 1966, 19(4): 349-361.
② 金永生. 谈管理学中的领导生命周期理论[J]. 外国经济与管理,1988(2): 14-16.
③ [美]唐·赫尔雷格尔,小约翰·瓦·斯洛克姆. 组织行为学[M]. 余凯成,译. 北京:中国社会科学出版社,1989:84-88.
④ 梁勇. 领导生命周期理论及简图[J]. 管理工程师,2000(2):11.

高工作高关系(说服式)→低工作高关系(参与式)→低工作低关系(授权式)。因此，领导者应根据下属的成熟度，采用不同的领导方式，才能收到最佳领导效果。

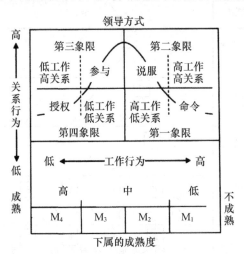

图 13-7 领导生命周期论

在图 13-7 中，简图上半部分的曲线表示变动着的领导方式，其中横坐标代表以抓工作为主的工作行为，纵坐标代表以关心人为主的关系行为；下半部分表示下属的成熟度，右边代表不成熟，由右向左，逐渐成熟，分别用 M_1、M_2、M_3、M_4 表示不成熟、初步成熟、比较成熟、非常成熟四种不同的成熟程度。按照下属不同的成熟程度，领导方式大致可分为四种，用四个象限来表示。

第一象限：当下属处于不成熟阶段时，领导者应相对重视工作而相对忽视关系，采用命令式(即通过单向沟通方式)向下属规定任务：做什么，怎样做，何时完成。

第二象限：当下属处于初步成熟阶段时，领导者既要重视工作也要重视关系，采用说服式(即通过双向沟通方式)，和下属在信息上相互交流，在工作上予以支持。

第三象限：当下属处于比较成熟阶段时，领导者要相对忽视工作而相对重视关系，采用参与式(即通过双向沟通方式)，欢迎下属参与决策，鼓励下属努力工作。

第四象限：当下属处于非常成熟阶段时，领导者既要相对忽视工作也要相对忽视关系，采用授权式，让下属"各行其是"，领导者只是起到监督保证作用。这样，当他们取得工作成绩后就会有胜任感和成就感。

五、领导行为连续带理论

领导行为连续带理论(continuum theory of leadership behavior)又称"决策程序连续带理论"，由美国加州大学心理学家坦南鲍姆和施密特(R. Tannenbaum & W. H. Schmidt)1958 年在《哈佛商业评论》3-4 月号上合作发表的《如何选择领导方式》[①]一文中提出。该理论认

---

① [美]坦南鲍姆，施密特. 如何选择领导方式[J]. 哈佛商业评论. 1958. 3-4 月号//赵凡禹. 管理学名著全知道[M]. 上海：立信会计出版社，2012：61-69.

为，根据领导者权力和下属参与决策的范围，在典型的专制型与民主型领导之间存在着许多过渡的领导行为形态，从而构成一个连续带，如图13-8所示。

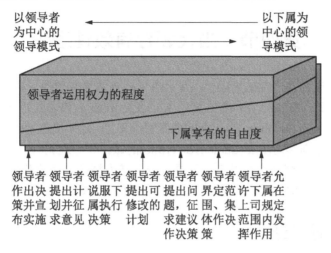

图13-8 领导行为连续带理论

在这个连续带上，存在着7种决策模式：①领导者作出决策并宣布实施；②领导者提出计划并征求意见；③领导者说服下属执行决策；④领导者提出可供修改的计划；⑤领导者提出问题，征求建议作决策；⑥领导者界定范围，群体作决策；⑦领导者允许下属在上司规定的范围内发挥决策的作用。

坦南鲍姆和施密特认为，在上述7种决策模式中，不能一概而论地说哪种决策模式一定是好的，哪种决策模式一定是差的。领导者应该考虑自己的具体情况、下属的情况以及环境状况、工作性质等各种影响因素，选择最恰当的领导方式。

【专栏13-3】

坦南鲍姆和施密特及其领导行为连续带理论

从古代开始，人们在领导问题上往往持有一种两极式观念：非黑即白，非正即邪。比如在国家体制上，有君主和民主之分；在指挥方式上，有强制和感召之别；在人物类型上，有雄才大略和昏庸残暴之异。人们脑海中的领导者形象，不是黑脸包公，就是笑面弥勒。即使认识到这种两极化思维有缺陷的智者，也没有想到过把两者统一到一个场域里。最早试图研究介于独裁和民主之间不同领导行为的联系，并用参量渐变的构思把它们统一到一个体系内的学者，就是坦南鲍姆和施密特，他们取得了开创性的成功。在他们笔下，为从独裁到民主的领导方式画出了一幅"光谱"，就好像光线通过棱镜折射展现出的分解格局一样。这一解析式的研究方法，成为后来研究领导问题的一个样板。阳光经棱镜分解后有鲜艳的七色，坦南鲍姆和施密特提出的领导模式连续分布场中也有七种具体化的领导方式。

施密特和坦南鲍姆的成果《如何选择领导方式》在《哈佛商业评论》1958年3-4月号发表，而后又在《哈佛商业评论》1973年5-6月号重新发表，其重要性与影响力可见一斑。

(整理自：360doc个人图书馆：http://www.360doc.com/content/10/1108/10/170126_67560118.shtml)

简评：领导情境理论认为领导有效性依赖于情境因素，并且情境因素可以被分离出来。

但由于很难确定领导—下属关系、任务结构等情境变量,对实践者来说显得过于复杂和困难,因而它的应用也具有一定的局限性。

第四节 当代领导有效性理论

领导情境理论也存在一定的局限性,那么怎样提高领导有效性?自20世纪80年代起,又出现了许多新理论,如:以克尔和杰米尔(Kerr&Jermier)为代表的领导替代理论,以格拉斯和斯腾伯格(Graves&Sternberg)为代表的内隐领导理论,以斯皮尔斯(Spears)为代表的服务型领导理论以及路桑斯和阿华立(Luthans&Avolio)的诚信领导理论等。本节主要介绍两个理论:魅力型领导理论;交易型和变革型领导理论。魅力型领导理论和变革型领导理论有一个共同特征:领导者能够通过自身的言语、创意和行为来鼓舞下属,从而实现既定目标。

一、魅力型领导理论

魅力型领导理论(charismatic leadership theory)由美国多伦多大学组织行为学教授罗伯特·豪斯(R. House, 1977)[1]提出。该理论认为,魅力型领导者可以通过自身的超凡魅力和卓越才能影响下属,从而使既定目标得以实现。

(一)什么是魅力型领导

魅力型领导(charismatic leadership)概念的提出者是社会学家马克斯·韦伯(M. Weber)。早在1947年,他在《社会和经济组织理论》一书中把魅力型领导定义为:"个体的一种特定人格品质,该个体因为该品质而区别于普通人,并且会被视为拥有超凡才能的人至少拥有非凡权力或特征的人。普通人是无法获得这些品质的,但是会把它们看作神圣的起源或者学习的榜样。具有这些品质的人被人们当作领导者。"[2]

魅力型领导的关键特点:[3]①愿景及其清晰的表述。他们拥有一个**愿景**(vision),即理想化的目标,它勾勒出比现状更美好的未来;他们能使用其他人易于理解的语言来清晰阐述该愿景的重要性。②个人冒险。他们为了实现愿景,敢冒风险,不惜高成本,甚至自我牺牲。③对下属需求十分敏感。他们对下属的能力有深刻了解,并能对下属的需求和情感作出积极回应。④打破常规的行为。他们做出的行为常常被认为是新奇的和不合规范的。

(二)怎样才能使个体成为魅力型领导者?

魅力型领导者天生就有这些品质吗?人们可以通过学习而成为魅力型领导者吗?对这两个问题的回答都是肯定的。有人对同卵双胞胎的研究发现,他们在领袖魅力测试中的得

---

[1] House, R.. theory of charismatic leadership. In. Hunt, J. G&Larson, I. L. (Eds). Leadership: The Cutting Edge(pp. 189-207) [M]. *Carbondale, IL: Southern Illinois University*. 1977.
[2] Weber, M. The Theory of Social and Economic Organization [M]. *New York: The Free Press*. 1947.
[3] Conger, J. A&Kanungo, R. N. Toward a behavioral theory of charismatic Leadership in Organizational settings[J]. *The Academy of Management Review*. 1987, 12(4): 637-647.

分相差无几，即使他们成长在不同的家庭环境而且从未谋面。[1]不过，只有一小部分品质是天生的，其中绝大部分品质都是通过后天学习获得的。个体可以通过以下三个阶段的学习而成为魅力型领导者：[2]①可以通过以下措施产生魅力的光环：保持乐观态度；使用激情作为激发他人热情的催化剂；运用整个身体而不仅仅是语言来进行沟通。②可以通过创建一种能够鼓舞他人追随自己的纽带来争取他人。③通过调动他人的情绪来激发他们的潜能。

(三)魅力型领导者如何影响下属？

魅力型领导者可以采用以下四个步骤来影响下属。[3]

首先，领导者可通过将组织的现状和更加美好的未来联系起来，清晰阐述一个有吸引力的愿景。好的愿景应该符合时机和形势，并且反应本组织的独特性。

其次，如果缺少相应的**愿景陈述**(vision statement)，那么愿景就是不完整的。愿景陈述是对领导者理想化目标的阐述。魅力型领导者会用愿景陈述使理想化的目标在下属头脑中留下烙印。这样，领导者就可以向下属表达高绩效期望，并对下属能够实现这些期望充满信心，从而使下属增强自尊和自信。

再次，领导者可通过自己的言语和行为向下属传递一套新的价值观，并且以身作则为下属树立效仿的榜样。这样，领导会更加有效，因为下属就认可这样的领导者，领导者与下属相互合作和相互支持也就有了基础。

最后，魅力型领导者会采取能够激发情感的、常常是非传统的行为来表明他们的勇气和对愿景的坚定信念，下属也就能够"体会"到领导者所传递的信息。

(四)魅力型领导者有缺点吗？

魅力型领导者并非完人，他们总归有这样那样的缺点。尤其当他们的愿景出现错误时，所带来的后果将会是非常严重的。近年来，国内许多行业出现产能过剩，说轻点，是企业魅力型领导者"跟风"(即"羊群效应")造成的。说重点，是他们的愿景出现了错误。

二、交易型和变革型领导理论

美国政治学家詹姆斯·麦克格雷格·伯恩斯(James Macgregor. Burns，1978)[4]在《领导力》一书中划分出两种领导类型：交易型领导与变革型领导。前者的特征是强调交换，后者的特征是强调改变。伯纳德·巴斯(Bernard M. Bass，1985)[5]提出一个范围更广、更为精确的交易型和变革型领导学说，认为交易型领导和变革型领导并不是一个连续体上的两端，而是两个不同的概念，各有不同的内涵。

---

[1] Houes，R. J & Howell，J. M. Personality and Charismatic Leadership[J]. *Leadership Quarterly.* 1992(3): 81-108.
[2] Richardson，R. J. & Thayer，S. K. The Charisma Factor: How to Develop Your Natural Leadership Ability [M]. *Upper Saddle River, NJ: Prentice Hall.* 1993.
[3] Shamir，B.，House，R. J. & Aethur，M. B. The Motivational Effects of Charismatic Leadership: A Self-Concept Theory [J]. *Organization Science.* 1993(11): 577-594.
[4] Burns，J M. Leadership [M]. *NY: Harper & Row.* 1978.
[5] Bass，B M. Leadership and performance beyond expectations [M]. *NY: Free Press.* 1985.

(一)交易型领导者和变革型领导者

交易型领导者(transactional leaders)重视下属的责任,阐明对下属的期望和下属必须完成的任务,以及下属达到预期标准后所能获得的回报。[1]前面介绍的大多数理论,如俄亥俄学派的领导行为四分图理论、菲德勒模型、路径—目标理论,所描述的都是交易型领导者,他们通过澄清工作角色与任务的要求来指导下属实现既定目标。

变革型领导者(transformational leaders)则鼓舞下属将个人利益升华为组织利益,并对下属产生超乎寻常的深远影响。他们关注员工的个人利益和需要;他们帮助下属用新视角看待老问题,从而改变下属对问题的看法;他们善于激励、调动和鼓舞下属为实现组织目标付出更大的努力。[2]

(二)交易型领导者和变革型领导者的特点

交易型领导者和变革型领导者的特点,如表 13-8 所示。

表 13-8 交易型领导者与变革型领导者的特点[3]

交易型领导者	变革型领导者
权变式奖励:制定努力与奖励的交换规则,承诺对良好绩效给予奖励,认可成就	领袖魅力:提供愿景和使命感,灌输荣誉感,赢得尊重和信任
例外管理(主动的):观察并寻找那些偏离规则和标准的行为、事件,予以纠正	感染力:传达高期望,使用各种方式实现众志成城,以简单的方式传达重要的信息
例外管理(被动的):只有当不符合标准时才实施干预	智力刺激:促进下属的智力和理性,并且培养下属解决问题的能力
放任型:放弃责任,避免制定决策	个性化关怀:关爱员工,区别对待不同员工,为员工提供指导和建议

(三)交易型领导和变革型领导的关系[4]

交易型领导和变革型领导的区别在于:①前者的特征是强调"交换",后者的特征是强调"改变"。②前者通过与员工的交换获得合作,并监督这种交换关系;后者以魅力和预测性沟通为基础,在愿景实现的同时更注重个体在工作能力、道德水平上的提升和自我完善。

交易型领导和变革型领导是共存的、互动的。交易型领导并非一定过时,而变革型领导也绝非放之四海而皆准的灵丹妙药。采取什么样的领导方式,还必须因人、因时、因地进行灵活的选择。

---

[1] Judge,T. A&Piccolo,R. F. Transformational and transactional Leadership: A meta-analytic test of their relative validity [J]. *Journal of Applied Psychology*. 2004, 89(5): 755-768.

[2] [美]斯蒂芬·P. 罗宾斯,蒂莫西·A. 贾奇. 组织行为学[M]. 14 版. 孙健敏,李原,黄小勇,译. 北京:中国人民大学出版社,2012:332.

[3] Bass,B M. &Avolio,B. J Developing transformational leadership: 1992 and beyond[J]. *Journal of European Industrial Training*. 1990, 14(5): 21-27.

[4] 刘永芳. 管理心理学[M]. 2 版. 北京:清华大学出版社,2016:306.

关 键 术 语

(1) 领导特质理论(trait theories of leadership)认为领导有效性取决于领导者是否具备领导特质。

(2) 领导行为理论(behavioral theories of leadership)认为领导有效性与领导者的领导行为或工作作风存在着密切关系。

(3) 领导情境理论(situational theory of leadership)又称"领导权变理论"。该理论认为，不存在一种绝对的最佳领导行为，而要根据具体情境而定。

本 章 要 点

领导有效性理论是管理心理学研究的热点之一，影响领导有效性的因素以及如何提高领导有效性是其核心问题。领导有效性的研究成果可分为三个方面：领导特质理论、领导行为理论和领导情境理论。由于领导特质理论忽视下属的需要、没有指明各种特质之间的相对重要性、缺乏对因与果的区分、忽视情境因素，导致它在解释领导有效性方面的不成功。领导行为理论集中研究领导者的领导行为或工作作风对领导有效性的影响，主要研究成果包括：利克特的四种领导风格理论、俄亥俄学派的领导行为四分图理论、管理方格图理论、PM 理论。这些理论主要是从关心人和关心工作两个维度，以及上级控制和下属参与的角度对领导行为进行分类，这些理论在确定领导行为类型与下属工作绩效之间的一致性关系上取得了有限的成功，主要原因是对影响领导有效性的情境因素缺乏考虑。领导有效性显然依赖于任务结构、领导—下属关系、领导权威、下属的主导性需求等情境因素，领导情境理论弥补了这一缺陷，提出领导有效性依赖于情境因素，并且情境因素可以被分离出来，它的研究成果包括菲德勒权变模型、路径—目标理论、领导—参与模型、领导生命周期理论、领导行为连续带理论。但由于实践者很难确定领导—下属关系、任务结构等情境变量，对实践者来说显得过于复杂和困难，因而它的应用具有一定的局限性。魅力型领导理论、交易型领导和变革型领导理论为领导有效性的研究开辟了新的思路，它们比以往任何理论都提出了更为实际的观点，是普通人能够看得见的领导行为，具有实际的应用价值，在实践中得到了广泛应用。

练习与思考

一、名词解释题

领导特质理论、领导行为理论、领导情境理论

二、单项选择题

1. 第一个对领导特质进行分类研究的学者是( )。

A. 斯托格狄尔　　　B. 吉伯　　　C. 吉赛利　　　D. 杜柏林
2. 下列四个理论均属领导行为理论，其中（　　）的影响最大。
    A. 利克特的"四种领导风格理论"
    B. 俄亥俄学派的"领导行为四分图理论"
    C. 布莱克和莫顿的"管理方格图理论"
    D. 三隅二不二的 PM 理论
3. 下列五个理论均属领导情境理论，其中（　　）的影响最大。
    A. 菲德勒权变模型　　　B. 路径—目标模型　　　C. 领导—参与模型
    D. 领导生命周期理论　　　E. 领导行为连续带理论
4. 领导行为理论是从（　　）两个维度来解释领导有效性的。
    A. 结构和关怀　　　　　　　　B. 工作和生活
    C. 行为和情境　　　　　　　　D. 人格特质和人性
5. 俄亥俄学派"领导行为四分图理论"的提出者是（　　）。
    A. 斯托格狄尔　　　　　　　　B. 亨普希尔和孔斯
    C. 卡曼　　　　　　　　　　　D. 赫塞和布兰查德
6. 领导行为四分图理论中的"结构维度"是指（　　）。
    A. 主动关心下属　　　　　　　B. 主动关心上级
    C. 主动关心情境　　　　　　　D. 关心组织，或关心工作，或关心生产
7. 在菲德勒模型中，下列哪种情况最有利于提高领导效果？（　　）
    A. 领导者与下属的关系良好，任务结构明确，领导者职权强
    B. 领导者与下属的关系良好，任务结构明确，领导者职权弱
    C. 领导者与下属的关系良好，任务结构不明确，领导者职权强
    D. 领导者与下属的关系差，任务结构不明确，领导者职权弱
8. 在管理方格图理论中，下列哪种情况最有利于提高领导效果？（　　）
    A. (1.1)型，即平庸型领导　　　B. (9.1)型，即任务型领导
    C. (1.9)型，即俱乐部型领导　　D. (9.9)型，即团队型领导
    E. (5.5)型，即中庸型领导
9. "领导风格影响下属心理，下属心理影响工作效率"这一著名论断的提出者是（　　）。
    A. 吉赛利　　　B. 菲德勒　　　C. 利克特　　　D. 施密特
10. 路径—目标模型中的"路径"，是指领导者要为下属实现目标（　　）。
    A. 指明前进方向
    B. 规定工作任务
    C. 处理好上下级关系
    D. 铺设道路，扫清实现目标过程中的各种路障和危险
11. 领导生命周期理论中的"生命周期"，是指领导者要根据（　　）而采用不同的领导方式。
    A. 领导者当官时间的长短　　　B. 领导者生命活动周期
    C. 下属生命活动周期　　　　　D. 下属的成熟度

12. 第一个将独裁型领导和民主型领导两种极端思维联系起来考虑的理论是( )。
   A. 领导生命周期理论　　　　　B. 领导行为连续带理论
   C. 魅力型领导理论　　　　　　D. 变革型领导理论

三、判断题(正确打"√"，错误打"×")

1. 斯托格狄尔、吉伯都是传统特质论者。　　　　　　　　　　　　　　　　( )
2. 领导行为理论和领导情境理论均属行为理论，只不过前者是脱离情境的行为理论，后者是基于情境的行为理论。　　　　　　　　　　　　　　　　　　　　　　( )
3. 菲德勒模型认为领导行为是固定不变的，应根据不同情境选择不同的领导行为；而领导—参与模型则认为，领导行为是变化的，领导行为应根据具体情境而随时变动。　( )
4. 提高领导有效性是一个永远都不可能有正确答案的问题。　　　　　　　　( )

四、填空题

1. 传统特质理论又叫_____。
2. 领导情境理论又叫_____。
3. 领导有效性是领导者、被领导者和_____三个因素相互作用的函数。
4. 用"最难共事者"(LPC)调查问卷，你的LPC得分若是≥64分，说明你是一位把处理好_____放在首位的领导者；你的LPC得分若是≤57分，说明你是一位把处理好_____的放在首位领导者。
5. 交易型领导强调_____，变革型领导强调改变。

五、简答题

1. 特质理论在解释领导有效性方面基本上是失败的。请简述其原因。
2. 简述魅力型领导的特质。
3. 个体怎样才能成为魅力型领导者？

六、论述题

1. 领导行为理论包括哪些理论？试述各自的主要观点。
2. 领导情境理论包括哪些理论？试述各自的主要观点。

七、案例分析题

吴教授，50多岁，学校教学名师。吴教授对教学、科研以及其他工作都非常认真负责。上课总是提前十来分钟进教室，提前做准备，教学效果深受同行和学生好评。近年来，吴教授还主持了多项课题，发表了许多高质量论文，出版了多部教材和专著并获奖。每逢学院开会，吴教授总是前提到会。凡是学院要求提交各种材料，如教学进程计划、试卷文档、学生毕业设计等，吴教授总是第一个提交，而且提交的全部材料都是"免检"。请用领导生命周期理论分析这个案例。

回答问题并说明理由：

1. 吴教授的成熟度处于哪个阶段？
2. 根据领导生命周期理论，请问领导者和吴教授之间应该是什么关系？
3. 根据领导生命周期理论，请问领导者对吴教授进行管理应该采用哪种形式？

参 考 文 献

[1] 安德鲁·杜柏林. 领导力研究·实践·技巧[M]. 王垒, 译. 北京：中国市场出版社, 2006.

[2] 蔡凌. 现代领导者的新追求——《做有效的领导者——现代领导理论与艺术》评介[J]. 中共成都市委党校学报, 2004, 11(1): 79.

[3] 晁玉方, 王清刚. 领导特质理论的历史与发展[J]. 山东轻工业学院学报, 2012, 26(3): 77-82.

[4] 韩经纶. 你认为哪种类型的领导好？——美国伦西斯·利克特管理思想摘译[J]. 经营与管理, 1983(3): 62-64.

[5] 何江涛, 凌文辁. 领导理论的回顾与简评[J]. 党政干部学刊, 2002(10): 31-32.

[6] 金永生. 谈管理学中的领导生命周期理论[J]. 外国经济与管理, 1988(2): 14-16.

[7] 廖括. 利克特及其"参与领导论"[J]. 经营与管理, 1992(5): 34-34.

[8] 梁勇. 领导生命周期理论及简报[J]. 管理工程师, 2000(2): 11.

[9] 刘永芳. 管理心理学[M]. 2版. 北京：清华大学出版社, 2016.

[10] 凌文辁, 陈龙, 王登. COM领导行为评价量表的建构[J]. 心理学报, 1987(2): 199-207.

[11] 卢存岳, 宋寅. 来自异国的同道——介绍三隅二不二先生和他的PM理论[J]. 领导科学, 1986(11): 14-16.

[12] 盛宇华. 豪斯的"通路—目标"模型述评[J]. 南京师大学报(社会科学版), 1988(1): 22-26.

[13] 斯蒂芬·P. 罗宾斯. 管理学[M]. 4版. 黄卫伟, 等译. 北京：中国人民大学出版社, 1997.

[14] 唐·赫尔雷格尔, 小约翰·瓦·斯洛克姆. 组织行为学[M]. 余凯成, 译. 北京：中国社会科学出版社, 1989.

[15] 文晓立, 陈春花. 领导特质理论的第三次研究高峰[J]. 领导科学, 2014(12月中): 33-35.

[16] 许芳. 组织行为学原理与实务[M]. 北京：清华大学出版社, 2014.

[17] 徐联仓, 陈龙, 王登, 等. 心理学为提高企业素质服务[J]. 心理学报, 1985(4): 339-345.

[18] 杨晓辉. 企业领导科学[M]. 兰州：兰州大学出版社, 1993.

[19] 叶浩生. 西方心理学理论与流派[M]. 广州：广东高等教育出版社, 2004.

[20] 俞文钊. 管理心理学[M]. 大连：东北财经大学出版社, 2000.

[21] 赵凡禹. 管理学名著全知道[M]. 上海：立信会计出版社, 2012.

[22] 郑卫国. 做有效的领导者——现代领导理论与艺术[M]. 成都：四川人民出版社, 2003.

[23] 郑雪. 社会心理学[M]. 广州：暨南大学出版社, 2004.

[24] 郑晓明. 领导权变理论述评[J]. 应用心理学, 1990, 5(1): 19-24.

[25] 中共中央马克思恩格斯列宁斯大林著作编译局. 马克思恩格斯选集(第1-4卷)[M]. 北京：人民出版社, 1995.

[26] Bass, B M. Leadership and performance beyond expectations [M]. NY: Free Press. 1985.

[27] Bass, B M. & Avolio, B. J Developing transformational leadership:1992 and beyond[J]. Journal of European Industrial Training. 1990, 14(5): 21-27.

[28] Burns, J M. Leadership [M]. NY: Harper & Row. 1978.

[29] Blake R, Mouton J. The managerial grid[M]. Houston, TX: Gulf. 1964.

[30] Fiedles, F. E. Acontingency modal of leadership effectiveness[J]. Advances in experimental social Psychology. 1964.

[31] Conger, J. A & Kanungo, R. N. Toward a behavioral theory of charismatic Leadership in Organizational settings[J]. The Academy of Management Review. 1987, 12(4):637-647.

[32] Fiedler F E. A theory of leadership effectiveness[M]. NY:McGraw-Hill. 1967.

[33] Fiedlier F. E. The Effect of Leadership Training and Experience:AContingency Model Interpretaion[J]. In:Administrative Science Quarterly (17):455. permission of Administrative Science Quarterly. 1972.

[34] House, R. theory of charismatic leadership. In. Hunt, J. G & Larson, I. L. (Eds). Leadership:The Cutting Edge(pp. 189-207)[M]. Carbondale, IL:Southern Illinois University. 1977.

[35] Houes, R. J & Howell, J. M. Personality and Charismatic Leadership[J]. Leadership Quarterly. 1992(3):81-108.

[36] Judge, T. A. Piccolo, R. F. & Ilies, R. The Forgotten Ones? The Validity of Consideration and Initiating Structure in Leadership Research [J]. Journal of Applied Psychology. 2004(2):36-51.

[37] Judge, T. A & Piccolo, R. F. Transformational and transactional Leadership: A meta-analytic test of their relative validity [J]. Journal of Applied Psychology. 2004, 89(5): 755-768.

[38] Kirkpatrick S A, Locke E A. Direct and Indirect Affects of Three Core Charismatic Leadership Components on Performance and Attitudes[J]. Journal of Applied Psychology. 1991(81): 36-51.

[39] Korman A K. "Consideration" "initiating structure" and organizational criteria-A review[J]. Personnel Psychology. 1966, 19(4): 349-361.

[40] Richardson, R. J. & Thayer, S. K. The Charisma Factor: How to Develop Your Natural Leadership Ability [M]. Upper Saddle River, NJ: Prentice Hall. 1993.

[41] Schriesheim, C. A. Cogliser, C. C. & Neider, L. L. Is It "Trustworthy"? A Multiple-Levels-of-Analysis Reexamination of an Ohio State Leadership Study, with Implications for Future Research[J]. Leadership Quarterly. 1995(5):111-145.

[42] Shamir, B., House, R. J. & Aethur, M. B. The Motivational Effects of Charismatic Leadership: A Self-Concept Theory [J]. Organization Science. 1993(11):577-594.

[43] Stogdill R M. Personal factors associated with leadership: A survey of the literature[J]. The Journal of Psychology: Interdisciplinary and Applied. 1948, 25(1):35-71.

[44] Stogdill, R. M. & Coons, A. E. (eds.). Leader Behavior: Its Description and Measurement[M]. Columbus: Ohio State University, Bureau of Business Research. 1951.

[45] Stogdill R M. Handbook of leadership: A survey of theory and research[M]. New York: Free Press. 1974.

[46] Vroom V H, Yetton P W. Leadership and decision-making[M]. Pittsburgh, Pa: University of Pittsburgh Press. 1973.

[47] Vroom V H, Jago A G. Decision making as a social process: Normative and descriptive models of leader behavior [J]. Decision Sciences. 1974, 5(4):743-769.

[48] Warren Bennis. On Becoming a Leader: The Leadership Classic-Updated and Expanded[M]. Cambridge, MA:Perseus. 2003, 39-40.

[49] Weber, M. The Theory of Social and Economic Organization[M]. New York: The Free Press. 1947.

第五篇　组织心理管理

第十四章　组织变革心理

最终存活下来的不是最强壮的物种，也不是最有智慧的物种，而是那些对环境变化作出最快反应的物种。

——达尔文

【学习目标】

- 识记组织变革、组织变革模式、中梗阻等概念。
- 了解组织变革方式；组织变革的程序和方法。
- 理解组织变革的外部动因和内部征兆。
- 掌握组织变革的三种模式与克服组织变革心理阻力的对策。

【引例】

海南：结核病防治所变革导致所长杀身之祸

　　2002年1月，年仅38岁的符某被派往万宁市结核病防治所(简称结防所)担任所长。当时结防所人员严重超编——只有10个人的编制，实际却有64个人，所里每月只有两万余元收入，职工工资根本无法正常发放。符某经过几个月努力，结防所的年门诊量由7000人次猛增至1.8万人次，月业务收入由2万元上升到6万多元，人均年收入上升到7307元。让人意想不到的是，这位改变了结防所窘况的所长上任不到两年却被同所一名职工当众杀害。最直接的起因竟然是他刚刚推行一个月的改革。按照改革方案，关于所长和医生工资及奖金的发放是这样规定的：所长属财政定编人员，工资由财政拨款全额支付，奖金则根据医疗分成表中利润的60%作为奖金。医生实行计件工资，按照分成表中的利润直接记到个人账户。2003年11月，医生冯某没有看一个病人。根据改革方案，冯某的收入为零。12月初，发工资的日子刚过，冯某就带了一把尖刀放在结防所里，并扬言不发工资就杀人。没想到他说到做到。

　　对此次惨案，副所长何某无不感慨地说："有些人就是每月给他5万元，只要有人比他多0.1元，他就不舒服，而只要他是最高的，哪怕只有20元，他心里就平衡了。"

(资料来源：人民网，http://www.people.com.cn/2004年9月2日)

　　这个引例告诉人们，组织变革因涉及每个组织成员的切身利益，会遇到各种阻力，延伸到人际矛盾，变革者甚至会招来杀身之祸。可见，组织变革是一种复杂的社会心理现象，是管理心理学必须研究的课题。

第一节 组织变革

一、组织变革的概念

有人认为"追求组织变革的定义也许没有意义"。[①]对这个观点笔者不敢苟同。对概念的准确定义,是理解和运用概念的先决条件,对人们深化认识、加强思想交流至关重要。"从认识论上说,定义能够把人们的认识成果总结、固定下来;从思想交流上说,定义能够使人们对概念的理解和运用保持一致。"[②]在给"组织变革"下定义之前,首先需要弄清楚三个问题:①变革的含义;②组织变革的实施者;③为什么要进行组织变革?组织变革的目的是什么?

第一个问题:变革的含义。"变革"一词最早见于《周书·卢辩传》:"宣帝嗣位,事不师古,官员班品,随意变革。"《辞海》将"变革"解释为:改变;改革。《现代汉语词典》:改变是"使事物发生显著的差别";改革是"把事物中旧的不合理的部分改成新的、能适应客观情况的"。从《现代汉语词典》的解释可以看出,改变是使事物的现状发生变化,改革则是在维持事物现状的前提下对事物进行调整、修正和完善。可见,把变革理解成"改革"是再恰当不过的。因此,可以将"组织变革"和"组织改革"视为同义语。

第二个问题:组织变革的实施者。改革是"把事物……"中的"把"所指何物?显然是事物的把持者、掌控者。同样道理,实施组织变革的人,既不是组织的中层管理者,更不是基层员工,而是组织的领导者。

第三个问题:为什么要进行组织变革?组织变革的目的是什么?改革是"把事物……能适应客观情况"。"能"的前项是原因,"能"的后项是目的。为什么要进行组织变革?说明组织不能适应客观情况,因此要变革。组织变革的目的是什么?就是为了使组织能够适应客观情况,为了使组织更好地生存和发展,更好地实现组织目标。

清楚了前面三个问题,再来给"组织变革"下定义就容易多了。**组织变革**(organization change)是组织领导者根据内外环境的变化,对组织原有状态进行调整、修正和完善,以便更好地实现组织目标的活动。

二、组织变革的原因

为什么要进行组织变革?这是需要进一步明确的问题,也是必须首先回答的问题,因为它是研究组织变革的起点。组织变革不是空穴来风,它既有外部动因,也有内部征兆。

---

① Griliches, Z. (ed). output Measurement in the Service Sectors, NBER, in Studies in Income and Wealth[M]. The University of Chicago Press. 1992: 56.

② 许占君. 论定义[J]. 内蒙古大学学报(人文社会科学版), 1998(5): 86-90.

(一)外部动因

动因(agent)既可以理解为动机、原因,也可以理解为"推动因素"。分析组织变革的外部动因,可以是微观层面的,也可以是宏观层面的。从宏观层面看,推动组织变革的外部因素无外乎三个方面。

1. 社会政治

任何形式的组织变革都会受到社会政治的影响。社会政治的影响包括统治者的政权易位、政治体制改革、国内政局的动荡与稳定、民族法制的健全与破坏、方针政策的正确与错误、社会风气的好与坏等。通常,社会进步、政治民主、法制健全、社会风气好、人民生活安定都会推动社会变革。社会变革必然要求组织也随之变革。

2. 经济发展

经济发展推动组织变革主要体现在三个方面:①经济发展表现为生产力水平提高。生产力水平提高将导致生产条件和物质条件的改善,导致生产方式的变化,从而要求组织随之变革;②经济发展影响经济结构调整和经济体制改革,也要求组织作出相应变革;③经济发展会影响教育、文化、科技以及人们思想观念的变化,这些变化也要求组织作出相应变革。

3. 科技进步

当今世界,科学技术突飞猛进。随着知识经济时代到来,组织尤其是企业组织所面临的各种环境条件发生了深刻变化,最突出的表现就是"三化"和"三C"。[①]"三化"是指全球化、市场化和信息化;"三C"是指Change(日新月异的变化)、Competition(市场竞争白热化)和Customer(以顾客为中心)。

当外部环境发生变化的时候,传统管理模式已经无法适应新的要求,因此组织变革自然成为必然的、唯一的选择。

【专栏14-1】

老鹰喂食与组织变革

老鹰是所有鸟类中最强壮的种族,根据动物学家的研究,这可能与老鹰的喂食习惯有关。老鹰一次会孵化出四五只小鹰。但是由于它们的巢穴很高,所以老鹰猎捕回来的食物一次只能喂一只小鹰。而且老鹰的喂食方式并不是依平等原则,而是谁抢得凶谁就能吃到食物,在这种情况下,那些瘦弱的小鹰因吃不到食物都死了,只有最凶狠的存活下来,代代相传,老鹰一族也就越来越强壮。

(资料来源:http://tieba.baidu.com/p/2439250018)

这个故事告诉我们,适者生存是市场竞争的自然法则。组织若不能随内外环境的变化而变革,在异常激烈的竞争环境中将会被自然淘汰。

[①] 刘永芳. 管理心理学[M]. 2版. 北京:清华大学出版社,2016:405.

(二)内部征兆

组织变革一般都有许多内部征兆,当组织面临下列情况之一的时候,就需要进行变革。

1. 机构臃肿

当组织的机构越来越多,机关管理人员越来越多,上级的协调工作量明显增大,整天忙碌却没有效果。

2. 反应迟钝

组织对外部环境的变化反应迟钝,信息失灵,决策周期长,办事效率低下,经常出现渎职、推诿等现象,很多重要的事情决策困难、执行不力。

3. 文山会海

为了规范组织管理,下发的文件越来越多;为了解决各种问题,经常举行各种会议。组织领导者和各级管理人员整天陷入文山会海之中,苦不堪言。

4. 模式僵化

组织结构僵化;决策层的思维和行为模式僵化,墨守成规,缺乏新思路。

此外,美国管理心理学家西斯克(H. H. Sisk)认为,当组织面临决策失灵、机构失效、沟通渠道堵塞、缺乏创新等情况之一的时候,就必须进行变革。[1]美国利特尔咨询公司甚至还提出了一个组织变革公式[2]

$$C=(a \cdot b \cdot d)>K$$

式中:C 表示变革成功指数;a 表示组织成员对现状的不满意程度;b 表示变革成功的概率;d 表示变革措施的效能;K 表示变革付出的代价。只有当组织成员对现状不满程度高、变革成功的把握大、变革措施得力、变革付出代价较小的时候,才能实施组织变革。

三、组织变革方式的选择

对于组织变革的必要性,有这样一种流行的认识:要么变革,要么灭亡。然而事实并非总是如此,有些组织实行了变革,反而加速了灭亡。这就涉及组织变革方式的选择问题。组织变革方式可以是渐近的、剧烈的,也可以是局部的、全方位的,无论选择哪种变革方式,都必须遵循积极慎重原则和综合治理原则。

(一)渐进式和剧烈式[3]

1. 渐进式变革

渐进式变革是一种持续地改进,这些改进维持着组织的一般平衡,并且通常只影响组织的一部分。

---

[1] 吴岩. 领导心理学[M]. 北京:中央编译出版社,1996:359.
[2] 许芳. 组织行为学原理与实务[M]. 2版. 北京:清华大学出版社,2014:376.
[3] [美]理查德·L. 达夫特. 组织理论与设计精要[M]. 李维安,等译. 北京:机械工业出版社,1999:143-145.

2. 剧烈式变革

剧烈式变革虽然打破了组织的原有框架，但在通常情况下也能产生一种新的平衡，因为整个组织都进行了变革。

【专栏 14-2】

剧烈式变革的例子

公司剧烈改造一个很好的例子是 Globe Metallurgical 公司。这是 20 世纪 80 年代早期典型的 Rust Belt 公司：老的传统官僚体制，行动迟缓，对顾客反应迟钝，成本高，质量低。1984 年，当 Arden Sims 接任首席执行官时，公司正处于生死关头，其业务很可能被外国竞争者吞噬。经过 8 年的时间，Sims 将 Globe 公司改造为当今一流的原材料厂商，为全球范围的化工和铸造工业提供特种金属。这种转变包括管理体系、工作结构、产品、技术和工人态度等方面的剧烈变革。

(资料来源：理查德·L. 达夫特. 组织理论与设计精要. 北京：机械工业出版社：144)

(二) 三种变革方式[①]

1. 全面变革和逐步变革

全面变革是完全变化，是革新；逐步变革是逐步变化，是转变。逐步变革有利于组织稳定，全面变革会带来组织震荡。

2. 自上而下变革和自下而上变革

自上而下变革是权力型变革，是由领导层推动的。其好处是可以把变革很快推广开来。其缺点是基层被动，因而在变革过程中往往会走样，导致变革中出现许多不好的东西。自下而上变革是基于生存需要而进行的变革。当变革进行到一定程度时，变革要怎样继续进行下去就成了问题。

3. 生存型变革和权力型变革

生存型变革是为了更好生存而不得不进行的变革，权力型变革是权力决定的变革。权力型变革有可能出现"为变革而变革"的现象，其结果往往是面子工程。有些组织领导者总是想和前任有所不同，于是就做一些所谓的变革，其结果常常是负面的。

四、组织变革的模式

"模式识别"是认知心理学必须研究的重要内容之一。模式识别中的"模式"，其英文是"pattern"，其含义是"由若干元素或成分组成的有结构的整体"[②]，是一种看得见摸

---

① 景怀斌. 管理心理学[M]. 北京：科学出版社，2009：205-206.
② 冉苒. 认知心理学[M]. 南京：江苏人民出版社，2007：72.

得着的形或形状。[1]

人们通常所说的"模式",其英文是"model"。《现代汉语词典》将"模式"解释为"某种事物的标准形式或使人可以照着做的标准样式"。《英汉双解词典》将其解释为:模型;典型;模范;模特儿;样式。从这个意义上说,模式也可称为**范式**(Paradigm)。[2]人们做任何事情,一旦有了标准、模型、范式,就可以无数次地使用它,无须再重复相同的工作。[3]可见,**组织变革模式**(organizational change model)是组织变革的标准样式或模型。国内外研究者提出的组织变革模式很多,这里只介绍三个具有代表性的组织变革模式。

(一)三阶段变革模式

三阶段变革模式是指组织变革需要经历"解冻—改变—重新冻结"三个阶段,[4]由德裔美籍心理学家库尔特·勒温(K. Lewin, 1951)在其遗著《社会科学中的场论》[5]中提出。三阶段变革模式是针对什么内容而言的?国内学者有不同解读,[6][7]但就其实质而言,就是变革组织成员的**行为模式**(behavior model)。即变革组织成员的行为模式需要经历解冻、改变和重新冻结三个阶段,如图 14-1 所示。

图 14-1 三阶段变革模式

(1) **解冻**(unfreezing):就是打破组织成员原有的行为模式。在这一阶段,组织领导者需要做好三项工作:一是鼓励组织成员接受新的行为模式,刺激其改变行为模式的动机,增强其改变行为模式的紧迫感;二是通过比较评估办法,将本组织成员与其他组织成员的行为模式进行比较,通过评估,找出差距;三是对组织成员原有行为模式加以否定。

(2) **改变**(change):即改变组织成员的行为模式。在这一阶段,组织领导者同样需要做好三项工作:一是使组织成员认识到原有行为模式已经过时;二是为组织成员提供新的行为模式标准;三是通过榜样、专家指导、培训等途径,使组织成员形成新的行为模式。

(3) **重新冻结**(refreezing):就是通过强化手段使组织成员将新的行为模式固定下来。强化分连续强化和断续强化。连续强化是指组织成员在每一次实施新行为模式时都给予强化;断续强化是指组织成员在多次实施新行为模式之后才给予强化。

---

[1] 彭聃龄,张必隐. 认知心理学[M]. 杭州:浙江教育出版社,2004:50.
[2] [美]托马斯·库恩. 科学革命的结构[M]. 金吾伦,胡新和,译. 北京:北京大学出版社,2003:9.
[3] 赵普. 企业管理模式变革路径选择与组织知识效度的相关性研究[J]. 科技管理研究. 2007(12):221-224.
[4] Latta G. A process model of organizational change in the cultural context: the impact of organizational culture on leading change[J]. *Journal of Leadership & Organizational Studies*. 2009, 16(1).
[5] [美]库尔特·勒温. 社会科学中的场论[M]. 北京:中国传媒大学出版社,2016:30-43.
[6] 孟领. 西方组织变革模型综述[J]. 首都经济贸易大学学报,2005(1):90-92.
[7] 孟范祥,张文杰,杨春河. 西方企业组织变革理论综述[J]. 北京交通大学学报(社会科学版),2008,7(2):89-92.

(二)系统变革模式

系统变革模式由美国心理学家哈罗德·莱维特(H. Leavitt，1983)提出，他认为组织是一个由多种变量构成的系统，其中主要有结构、任务、人员和技术四个变量。[①]组织变革牵一发而动全身。任何一个变量的改变都会引起一个或多个变量的改变，因此四个变量的变革往往是同时发生的。

(1) 结构：指组织的责权体系、信息沟通、管理层次和幅度、工作流程等。
(2) 任务：指组织存在的意义和使命以及工作性质。工作任务的性质可以影响到组织内部个体和部门之间的关系。
(3) 人员：指组织中的个体、群体、领导人员，包括他们的工作态度、个性和激励等。
(4) 技术：指组织解决问题的方法、手段和技术装备等。

根据系统变革模式，组织变革的具体措施可以是：引用单一变量或多个结合变量；变革工作任务、组织结构；改变成员的态度和价值观、组织成员之间的沟通方式；改变问题解决的机制和方法。

(三)动因变革模式

动因变革模式由许芳等人(2014)在《组织行为学原理与实务》[②]一书中提出。该模式认为组织变革以"原因"为起点，以"目标"为终点，其发展顺序是原因、动机、选择、目标。这四个环节，通过一定的反馈形式再次引起内部和外部原因的变化，从而形成新一轮的组织变革，如图14-2所示。由此可见，将动因变革模式命名为"循环变革模式"更为恰当。

图 14-2 动因变革模式

(1) 原因：即组织内部和外部原因。组织变革首先由内部和外部原因刺激所引起。
(2) 动机：内外原因刺激的结果使人们的观念发生了变化，即形成变革动机。这种动机包括组织的发展要求和个人的发展要求两个方面。
(3) 选择：组织领导者所作出的选择在组织变革中具有重要作用，这种选择包括变革的目标选择、途径选择和方式选择。
(4) 目标：即确定组织变革目标，如组织的协调发展、组织对环境的适应性、组织效能的提高等。

---

① 孟领. 西方组织变革模型综述[J]. 首都经济贸易大学学报，2005(1)：90-92.
② 许芳. 组织行为学原理与实务[M]. 北京：清华大学出版社，2014：380.

五、组织变革的程序

组织变革模式和组织变革程序是两个不同的问题。前者是指组织变革的标准样式或模型，后者则是指进行组织变革的先后次序，即步骤。组织变革包括哪些步骤？绝多数研究者均认为组织变革包括确定问题、组织诊断、制订方案、实施变革、评估效果 5 个步骤。我们认为，组织变革包括确定问题、制订方案、制造舆论、实施变革、评估效果、反馈调整 6 个步骤。其中最大的变化：一是把"组织诊断"当作确定问题的手段；二是增加了"制造舆论"和"反馈调整"两个步骤。

(一)确定问题

组织需要变革哪些问题，必须首先明确并肯定下来。组织究竟需要变革哪些问题呢？对组织来讲，就是组织发展遇到的困难；对个人来讲，就是多数组织成员都感到遇到的困难是什么。由于对于困难的确定带有很大的主观性，因而变革之前确定变革问题就涉及如何更准确地认定问题。确定问题不能凭主观臆断，而要靠**组织诊断**(tissue diagnosis)。组织诊断首要采取行之有效的方式将组织现状调查清楚，然后对所掌握的资料进行科学分析，找出期望与现状的差距，以便进一步确定需要解决的问题和所要实现的目标。组织诊断犹如医生给病人看病一样重要，不能准确诊病就不可能对症下药。

(二)制订方案

通过组织诊断确定问题之后，接下来就是制订变革方案。一般来说，组织变革需要有多个备选方案。在多个备选方案中必须明确问题的性质和特点、解决问题需要的条件、变革的途径、方案实施可能造成的后果等内容。

在制订方案的时候，必须拿出一个较为具体、全面实施的计划，包括时间安排、人员培训、人员调配、物力和财力筹备等内容。

(三)制造舆论

组织变革需要舆论引导。制造舆论要注意两个问题：一是反映组织变革真相、引起公众关注、形成舆论导向；二是重视意见领袖。**意见领袖**(opinion Leader)是指在人际传播网络中经常为他人提供信息，同时对他人施加影响的"活跃分子"，他们在信息传播过程中起着重要的中介或过滤作用。意见领袖一般具有较高的人格魅力、较高的社会地位、大众认同度高，因而有不少"追随者"。由他们将组织变革的有关信息扩散出去，至少可以影响其"追随者"，对于消除人们对组织变革的抵触情绪可以起到重要作用。

(四)实施变革

实施组织变革包括方案优选和执行方案两个阶段。在执行方案阶段必须注意以下几个问题。一是如何把理想化的方案转变为实际行动。组织变革方案往往带有理想化的成分，因为组织变革方案主要是由少数人制订的，尽管力图完善，但毕竟和现实条件不一样。执行方案是一个由少数人制订到由全员执行的过程，其间存在许多变数，执行过程会不会走样，能不能被执行者接受，能不能达到组织领导者所期望的效果，这些问题都应一并考虑进去。二是既要选择发起组织变革的适当时机，又要恰当选择组织变革的试点对象。三是进行宣传教育，提高认同程度，鼓励全员参与。四是必须忠实于所选方案，才能看出变革效果。

(五)评估效果

采用各种方式或途径搜集有关变革效果方面的信息，并对其进行评价和估量。变革效果不是抽象的，它应当有具体指标，包括硬指标和软指标。硬指标对企业来说就是效益，对员工来说就是"改革红利"，即实际受惠程度。软指标主要表现为组织成员的态度和心理感受。如员工对变革效果是持肯定态度或否定态度，认同度是加强了还是减弱了，员工满意度如何。

评估分总结性评估和阶段性评估。其中阶段性评估更为重要，因为阶段性评估有利于及时发现问题，以便随时整改。

(六)反馈调整

反馈调整是组织变革过程中的关键一环，也是经常性的工作。通过评估，如果证明变革效果好，应当坚持和完善；如果变革效果不明显，就应进行调整；如果效果欠佳甚至没有效果，则应分析原因，需要根据上述步骤再循环一次，直到取得满意结果为止。

六、组织变革的方法①

(一)以结构为中心的变革

变革结构就是对那些不能适应内外环境变化和工作要求，不能满足组织成员合理需求的职能部门进行调整。调整包括罢免、更换职能部门管理者，减少或增加领导职位和人数，合并或撤销一些部门，建立新部门。变革结构的目的是强化部门间的协调，扩大基层单位的自主权。组织结构变革不能因人设职、因人设事，否则不仅达不到变革目的，反而使组织结构更加不合理。组织结构变革搞好了，其他变革就有了组织保障。

(二)以技术为中心的变革

变革技术就是要变革那些有碍任务完成、目标实现的技术、方法和设备，包括挖掘潜力、改进技术、引进新技术。这些措施，有利于达到增加产量、提高质量的目的。

(三)以人员为中心的变革

变革结构和技术，意在通过创设适宜的环境，使组织成员的行为变得更有效。变革人

---

① 朱智贤. 心理学大词典[Z]. 北京：北京师范大学出版社，1989."组织变革"词条.

员则是试图通过改变组织成员的动机、态度和技能来改变行为。

改变人员的动机和态度包括：①教育员工端正工作动机，不能一切向钱看，要加强职业道德修养，要有主人翁精神和工作责任感，要有为实现组织目标发挥聪明才智和勤奋工作的奉献精神；②爱护员工的工作热情和积极性。变革应与员工的贡献和物质利益挂钩，做到赏罚分明；③用真诚、理解的态度对待下岗员工，多做思想工作，采取有力措施帮助他们解决经济、就业和其他方面的困难，努力使之成为一股支持改革的力量；④领导干部要廉政勤政，不断改进工作作风，以增加影响力。这些工作做好了，就能够为组织变革创造一种团结、振奋、和谐的心理气氛。

变革人员的技能包括：对组织成员进行对口技能培训，为他们更新知识，学习新技能，跟上技术革命步伐创造条件，并借此提高其适应现代管理和生产方式的能力。

(四)以系统为中心的变革

组织是一个开放的系统，它与外部环境密切相关，并相互作用、相互影响。外部环境的变化，必然要求组织随时进行变革。一个组织为了求得生存、成长和发展，必须努力控制外部环境，以使自己与外部环境保持平衡。然而，任何一个组织都无法做到完全控制外部环境的变化，因此就必须不断地进行内部调整，以有效适应外部环境的变化。为此，组织应通过扩大信息源，加强信息输入，开辟新领域，设置新的对外服务项目，加强与相关组织的横向联系，掌握对外主动权等措施来主动适应外部环境。

一个组织究竟要以什么为中心来进行变革？这要根据不同的组织状况和不同变革目标来确定，不能一概而论。

第二节 组织变革的心理阻力及克服

任何形式的组织变革都会遇到阻力，包括来自社会的、政治的、经济的等外界阻力，也包括来自组织结构、人员素质、技术、财力等内部阻力，但组织变革的最大阻力却来自组织内部的心理阻力。

一、组织变革的心理阻力

(一)个体阻力

1. 不安心理

个体对于组织变革的担心是多方面的，如担心经济利益受损、担心职业安全等。美国某食品公司购置并安装了一台全自动冰淇淋生产机器，以代替原来的半自动化机器。由于这台机器就连低级技工都能操作使用，某高级技工意识到这是对自己职业安全的威胁，于是就设法阻挠。他在公司总经理前来参观这台机器的当天，故意使机器出现故障，让开关控制器失灵，使三种不同味道的冰淇淋四处喷射，以此显示这台机器浪费极大，还不如原来的机器。

2. 求稳心理

具有求稳心理的人总是固守那些不合时宜的旧观念，怕乱，怕打破原有秩序，对层出不穷的新事物反映冷淡，尤其对变革带来的新的工作和生活节奏以及种种变化漠然视之，甚至本能地拒斥。求稳心理与组织变革是格格不入的。

3. 求全心理

组织变革是一项系统工程，不可能做到十全十美、万无一失，总有不尽人意的地方。然而，具有求全心理的人总是希望组织变革以一种无谬误的方式进行，一旦变革在某个方面或环节上出现问题，这些人就惊慌失措，甚至横加指责。

4. 依赖心理

依赖性强、缺乏主见的人，凡事都要请示汇报，看别人的脸色行事。他们对待变革的态度总是取决于大多数人的态度，除非大多数人都认识到变革的必要性并积极投身于变革，他们才会支持和拥护变革。否则，他们就是变革的旁观者甚至反对者。

5. 保守心理

保守的人常常以各种借口阻挠变革。有的单位把年轻有为的优秀人才提拔到领导岗位上来，就常常遇到阻力。干部制度改革之所以遇到阻力，原因之一就是保守心理在作祟。

6. 习惯心理

具有习惯心理的人总是以惯常的方式对外界刺激作出反应，一旦外界刺激超出自己惯常的反应方式就感到茫然。人们在长期的工作中已经养成了某种习惯，如习惯的工作方式、思维方式等，而变革意味着要改变这些习惯，这就使有些人感到不习惯，从而产生抵触情绪。

(二)群体阻力

1. 群体规范的阻力

变革前，正式群体与非正式群体之间的行为规范处于相容状态；变革后，正式群体的目标、任务、行为准则发生了变化，这就难免与非正式群体的规范发生冲突。这时，非正式群体对正式群体所实施的变革就会采取不合作的态度甚至发生抵制行为，如故意限制产量、压低定额、破坏设备等。

2. 人际关系的阻力

变革必然会引起人际关系的变化，如竞争机制的引进，部门之间责权的重新调整，机构压缩、人员裁减与重组等，都会打破原有的人际关系。人际关系的变化，需要重新适应，人们自然不情愿，因此对变革的推进必然产生不利影响。

(三)中层管理者的阻力

组织变革是由高层领导者发动的，高层领导者不存在阻力问题；广大基层员工对组织变革虽有阻力，但阻力不大；组织变革的最大阻力来自**中层管理者**(middle managers)。中层管理者对组织变革阻力最大的现象称为"中梗阻"。所谓**中梗阻**(the obstruction)，是指组织变革运行遭到中层管理者的阻扰而导致过程全部停滞或部分中断的现象。中层管理者是一个利益群体，不是某个或某几个中层管理者在阻扰组织变革，而是整个中层管理者群体都在阻扰组织变革，这就决定了中梗阻是"集团式中梗阻"。中梗阻多发生于组织变革方案的实施环节。由于有中梗阻存在，组织变革常常出现"上下热，中间冷"的现象。

中梗阻的表现："误读"组织变革的顶层设计；选择性执行；下情不上达；"雁过拔毛"行为和畏难、抵触情绪；分众化、碎片化小团体汇成"民意集团"冲击组织变革。

中梗阻的原因：组织变革必然要精简机构、减少管理层次，甚至撤销某些部门；组织变革要废除领导干部终身制、实行领导干部能上能下制；组织变革要实行权力下放，让员工参与管理、参与决策。对此，中层管理者担心已有权力和地位受到威胁，因而会想方设法干涉、阻挠，甚至极力反对。中梗阻是导致组织变革失败的主要原因。

二、克服组织变革心理阻力的对策

组织变革有阻力是正常的，关键是要想办法克服。斯蒂芬·P. 罗宾斯(1984)[①]从管理学角度出发，提出了 6 种克服方法：教育与沟通；参与；促进与支持；谈判；操纵与合作；强制。从管理心理学角度看，克服组织变革的心理阻力主要有四种对策。

(一)运用力场分析法

这种方法由库尔特·勒温(1951)[②]提出。**力场分析法**(force field analysis)就是把对变革的两种态度(支持或抵制)或两种力量(动力或阻力)用对称图示方法进行排队，对比分析其力量的强弱，然后通过增强支持力量和削弱抵制力量的措施来推行变革的方法。[③]

在勒温看来，任何组织都是一个"场"，其中存在着动力(支持力量)和阻力(抵制力量)两种力量的**角力**(wrestling)。当两种力量势均力敌时，组织就处于一种平衡或稳定状态。组织变革意味着要打破这种平衡状态。组织变革在本质上就是组织从目前状态向预期状态的转变过程。组织变革同样存在动力和阻力，组织领导者应通过分析变革的动力和阻力，使两种力量在不同水平上展开斗争，在不同层次上取得平衡，逐渐向预期状态过渡，直到在预期状态上取得平衡。[④]

(二)引入变革代理人

组织变革中有三种角色：变革发起人、变革代理人和受影响者。变革发起人是组织的

---

① [美]斯蒂芬·P. 罗宾斯. 管理学[M]. 4 版. 黄卫伟，等译. 北京：中国人民大学出版社(原著出版时间：1984)，1997：320.

② [美]库尔特·勒温. 社会科学中的场论[M]. 北京：中国传媒大学出版社，2016：130-155.

③ 许方. 组织行为学原理与实务[M]. 北京：清华大学出版社，2014：386.

④ 刘永芳. 管理心理学[M]. 2 版. 北京：清华大学出版社，2016：408-409.

高级管理者或领导人，其主要作用是作出变革决策，启动变革。**变革代理人**(change agent)就是斯蒂芬·P. 罗宾斯(1984)^①所说的"变革推动者"。其"主要工作是策划和执行变革"。^②其作用是斡旋、联络、沟通，促成变革，对未来状态作出承诺。人选可以是专家、顾问、组织领导者、员工等。^③

组织变革引入代理人有什么好处？从功利角度看，可以转移矛盾。从客观效果看，有两个好处：一是由于"受影响者"中的一些人怀疑变革发起人的动机，引入变革代理人能够消除这些人的顾虑；二是变革代理人通常能较为客观地认识组织所面临的问题，能较为正确地找到解决问题的办法。

(三)借助精神领袖

人们的生活世界有精神领袖，政治和宗教活动有精神领袖，各类组织及组织变革也有精神领袖。可见，精神领袖是人类社会活动的产物，是一种客观存在，因此我们使用"借助"一词来表达。概而言之，精神领袖有两个重要特征：极具人格魅力；极富凝聚力。在组织变革中，那些极具人格魅力、极富凝聚力的精神领袖如果能够为我们所用，那么他们就会以其人格魅力影响其他人，赢得更多的拥护者和支持者。

客观而论，在组织变革中借助精神领袖并不是一件好事，因为精神领袖的凝聚力有时也是一种可怕的力量，甚至会摧毁整个组织。因此，组织变革借助精神领袖须谨慎。

(四)削减中梗阻

中梗阻是一种"群体疾病"，无法根治，只能削减。削减中梗阻的对策是建立中层管理者流动机制。实行跨部门轮岗交流，扩大流动空间，统一调配干部资源，对管理业务相同或相近的中层管理者，有计划地轮换其工作岗位。通过不断的流动，有利于打破"部门所有"的狭隘意识，从源头上削减中梗阻，使组织变革的阻力变得小一些。

关 键 术 语

(1) 组织变革(organization change)是组织领导者根据内外环境的变化，对组织原有状态进行调整、修正和完善，以便更好地实现组织目标的活动。

(2) 组织变革模式(organizational change model)是组织变革的模型或标准样式。

(3) 中梗阻(the obstruction)是指组织变革运行遭到中层管理者的阻扰而导致过程全部停滞或部分中断的现象。

(4) 力场分析法(force field analysis)就是把对变革的两种态度(支持或抵制)或两种力量(动力或阻力)用对称图示方法进行排队，对比分析其力量的强弱，然后通过增强支持力量和削弱抵制力量的措施来推行变革的方法。

---

① [美]斯蒂芬·P. 罗宾斯. 管理学[M]. 4版. 黄卫伟，等译. 北京：中国人民大学出版社(原著出版时间：1984)，1997：316.
② 李丽娜，张婷. 变革代理人，谁堪此任[J]. 今日湖北理论版，2007. 1(4)：17-18.
③ 刘永芳. 管理心理学[M]. 2版. 北京：清华大学出版社，2016：410.

本 章 要 点

(1) 从宏观层面看,组织变革的外部动因是社会政治、经济发展、科技进步。当外部环境发生变化的时候,传统管理模式已经无法适应新的要求,组织变革就成为必然的、唯一的选择。组织变革也有许多内部征兆。当组织面临机构臃肿、反应迟钝、文山会海、模式僵化等情况之一的时候,组织必须进行变革。

(2) 恰当选择组织变革方式至关重要。组织变革方式有两类:渐进式变革和剧烈式变革;全面变革和逐步变革,自上而下变革和自下而上变革,生存型变革和权力型变革。

(3) 国内外研究者提出的组织变革模式很多,其中三阶段变革模式、系统变革模式、动因变革模式比较具有代表性。

(4) 组织变革程序包括确定问题、制订方案、制造舆论、实施变革、评估效果、反馈调整6个步骤。

(5) 组织变革的方法有:以结构为中心的变革;以技术为中心的变革;以人员为中心的变革;以系统为中心的变革。

(6) 任何形式的变革都会遇到阻力,包括来自社会的、政治的、经济的等外界阻力,也包括来自组织结构、人员素质、技术、财力等内部阻力。组织变革的最大阻力在于心理阻力,组织变革的心理阻力主要来自个体、群体和中层管理者,其中中层管理者的阻力最大。

(7) 组织变革有阻力是正常的,关键是要想办法克服。克服心理阻力的对策包括:运用力场分析法;引入变革代理人;借助精神领袖;削减中梗阻。

练习与思考

一、名词解释题

组织变革、组织变革模式、力场分析法、中梗阻

二、单项选择题

1. 变革发起人是( )。
   A. 组织领导者　　B. 基层员工　　C. 中层管理者　　D. 变革代理人
2. 组织变革的最大阻力是( )。
   A. 高层领导者　　B. 基层员工　　C. 中层管理者　　D. 变革代理人
3. 组织变革出现"上下热,中间冷"的现象,说明组织变革存在( )。
   A. 意见领袖　　B. 精神领袖　　C. 中梗阻　　D. 活跃分子
4. 中梗阻现象一般发生在组织变革程序的( )阶段。
   A. 确定问题　　B. 制定方案　　C. 实施变革　　D. 评估效果
5. 莱维特系统变革模式中的"系统"是指的( )。

A. 组织系统
B. 管理系统
C. 社会系统
D. 结构、任务、人员和技术四个变量的变革同时发生

三、填空题

1. 勒温的三阶段变革模式包括解冻、改变和_____。
2. 组织变革中有变革发起人_____和受影响者三种角色。
3. 来自群体的阻力主要是指_____和人际关系。
4. 意见领袖具有较高人格魅力，精神领袖_____人格魅力。

四、简答题

1. 简述中梗阻的表现。
2. 简述中梗阻的原因。
3. 简述克服组织变革心理阻力的对策。

五、论述题

1. 结合实例说明力场分析法。
2. 为什么说将动因变革模式命名为"循环变革模式"更为恰当？

六、案例分析题

王明任职于一家合资企业，由于工作努力、责任心强，被总经理委以重任——改革公司现状。王明和同事一起雄心勃勃地设计改革方案并逐步实施，公司现状很快得到改善。但是这次改革因触及一位副总经理的亲信及亲属的利益，这位副总经理趁总经理出差之际，令其亲信做员工满意度调查，结果王明的满意度极低。以此为据，这位副总经理要求总经理撤换掉王明。王明不愿给总经理造成困扰，也不愿意给和自己一起进行改革的同事带来麻烦，所以想辞职，离开这个是非之地。

问题：王明遇到了什么样的变革阻力，怎样帮助王明克服变革阻力？

参 考 文 献

[1] 埃德加·沙因. 组织心理学[M]. 马红宇，王斌，等译. 北京：中国人民大学出版社，2011.
[2] 哈罗德·莱维特. 自上而下：永恒的层级管理[M]. 李维安，周建，译. 北京：商务印书馆，2006.
[3] 库尔特·勒温. 社会科学中的场论(英文)[M]. 北京：中国传媒大学出版社，2016.
[4] 景怀斌. 管理心理学[M]. 北京：科学出版社，2009.
[5] 理查德·L.达夫特. 组织理论与设计精要[M]. 李维安，等译. 北京：机械工业出版社，1999.
[6] 李丽娜，张婷. 变革代理人，谁堪此任[J]. 今日湖北理论版，2007，1(4)：17-18.
[7] 刘巨钦. 现代企业组织设计[M]. 上海：上海三联书店，2007.
[8] 刘永芳. 管理心理学[M]. 2版. 北京：清华大学出版社，2016.

[9] 刘元春，刘世刚. 管理学[M]. 北京：高等教育出版社，2014.

[10] 孟范祥，张文杰，杨春河. 西方企业组织变革理论综述[J]. 北京交通大学学报(社会科学版)，2008，7(2)：89-92.

[11] 孟领. 三维组织变革模型设计及对实践的指导[D]. 北京：首都经济贸易大学，2003.

[12] 孟领. 西方组织变革模型综述[J]. 首都经济贸易大学学报，2005(1)：90-92.

[13] 彭聃龄，张必隐. 认知心理学[M]. 杭州：浙江教育出版社，2004.

[14] 冉苒. 认知心理学[M]. 南京：江苏人民出版社，2007.

[15] 斯蒂芬·P. 罗宾斯. 管理学[M]. 4版. 黄卫伟，等译. 北京：中国人民大学出版社，1997(原著出版时间：1984).

[16] 托马斯·库恩. 科学革命的结构[M]. 金吾伦，胡新和，译. 北京：北京大学出版社，2003.

[17] 吴岩. 领导心理学[M]. 北京：中央编译出版社，1996.

[18] 许芳. 组织行为学原理与实务[M]. 2版. 北京：清华大学出版社，2014.

[19] 许占君. 论定义[J]. 内蒙古大学学报(人文社会科学版)，1998(5)：86-90.

[20] 赵普. 企业管理模式变革路径选择与组织知识效度的相关性研究[J]. 科技管理研究，2007(12)：221-224.

[21] Griliches，Z. (ed). output Measurement in the Service Sectors, NBER, in Studies in Income and Wealth[M]. The University of Chicago Press. 1992: 56.

[22] Latta G. A process model of organizational change in the cultural context：the impact of organizational culture on leading change[J]. Journal of Leadership & Organizational Studies. 2009, 16(1).

[23] McShane S L，Von Glinow, M A. Organizational behavior[M]. Boston, MA: McGraw Hill. 2000.

第十五章 组织文化

一听到"文化",我马上伸手拔枪。

——汉斯·约斯特

【学习目标】

- 识记组织文化、组织精神文化、跨文化管理等概念。
- 了解组织文化的结构和要素。
- 理解组织价值观的塑造方法以及组织价值观的作用和危险。
- 掌握三种组织文化类型与跨文化管理的四个阶段。

【引例】

猴子理论与组织文化

把五只猴子放在一个笼子里,笼子里有一个热水龙头,龙头上挂着香蕉。猴子爱吃香蕉,当猴子看到香蕉时,肯定有一只猴子要去摘香蕉,但是当猴子摘香蕉时,龙头就会喷出热水,把摘香蕉的猴子烫得哇哇乱叫。面对这个场景,其余四只猴子被吓呆了,都不会去摘香蕉了,因为怕被热水烫伤。再进一步实验,把五只猴子中的一只放出去,再放进一只新猴子。这只新猴子肯定要去摘香蕉,因为它没有看到以前发生的事。但是,原来那四只猴子肯定会阻拦它,并告诉它曾经发生过的一切,结果这只新猴子也不会去摘香蕉了。

重复以上实验,直到把笼子里的猴子一只一只地轮换出来,把新猴子一只一只地轮换进去。结果是,所有猴子都不敢去摘香蕉,这就是"传统"的由来。

实验到此,答案已经出来了。企业文化的作用其实就是让员工形成固化的行为模式。"铁打的衙门流水的官"。一个企业只要有了文化,即使领导者更迭,员工固化的行为模式都会一代一代地传承下去。

(资料来源:段俊平. 猴子理论与企业文化[J]. 化工管理,2012.1)

文化的本质是人化,文化的功能是化人。组织文化在本质上是一种管理文化。所谓管理文化,就是用组织文化引导人、约束人、凝聚人、塑造人。

第一节　组织文化概述

一、组织文化的概念

组织文化(organization culture)是文化(culture)的一种概念。在探讨组织文化的定义之前，我们先来看看文化的定义。

什么是文化？据美国文化人类学家克罗伯和克拉克洪(A. Kroeber & C. Kluckhohn)统计，仅在1900年至1950年这50年时间里，关于文化的定义就多达163种。[1]为什么会出现这种情况？因为文化同文化学、人类学、民族学、历史学、社会学、符号学、语言学、艺术学等多种学科存在着千丝万缕的联系，它的内涵犹如一张既驳杂又幽深的大网，随便从哪个角度去理解它，都给人一种说不清道不明、剪不断理还乱之缠绕。难怪德国剧作家汉斯·约斯特在《斯拉格特》第一幕中写道："一听到'文化'，我马上伸手拔枪。"[2]因此我们只能这样说，按照文化学的定义，目前通常使用的文化含义有广义和狭义之分。广义的文化，是指人类在社会历史实践过程中所创造的物质财富和精神财富的总和。也就是说，人类在改造自然和社会过程中所创造的一切，都属于文化的范畴。狭义的文化，是指社会的意识形态，即精神财富，如文学、艺术、教育、科学等，同时也包括社会制度和组织机构。

既然文化没有一个公认的定义，那么组织文化自然也不可能有所谓公认的定义。由于文化有广义和狭义之分，因此研究者们对于组织文化的界说，也有广义和狭义之分，即分为广义的组织文化和狭义的组织文化。

持狭义观的研究者认为，组织文化是组织的精神文化。这方面的定义很多，例如：

霍夫斯泰德(G. Hofstede，1990)[3]：组织文化是精神的集体规则，能使本组织与其他组织区别开来。

沙因(1992)[4]：组织文化是组织在解决外部适应和内部整合问题过程中，基于团体习得的共享的基本假设的一套模式，这套模式运行良好，非常有效，因此它被作为对相关问题的正确的认识、思维和情感方式授予新来者。

麦克肖恩和格里诺(McShane & Glinow，2000)[5]：组织文化是支配组织成员在面对问题和机遇时进行思考和行动的共同设想、价值观及信念的基本模式。

《心理学大辞典》：[6]组织文化是组织内部具有本组织特征的一种文化，能够反映组织的价值观念、道德规范、组织体制、成员的思想观点及行为准则等。

---

[1] Adam Kuper. Culture: The Anthropologists Account[M]. Harvard University Press. 1999: 56-57.
[2] http://www.360doc.com/content/13/1102/21/12761279_326167475.shtml.
[3] Hofstede G, B. Neuijen, et al. Measuring Organizational Cultures: A Qualitative and Quantitative Study across Twenty Cases[J]. Administrative Science Quarterly. 1990, 35(2): 286-316.
[4] [美]埃德加·沙因. 组织文化与领导力[M]. 马红宇，王斌，等译. 北京：中国人民大学出版社，2011：13.
[5] McShane S L，Von Glinow, M A. Organizational behavior[M]. Boston, MA: McGraw Hill. 2000.
[6] 林崇德，杨治良，黄希庭. 心理学大辞典[Z]. 上海：上海教育出版社，2003. "组织文化"词条.

朱永新(2006)[①]：组织文化是由组织成员的态度、价值观、行为准则以及共同愿景所构成的认知体系。

持广义观的研究者认为，组织文化包括组织的物质文化、制度文化、行为文化和精神文化。这方面的定义也很多，如：

卢盛忠(1998)[②]：组织文化是在一定历史条件下，某一组织在其发展过程中形成的共同价值观、精神、行为准则等及其在规章制度、行为方式、物质设施中的外在表现。

俞文钊(2000)[③]：企业文化是指企业在长期经营发展过程中逐步形成的、具有本企业特色、能够长期推动企业发展壮大的群体意识和行为规范，以及与之相适应的规章制度和组织机构的总和。

许芳(2014)[④]：组织文化是指组织在长期的生存和发展中形成的，为本组织特有的，且为组织多数成员共同遵循的最高目标、价值标准、基本信念和行为规范等的总和及其在组织活动中的反映。

我们认为，对组织文化的理解应当持广义观。作为研究者，持广义的组织文化观，有助于理解组织文化的结构，丰富和发展组织文化理论；作为管理者，持广义的组织文化观，有助于从宏观上调控组织文化，把握组织文化的发展方向，从而建设好组织文化。

上面罗列了三个广义的组织文化定义，至于采用哪一个，用一句时髦的话说叫作"不持立场"，相信每位读者都有自己的独立判断。

通常所说的组织文化是指被绝大多数组织成员接受的**主流文化**(dominant culture)。相对于主流文化，在组织的不同部门、区域、群体中还存在着各自相对独立的**亚文化**(subculture)。有些亚文化支持主流文化所倡导的核心价值观，有些亚文化则与之背道而驰。后一种亚文化通常被称为**反文化**(counter culture)。反文化容易在员工中造成混乱和迷惘，甚至引起矛盾和冲突。但正是由于它的存在，促使组织的主流规则受到质疑和监督，经常被评判或评估，这在一定条件下能够为组织文化的发展提供动因。[⑤]

二、为什么要研究组织文化

1979 年，佩迪格鲁(Pettigrew)在美国《行政科学季刊》第 24 期发表《关于组织文化的研究》[⑥]一文，文中首次提出组织文化概念。该文犹如一股清风，吹拂着原本平静的组织理论界，在此后短短 4 年的时间里，美国学者连续出版了 5 本关于组织文化的学术著作，它们分别是：沃格尔(E. Vogel, 1979)《日本名列第一：对美国的教训》[⑦](简称《日本名列第

---

① 朱永新. 管理心理学[M]. 2 版. 北京：高等教育出版社，2006：344.
② 卢盛忠. 管理心理学[M]. 3 版. 杭州：浙江教育出版社，1998：366.
③ 俞文钊. 管理心理学(简编)[M]. 大连：东北财经大学出版社，2000：93.
④ 许芳. 组织行为学原理与实务[M]. 2 版. 北京：清华大学出版社，2014：338.
⑤ 刘永芳. 管理心理学[M]. 2 版. 北京：清华大学出版社，2016：383.
⑥ [美]科持，赫斯克特. 企业文化与经营业绩[M]. 李晓涛，译. 北京：中国人民大学出版社，2004(原著出版时间：1992).
⑦ [美]沃格尔. 日本名列第一：对美国的教训[M]. 谷英，张柯，丹柳，译. 北京：世界知识出版社，1980(原著出版时间：1979).

一》);大卫(W. Ouchi, 1981)《Z 理论：美国企业界怎样迎接日本的挑战》[①](简称《Z 理论》);帕斯卡尔和阿索斯(R. Pascale & A. Athos, 1981)《日本企业管理艺术》[②],迪尔和肯尼迪(T. Deal & A. Kennedy, 1982)《企业文化：企业生活中的礼仪与仪式》[③](简称《企业文化》，又译《公司文化》);彼得斯和奥特曼(T. Peters & L. Waterman, 1982)《追求卓越》。[④]

　　美国学者对组织文化为什么在"突然间"有着如此浓厚的兴趣？其实，这里面有着深层次的社会原因。20世纪70年代末至80年代初，世界最震撼人心的事情是日本经济迅速崛起。资源匮乏的日本，在经历了第二次世界大战惨重失败后，可以说是满目疮痍，百废待兴。然而它却经过短短二十几年的努力，一跃成为仅次于美国的世界第二经济大国。这期间，日本的投资率和GDP增长率比美国高出一倍。面对来自日本的威胁，为了揭开日本成功的奥秘，以哈佛商学院和麻省理工学院为代表的一批专家学者，或赴日本考察，或在日本海外公司考察，对美日企业管理经验进行比较研究。研究发现，推动日本经济快速发展的关键因素，既不是严格的管理制度，也不是先进的科学技术，而是企业文化。

　　日本企业文化何以能够产生如此巨大作用？因为日本人成功地把民族文化和现代工业管理有机结合，建立起以"共同价值观"为核心的企业文化，这样的企业文化能够凝聚起强大的团队精神，极大地激发员工的创造力。

　　正是在这种背景下，为了"追求卓越，重塑美国"，美国学者迅速把目光聚焦在组织文化上，因为他们从日本企业管理中，看到了组织文化的巨大"商机"。当然，除了这个原因外，也有另外的原因，那就是企业管理存在理论乏力的问题。美国学者清楚地认识到，当时的组织理论存在着过多地关注组织设计、组织结构等问题的弊端，这样的理论过于老套、过于简单，需要找到一种更好的理论来代替。

　　综上，美国学者之所以热衷于研究组织文化，原因有三：一是出于竞争需要；二是对企业管理理论乏力的反应；三是组织文化具有重要的学术价值和经济价值。

三、组织文化的结构

　　关于组织文化的结构，目前主要有两种观点：一种观点认为组织文化包含三个层次。至于三个层次所指具体内容，则看法不一。有人认为组织文化包含表层的物质文化、中层的制度文化、深层的精神文化三个层次。[⑤]也有人认为组织文化包含物质文化、行为文化、精神文化三个层次。[⑥]事实上，制度文化和行为文化都是组织文化中不可或缺的重要组成部分。看来，把组织文化划分为三个层次，无法概括全面。另一种观点认为组织文化包含物

---

① [美]威廉·大卫. Z理论——美国企业界怎样迎接日本的挑战[M]. 孙耀君，译. 北京：中国社会科学出版社，1984(原著出版时间：1981).
② [美]理查德·帕斯卡尔，安东尼·阿索斯. 日本企业管理艺术[M]. 北京：中国科学技术翻译出版社，1984(原著出版时间：1981).
③ [美]特伦斯·迪尔，艾伦·肯尼迪. 企业文化——企业生活中的礼仪与仪式[M]. 李原，孙健敏，译. 北京：中国人民大学出版社，2008(原著出版时间：1982).
④ [美]彼得斯，沃特曼. 追求卓越[M]. 胡玮珊，译. 北京：中信出版社(原著出版时间：1982).
⑤ [美]埃德加·沙因. 组织文化与领导力[M]. 马红宇，王斌，等译. 北京：中国人民大学出版社，2009：19-27.
⑥ 张铁男，李晶蕾，金振声. 论具有现代意识的组织文化[J]. 学术交流，2001(11)：106-109.

质文化、制度文化、行为文化、精神文化四个层次。①如果"四层次说"成立，那么问题就出来了，究竟是制度文化的层次高还是行为文化的层次高？只怕是谁也说不清楚。

我们的意见是，不要把"结构"仅仅理解成纵向结构或层次关系，否则就会陷入无休止的争论之中。为了避免争论，关键要弄清楚"结构"的内涵。《辞海》：结构是物质系统内各组成要素之间相互联系、相互作用的方式……分为空间结构和时间结构。就空间结构来说，也有横向结构和纵向结构之分，为什么一定要强调纵向结构或层次关系呢？我们认为，组织文化结构是指组织文化各组成部分之间相对稳定的联系或各组成部分之间的组合方式。

组织文化由哪些部分构成？以卢盛忠的定义为例，似乎可以这样理解：定义中的"共同价值观、精神、行为准则"属于精神文化的范畴；定义中的"规章制度、行为方式、物质设施"分别对应制度文化、行为文化、物质文化，四者之间并不存在层次高低问题，而是"联系"在一起或"组合"在一起，它们在组织管理中共同发挥着各自的作用。

组织精神文化是组织文化的核心内容，因此我们在叙述方式上采取"厚此薄彼"的办法，即将着墨重点放在组织精神文化上。

(一)组织物质文化

组织物质文化是指组织在长期发展过程中创造的各种物质设施和产品。物质设施指厂容厂貌，即各类建筑物、构筑物、公共场所、公共设施、园林绿化、雕塑、环境卫生及广告、招牌等的容貌。产品指产品的质量、款式、包装、商标等。以企业为例，花园式的厂区、宏伟的办公楼、整洁的车间、先进的生产设备、舒适的工作环境，与那种厂房破旧、脏乱差的工作环境形成鲜明对比。前者说明企业实力雄厚，充满活力，使人产生自豪感、归属感；后者则可能预示着该企业毫无生机、经营不善、濒临倒闭。

组织物质文化展现的是一个组织的历史传统、时代风貌和管理水平，是组织的形象，是社会评价一个组织的起点。

(二)组织制度文化

组织制度文化是指组织在长期发展过程中形成的各种规章制度和行为规范的总和。规章制度是成文的。没有规矩不成方圆，人制定制度，制度约束人，制度面前人人平等。只有按制度办事，组织才会正常运转。任何组织都有自己的行为规范，它们是不成文的，但是它们在规范员工行为方面所起的作用有时候比成文的规章制度所起的作用还要大、还要管用。

组织制度文化的作用在于统一和规范组织成员的行为，因此又叫"规范文化"。

(三)组织行为文化

组织行为文化是指组织成员所贡献的、有价值的经验及其创造性活动，它通过组织成员的行为表现出来。组织成员的行为可分为企业家行为、英雄人物行为和员工行为。以企

---

① 樊耘. 组织文化与组织变革关系的理论研究与实证分析[D]. 西安：西安交通大学，2002.

业家行为为例，海尔集团总裁张瑞敏在大会上当着众人的面把 100 多台电冰箱砸烂，正是这一砸，砸出了海尔响当当的品牌。以英雄人物行为为例，大庆油田的王进喜不顾腿伤纵身跳进泥浆池，用身体搅拌泥浆压井喷，正是这一跳，跳出了我国石油工人的"铁人精神"。此外，员工在组织内部和外部各种活动(如生产经营活动、社会活动、文娱体育活动)中的行为，也是组织行为文化的一个重要方面。

(四)组织精神文化

组织精神文化是组织在长期发展过程中逐步形成的，为本组织特有的，以组织价值观为核心，以组织精神为实质，以行为准则为载体的观念性文化。精神文化是组织文化的核心内容，内涵非常丰富，但其核心内容主要是组织价值观、组织精神和行为准则。

1. 组织价值观

价值观是个人用以辨别是非、判断善恶，从而决定取舍时所持的综合性信念。[①]何谓信念？《现代汉语词典》将其解释为"自己认为可以确信的看法"。组织价值观是组织关于自身的哲学、宗旨、目标、理念、作风等价值及价值关系确信无疑的根本看法。组织价值观说到底就是一种管理价值观。管理者有管理者的价值观，员工有员工的价值观，如果每个人都按照自己的价值观行事，那就不成了"各吹各的号，各唱各的调"？因此，组织价值观的关键在于将每个人的价值观融为一体，形成价值观体系——共同价值观。组织一旦有了共同价值观，那么组织所推崇和信奉的一整套组织哲学、组织宗旨、组织目标、组织理念、组织作风等，就会为全体组织成员(包括管理者在内)所推崇和信奉。可见，组织价值观不仅是组织精神文化的核心，而且是整个组织文化的核心，它是核心中的核心。

2. 组织精神

《辞海》：精神与"物质"相对，唯物主义常将其当作"意识"的同义概念。组织由若干群体组成，每个群体都有自己的"意识"，组织精神正是"群体意识"的提炼和升华。北京王府井大街百货大楼"一团火"精神，其实质就是奉献精神。大庆精神：为国争光、为民族争气的爱国主义精神，独立自主、自力更生的艰苦创业精神，讲求科学、"三老四严"[②]的科学求实精神，胸怀全局、为国分忧的奉献精神。大庆精神源自大庆，又不限于大庆，它已经上升到国家层面，成为全民族共有的精神财富。

3. 行为准则

组织中每个人的行为看起来复杂多样、变化莫测，似乎不可控制，然而每个组织又常常在井然有序地运转。这是为何？因为每个组织都有自己的行为准则。行为准则可分为"应该"型和"不能"型两类。"应该"型行为准则是指行为主体的言行应该符合组织价值观，而且应该达到组织价值观所要求的高度；"不能"型行为准则是指行为主体的言行不能违

---

① 黄希庭. 简明心理学辞典[Z]. 合肥：安徽人民出版社，2004. "价值观"词条.
② "三老"：对待革命事业，要当老实人，说老实话，办老实事；"四严"：对待工作，要有严格的要求，严密的组织，严肃的态度，严明的纪律。

背组织价值观，而且不能低于组织价值观所要求达到的高度。

行为准则是行为主体的价值尺度或标准。组织成员的行为一旦有了标准，组织价值观就能够落到实处，组织精神就能够彰显。

物质文化、制度文化、行为文化和精神文化并不是截然分开的。精神文化通过物质文化、制度文化、行为文化反映出来，物质文化、制度文化、行为文化中无不渗透着精神文化的因素。北大校园的李大钊铜像、蔡元培铜像是物质文化，但是当我们伫立于他们跟前，谁能不从中受到启迪？谁能不因此而产生强烈的责任感？总之，将组织文化分为四个方面只能是相对的，只是为了认知上的方便而已。

四、组织文化的特征

任何文化，都具有其历史性、民族性和继承性，都是在长期实践过程中逐步积淀而成的。它随着文化创造主体及其环境变化而发展变化，它根植于民族的土壤之中，从形式到内容都深深打着民族的烙印。组织文化除了具有文化的一般特征外，还具有自身的特征。

(一)客观性

组织文化根植于组织之中，无论人们是否意识到，它都是一种客观存在，影响着组织的前途命运。

(二)稳定性

组织文化是组织的传统、习惯的提炼和结晶，一旦形成，就会在其成员中产生"心理定势"，在相当长一段时间内保持不变。

(三)群体性

组织文化是一种群体意识，是组织成员对共同利益、目标、价值的追求。它产生于群体中，根植在群体中，发展在群体中，同时要求全体组织成员共同信守。

(四)非理性(模糊性)

组织文化一般很难用文字准确、完整地描述出来，也就是说，组织文化不是明文规定，而是组织用自身力量去左右组织的精神动因和支柱。

(五)非强制性

组织文化不像规章制度，必须强制其成员遵守。它是通过向组织成员提供共同价值观、行为规范和判断标准，使组织成员在复杂多变的环境中作出正确的抉择，从而使人们产生内在激励，自觉地从事组织活动。

(六)独特性

任何一个组织,只要经过努力都可以形成自己的物质文化、制度文化和行为文化,唯独精神文化不能东施效颦。因为它不是写在纸上、贴在墙上的美丽辞藻,而是组织长期培育的结果。正是这种精神文化,可促使组织形成自己的特色并与其他组织区别开来。

(七)培育过程的长期性

组织文化并非一朝一夕能够形成,因为价值观的塑造是一个非常微妙而复杂的内心体验过程。组织成员在个性、文化素养和社会背景等诸多方面存在着巨大差异,要在如此复杂多变的个体中形成一种共同价值观,必须经过长期的指导和教育。

(八)影响作用的长效性

组织文化一旦形成,其共同价值观就会产生一种特定文化氛围,使组织成员受到熏陶并接受其影响,从而使组织精神得以延续和发展。即使领导人更迭,组织精神依然存在,组织的特色和风格依然能够保持。

五、组织文化的功能

(一)积极作用

1. 导向功能

组织文化能将全体成员的思想、行为统一到组织目标上来,对组织的价值取向和行为取向起导向作用。组织文化只是一种软性的理智约束,可通过组织价值观不断地向个人价值观渗透和内化,使组织自动生成一套自我调控机制,从而引导组织活动。

2. 约束功能

组织文化对每个成员的思想和行为都具有约束作用。其约束不是制度式的硬约束,而是软约束,这种软约束等于组织中弥漫着的文化氛围、行为准则和道德规范。

3. 凝聚功能

组织文化对组织成员的心理和行为能起潜移默化的作用,使组织成员自觉接受组织价值观,认同组织哲学,形成组织精神。当组织价值观为成员认可之后,就会成为一种黏合剂,从各个方面把组织成员团结起来,从而产生巨大的向心力和凝聚力。

4. 激励功能

组织文化具有使组织成员从内心产生一种高昂情绪和发奋进取精神的效应,它能够最大限度地激发组织成员的积极性和首创精神。组织文化对人的激励不是外在推动而是内在引导,它不是被动消极地满足人们对实现自身价值的心理需求,而是通过文化塑造,使每个成员从内心深处迸发出为组织拼搏的献身精神。

5. 辐射功能

组织文化不仅在组织内部对组织成员产生影响，而且对社会也有辐射作用。组织文化对社会的辐射作用，主要通过宣传和个人交往两种渠道得以实现：一方面它的传播对树立组织形象有帮助，另一方面它对社会文化的发展也有一定影响。

（二）消极作用[①]

1. 妨碍组织变革

当组织价值观与进一步提高组织效率的要求不相符时，它就会变成组织变革的阻力。当组织面对稳定环境时，行为的一致性对组织而言有很高价值，但它也有可能使组织难以应对变化莫测的环境的挑战。

2. 妨碍兼并和收购

高层领导者在作出兼并或收购决策时，文化相容性成了他们考虑的重点。美国银行收购查尔斯·史阔伯(Charles Schwab)公司就是一个典型例子。美国银行高级管理人员开的车是公司提供的福特和别克，而史阔伯公司高级管理人员开的车却是公司提供的法拉利、宝马和保时捷等。虽然收购史阔伯公司有助于美国银行拓展业务，但史阔伯的员工无法适应美国银行的工作方式。终于在1987年，史阔伯公司又退出了美国银行。

3. 妨碍多元化

组织总是希望它的成员具有个性和特色，以便在价值多元的社会环境中赢得竞争优势。领导者希望新员工能够接受组织价值观，否则，这些新员工将难以适应组织。由于员工服从于组织文化，这样就将员工的行为和思想限定在组织文化所规定的范围内。组织之所以雇用各具特色的个体，是因为他们能够给组织带来多种选择，但当员工要在组织文化的作用下试图去适应该组织的要求时，这种多元化的优势就丧失了。

第二节　组织文化的要素

组织文化由哪些要素构成？迪尔和肯尼迪(1982)在《企业文化》[②]一书中认为，组织文化由组织环境、组织价值观、英雄人物、礼仪和仪式、文化网络五个要素构成。

一、组织环境

这里所说的环境，是指组织所处的极为广阔的外部环境，包括社会环境和市场环境。社会环境因素包括政治的、经济的、社会的、文化的、法律的、政策的等，市场环境因素

[①] 俞文钊. 管理心理学(简编)[M]. 大连：东北财经大学出版社，2000：102-103.

[②] [美]特伦斯·迪尔，艾伦·肯尼迪. 企业文化——企业生活中的礼仪与仪式[M]. 李原，孙健敏，译. 北京：中国人民大学出版社，2008(原著出版时间：1982).

包括产品、竞争对手、顾客要求、技术条件等。环境是影响组织文化的唯一一个外部因素，也是影响最大的因素。组织文化就是组织为了适应环境要求所必须采取的全部策略的体现。可以说，有什么样的环境要求，就有什么样的组织文化。以政策因素为例，上级的检查、评估，组织文化(至少是它的表现形式)必须随之变化；以产品为例，产品必须具有文化多样性，以满足不同消费群体的审美需要。

二、组织价值观

(一)塑造价值观体系

塑造价值观体系绝非易事。在这个价值多元的社会，到处弥漫着不确定性，没有谁真正知道什么是值得追求的；在这个快节奏的时代，即便我们知道某种东西今天是有价值的，说不定明天就变得没有意义了；"理性的"管理者们很少有人在意组织价值观。波斯纳和施米特(Posner&Schmit, 1993)对1509名公司主管进行调查发现，只有30%的人认为他们能分清何为个人价值观，何为公司价值观；[①]"实惠"的员工们更不会关心组织价值观，他们所关心的只是在他们看来更实际更实惠的东西。

成功的组织首先在于有一套价值观体系，成功领导者的首要任务是为组织确立使命、愿景和核心价值观。如果不塑造核心价值观，组织将会迷失方向，处于迷茫和混沌之中。

一方面塑造价值观体系很困难，另一方面组织又不得不塑造价值观体系，那么怎样塑造价值观体系呢？一般而言，可以用以下三种方式来塑造丰富而有特色的价值观体系。

1. 实践检验

价值观体系不是凭空捏造出来的，它往往是而且也应该是组织长期实践经验的总结，是组织成员在实际工作中通过不断尝试后知道什么可行、什么不可行的总结。因此，那种由领导者定一个基调，然后请几个专家学者商量一番、推敲一番而得出的所谓价值观体系，并不是真正意义上的组织价值观。

2. 领导者亲力亲为

组织领导者之所以对价值观体系的形成起重大作用，原因在于：他们自己有清晰、明确的理念，并坚持用这种理念来指导组织行为；他们非常注意有效调整价值观体系，以适应组织内外环境的变化；他们清楚地意识到塑造价值观体系任务的艰巨性，因为要使成千上万人都具有强烈的、根深蒂固的价值观体系，对他们来说无疑是一种挑战，所以他们行为坚定，在任何情况下都言行一致。

3. 突出重点

塑造价值观体系不一定要面面俱到，它可以集中于某个方面。浙江大学校训"求是"；天津大学校训"实事求是"；国家会计学院校训"不做假账"；陶行知先生创办的晓庄师范校训"教学做合一"。这些校训比那些"高大全"的校训不知要强多少倍！

---

① 转引自王雪莉，等. 西风东渐：西方管理对中国企业的影响[M]. 北京：机械工业出版社，2011.

(二)组织价值观的作用

【专栏 15-1】

同花顺法则

管理咨询师接到 HH 公司李总的电话之后,犹豫了很久。李总是管理咨询师的好友,自然不便推脱。但 HH 公司的现状确实很棘手,组织结构、管理制度、人力资源、市场营销……问题一大堆,该如何入手呢?由于跟 HH 公司接触过几次,对公司情况有一定的了解,管理咨询师知道公司决策层的做法竟然是"摸着石头过河"。于是老总摸石头,员工们也摸石头,手忙脚乱却摸不着石头。所以,管理咨询师提议必须首先改变操作层面上的混乱状况。

管理咨询师拿出一副扑克牌,把在场的员工分成两组。请 A 组的每个人从中选取自认为最好看的两张,请 B 组的每个人选取两张黑桃,并对点数做了明确要求。最后,请两组人员把牌亮出来。于是出现了下面的结果。

A 组:黑桃 2　方块 A　黑桃 8　梅花 Q　红桃 3……
B 组:黑桃 A　黑桃 K　黑桃 Q　黑桃 J　黑桃 8……

"问题发现了吗?"管理咨询师问李总。李总迷惑不解,要管理咨询师解释。

管理咨询师说:两组的结果是完全不同的,A 组是一副杂牌,B 组却是一手黑桃同花顺。为什么会是这样呢?这是因为对 A 组我没有明确的指令,所以 A 组的人都是根据自己的审美观念来选择。我们不必评判他们的选择孰优孰劣,但很显然,他们每个人的做法都是一种个人行为。个人行为与个人行为混合在一起叫什么?叫"乌合之众"。再看看 B 组,清一色的同花顺,这才是组织行为,也叫"同花顺"法则。

管理咨询师继续说道:你能拿一副杂牌去打败对手的同花顺吗?当然不行。现在公司处于 A 组状态,员工们各行其是,就是一副杂牌。要想在竞争中取胜,组织成员的行为必须是"清一色"的同花顺。

(资料来源:老文的博客.http://blog.sina.com.cn/laowenlaowen)

一副杂牌不可能打败对手的"同花顺"。"同花顺"法则道出了组织价值观的作用——提高组织凝聚力和战斗力。组织价值观是克敌制胜的法宝。组织价值观越鲜明,即组织信念越强烈,其凝聚力和战斗力越强;反之,组织价值观越模糊,即组织信念越薄弱,就越是没有凝聚力和战斗力。

IBM 公司的价值观体系
　　经营理念:科学,进取,卓越
　　组织精神:IBM 就是最佳服务
　　基本信念:尊重个人,顾客至上,追求卓越
深圳康佳集团的价值观体系
　　组织精神:团结,开拓,求实,创新
　　组织风气:爱国爱厂,团结协作,遵守纪律,好学上进
　　管理思想:以人为中心

组织目标：建设一流环境，练就一流技术，创造一流产品，提供一流服务

组织宗旨：质量第一，信誉第一

对于局外人而言，有些措词听起来是十足的陈词滥调，比广告语强不了多少，但是它们却在很大程度上抓住了组织所追求的某些令人信服的东西——细微之处见精神。

(三)组织价值观的危险

1. 过时的危险

当组织所处内外部环境发生变化时，原有价值观仍然牢固地支配着组织行为，会妨碍组织去适应新环境。可以想象，一个牢固地坚守着"经久耐用"价值观的服装公司，就很难适应让人眼花缭乱的时装新潮。

2. 墨守成规的危险

即不愿意或者很难抓住组织价值观所强调的事情之外的机会。

3. 言行不一致的危险

如果一个大学校长平时总是振振有词地强调"以教学为中心"，可是每当年终考核、职称评定却只看科研成果，而把教学好坏晾在一边，那么"以教学为中心"不过是骗人的鬼话，起不到建设健康校园文化的作用。

4. 缺乏个性的危险

《南方都市报》统计了全国909所高校的校训，只用到605个汉字，总是在"博学、厚德、笃行、求实、创新"等高频词之间来回。其中"学"和"德"两字出现频率最高，均在400次左右，有208所高校使用了"博学"，136所使用了"厚德"，112所使用了"笃行"。如果用中国大学校训中的十大高频字进行组合，大约就是中国大学最"通用"的校训——"博学、厚德、笃行、求实、创新"。校训没有个性，怎能办出特色？

三、英雄人物

英雄人物是指那些把组织价值观人格化并为组织成员提供了榜样的典型人物。[1]组织中的英雄人物有两类：一类是和组织一起诞生的"共生英雄"，另一类是组织在特定情况下精心打造出来的"情势英雄"。

(一)共生英雄

共生英雄在数量上很少，属于凤毛麟角，多数是组织的缔造者。他们往往有一段艰难的经历，面临困难仍然有抱负、有理想，并支撑着组织的艰难发展。其特征是：①有理想有追求。他们的理想不是个人发展得如何好，而是如何使组织发展得更好；他们的追求或者是一种新产品，或者是一种新的工作方法，或者是一种组织形象；②有不达目的誓不罢

---

[1] 俞文钊. 管理心理学(简编)[M]. 大连：东北财经大学出版社，2000：97.

休的韧劲；③具有使组织不断成功的个人责任感；④具有通过善待员工、向员工灌输一种持久的价值观来使组织强大的信念。

(二)情势英雄

共生英雄对组织的影响是长期的、抽象的，可为全体员工照亮征程。情势英雄对组织的影响是短期的、具体的，往往以某个具体成功事例来鼓舞其他人。情势英雄又可区分为下列四种。

1. 出格式英雄

这种人独立特行，常常故意违反行为准则。但他们聪明过人，有独特见解，工作能力较强，在组织价值观面临挑战、需要某种创新能力的时候又能勇敢地站出来并不负众望。

2. 引导式英雄

这是高层领导为了推行组织变革，通过物色合适对象而树立起来的英雄。例如，美国电话电报公司(AT&T)原来是一个没有竞争对手、受政府管理的企业，其榜样人物是能够迅速装好电话并保证质量的人。后来，该公司不再受政府管理，参与市场竞争，面临组织变革，于是就聘请 IBM 公司从前的一位管理人员麦吉尔担任副总裁，专门负责市场经营，结果该公司在市场竞争中不断取胜。麦吉尔就是引导式英雄。

3. 固执式英雄

这是坚韧不拔、锲而不舍、不达目的誓不罢休的人物。

4. 圣牛式英雄

这是忠于职守、坚守传统、乐于奉献的人物。圣牛式英雄通常是那些"撸起袖子加油干"的高级技术人员。例如，一位工程师为了检查一台声音不太正常的机器而把耳朵贴近机器，结果机器爆炸而烧糊了半个脸。治愈后的他，却自豪地向人们显示一张破了相的脸。他的奉献精神，使人们不仅不觉得他的脸可怕，反而为此尊敬他。

英雄的名字不因岁月流逝而褪色，不因斗转星移而磨灭。没有英雄的民族是不幸的民族，否定英雄的民族是不可救药的民族。中华民族历来英雄辈出。英雄是组织的化身，是组织价值观的集中体现，是组织文化的精神支柱。有什么样的英雄，就有什么样的组织文化。

四、礼仪和仪式

礼仪和仪式是在组织的各种活动中经常出现、人人知晓但又没有明文规定的东西，它们是以程式化方式有形地表现出来并显示凝聚力的文化因素。

(一)礼仪

礼仪是在人际交往中，以约定俗成的形式来表现律己敬人的过程，涉及言谈举止、穿着打扮、沟通方式、情商等内容，具有稳定性、群众性、敏感性等特点。美国通用电气公司(GE)对新员工有独特的沟通方式：对于揣着博士学位证书、穿着崭新西装第一次来公司上班的人，是递给他一把扫帚让他去扫地。这种沟通方式意在告诉新员工：你的聪明才智必须和对这块土地的熟悉程度匹配，要适应这块土壤。

(二)仪式

仪式是指组织按照一定标准、一定程序进行活动的形式。常见的仪式有下列几种。

1. 问候仪式

问候仪式是在个人之间面对面交往时使用。这种仪式告诉人们怎样站着，怎样称呼，什么程度的争论或激动是可以容忍的。

2. 赏识仪式

赏识仪式是当某人出色地完成一项工作或是晋升、退休时举行。当事人在仪式上受到什么赏识，其他人就会清楚的知道他为什么受到赏识，并知道我今后该怎么做。

3. 工作仪式

工作仪式是在日常工作中举行的仪式，如每天上班前的集体训话，每周固定时间的集中学习等。其作用在于：增强自我价值感；加强责任感意识；提供安全知识。

4. 管理仪式

管理仪式是管理者们在处理日常事务时所使用。如会议、计划或总结文本、进展分析、行为评估等。它们与实际工作进展之间的关系并不大，只是形式化地例行公事而已。其作用在于：杜绝急功近利；提倡深思熟虑；加强一致性；向外界展示组织的形象。

5. 庆典

只有当组织遇到具有里程碑意义的事件(如校庆、厂庆)时举行。其价值在于：铭记历史；传承光荣；展望未来。

有些礼仪和仪式在形式上虽然是随和的、自然的、轻松的、幽默的、戏剧化的，但其内容却是严肃的，是组织价值观的体现。它们的形成和传承离不开高层领导者的提倡，离不开反复执行、历代相传、积久而成的自发力量。把礼仪和仪式作为组织文化的一种重要内容，实质上就是把组织中的每一件事都升格为重要的事情来抓，在"强势文化"中，没有什么事情是不重要的。礼仪和仪式作为一种文化现象，对全体员工的影响是全方位的，从言谈举止到语言文字，从公共礼节到努力方向，都有了不成文的规范。

五、文化网络

文化网络是组织内部以轶事、故事、机密、猜测等形式来传播信息的非正式渠道，具有隐蔽、分级连接等特点。传播者、受众和传播方式是构成信息传播的三个要素。就传播者来说，主要扮演6种角色。

(一)"讲故事者"

他们资历深、地位高、学识渊博,信息量大,不在领导岗位上。他们有想象力、洞察力和对细节的辨别能力。由于实际工作干得少,知道的东西又多,所以对组织里发生的事情凭自己的主观感觉,编成故事向别人讲述。

(二)"牧师"

他们是一些老员工,对组织内部每件事、每个人都了如指掌,是组织历史的活百科全书。他们总是通过讲述组织的历史故事,来为组织的当前行为寻找依据。

(三)"耳语者"

他们往往在一些不太引人注目的岗位上,对上司绝对忠诚,能根据极少线索,快速而准确地领会上司的意图,常常通过看似无意间的闲聊来左右组织的决策。

(四)"闲聊者"

他们可以形成于任何一个岗位,也不与上司接近。他们善于跟一大群人闲聊,从而把信息传遍整个组织。人们之所以能够容忍甚至喜欢闲聊者,仅仅是为了消遣,并不指望从他们那里得到正确的信息。

(五)行政楼职员

他们了解组织的真实情况,很清楚组织正在发生的事,如谁和谁正在闹别扭等。他们往往是不愿意介入纠纷而又能公正评价事情的人,但他们能通过文化网络传播组织的正能量。

(六)"间谍"

这里所说的"间谍"是指那些从来不说任何人的坏话,不以任何方式来改变组织气氛而影响他人工作的人。他们能把各方面的情况都听进去,并原原本本地向高层领导者叙述,因而高层领导者常常通过他们来了解组织内部的真实情况。

文化网络是传播信息的非正式渠道,高层领导者不应当避免牵连进去,而应当灵活掌握它,充分认识到它重要性。文化网络加强了高层领导者与员工的联系,培育了一大批向组织各层级揭露事态的人,形象地灌输了组织价值观,巩固了组织价值观。

第三节 组织文化的类型

一、缘何谈组织文化类型

前面介绍的所有内容,对于学习者而言都是"一大堆知识"。如今,可能没有人宣称

"知识无用",但是如果有人虽然嘴上不说,而心里却这么想,那么自然就会心生疑问,这些知识与我何干?学它何用!

我们是这样考虑这个问题的:当你大学毕业或研究生毕业,除非你打算永远不工作,当一辈子宅男宅女,否则你不进入此组织就一定要进入彼组织。当你一旦进入某个组织,而这个组织的文化又不适合你,或者说你不适应所在组织的文化,那么除了"跳槽",你可能别无选择。"水土不服"是员工频繁"跳槽"的重要原因。

有道是"女怕嫁错郎,男怕入错行"。这里所说的"行"自然是指"行业"。行业之间的最大差别是什么?自然是行业文化。为了解决水土不服问题,唯一的办法是在进入某个组织之前,先了解该组织,以便考虑如何去适应它。适应组织,就是适应组织的文化。不同类型的组织,有不同类型的文化。因此介绍组织文化类型,所关心的不是别的,而是人与组织文化的匹配问题。人与组织文化是否匹配,决定着人在组织中的发展高度和难易程度。人与组织文化匹配,需要做到三点:个人价值观与组织价值观实现一致性匹配;个人目标与组织目标实现一致性匹配;个人态度与组织规范实现一致性匹配。如果能够达到这种状态,那么无论对个人或是组织来说,都是最理想不过的。

行文至此,答案已经出来了:我们之所以介绍组织文化的类型,就是想帮助大家了解不同文化类型的组织有何特点,以便决定是否加入该组织,如何适应该组织。

二、三种典型的组织文化类型

研究者们提出的组织文化类型很多,这里仅介绍三种典型的组织文化类型。

(一)强势文化和弱势文化

从组织文化的影响力看,可分为**强势文化**(strong culture)和**弱势文化**(weak culture)。强势文化是指以基督教为背景,以理性为基础,以法律为主要治理手段的西方文化。[①]强势文化形成于文艺复兴时期,它对欧洲社会的政治、经济、军事、科技、文化、教育都曾产生过巨大影响。从现实意义上讲,强势文化不一定是先进文化,也不一定是优秀文化,而且还可能是相对落后的文化,是具有劣根性的文化。强势文化之所以强势,是因为它在传播过程中表现出强大的吸引力,它的拥有者在政治上、经济上处于绝对优势的地位;强势文化之所以强势,是因为它具有强大的包容性、复制性、兼容性和可持续性;强势文化之所以强势,是因为它一定包含着或者说体现了普遍的人类旨趣与价值。弱势文化则相反。

强势文化与弱势文化的区别在于:强势文化尊重自然规律,尊重作为人的自己;而弱势文化则尊重统治者的规矩,尊重自己给自己套上的锁链。

对于员工来说,组织文化均为强势文化。强势文化对员工行为具有强烈影响,主要表现在三个方面。

(1) 影响员工行为。例如,如果一个企业强调的是"以客户为中心",那么它的所有员工都清楚:自己的行为在其他方面可能不会受到太多约束,但在面对客户时则必须认真、

---

① 马明辉. 浅议强势文化与弱势文化碰撞下音乐流变——以中国艺术歌曲为例[J]. 黄河之声,2012(14):91.

热情、细心、耐心。这表明，"以客户为中心"的强势文化直接影响着员工的行为。

(2) 降低员工离职率。由于员工认同强势文化的价值观，表现出对组织的忠诚感和归属感，因而会降低员工的离职意向。

(3) 强势文化在某些情况下可以代替组织的规章制度。如果组织中形成了某种强势文化，组织成员就会认同这种文化的价值观，自觉调节和控制自己的行为，这时，强势文化与规章制度就可发挥同等重要的作用。前面曾经说过"在强势文化中没有什么事情是不重要的"，这就要求我们不仅要努力工作，而且要谨言慎行。

(二)桑南菲尔德的组织文化分类

杰弗里·桑南菲尔德(J. Sonnenfield)①更是将组织文化贴上标签——标签理论。组织文化的标签理论，有助于我们了解组织文化的差异以及组织成员与组织文化匹配的重要性。桑南菲尔德将组织文化分为下列四种类型。

1. 学院型文化

这种文化提倡不断深造和稳步发展。对于那些希望谋求一份稳定工作、希望得到稳步提升的人来说，学院型文化的组织是最佳选择。这类组织喜欢招聘年轻员工，对他们进行适当培训，然后分配到各职能部门去工作。如美国国际商用机器公司(IBM)、可口可乐公司、宝洁公司、通用汽车公司等，就属于学院型文化。

2. 俱乐部型文化

这种文化提倡忠诚感和归属感，认为年龄、资历和经验都非常重要。和学院型文化的组织相比，这种组织的主管人员大多是知识渊博的通才。如政府机关、军队、捷达(delta)航空公司等，就属于俱乐部型文化。

3. 棒球队型文化

这种文化提倡冒险和革新。具有冒险和创新精神的人最适合在这类组织中工作。这种组织会给予员工充分自由，对工作出色的员工给予巨额奖酬，员工一般都拼命工作。属于这种文化类型的组织比较多，如会计事务所、律师事务所、投资银行、咨询公司、软件开发、生物研究所等。

4. 堡垒型文化

这种文化强调维持现状和着眼于生存。前三类组织在遇到萧条或不景气的经济环境时，一般都会转化为堡垒型文化。这种文化对于那些喜欢迎接挑战的人来说，是较为适合的场所。如超市、旅馆业、民营天然气探测公司等，大多属于堡垒型文化。

桑南菲尔德发现：许多组织并不能明晰地归类于四种文化类型中的某一种，而是混合型的；各种组织文化也并非固定不变，一种类型可能转变为另一种类型；不同的组织文化类型能够吸引不同个性的人，不同个性的人在其中的生长空间截然不同。例如，具有冒险精神的人在棒球队型文化的组织中可能如鱼得水，而在学院型文化的组织中则可能无所作为。

---

① 俞文钊. 管理心理学(简编)[M]. 大连：东北财经大学出版社，2000：98-99.

(三)迪尔和肯尼迪的组织文化分类

迪尔和肯尼迪(1982)在《企业文化》[①]一书中将组织文化分为四种类型。

1. 强人文化

这种文化可用"强悍"一词来形容,往往是风险很高、决策结果反馈最快的组织,如影视剧公司、广告公司、创业公司等。这类组织决策时赌注大、决心大、风险大,其口号都是"最佳""最大""最伟大"等,组织内部充满着竞争气氛。它要求在短期内获得利益,组织成员的合作精神差,不注重长期投资,人员流动率高,很难建立起坚强而一贯的组织文化,也很难形成文化传统。

2. "拼命干—尽情玩"文化

这种文化要求员工精力充沛、拼劲十足,工作之余尽情享乐。大多数商业性组织、推销公司等均推崇此类文化。这种组织一般风险不大,但工作紧张。"有活快干,干完就算"的环境很适合年轻人。但是当组织在遭遇麻烦时,常常会采取短期行为,缺乏长远打算。

3. 长期赌注文化

这是一种风险很大、反馈缓慢的文化,其价值观集中在对未来的投资上,需要人们具有坚强的自信和长期经受住考验的能力。工矿企业,如冶金、石油、矿山等大多属于这种文化类型的组织。这种文化类型的组织重视权威,不能容忍工作不认真的现象。其优点是有助于实现高质量的发明创造和重大技术突破;缺点是行动缓慢,难以适应快速变化的环境。

4. 过程文化

这是一种低风险、慢反馈的组织文化,银行、保险公司、水电公司、制药业等企业的文化属于这种文化类型。由于反馈过慢,员工对自己工作效果的好坏全无观念,因此会促使他们把注意力放在"如何做"上面,而不是"做什么"上面。例如把公文往来、行政事务看得比较重要,其价值观集中在技术的完美上,过程和细节力求准确无误。生活在这种组织文化类型下的员工,工作井然有序,完全照章办事,因而也容易抑制人的创造性。

迪尔和肯尼迪认为,一个组织不会仅仅只有一种文化类型,而是多种文化类型的混合,只是有所侧重而已,不同文化类型的组织会有不同的习惯、作风和行为方式。

第四节 跨文化管理

当你掌握了组织文化的"一大堆知识",而且又在所属文化类型的组织中混得风生水起的时候,你就可能成为管理者。作为管理者,当你面对具有不同文化背景的员工时,又

[①] [美]特伦斯·迪尔,艾伦·肯尼迪. 企业文化——企业生活中的礼仪与仪式[M]. 李原,孙健敏,译. 北京:中国人民大学出版社,2008(原著出版时间:1982).

该如何与他们相处呢？这就是本节要回答的问题——"跨文化管理"。

一、跨文化管理的含义

跨文化管理(manage cross-culturally)是指对具有不同文化背景的组织成员采取包容态度，克服不同文化间的冲突，创造出独具组织特色的文化，从而形成卓有成效的管理方式。

跨文化管理并不是什么新鲜事物。早在西汉时期，张骞出使西域，就开始了海外贸易。跟西汉差不多同时代的古埃及人、腓尼基人、古希腊人也懂得如何跟文化背景不同的人们做生意。到文艺复兴时期，丹麦、英国等欧洲商人更是建立起了世界范围的商业集团。在他们与外国人进行贸易时，就懂得对不同文化背景中人们的语言、信仰、习惯等保持敏感，以避免发生冲突。前些年是外资企业如雨后春笋，这些年是中资企业在世界范围内遍地开花。不同文化背景的人们在一起相处，其实都是在从事着跨文化经营与管理活动。

跨文化管理需要解决的问题是：如何在不同形态的文化氛围中设计出切实可行的组织结构；寻求超越文化冲突的组织目标，使不同文化背景的员工具有共同价值观和行为准则，以便最大限度地控制和利用组织的潜力与价值。

二、跨文化管理的四个阶段

跨文化管理的关键，在于克服不同文化间的冲突。为了有效克服文化冲突，俞文钊和贾咏(1997)提出了"共同管理文化模式"。①该模式认为，克服文化冲突的过程就是整合、同化不同文化的过程。这一过程可分为四个阶段：探索期、碰撞期、整合期和创新期。文化冲突的高潮可能发生在碰撞期，也可能发生在整合期。

(一)探索期

在探索期要全面考察跨文化企业所面临的文化背景状况、文化差异问题、可能产生的文化冲突等一些相关方面，并根据考察的结果初步制订出整合的方案。可利用公司简讯、各类会议沟通不同文化群体间的思想与行为模式的差异。应列出各方的文化要点、对公司的期望，并列表比较其相同点和不同点。管理人员和职工应用图解的方式来表示文化差异对他们的影响，这可为随后的跨文化分析提供可视的起点。

(二)碰撞期

碰撞期是文化整合的实施阶段，也是文化整合的开始阶段，这一阶段往往伴随着一系列管理制度的出台。因此，在这一时期十分重要的是对于"障碍焦点"的控制。所谓"障碍焦点"是指对文化整合可能起重大障碍作用的关键因素，它可以是某一个人、某一个利益群体、某种文化背景下的一种制度等。随着整合的进行，障碍焦点将是一个十分活跃的因素。碰撞期由于不同文化的直接接触，发生冲突的情况在所难免，只是冲突的类型、程

---

① 俞文钊，贾咏. 共同管理文化的新模式及其应用[J]. 应用心理学，1997(3)：3-10.16

度有所不同罢了。因此，把握好整合的速度与可能发生冲突的强度关系是必须注意的问题。

(三)整合期

整合期是指不同文化逐步达到融合、协调和同化的过程，这是一个较长的阶段。这个阶段中主要是形成、维护与调整文化整合中的一系列行之有效的跨文化管理制度与系统。这是一个动态的发展过程，"整合—同化"在这一阶段体现得最为明显。要采取深度访谈等方式寻找适合于不同文化的"共同愿景"。

(四)创新期

创新期是指在文化趋同的基础上，整合、创造出新文化的时期。相对于前面三个阶段来说，这一阶段的开始点是比较模糊的。文化碰撞过程，很可能就是文化开拓和创新的过程，随着跨文化企业的成长与成熟，创新期的主题和过程会不断地进行下去。寻找不同文化的优点，摒弃不同文化的缺点或不适应的东西，可使创新的、充满生机的跨文化企业的文化整合得以形成。在文化碰撞期的基础上创造出具有独特风格的跨文化管理文化。

关 键 术 语

(1) 组织文化(organization culture)是在一定历史条件下，某一组织在其发展过程中形成的共同价值观、精神、行为准则等及其在规章制度、行为方式、物质设施中的外在表现。

(2) 组织文化结构是指组织文化各组成部分之间相对稳定的联系或各组成部分之间的组合方式。

(3) 组织物质文化是指组织在长期发展过程中所创造的各种物质设施和产品。

(4) 组织制度文化是组织在长期发展过程中形成的各种规章制度和行为规范的总和。

(5) 组织行为文化是组织成员所贡献的、有价值的经验及创造性活动，它可通过组织成员的行为表现出来。

(6) 组织精神文化是组织在长期发展过程中逐步形成的，为本组织特有的，以组织价值观为核心，以组织精神为实质，以行为准则为载体的观念性文化。

(7) 组织价值观是组织关于组织哲学、组织宗旨、组织目标、组织理念、组织作风等的价值及价值关系的确信无疑的根本看法。

(8) 跨文化管理(manage cross-culturally)是指对具有不同文化背景的组织成员采取包容态度，克服不同文化间的冲突，创造出独具组织特色的文化，从而形成卓有成效的管理方式。

本 章 要 点

(1) 组织文化有广义和狭义两种理解。狭义的组织文化是指组织的精神文化，广义的组织文化是指以组织精神文化为核心内容，以组织物质文化、组织制度文化、组织行为文化为表现形式的文化。持广义的组织文化观，对组织文化的研究和管理都有许多好处。

（2）组织文化由物质文化、制度文化、行为文化、精神文化四个部分构成。其中组织精神文化的内涵极为丰富，但其核心内容主要是组织价值观、组织精神和行为准则。

（3）组织文化具有客观性、稳定性、群体性、非理性(模糊性)、非强制性、独特性、培育过程长期性、影响作用长效性等特点。

（4）组织文化既有积极作用也有消极作用。积极作用主要表现在它具有导向、约束、凝聚、激励、辐射等功能。消极作用主要是妨碍组织变革、妨碍兼并与收购、妨碍多元化。

（5）组织文化由组织环境、组织价值观、英雄人物、礼仪和仪式、文化网络五个要素构成。

（6）塑造核心价值观绝非易事，实践检验、领导者亲力亲为、突出重点是塑造丰富而有特色的价值观体系的有效方法。组织价值观的巨大作用在于能够提高组织凝聚力和战斗力，但也存在着过时、墨守成规、言行不一致、缺乏个性等缺陷。

（7）人与组织文化匹配最理想的状态是：个人价值观与组织价值观实现一致性匹配；个人目标与组织目标实现一致性匹配；个人态度与组织规范实现一致性匹配。

（8）跨文化管理的关键，在于克服不同文化间的冲突。克服文化冲突的过程就是整合、同化不同文化的过程。这一过程可分为四个阶段：探索期、碰撞期、整合期和创新期。文化冲突的高潮可能发生在碰撞期，也可能发生在整合期。

练习与思考

一、名词解释题

组织文化、组织精神文化、跨文化管理

二、单项选择题

1. 组织文化的核心内容是（　　）。
   A. 组织物质文化　　　　　　　　B. 组织制度文化
   C. 组织行为文化　　　　　　　　D. 组织精神文化

2. 组织精神文化的核心是（　　）。
   A. 组织价值观　　　　　　　　　B. 组织精神
   C. 行为准则　　　　　　　　　　D. 组织目标

3. 组织价值观的巨大作用是（　　）。
   A. 规范员工行为　　　　　　　　B. 明确组织目标
   C. 规划组织愿景　　　　　　　　D. 提高组织凝聚力和战斗力

4. 按照组织文化的有关理论，员工频繁"跳槽"的主要原因是（　　）。
   A. 工资少，难以养家糊口　　　　B. 工作压力山大，身心疲惫
   C. 水土不服，人与组织文化不匹配　D. 干群矛盾，人际冲突

三、填空题

1. 英雄人物可分为共生英雄和_____。
2. 组织精神文化的核心内容主要包括_____组织精神和行为准则。
3. 人与组织文化类型是否匹配,决定着人在组织中的_____和难易程度。

四、简答题

1. 简述组织文化的要素。
2. 简述组织价值观的危险。
3. 简述强势文化对员工的影响。
4. 简述跨文化管理的四个阶段。

五、论述题

1. 为什么说塑造价值观体系非常困难?请结合实例谈谈塑造价值观体系的方法。
2. 根据桑南菲尔德的组织文化分类,你觉得什么文化类型的组织更适合你?

六、辩论题

正方:组织精神文化非常重要。
反方:组织精神文化可有可无。

参 考 文 献

[1] 埃德加·沙因. 组织文化与领导力[M]. 马红宇,王斌,等,译.北京:中国人民大学出版社,2011.

[2] 彼得斯,沃特曼. 追求卓越[M]. 胡玮珊,译. 北京:中信出版社,2009(原著出版时间:1982).

[3] 段俊平. 猴子理论与企业文化[J]. 化工管理,2012(1):110-111.

[4] 樊耘. 组织文化与组织变革关系理论研究与实证分析[D]. 西安:西安交通大学,2002.

[5] 侯长林. 校园文化学导论[M]. 北京:中国文联出版社,2000.

[6] 科特,赫斯克特. 企业文化与经营业绩[M]. 李晓涛,译. 北京:中国人民大学出版社,2004(原著出版时间:1992).

[7] 理查德·帕斯卡尔,安东尼·阿索斯. 日本企业管理艺术[M]. 北京:中国科学技术翻译出版社,1984(原著出版时间:1981).

[8] 刘永芳. 管理心理学[M]. 2版. 北京:清华大学出版社,2016.

[9] 卢盛忠. 管理心理学[M]. 3版. 杭州:浙江教育出版社,1998.

[10] 特伦斯·迪尔,艾伦·肯尼迪. 企业文化——企业生活中的礼仪与仪式[M]. 李原,孙健敏,译. 北京:中国人民大学出版社,2008(原著出版时间:1982).

[11] 王雪莉. 西风东渐:西方管理对中国企业的影响[M]. 北京:机械工业出版社,2011.

[12] 沃格尔. 日本名列第一:对美国的教训[M]. 谷英,张柯,丹柳,译 北京:世界知识出版社,1980(原著出版时间:1979).

[13] 威廉·大卫. Z 理论——美国企业界怎样迎接日本的挑战[M]. 孙耀君，译. 北京：中国社会科学出版社，1984(原著出版时间：1981).

[14] 许芳. 组织行为学原理与实务[M]. 2 版. 北京：清华大学出版社，2014.

[15] 俞文钊. 管理心理学(简编)[M]. 大连：东北财经大学出版社，2000.

[16] 俞文钊，贾咏. 共同管理文化的新模式及其应用[J]. 应用心理学，1997(3)：3-10.

[17] 张铁男，李晶蕾，金振声. 论具有现代意识的组织文化[J]. 学术交流，2001(11)：106-109.

[18] 朱永新. 管理心理学[M]. 2 版. 北京：高等教育出版社，2006.

[19] Adam Kuper. Culture: The Anthropologists Account[M]. Harvard University Press. 1999: 56-57.

[20] Hofstede G, B. Neuijen, et al. Measuring Organizational Cultures: A Qualitative and Quantitative Study across Twenty Cases[J]. Administrative Science Quarterly. 1992, 35(2): 286-316.

[21] McShane S L, Von Glinow, M A. Organizational behavior[M]. Boston, MA: McGraw Hill. 2000.